»Es ist nicht genug, ein Geheimnis der Kunst zu kennen, man muß es auch auszudrücken und zu lehren wissen, damit es Bestand in der Welt habe.« Diese in einer Festschrift an Hugo Steiner-Prag formulierte Einsicht hat Stefan Zweig nicht zuletzt auch auf sich selbst bezogen. Zeitlebens hat er sich bemüht, das Geheimnis des künstlerischen Schaffens zu ergründen; seine Versuche, sich ihm zu nähern, hat er – gelegentlich sogar eindringlich programmatisch – aufgezeigt: in Betrachtungen über die Grundvoraussetzungen des Künstlerischen, in Werk- und Charakterstudien, Feuilletons, Lebensbildern, Geburtstagsovationen und Nachrufen. Die Vielfalt der Ausdrucksmöglichkeiten in der Bildhauerei, in der Musik und, nicht zuletzt, in der Literatur hat ihn fasziniert; er war bestrebt, ihnen allen in seinen Aufsätzen gerecht zu werden und hat sowohl die Persönlichkeiten der Schaffenden wie ihre Inspirationen und deren mögliche Quellen dargestellt.

Stefan Zweig wurde am 28. November 1881 in Wien geboren, lebte von 1919 bis 1935 in Salzburg, emigrierte von dort nach England und 1941 nach Brasilien. Früh als Übersetzer Verlaines, Baudelaires und vor allem Verhaerens hervorgetreten, veröffentlichte er 1901 seine ersten Gedichte unter dem Titel ›Silberne Saiten‹. Sein episches Werk machte ihn ebenso berühmt wie seine historischen Miniaturen und die biographischen Arbeiten. 1944 erschienen seine Erinnerungen, das von einer vergangenen Zeit erzählende Werk ›Die Welt von Gestern‹. Im Februar 1942 schied er in Petropolis, Brasilien, freiwillig aus dem Leben.

Stefan Zweig

Das Geheimnis des künstlerischen Schaffens

Essays

Fischer
Taschenbuch
Verlag

Herausgegeben und
mit einer Nachbemerkung versehen
von Knut Beck

Die Übertragungen der Zitate im Aufsatz ›Marceline Desbordes-Valmore‹ wurden, soweit sie aus Gedichten stammen, die Gisela Etzel-Kühn nachgedichtet hat, mit freundlicher Genehmigung des Insel Verlags, Frankfurt am Main, dem Band Stefan Zweig, ›Marceline Desbordes-Valmore. Das Lebensbild einer Dichterin‹, Leipzig: Insel-Verlag 1927, entnommen; alle übrigen Zitate wurden von Maryam Lukasser übersetzt

Ungekürzte Ausgabe
Veröffentlicht im Fischer Taschenbuch Verlag GmbH
Frankfurt am Main, Juli 1993
Lizenzausgabe mit freundlicher Genehmigung
des S. Fischer Verlags GmbH, Frankfurt am Main

Umschlagentwurf: Buchholz / Hinsch / Hensinger
Druck und Bindung: Clausen & Bosse, Leck
Printed in Germany
ISBN 3-596-11656-2

Gedruckt auf chlor- und säurefreiem Papier

Inhalt

Constantin Meunier

Die Kunst hat eigene Formen der Entwicklung. Nicht geradlinig, langsam und zielbewußt, wie die exakten Wissenschaften, hebt sie sich immer stolzer empor, sondern ihr Weiterschreiten ist ein fortwährendes Ringen und Sichentfalten der gegensätzlichen Kräfte, ein Kampf, bei dem erst immer die Nachgeborenen entscheiden können, ob er ein Sieg war im Sinn des ewigen Fortschritts, oder eine Stauung und Hemmung. Jeder Kunstrichtung erwächst die Spannkraft, die sie zur Herrschaft führt, erst immer aus dem Widerstand feindlicher Richtungen, und ihr eigenes Aufblühen nährt schon wiederum die Keime der besiegten Strebungen, die sich in anderer Form offenbaren.

Neue Kunstrichtungen entstehn also nie organisch, sondern immer in Revolutionen, die eine von vielen gleichzeitig erfaßte neue Idee oder eine überragende Persönlichkeit herbeiführt. Und unablässig weist die Kunstgeschichte dieses wichtigste regulative Prinzip auf, daß, wenn eine Richtung ihre klassische Blüte überwunden hat und sich gleichsam über sich selbst hinaus in ihr Extrem fortsetzt, wenn sie nur die formalistischen Werte steigert und vervielfältigt und nicht die innerlichen, harmonischen, plötzlich die Gegenströmung vorbricht, heftiger, konsequenter in ihren Tendenzen, als sie es eigentlich meint, aber nachdrücklich in Rangstellung zu den herrschenden Prinzipien, die sie überwindet oder rückhaltlos in sich aufgehn läßt.

Eine solche große Revolution, die sich in ihren letzten Konsequenzen längst wieder abgeschwächt hat, haben wir in den letzten zwei Jahrzehnten auf allen Gebieten künstlerischen Schaffens erlebt. Die klassische Schule, die längst epigonal geworden war, ohne es eingestehn zu wollen, und unfähig war, der Kunst neue Ideale und Formen einzuhauchen, mußte notwendig einmal eine Strömung erzeugen, die der lebendigen Gegenwart das Wort redete und ihren gesunden Instinkten. Und was Zola und Gerhart Hauptmann für den dichterischen Realismus getan, das schufen einige verwegene Neuerer in der Kunst, als erster Jean François Millet, der den »Cri de la terre«, das Evangelium der Arbeit, zuerst im Bild gestaltete und dabei beinah verhungert wäre, weil er zu früh kam und eine Entwicklung instinktiv um einige Jahre vorausahnte. Dann Courbet, der gesunde Realist, der seine Thesen durch rhetorische und schriftstellerische Propaganda unterstützte, in Deutschland Meister Menzel mit seiner Schmiede – alle ohne voneinander zu wissen und beseelt vom Atem der Zeit, der sie in die Gegenwart wies, an ihren innersten Nerv, an die Arbeit und den Arbeiter, auf dessen Schulter unser Jahrhundert ruht. Aber die letzte endültige Formel der künstlerischen Gestaltung des Arbeitsgedankens blieb einem andern bewahrt, der sie prägen durfte, weil er sie nicht als These schuf, sondern als eigenes Lebensschicksal und als Ausstrom menschlicher Empfindung.

Mitten in den Jahren des ersten Anstrums gegen die klassische Kunst, gegen 1886, flattert in Paris zuerst der Name Constantin Meuniers auf. Damals war er keiner der Jüngsten mehr. Zu einem mehr als Fünfzigjährigen, der ein Menschenleben lang um Leben und Verständnis gekämpft, der spät erst sich selbst und seine eigenste Begabung gefunden hat, kommt der Ruhm, der seit jenen Tagen sich an Gewichtigkeit und Breite immer gesteigert hat und heute die ganze gebildete Welt umspannt.

Meunier hat lange um diese Anerkennung gekämpft,

ein ganzes bitteres Menschenleben lang voll von Entsagungen und Enttäuschungen. Hat man das unerbittlichste aller Bücher, die Geschichte, gelesen, die mit grausamer, unabänderlicher Wahrheit von den Schicksalen der Männer erzählt, die im Kampf mit dem Leben lagen, weil sie ihre Zeit schon tiefer erfaßten als alle um sie her, dann bleibt man oft dem Ringen großer Menschen unserer Zeit gegenüber ein wenig kühl und skeptisch; aber der tiefe Eindruck bleibt mir unvergeßlich, wie mir Constantin Meunier, der greise Meister, dessen Schultern sich schon zu beugen beginnen von der Last der Jahre, in seinem Atelier in Brüssel aus seinen Jugendtagen erzählte. Als Sechzehnjähriger habe er begonnen und – was das Merkwürdige ist – als Bildhauer; aber es schien ihm nicht das Rechte. Er versuchte es mit dem Malen als Schüler der historischen Richtung, die damals Frankreich und Belgien beherrschte, aber es waren kleinliche Erfolge, die er erntete. Und vor allem keine materiellen. Seine Bilder aus dem religiösen Leben interessierten wenig, obzwar sie, z. B. das jetzt recht bekannte ›Begräbnis eines Trappisten‹, in Brüssel zur Ausstellung gelangten; und um sich und seine Familie zu ernähren, mußte er für industrielle Zwecke arbeiten. Nie aber kam die rechte Befriedigung, die Freude an seinem Werk; und es schien auch, als sei eine Entwicklung für ihn unmöglich, denn Meunier stand damals schon in einem Alter, da andere abzuschließen pflegen – er war ein Fünfziger. »Damals führte mich« – so erzählt er – »ein Zufall hin zu der ›Terre noire‹, einem wallonischen Winkel, zu den Kohlenbergwerken der Vorinage, und da fühlte ich, wie ich das sah, gleichsam mit einem Schlag: d a s ist Leben, d a s ist etwas Neues; hier mußt du beginnen.« Und der Fünfzigjährige begann dort ein Lebenswerk, das nicht nur gehaltlich, sondern auch rein numerisch sich mit dem lebenszeitlichen Schaffen eines jeden messen darf.

»Zwischen fünfzig und sechzig Jahren war die emsigste Periode meines Schaffens«, erzählt er weiter.

»Da konnte ich arbeiten, wenn ich wollte, bei Tag und bei Nacht, die Ideen strömten mir nur so zu, und immer hatte ich Eifer und Lust.« Und in diesen Jahren hat er uns eine neue Kunst gegeben, er hat in den kraftvollen harten und herben Umrissen seiner Arbeitergestalten die Psychologie des fünften Standes versteinert und versinnbildlicht, die wuchtigen Pfeiler entblößt, auf denen die heutige Gesellschaft ruht. Einzelne seiner Arbeiter sind Modelle aus den Glashütten und Kohlenbergwerken gewesen, und es sind immer die einzelnen, die er darstellt, aber in seiner Skulptur hat er das wichtigste Geheimnis des Künstlers für sich entdeckt, das Individuelle, das Realistische und Persönliche zum Typischen zu erheben. Sein Standbild eines Werkmannes ist zwar nur das Bild eines einzelnen, ist individuell betont, aber doch kein Porträt; jene letzte Feile, die die Skulptur zum Porträt ergänzt, läßt er weg, etwas Rohes und Unvollendetes bleibt in der Erscheinung, etwas Allgemeines an dem Individuellen – es ist nicht der Arbeiter XY, der sein Modell gewesen ist, sondern e i n Arbeiter, d e r Arbeiter als Repräsentant des ganzen Standes. Und durch dieses Verfahren ist es ihm gelungen, alle Empfindungen des Einzelnen als Regungen des ganzen Standes und der ganzen Menschheit aufglühen zu lassen; er hat den Eindruck des Allgemeinmenschlichen, den die klassische Schule durch Darstellung des Nacktkörperlichen, des Allgemeinen und Gemeinsamen sucht, eben durch sein Verfahren der formalen Halbvollendung eines gewöhnlichen, bekleideten, äußerlich poesielosen Alltagsmenschen erzielt, der aber in seiner Stimmung eine ganze Klasse repräsentiert. Unbewußt – denn Meunier ist fast ausschließlich Autodidakt – ist er da dem tiefen Schöpfungsgeheimnis Michelangelos nahegekommen.

In diesem äußerlich so eng scheinenden und in Wirklichkeit so wunderweiten Schöpfungskreis ist Meuniers Arbeit fast unübersehbar. Wenn auch wesentlich die Skulptur ihn beschäftigte und seinen Ruhm schuf, so hat er sich doch in jenen Jahren mit jeder Technik befreundet, um der Stoffülle Herr zu werden. Er hat Ölgemälde, Aquarelle, plastische Silhouetten, Porträtzeichnungen nur so nebenbei in diesen Jahren des Alters geschaffen, die an und für sich das Werk eines fleißigen Künstlers sein könnten. Aber in diesen Arbeiten lebt eine ganze Menschheit, das Volk der Bedrückten und Unterjochten; wie eine Anklage sind diese Schöpfungen, die das Leid, die Not und die Arbeit so wahr, so glühend schildern, daß sie selbst schon von dem Leben Meuniers erzählen. Denn nur einer, der selbst gedungen und wie ein Knecht im Dienst des Lebens geschaffen hat, belauscht dieses schaffende Volk mit so schöpferischem Mitleid, nur er weiß so die Gesten der Verzweiflung, die langsam Gleichgiltigkeit und Stumpfheit wird, die dunklen Wolken des Trotzes und der Auflehnung so zu sehn und wiederzugeben. Man muß Blatt auf Blatt seiner Schöpfung umschlagen, um das immer mehr zu empfinden, wie wahr, wie furchtbar wahr seine Arbeit ist.

Alles hat er geschildert, was zu schildern war, Nachtretern hat er keinen Raum gelassen. Hier gehn die Menschen zur Arbeit – ›La descente des mineurs‹ – hinab in den dunklen Schacht, wo sie das Joch und vielleicht auch der Tod erwartet. – Man sieht, daß sie es wissen, denn in ihren Blicken glüht ein Etwas, das nicht mehr Angst ist und nicht mehr Trotz, nur das letzte Funkeln der Ohnmacht, die der Hunger erstickt. Und Meunier folgt ihnen hinab zur Arbeit selbst. Hier wären die unzähligen Erzskulpturen zu nennen, die einzelne Menschen bei ihrer Tätigkeit darstellen und von denen die bekanntesten ›Der Lastträger‹, ›Der Mäher‹ und ›Der Sämann‹ sein dürften. Die großartigste aber von seinen Gruppendarstellungen erscheint mir die plastische Silhouette ›Les puddleurs‹, die in der »Luxembourgausstellung« in Paris ist, leider allzuschlecht postiert. Sie stellt einige Arbeiter an einem Schmelzofen dar, und hier ist Meunier – was sonst der Hauptmangel seines so überreichen Talents ist – gerade die Anordnung und wirkungsvolle Gruppierung der Gestalten wunderbar geglückt. Alles ist an dieser Gruppe Bewegung und Anspannung, man spürt es gleichsam mit, wie sich die Muskeln im Kampf der letzten Anstrengung straffen, wie sich alles konzentriert und ein einziger Gedanke wird in diesem entscheidenden Moment der Arbeit. Sehr wirkungsvoll unterstützt hier auch Meuniers originelle Technik die spontane Wirkung: der dunkelgrüne Erzguß gibt das Trübe, Überwölkte dieser Stimmung wieder, und in der plastischen Silhouette ist jede Ablenkung durch die Geschlossenheit der Front vermieden, so daß nur die Aktion zur Geltung kommt. Von den Arbeitergestalten will mir sonst am wertvollsten erscheinen die Statue ›Le marteleur‹ und der ausdrucksvolle ›Tête de mineur‹.

Selbstverständlich hat sich Meunier aber nicht nur auf die Darstellung der Arbeit beschränkt. Die Berliner werden aus der Nationalgalerie seine in ihrer Schlichtheit ergreifende Gruppe ›Der verlorene Sohn‹ kennen und lieben und wohl von Ausstellungen her die Christusgestalt ›Ecce homo‹, die allerdings vielen sowohl in der Auffassung als auch der peinlich-anatomischen und durchaus nicht idealisierenden Durchführung dem Stoff nicht würdig erscheinen wird. Zu nennen wäre noch seine ›Walküre‹, dann der bekannte Frauenkopf ›Tête de femme‹, eine ungemein realistische Skulptur einer alten Arbeiterin, die aber trotz ihrer Vollendung keine reine ästhetische Wirkung erzielt, ferner das meisterhafte Porträt seines verstorbenen Sohnes Karl Meunier, in dem

Belgien gleichzeitig einen seiner tüchtigsten Künstler verloren hat, und noch manches andere Werk, das beweist, daß Meuniers Gesichtsfeld durchaus nicht eng ist und er nur dem Fluch aller Neuschöpfenden, der kalten Schablonisierung erliegt, wenn man ihn einfach nur als sozialen Bildhauer wertet.

Allerdings, in diesem Gebiet hat er uns das meiste gegeben, mehr als je einer vor ihm. Und in seinem Atelier steht die Skizze eines herrlichen Werks, das die Krönung seines Schaffens und gleichsam sein Schwanengesang sein soll, das ›Monument der Arbeit‹, jener Riesenplan, der ihn schon seit vielen Jahren beschäftigt. Alle Gattungen der Arbeit will er hier in ihren wichtigsten Repräsentanten in einem Werk vereinen, dessen bedeutende Kosten ihn auf Staatshilfe anweisen; ein Triumph und ein Denkmal der Arbeit wird es zugleich sein. Noch ist der Aufbau in der Skizze nicht vollendet, wohl aber einzelne Gestalten, die teils Wiederholungen früherer Arbeiten sind, und die Krönung des Ganzen soll die Mutter mit dem Kind bilden, die Volksmadonna, das Symbol des ewigen Lebens und der unendlichen Güte, die über allen diesen harten Gestalten herrscht. – Dazwischen sind noch eine Menge kleinerer Arbeiten, die ihn jetzt beschäftigen, ein Porträt Camille Lemonniers, ein paar neue Gruppen, auch Aquarelle – ein weiter hoher Saal voll Schönheit und echtem Künstlertum. Nichts aber von seinen Werken erreicht den unvergeßlichen Eindruck Constantin Meuniers für den, dem es vergönnt war, einige Stunden mit ihm zu verbringen. Die bezwingende Schlichtheit seiner Kunst verrät schon seine einfache und doch überwältigende große Persönlichkeit, in der sich die Güte eines reifen, schmerzgeprüften Mannes mit einer herzlichen, geradezu rührenden Liebenswürdigkeit paart; und nie ist es mir so sehr bewußt geworden, wie in der kleinen stillen Vorstadtstraße de l'Abbaye in Brüssel, daß gerade das Neue und Große nicht mit dem Kopf gemeistert wird, sondern nur aus der Seele eines gütigen und sich selbst treuen Menschen entwächst.

Teresa Feodorovna Ries

Bei keiner Kunstgattung offenbart sich der Einklang zwischen Persönlichkeit, Temperament und Schöpfung unmittelbarer und intensiver als bei Plastiken. Der Dichter kann in souveräner Höhe der Objektivität über seinen Werken stehen, ein Maler in dekorativen und landschaftlichen Studien nur einen geringen Teil seines persönlichen Erlebens und Fühlens zum Ausdruck bringen, wer aber Charaktere und Symbole in der tauben Form eines menschlichen Körpers vergegenwärtigen will, muß zu ihrer Beseelung ein starkes Stück eigenständigen Temperaments verwerten. Bei Teresa Feodorovna Ries, der jungen Russin, die sich mit ihren Arbeiten rasch einen Weltruf geschaffen, scheint mir diese Gemeinsamkeit ihres reinseelischen und bildnerischen Drangs in jener sehnsüchtig-verlangenden Unruhe zu liegen, die sich in wilder Unbändigkeit und einem brennenden revoltierenden Trieb gegen alle Beschränkungen und Alltäglichkeiten wehrt. Leicht läßt sich dieser Drang, der alle großen und vorwärtsstrebenden Künstler mehr oder minder durchglühte, zuerst aus ihrem Lebensbild ablesen, das ich einer Darstellung ihrer Entwicklung entnehmen will, da mir ihre Schülerarbeiten fremd geblieben sind.

»In Moskau geboren und erzogen, kam Teresa Feodorovna Ries zugleich mit der Tochter Tolstois, Varja, in das traditionelle französische Pensionat, wo sie anfangs die erste, dann eine der schlechtesten, in Mathematik und Algebra unbestritten die schlechteste Schülerin wurde. Als siebzehnjähriges Mädchen trat sie in die Moskauer

Akademie ein, entgegen allen Regeln und Gesetzen dieser Anstalt, die von ihren Zöglingen Vorstudien in Anatomie und Perspektive erheischte. Teresa Ries kannte diese Lehrfächer nicht und hat das Versäumte nie mehr nachgeholt. Nach wenigen Monaten übertraf sie in der Malerei alle ihre Mitschülerinnen und erhielt einen ersten Preis für einen Studienkopf. Dieser stellt einen grauhaarigen Muschik vor, der mit trübem, stumpfem Blick verängstigt und melancholisch in die Welt sieht. Die junge Malerin ging bald mit Glück zur Skulptur über; eine Ariadne nach der Antike war ihr erster Versuch auf dem neuen Gebiet. Wie im Spiel lernte sie die spröde Materie souverän beherrschen, das Arbeiten im freien Raum, das durch keinen Rahmen eingeschränkt sein durfte, die Darstellung des massig Körperlichen entsprach völlig ihrer Begabung. Mit ihrem Können wuchs der Neid der Umgebung und trübte ihre frische Schaffenslust. Das ungefügige Benehmen der von Ehrgeiz glühenden Schülerin erregte das Mißfallen der Professoren, bis endlich ein Vergehen gegen die Disziplin ihren Ausschluß aus der Akademie herbeiführte. Ein wenig wohlwollender Lehrer ignorierte absichtlich und regelmäßig Teresa Ries und ihre Arbeit. Eines Tages, als man sie wieder übersehen, erhob sie sich zornig von ihrem Platz: ›Sie scheinen in einem Irrtum befangen‹, rief sie dem verdutzten Professor zu, ›Sie sind hier für uns, nicht wir für Sie‹ – das Consilium abeundi war die unmittelbare Folge dieser Missetat.«

Dieser kleine Ausschnitt aus Teresa Feodorovna Ries' Leben ist typisch für ihre Kunst. Wo andere sorgfältige Vorbildung hatten, lenkte sie der unfehlbare Instinkt, die naive Technik des Genies, und solches Schaffen muß sich immer in naturgemäßem Gegensatz zu Schulen und Akademien befinden. Die Rache, die sie für die Demütigung durch die Professoren nahm, war die einzig große und einer echten Künstlerin würdige: sie schuf aus eigener Kraft ein Meisterwerk, ihre ›Somnambule‹, die zuerst in der Moskauer Kunstausstellung Platz fand. Dem Fachmann wird bei der Wahl des Motivs wohl gleichzeitig die Kühnheit und Dankbarkeit des Stoffs auffallen, kühn, weil seine Bewältigung eine Summe von Fähigkeiten in sich schließt, weil die treibenden Kräfte hier unsichtbar wirkende und rein psychische sind, die in dem unbeweglich träumenden Antlitz unsäglich schwer zu veranschaulichen sind. Und doch ist die Schönheit der Idee überwältigend: die Gestalt eines halbbekleideten Mädchens, das mit tastenden Händen vorwärtsstrebt in der seltsamen, befangenen Unsicherheit eines Traums, der das strömende Mondlicht ihr zu leuchtenden Wundern verklären muß. Das schwebende, aufstrebende, von allen Gleichgewichtsgesetzen förmlich erlöste Hingleiten ihres Gangs, die verträumte Sehnsucht, das Urgeheime und Unfaßbare einer Mädchenseele – das ist eine schöpferische Idee, die nicht anders leben kann wie in formaler Vollendung.

Aber Teresa Feodorovna Ries erteilte sich damals selbst noch nicht den Freispruch von einer ausbildenden Leitung und begab sich zu dem bekannten Künstler Eduard Hellmer nach Wien, das seitdem ihr ständiger Aufenthalt geblieben ist. Die Büste, die uns ihren Lehrer darstellt, ist eine prächtige Spende ihrer dankbaren Empfindung; nicht nur die Charakteristik des großen Bildhauers ist ihr ausgezeichnet gelungen, sondern auch das formale Problem der Verschmelzung von Gestalt mit dem Material selbst, jenes fast unmerkliche Gestaltwerden des Marmors hat bei ihr eine originelle und vortreffliche Lösung gefunden.

Die erste Arbeit, die in Wien zur Ausstellung kam, war ›Die Hexe‹. Unwillkürlich mußte dieses interessante Werk die Aufmerksamkeit aller Besucher des Künstlerhauses auf sich ziehen; eine junge Hexe, die sich zum Blocksbergreigen rüstet. Und wiederum ist hier die ganze Charakterisierungskunst auf die Züge verlegt: das lüstern-erwartungsvolle Lächeln, das von den teuflischen Orgien träumt, die Sinnlichkeit, die sich kaum zurückhalten läßt, eine schwüle, verwirrende, satanistische Stimmung verwirklicht sich alles in dieser einen Gestalt.

Mit dieser ›Hexe‹ hat Teresa Feodorovna Ries einen Weg betreten, der für fast alle ihrer späteren Plastiken charakteristisch ist. Sie strebt nicht die Darstellung der Elementargefühle an, sondern symbolisiert in ihren Gestalten jenen seltsamen, komplizierten und der Gestaltung widerstrebenden Ideenkreis des Rätselvollen und Dämonischen. Sie kann für die Plastik vielleicht noch das Gleiche werden, was Charles Baudelaire für die Literatur bedeutet: die Darstellerin des Revoltierenden, Negierenden (›Lucifer‹), des Satanischen, Hysterischen (›Die Hexe‹, ›Die Somnambule‹) und des Übersinnlichen, Rätselvollen, das Tod und Grauen in sich schließt (›Der Tod‹, ›Die Unbesiegbaren‹). In ihr ist jene sinnliche Kraft des Schauens, der allein sich diese dunklen und unruhigen Gefühle entschleiern, und vor allem besitzt Teresa Feodorovna Ries die dichterische, synthetische Fähigkeit, eine Eigenschaft und ein Gefühl in eine einzige Idee einzuschließen, um sie dann auch in einer Gestalt zu verkörpern. Darum ist auch Reichtum und Vieldeutigkeit in ihren Gestalten, es ist jenes erhabene Lebendigwerdenwollen eines Gedankens in ihnen, der »Schrei nach Leben«, der nach einem englischen Ästhetiker stets das letzte und erhabenste Kriterium eines Kunstwerks sein soll. Viel Dichtwerk ist in ihren Plastiken und doch noch viel Raum für Dichter, eigene Gedanken in diese gewaltigen Stimmungen einzubannen.

Am meisten empfinde ich dies bei der Gestalt ›Lucifer‹.

Ein finster-schöner Kopf mit der gedankenvollen Stirn eines Titanen; die schweren Brauen sind zusammengeballt, man fühlt, ein furchtbarer Schmerz tobt hinter dieser eisernen Stirn im Kampf widerstrebender Gedanken. Kraft und Trotz liegt in der ganzen Gestalt; aber das Haupt lehnt sich drohend auf die muskelstrotzenden Hände: es ist einer, der mit dem Leben, Gott und der Hölle gerungen, nie gesiegt hat und doch nie gedemütigt worden ist. Eine Fülle von Ideen durchweht einen bei der Betrachtung dieses Meisterwerks, aber die bange, schicksalstiefe Frage, die unten in den Stein gemeißelt, drängt das Problem zusammen. »Bist du glücklich, Ebenbild Gottes?« steht dort, und aus den dunkelüberschatteten Augen, die tausend- und abertausendmal das Leben gesehen, brennt die gleiche Frage. Und sie klärt auch das Symbol des Totenkopfs, der, wie achtlos hingerollt, zu seinen Füßen liegt. Das ganze urewige Wunder des Werdens und Vergehens liegt in ihm begraben und das ganze Verlangen zu wissen, ob ein Zweck sei und ein wahrhaftes Ende in diesem Leben. Und man spürt erst, wenn man alles dies begriffen, wie sehr sich hier diese Idee verkörpert hat: ein Lichtbringer, Lucifer, muß es sein, der solche gewaltige Fragen in die Welt wirft, aber auch ein Dämon, der weiß, daß er alles Glück des Seienden vernichtet, wenn er mit den letzten und geheimnisvollsten Fragen die Menschen zu Antworten hinaufpeitscht, deren Erfüllung ihnen für ewig versagt ist.

Die gleiche großzügige Behandlung wie der Idee hat Teresa Ries hier dem Kunstwerk selbst zuteil werden lassen. Kraft und Fülle charakterisieren hier alle Glieder, eine grandiose Einheitlichkeit, die nie das Detail und seine mühsam-originelle Durchbildung den Eindruck der Geschlossenheit überwuchern läßt. Ein gewisser Rest von Roheit und Unausgeglichenheit bleibt oft zurück bei ihren Gestalten, der aber verstärkt – wie bei Rodin – nur immer noch die unmittelbare Wucht der spontanen Impression. Dadurch vor allem wirkt ihre Gruppe ›Die Unbesiegbaren‹ so machtvoll. Sie offenbart aber gleichzeitig am stärksten, wie Teresa Feodorovna Ries von einem künstlerischen Formalismus ist, wie ihr nicht nur jede Gruppe, sondern auch jede individuelle Gestalt der Typus einer eigenen Idee werden muß. Wer oberflächlich und verständnislos sieht, erblickt nur vier Arbeiter, die an einem Seil eine unsichtbare Last nach vorwärts ziehen, aber der verschiedene Gesichtsausdruck jedes Einzelnen wird ihn noch nicht auf die künstlerische Vertiefung dieses Bildwerks hinführen. Denn Teresa Ries hat hier ein wundervolles Symbol des Lebens geschaffen, ein pessimistisches dunkles Bild voll Entsagung und Wehmut. Denn das Leben ist, wie sie veranschaulicht, nichts als eine unsichtbare Last, die wir nicht erblicken können, aber wir fühlen ihre Schwere, weil wir sie vorwärtsschleppen müssen. Und jeder trägt sie anders. Die vier Gestalten sind nichts anderes als die vier Temperamente und als solche zugleich die Symbole der Lebensauffassung. Der erste Arbeiter, der gebückt und teilnahmslos schleppt wie ein Tier im Joch, ist der Phlegmatiker, der sich willenlos in den harten Urteilsspruch des Schicksals fügt. Der zweite stellt den Melancholiker dar, der den Schmerz des Lebens bereits erkennt und ihn in jeder Minute bewußt fühlt. Und auch der dritte verachtet das Leben: in wildem Zorn reißt er an dem Seil, unfähig, das Leid in schweigender Gelassenheit zu ertragen. Und nur der vierte – die Künstlerin hat ihn jünger dargestellt als die andern – zieht mit frohem Mut und kraftbewußter Ausdauer an der Last; im Sanguiniker ist vielleicht noch allein die Hoffnung, Herr des Lebens werden zu können. Aber sie kämpfen noch alle, ob sie sich auch als Schwächere fühlen, und so erklärt sich auch jener große Titel ›Die Unbesiegbaren‹, der diese Gruppe adelt.

Und diese düstere Lebensanschauung ist der Grundklang ihrer Werke geblieben, allerdings gepaart mit einem finsteren und kraftvollen Trotz gegen das Schicksal. Die andern kleineren Arbeiten, wie z. B. die heilige Barbara, die für die Kirche in Pola bestimmt ist, sind nur Schöpfungen ihrer künstlerischen und nicht auch ihrer menschlichen Intentionen. Der Todesgedanke und die Idee von der drückenden Last des Lebens haben ihr ganzes bisheriges Werk erfüllt; ihn selbst, den Allbezwinger, hat sie als schönen, ernsten Jüngling dargestellt, der aber selbst einen Zug leiser Schmerzlichkeit um die Lippen eingeprägt hat; auch er ist ein Sklave des Unabwendbaren und des Schicksals. Das nächste Werk, das von Teresa Ries zur Veröffentlichung gelangt, hat sich ebenfalls den Todesgedanken zum Motiv genommen, allerdings schon in einer sanften Verklärung und Erhebung, wie es die Verwertung als Grabdenkmal bedingt.

Nach dem, was ich von Teresa Feodorovna Ries gesagt habe, ist es wohl kaum nötig, noch zu betonen, daß dieser jungen Künstlerin noch reiche Vertiefung und Entwicklung bevorsteht. Denn wer sich in Kleinlichkeiten und formalen Vollendungen ein Ziel sucht, gelangt zur Manier und zur Manieriertheit; jene Künstler aber, die ihre Werke gedanklich mit Leben erfüllen und sie nur irdische Formen der großen Ideen sein lassen, die sie durchbeben, die wachsen mit jedem Tag, der ihnen ein Erlebnis wird. Und der Tag der Gedankendichterin und so überreich begabten Plastikerin Teresa Feodorovna Ries ist darum viel zu steil gegen die Höhe gerichtet, als daß wir heute schon sein Ende absehen könnten.

Alfonso Canciani

Den Bildhauern Österreichs war vor kurzem eine große und ehrenvolle Aufgabe gesetzt gewesen. Endlich sollte der langbegründete Entschluß, der verewigten Kaiserin Elisabeth ein würdiges Denkmal zu setzen, Tatsache werden. Die Sammlungen waren abgeschlossen, und eine Konkurrenz österreichischer Künstler sollte um den Preis ringen. Wie kläglich das Resultat dieses Wettstreits ausgefallen, ist trotz aller Beschönigungsversuche bekannt. Der erste Preis wurde geteilt, und die andern fünf wurden trotz heftigem Kampf, Debatten, Urteilsrevisionen und öffentlichen Protestdiskussionen Arbeiten zugesprochen, die sich – mit Ausnahme der originellen Arbeit Franz Metzners – nicht über Durchschnittskonventionalität erhoben. Es waren durchaus nette, saubere Arbeiten, aber ohne alle Größe und Erhabenheit, nach altgewohnter Weise die Kaiserin auf dem Thron darstellend, zu dem ein mehr oder minder origineller Treppenaufbau emporführte. Eine Kaiserin – jawohl, aber kein Atemzug jener so seltsam vergeistigten, aristokratisch-sensiblen Persönlichkeit, die so hoch sich über die Menge erhob, daß schon zu ihren Lebzeiten sanfte Wolken sehnsüchtig bewundernder Volksmythen von ihrer Seele erzählten. Von all dem wußten auch die preisgekrönten Entwürfe nichts zu sagen. Gänzlich zu schweigen von der Zahl der andern, die sich nur aus der Schablone lösten, um der Lächerlichkeit zu verfallen.

Und zwischendurch plötzlich ein Entwurf von erstaunlicher Kühnheit der Auffassung, in der sich

Schlichtheit mit grandioser Wucht der Aufführung paart. Er ist nicht preisgekrönt worden, was auch gar nicht zu verdenken ist, denn für den Publikumsgeschmack müßte er vorläufig noch zu überraschend wirken. Dazu ist dieses Werk zu wenig dekorativ gedacht. Eine prächtige Schöpfung, aber nicht das Denkmal einer Residenzstadt. Und doch – die öffentliche Meinung, sowie die Kritik, insbesondere der unermüdlich fördernde und feine Kritiker Franz Servaes – haben dieser Schöpfung das Wort geredet, die allem Prunk und architektonischer Symbolik zugunsten seiner reinseelischen und plastisch so wundervoll verwirklichten Idee entsagt. Statt Stufen, Geländern, Rondos und Galerien nur eine sanfte Hügelwelle, die die schmale, präraffaelitisch verklärte Gestalt der Kaiserin hoheitsvoll herabsteigt. Und vor ihr am Weg ein Arbeiter, der in freudigem Schreck den schaffenden Spaten sinken läßt und in tiefer Verehrung die Mütze zieht. Nicht Krone noch Schmuck verraten die Kaiserin: nur die stumme Hoheit ihrer schreitenden Gestalt. Als Volkskaiserin hat sie der Künstler gedacht, die nicht unter der Menge weilt, aber sie durch ihre Güte begnadet wie ein leuchtender Strahl. Und die Nackenbeugung dieses Mannes ist die reine, begeisterte und doch von der unfaßbaren Seelengröße zum Schweigen verhaltene Verehrung der Tausende des ganzen Landes zu dieser Kaiserin, die wie aus unsichtbaren Höhen herabsteigt zu den Niederungen des Alltags.

Der Schöpfer dieser großzügigen Plastik ist Alfonso Canciani, den schon sein berühmter Entwurf des Dantedenkmals in die erste Reihe moderner Bildhauer gerückt hat. Sein eigenes Leben erklärt die schlicht-symbolische, demokratische Auffassung jenes Elisabethdenkmals, denn Canciani ist selbst ein Arbeiter, der die Künstlerschaft dem ursprünglichen Broterwerb abringen mußte. 1863 zu Brazzano im Küstenland geboren, befand er sich mit 13 Jahren schon als Arbeiter in einem Steinbruch in San Guarzo, arbeitete später als Steinmetz in Görz, um erst mit 23 Jahren in Wien eine eigene künstlerische Ausbildung – allerdings nur nebenbei – zu erlangen. Als Schüler von Hellmer und Zumbusch, lebhaft angefeuert und in seinen künstlerischen Bestrebungen ermutigt von Francini, machte er sich schon frühzeitig an eigene Entwürfe, von denen gleich einer der ersten (›Sitzender Mann‹) im Künstlerhaus mit einem Preis bedacht wurde. Seine Studien in der Akademie verraten bereits den intensiven Drang dieses Autodidakten, der sich nicht mit der Darstellung einfacher Akte begnügte, sondern diese Bewegungen in Handlungen und markante Typen umkomponierte. So entstand die markige, schlichte Gestalt des Arbeiters, die in der Härte des Ausdrucks und der Wucht der Darstellung an den Meister der Arbeit, Constantin Meunier, in ganz frappanter Weise erinnert; die Tatsache, daß Canciani zu jener Zeit die Werke des belgischen Meisters noch gar nicht kannte, beweist, wie scharf er den allgemeinen Typus in einer einzigen realistischen Gestalt festhalten kann, und zeigt die Fähigkeit, die Meuniers Bedeutung ausmacht, in die Gestalt des einzelnen die wuchtvolle Wirkung der ganzen Klasse zu legen. – Etwas später entstand die interessante Gruppe der ›Ringenden Knaben‹, eine Plastik, die durchglüht ist von Leben und kräftiger, muskelstrotzender Bewegung. Von den andern kleinen Arbeiten verdienen vor allem die Statuette eines Matrosen Beachtung, der das wurfbereite Tau in der Hand hält, sowie einige Porträtbüsten in Marmor und Bronze.

Alle diese Werke offenbaren schon den hervorstechenden Zug in Cancianis Begabung, das – man möchte beinah sagen – Intensiv-Plastische seiner Kunst. Er ist ein Bildhauer, der aus der Form heraus schafft. Die vielfachen Beziehungen zu universeller, künstlerischer Kultur fehlen ihm, er setzt nicht literarische Einfälle und philosophische Gedanken in Marmor um, sondern arbeitet aus der Erleuchtung einer rein plastischen Vision. Seine Symbole sind keine übertragenen, fremden Schaffensgebieten entlehnte, sondern bildhauerische – oft hat vielleicht erst die Form den Gedanken erzeugt, wie dies Max Klinger von einigen seiner Arbeiten berichtet. Darum sind sie auch so schlicht, nur für visuelles und nicht für mühevolles intellektuelles Nachempfinden gestaltet und gepaart, sie wirken einheitlich und in sich abgeschlossen. Immer stützen sie sich auf die Wirklichkeit, deren getreues und doch individuell gestaltetes Nachbild sie sein wollen, ohne darum auf die gedanklichen Konsequenzen mitfühlenden Betrachtens verzichten zu wollen; künstlerische Naivität reicht zielbewußtem Wirkungsbestreben hilfreiche Hand, um Bleibendes und Typisches zu schaffen, der Instinkt für das Wahre und Lebendige, der den vieldeutigen Begriff des »Schönen« in der modernen Plastik verdrängt hat, sucht hier des Lebens bedeutungsvolle Momente im Spiegel einzelner Personen festzuhalten. Viel ist Canciani in diesem Sinn schon gelungen, mehr steht ihm noch bevor.

Ich habe von der Schlichtheit seiner Symbole gesprochen; sein Grabdenkmal erläutert dieses leere Wort. Canciani deutet den Tod nicht philosophisch aus, er läßt ihn nicht – wie jüngst eine bedeutende Plastikerin – als Rückkehr zur Ewigkeit verstehen, er reißt nicht sein grausames Rätsel auf, wie Bartholomé, der in seinem berühmten Denkmal die Toten ein dunkles Tor beschreiten läßt, hinter dem Finsternis und Ungewißheit wartet, er verzichtet auf das allzudeutliche Beiwerk der abgebrauchten Todessymbole. Canciani läßt auf dem schweren Block, der des Grabes Bürde bildet, eine nackte, schlanke Frauengestalt sich lehnen, die allen Schmerz in einem Traum vergißt. Aber die beruhigende und klärende Empfindung, die sich in Worten nicht nacherzählen läßt, erinnert unwillkürlich an das große Allvergessen, an sanfte Ruhe, Schlafen, an den Tod. Der peinliche Gedanke des Sterbens mit seiner grausamen Gewalt geht verloren, um die unkündbare Stimmung des Todes in seiner großen, ewigen Ruhe zur vollen Wirkung zu bringen.

Noch manches Werk Cancianis wäre als bedeutsam zu erwähnen. Keinem aber war solcher Erfolg beschieden, wie der grandiosen Skizze zum Dantedenkmal, die 1896 den Rompreis sich errang. Hier hat der Künstler sich zur gewaltigen Höhe des italienischen Dichters emporgeschwungen, der Höhen und Tiefen mit der unendlichen Kraft seines Genies umspannt hat und um alle menschlichen Leidenschaften wußte, die von der Hölle zum Paradies führen. Er hat das Urgewaltige, das ›Danteske‹ dieser Erscheinung, in die schroffe Welt seines Werkes, der ›Divina commedia‹, versetzt und den gewaltigen Kontrast des »Inferno« und »Paradiso« in wunderbarer Vision festgehalten. Auf gigantisch emporgetürmten Felsblöcken in grandioser Einsamkeit steht Dante, schlicht und groß, getreu nachgebildet dem einzigen Dantebild seiner Zeitgenossen. In seinem Blick ruht die herbe Ruhe eines Menschen, der die Welt in allen Tiefen kennt, aber sein Haupt und seine ganze Gestalt sind gleichsam erleuchtet von den Himmeln, denen er so nahe ist in seiner Übermenschlichkeit. Unten aber ballen sich die Gestalten des Abgrundes in ohnmächtiger Wut zusammen. Mancher noch droht mit trotziger Wut zum Licht empor, das um die leuchtende Erscheinung fließt, die meisten aber hat das herbe Gefühl ihres Unvermögens zerschmettert, und nur in den Gesichtern rast der unzähmbare Groll der Finsternis gegen die lichten Höhen. – Nur wenige Werke hat die moderne Plastik aufzuweisen, die so unvergeßlich eine Künstlervision bewahrheiten und trotz aller Sonderständigkeit wunderbar auch im Herzen einer Stadt wirken müßten. Gewissermaßen hat Canciani mit diesem Werk eine nationale Tat vollbracht.

Canciani in die Reihe der österreichischen Plastiker einzuordnen, hätte wenig Wert. Vor allem, weil solche numerierende Klassifikationen eigentlich Unfug sind, und dann, weil es keine österreichische Kunst gibt. Geographische Grenzen entscheiden in Rassefragen nicht, und die ganze Auffassung und Temperamentsanlage verweisen – abgesehen von der Muttersprache – Canciani nach Italien. Und sicherlich wird auch er eines Tages so wie heute schon der große Trentiner Segantini von seinen Landsleuten reklamiert werden, wenn er es auch nicht mehr nötig hat, auf nationale Beachtung zu reflektieren. Denn allein mit seinem Dantedenkmal hat er sich Anspruch auf internationale Achtung und Bedeutung verdient.

[Ephraim Mose Lilien]

Eine Reihe Zeichnungen einheitlicher Technik und einheitlichen Ursprungs heftet dieses Buch zu einem Ganzen zusammen. Lose sind sie gereiht; kein umschließendes Thema formt sie zu Begleitern einer ungeschriebenen Geschichte, verschiedene Werte erfüllen sie, und Jahre künstlerischen Werdens scheiden das erste und das letzte Blatt. Nur ein Name hält sie zusammen, der Ephraim Mose Liliens, und in ihnen webt und wächst eine Geschichte, wie in jedem Künstlerwerk, das von unsteter und unablässig suchender Kraft schließlich in die Richtung heimatlicher Wege gedrängt wird. Diese Geschichte möchte ich hier mit einigen wenigen Worten erzählen. Nicht paraphrasieren will ich diese Blätter und nicht erläutern, denn die Stimme des Stiftes muß immer beredter sein als die der Worte, und ihre Stimmung bezwingender als die nachträumenden Schilderungen, die schon leise verwirrt sind vom Spiegelglanz eigenen Schauens. Auch kritische Wertungen zu antizipieren ist nicht mein Bemühen, denn ich möchte nicht zur Bewunderung überreden, sondern zum Verständnis; ich wollte nur in den Namen E. M. Liliens, der mit seinen steifen unbeweglichen Lettern über diesem seinem Werke steht, einen Abglanz jenes ringenden Lebens tragen, das ihn in den Entbehrungsjahren des Lernens und Schaffens erfüllte, einen Strahl jener schöpferischen Liebe zur Kunst, die ihn aus dem Dunkel eines östlichen Dorfes in den Blickpunkt aller Kultur und eines ganzen sehnsüchtigen Volkes erhoben hat. Bringt es das Wesen der illustrativen und ornamentalen Psyche mit sich, daß der Künstler nicht aus sich heraustreten darf, gleichsam mit unbewegten Lippen nur in einer flüchtigen Gebärde eine Andeutung inneren Lebens verrät, so darf ein Fremder, der dem Künstler selbst aber kein Fremder ist, versuchen, dieses Werk in einen Rahmen von Worten zu stellen, die nichts anderes umschließen als seine Persönlichkeit. Brücken von einem Bilde zum anderen zu spinnen, Fortbildungen und innere Entwicklungen, die sich nur technisch abzeichnen, in ihren Ursächlichkeiten aufzudeuten und den Horizont, den die Beengung der Technik verhüllt, aufzuschlagen mit seinen Zielen und Weiten, ist dieser einleitenden Worte bescheidener Zweck. Wird man das Kunsttechnische, Einordnung und Komparation dabei vermissen, so ist nur meine Absicht erfüllt, objektive Wertungen an einer Stelle zu vermeiden, wo ich subjektiv sein müßte. Gleichsam das Porträt soll diese Einleitung sein, das manchen Büchern auf der ersten Seite vorgeheftet wird; nur wer Liebe zu dem eigentlichen Werk empfunden hat, blättert zurück, um den Zügen ein Stück Leben und Seele dieses Schöpfers zu entraten, dessen künstlerische Kraft sie so innig umspannt. So darf diesmal Zeichner und Erzähler die Rolle tauschen und die Feder das Porträt versuchen, wo der Stift eine ergreifende und zeitlich bedeutsame Geschichte geschaffen.

Es gibt ein Wort von Taine, das zuerst seltsam und herbe anmutet. »Ohne eine Philosophie ist der Gelehrte nur ein Handwerker und der Künstler nur ein Spaßmacher.« Die Wahrhaftigkeit, die aus diesem Aphorismus eine wichtige kunsttheoretische Erkenntnis erzeugt, löst sich erst aus, wenn man den Begriff der Philosophie seiner scholastischen Deutung entkleidet. Man muß an alle vergleichenden Klassifizierungen, an Kant, Descartes, Spinoza vergessen und sich besinnen, daß Philosophie in innerster Wesenheit nichts anderes bedeutet als einen überfliegenden vereinheitlichenden Blick über das Leben, eine individuelle Vision der Dinge, eine synthetische Idee des Weltalls, ein singuläres Schauen und Schaffen. Die Philosophie des Künstlers ist nichts anderes als die produktive Entäußerung jener ideellen Form, in der sich ihm die Realität alles Seienden offenbart. Ihre Spontaneität und Originalität ist vielleicht die einzige Wertungsmöglichkeit seiner Persönlichkeit, zumindest ist ihr Vorhandensein die unumgängliche Vorbedingung zu wertender Betrachtung. Solche lebendige Schöpfungsideen wachen aber nicht jählings auf aus dem seltsamen Traume einer Nacht, sondern alle die Hände und Kräfte, die ein schöpferisches Leben nach vorwärts stoßen, formen mit an ihrer definitiven Gestaltung. Jeder Tag ist ein Meißelschlag, jedes Erlebnis eine neue bezeichnende Linie. Tiefe Entwicklungen wollen nicht angelernt, sondern erlebt sein.

E. M. Lilien ist heute der erste und einzige künstlerische Träger eines solchen großen neuen Lebensgedankens. Seine schöpferische Idee ist bedeutsam, weil sie mehr ist als eine artistische, weil ihre Wurzeln tief eingegraben sind in das ganze blutende Herz eines weltverstreuten heimatlosen Volkes. Was in diesen Tausenden stumm wühlt und nach Gestaltung ringt, hat seine bewußte Hand in klarem kündendem Symbol geschaffen. Und dieses kulturelle Priestertum in Lilien ist vielleicht bedeutsamer als die so meisterliche Kunst, welche seinen Namen heute bei einer Aufzählung deutscher Schwarzweißkünstler in die erste Reihe stellt; denn sein schöpferisches Weltbild ist kein zufälliges und erborgtes, seine Eigenart blüht aus eigenster Heimatsscholle, aus Volksmythe und Rassenwerten, aus nationaler Umgebung und persönlichem Schicksal ins Leben empor. Ihre Erkenntnis war für ihn kein überraschtes Entdecken, sondern nur ein mähliches Selbstbesinnen und Bewußtwerden; und die Impulse, die man bei ihm als neuschöpferisch vermutet, haben nur die Hülle von der stillgereiften Frucht gestreift, die in den bitteren Jahren rastlosen Suchens und zielbanger Arbeit aus innerstem Herzblute emporgekeimt war.

Lilien ist zu Drohobycz in Galizien geboren. Das Land ist arm und traurig. Die grauen kalten Felsen der Karpaten sinken dort langsam hinab in die öde eintönige Fläche, die sich weit in die russischen Steppen hinüberdehnt. Und das Leben ist ohne Schönheit und hinreißende Gewalt in diesen rauhen unwirtlichen Gegenden. Ein Künstler empfängt dort nicht die wundersame Gabe, die Welt als einen Fächer jubelnder und lockender Farben zu sehen, die sich in verrauschenden Formen falten; nie lehrt ihn das Leben, die tausendfach abgetönte Skala koloristischer Nuancen in seinen Schöpfervisionen aufklingen zu lassen. Wie ein schaler Rest bleibt die plastische Silhouette, das flüchtige Bild der Form ohne den opalisierenden Tanz der farbigen Werte. Die trostlose Armut der Fauna und Flora stößt den schönheitsverlangenden Blick zu den Menschen hin, aber auch hier erdrückt der soziale Gedanke den ästhetischen, auch hier schlägt dem Suchenden der ernüchternde Atem der Armut entgegen, die Kleinmütigkeit der darbenden Leute und die unsichere Furcht der verstoßenen Juden. In diesen frühen Jugendtagen, deren Eindrücke die Fundamente aller künstlerischen Entwicklung sind, formt sich in Lilien vielleicht schon der Leidensgedanke dieser dahinsiechenden Menschen, des geknechteten Proletariats. Denn er sieht seine trostlosesten Vertreter, die Ärmsten der Armen, die verachteten galizischen Juden. Jene Mischung sozialer und nationaler Instinkte hat sich vielleicht schon damals vollzogen; jedenfalls aber kann Lilien die typische Idee nicht mehr in seiner ringenden Seele verlöschen, denn die Armut stand nicht nur vor seinem Elternhause, sondern überschritt unbarmherzig die erschauernde Schwelle. Lange und getreulich bleibt Frau Sorge seine Begleiterin. Nach vier Gymnasialklassen mußte sein Vater – der heute noch Drechslermeister zu Drohobycz ist, und dessen markigen Kopf Lilien in den Rosenfeldschen ›Liedern der Arbeit‹ pietätvoll als Symbol der Schaffenden gestaltet hat – den Sohn das Studium abbrechen lassen; den Lebensweg scheint nun die offenbare zeichnerische Begabung zu weisen, und zu ihrer Ausbildung wird Lilien einem – Schildermaler in die Lehre gegeben. Eine bescheidene Unterstützung von Verwandten führte ihn bald wieder zur Realschule zurück, die er aber endgiltig aufgab, um die Krakauer Kunstschule zu besuchen, deren Leitung damals noch der große Mateyko innehatte. Schildermalen und Bilderkopieren bilden dort seinen einzigen Erwerb. Mit jener fieberhaften Anstrengung der Ertrinkenden, die das nahe Land erfassen wollen, sucht er nach einem Halt, aber alles zerbröckelt unter seinen blutenden Fingern, und jenes dunkle Meer der Not, das Tausende in sein tiefes Schweigen reißt, schleudert ihn in die Heimat zurück. Wieder ist er in Drohobycz, aber vielleicht nur noch sehnsüchtiger und begehrender nach dem vielfarbigen Leben, dessen erste Verheißungen ihn schon umsponnen, nach jener höheren Kultur, darin allein die Möglichkeiten künstlerischen Schaffens entwachsen können. Tiefer und tiefer mußte sich der soziale Gedanke in sein Herz brennen, als die Armut den Widerstrebenden in die Heimatsenge bannte. Nach zwei Jahren erst, 1894, hilft ihm ein Zufall zur Flucht; die Anfertigung des Bürgerdiploms an den großen polnischen Dichter Ujeski wird ihm übergeben, und mit dem Honorare tritt er die Reise nach Wien an, um in die Akademie bei Professor Griepenkerl einzutreten. Eine unliebsame Entdeckung stört ihn bei der Aufnahmeprüfung: das erhaltene Geld reicht nicht einmal zur Bezahlung der Taxen. Wieder faßt ihn die dunkle Woge und wieder wirft sie den Gedemütigten nach Drohobycz zurück. Alles scheint zu Ende, trauriges Erwachen hat die sehnsüchtigen Künstlerträume zerschmettert. Aber Lilien verzweifelt nicht, denn er fühlt den brennenden Durst nach diesen heiligen Quellen, deren verheißungsvollem Rauschen er schon so nahe gewesen. Und in ihm erkennt man alle Fülle drängender und reiner Kunst, die manchmal in dieser unbeugsamen und trotzigen Rasse ruht, denn, wenn auch mittellos, ohne Freunde und Protektionen, wirft er sich nochmals in die Welt. Diesmal geht er nach München. Das Leben weiß dort nichts dem Autodidakten zu bieten, der keine akademische Schulung genossen hat und eigene Fortbildung mit Geldaufträgen in Einklang bringen muß. Er kämpft auf unterwühltem Boden, der jeden Augenblick ihn zu sich im Sturze hinabreißen kann. Und vier Jahre währt dieser heimtückische Krieg der Alltagssorgen, vier Jahre, während derer die Not unbarmherzig auf die schaffenden Hände paßt, um den Ermattenden unbarmherzig zu umkrallen. Es ist der Kampf um Sein oder Nichtsein, und ein solches Ringen ist viel zu grausam, um noch Schönheit zu haben. Nichts von der süßlichen Theaterromantik in Murgers ›Vie de la Bohème‹ überzuckert diese Tage, in denen selbst die Heiterkeit die Wolkenschwere der steten Bedrängnis fühlt. Und nur mit Aufatmen denkt Lilien heute, da sein Schaffenspfad auch noch nicht ganz von Rosen umblüht ist, an jene Zeit, die er im Joche bitterster Not durchschritten. Das dunkle Wort der Armut hat sich in diesen Tagen tief in sein Schaffen eingefressen, es ist ein bitterer Kehrreim geworden, der sich der Seele einlernte und den sie nicht mehr vergaß. Ist es da seltsam, wenn der Künstler, sobald er sich aus der lähmenden Verstrickung löste, ein tönendes und gewaltiges Lied dazu gedichtet, in dem alle Traurigkeit der Heimattage aufrauschte und sich mit allem Schmerz dieses Dornenpfades zu einem wehmütigen und doch verheißungsvollen Choral vermählte?

Nach vier Jahren bangen Tappens im drohenden Dunkel beginnen endlich die ersten Sterne über Liliens Weg zu leuchten. Nicht ein einzelnes Ereignis ist es eigentlich, das ihn emporreißt, sondern Zufall reicht endlich dem Verdienst die Hand, und im ersten Erfolge keimen schon die folgenden. Die ›Jugend‹ wird begründet, und unter den zahlreichen Künstlern, die ihr Namen und Achtung danken, war Lilien einer der ersten. Eine Reihe geistreicher und poetischer Blätter erscheinen, derer man sich noch heute um ihres Liebreizes und der schalkhaften Anmut willen besinnt. So die ›Rosenketten‹, ›Mein schönes Fräulein, darf ich's wagen‹, ›Der musizierende Faun‹, ›Die Zauberflöte‹ und das melancholische ›Amoroso‹. Fast gleichzeitig zieht der ›Süddeutsche Postillon‹ Lilien zur Illustration heran, und hier schafft er neben feinsatirischen Blättern das herbe Symbol ›Am Amboß‹, sowie soziale Kompositionen, deren markige ernste Kraft mit der zärtlichen Milde der ›Jugend‹-Blätter scharf kontrastiert. Schließlich betraut ihn der ›Vorwärts‹ mit der Illustration von Wildenradt's recht unbedeutendem Roman ›Der Zöllner von Klausen‹, zu dem Lilien eine Reihe archaistischer Blätter in Holzschnittmanier entwirft, die künstlerisch durchaus nicht gleichwertig sind. Noch sind diese Erfolge für sein äußeres Leben bedeutsamer als für seine innere Entwicklung, aber der Einsatz ist immerhin geschaffen. Zum erstenmale ertastet der Anker einen Grund. Lilien übersiedelt nach Berlin, wo er eine reiche illustrative Tätigkeit entwickelt, insbesondere für die ›Grazien‹, den ›Weltspiegel‹, ›Ost und West‹ und einige hervorragende deutsche Verlagsanstalten.

In dieser Frühperiode sind Lilien zweifellos sehr interessante und insbesonders technisch markante Schöpfungen gelungen, aber von jener großen und bewegten

Lebensfülle, die uns heute sein Name bedeutet, zucken nur flüchtige, einsame Lichter auf. Noch hemmte die zersplitternde Buchschmuckstätigkeit in ihm die organische Schöpfungsidee, die heute sein ganzes Werk durchglüht und sich in immer reicheren Gluten entzündet. Im Techniker Lilien wie im Menschen ist das souveräne Assimilationsvermögen noch charakteristischer als die Eigenart, obzwar sich viel von ihr schon entwickelt. So vor allem die Konsequenz der Linie, die strenge und doch so sanft verfließende Kontur, die Kunst der Kontraste und der Flächenwirkungen, sowie eine intensiv körperliche Form der Schönheit, die aber alle Sinnlichkeit verleugnet. Und doch sind diese dekorativen Zeichnungen, in denen noch manche Einflüsse leise nachklingen, für das große kulturelle Werk Liliens fast belanglos, sie sind nicht aus tiefster Seele geschaffen sondern aus intellektueller Erfassung und technischer Fertigkeit. Die Blätter der ›Jugend‹ atmen – wie Solomon J. Solomon, der große englische Maler, in einer Studie über Lilien feinsinnig erkannte – hellenischen Geist; sie sind dekorative, feingeschliffene, antikisierende Bijous von entzückender Charme, aber für seine kulturelle Mission so bedeutungslos wie ein paar spielerische unpersönliche Verse bei einem subjektiven Dichter. Sie sind nur die Möglichkeit eines Stiles für ihn, nicht aber der Stil selbst; das beweisen die Illustrationen zum ›Zöllner von Klausen‹, da er sich ebenso geschickt in die altdeutsche Technik zu versenken weiß und Zeichnungen in spätgotischer Holzschnittmanier ebenso getreu und peinlich nachbildet, wie ihr typischer Erneuerer Joseph Sattler. Der absolute Wert mancher Zeichnungen ist sicherlich ein großer, insbesondere zählt das packende Blatt ›Bauern stimmen über den Krieg ab‹, das eine köstliche Fülle wechselnder Physiognomien mit der Empfindung spontaner und stürmischer Bewegung vereint. Für den nationalen Künstler Lilien durften diese erborgten Stile nicht mehr sein als Stufen zu einer eigenen, persönlich fundierten Technik. Steht er heute schon fast vor der Gefahr, sich in die Sackgasse eines einzigen Programms zu verlieren, so bedeutete dieser Moment, da er kontradiktorische Einflüsse willenlos aufsaugte, eine bedrohliche Wende, die ihn leicht von seinem innerlichen, ideellen Werke hätte ablenken können, um ihn der wirbelnden Schar derer beizugesellen, die ohne Temperament, ohne Individualität und vor allem ohne schöpferische Liebe im Frone des Buchschmucks stehn.

Da geschieht ein Seltsames in diesem sonderbaren Wege. Lilien enthüllt sich sein Ziel jählings, mit einem Male, wie Parzival dem Sucher, dem plötzlich aus Waldeswegen das silberne Heimatschloß entgegenleuchtet. Nicht sukzessiv hat Lilien seinen Typus in sich entdeckt, sondern mit einem Werke, dem er seine schmückende Liebe lieh. Das ist ›Juda‹, das treffliche Balladenbuch des Börries von Münchhausen. Aber um dieses Werk als eigenes und kulturelles zu schaffen, mußte der Werdende erst tief hinabtauchen in die großen läuternden Ströme, die damals mit jäherwachter Kraft in die neue Zeit zu fluten begannen, er durfte die mahnenden Glockenrufe nicht überhören, die neue Botschaft in die deutschen Lande trugen und heimliches Klingen und Brausen in den horchenden Seelen entfesselten. Zwei große Ideen reichen sich in Liliens Schöpfung die Hände: der Gedanke bewußt-nationalen Judentums, der durch den Zionismus Flügelkraft gewonnen hatte, und die moderne Buchschmucksbewegung, die auch nur Selbstbesinnung und Auferstehung verrosteter, vergessener Lehren war. Aus dieser originellen Synthese entblüht Liliens schöpferisches Bekenntnis, entstammt seine singuläre Bedeutung.

Günstiges Geschick hat den Sehnsüchtigen und Kraftgeeinten in eine Zeit universeller Entfaltung gestellt.

Unbändige Triebkraft durchschütterte damals die ganze versteinernde Lebenskultur. Von den fernsten Gipfeln grüßten sich auflodernde Flammen, jede eigenen Himmeln zustrebend und doch alle von gleicher geheimer Kraft genährt. Es gärt in allen Tiefen, die Rassen besinnen sich ihrer Werte, die Künstler neuer Ziele, die Dichter tieferer schöpferischer Zwecke, und die Philosophie hält wieder die Lebensgestaltung in prüfender und umwertender Hand. Die Werke wandeln sich und mit ihrem Inhalte auch die Form. Im Maschinenzeitalter erwacht die vergessene Sehnsucht, welche die Zufrühgekommenen in einsamen Büchern entzündet, der Wille nach universeller umschlingender Lebensschönheit, nach einer Kunst, die sich nicht in Museen verbirgt, sondern dem Blick in den bescheidensten Äußerungen alltäglichen Lebens begegnet. Man entdeckt die öde Handwerklichkeit des Nützlichen, den materialistischen Amerikanismus in allem Gegenständlichen, man schämt sich der Fabrikskultur. So fühlt man mit einem Male, daß alle Bücher und selbst diejenigen der differenziertesten Seelen uniformierte Maschinendrucke sind, die nichts von dem psychischen Innenwerte in sich aufgenommen haben, man merkt, daß dieses geistlose Nebeneinander selbst in den Prachtwerken nicht viel besser sei, ein unüberbrückter Dualismus zwischen Form und Materie, Psyche und Physis. Im nüchternen Fabriksreich, in England, verkündete und erläuterte William Morris zuerst das neue Evangelium, daß ein Buch bis in seine innerste Seele Einheit sein müsse mit seiner Gestaltung, so daß jede Kostbarkeit abstrakter Schönheit sich mit einer Linie vermählen müsse, die ihren vergeistigten Wert erfülle. Deutschland lag diese Erkenntnis noch näher: die alten Folianten in den Bibliotheken, die noch der altdeutschen Meister sorgliche Hand geschmückt hatte, sprachen beredtere Sprache, als die neuen Apostel. Kein Erlernen war es, sondern nur ein Wiederbesinnen. Und so war der Sieg leicht. Die ›Jugend‹ und der ›Simplizissimus‹, die moderne Zeichenkunst vertraten, gewannen rasch führenden Rang und ebnen den jungen Künstlern die Bahn, eine Reihe künstlerischer Verleger wie Diederichs, Langen, Schuster & Loeffler schaffen bibliographische Kunstwerke, die den Vergleich mit dem Auslande nicht mehr zu scheuen brauchen, das heroische Unternehmen des ›Pan‹ zieht alle Kraft des modernen Deutschland opfermutig an sein Herz, um wie Winkelried durch seinen Tod zu siegen. Die Buchkunst blüht inmitten aller neuzeitlicher Schönheitsbestrebungen auf; viele Künstler entsagen um ihretwillen einer unfruchtbaren Liebe zur Malerei und entdecken ihre Mission. Fidus, Vogeler-Worpswede, Otto Eckmann, Melchior Lechter, Lilien gönnen nun ihr ganzes Können dem Buche, ohne sich darum in ihrer Vielgestaltigkeit beschränken zu müssen. Denn das Buch ist ein Mikrokosmos, eine beseelte Welt, die in allen ihren Formen einheitlichem Gesetze gehorchen muß; Einband, Vorsatzpapier, Bücherzeichen, Randleisten, Frontispize, Illustrationen, Typen, Anordnung, Umrahmung, Satzform, Papier und Format bergen in sich tausend Möglichkeiten individueller Gestaltung und Vereinung innerhalb einer einzigen künstlerischen Persönlichkeit. Auf diesem ungepflügten Boden, da es noch keine akademischen Normen gab, und eigentlich alle Autodidakten waren, vermochte sich Liliens Werk in eigenster Wesensrichtung zu entwickeln, seine sucherische Liebe ganz in Schöpfung zu lösen. Denn das Handwerkliche konnte – im Gegensatz zu manchen, die ihre Künstlerschaft damit zu beschmutzen fürchteten – nichts Verächtliches und Untergeordnetes für Lilien sein, der in mancher Kinderstunde die lustigen Hobelspäne unter der redlich schaffenden Hand seines Vaters abspringen sah, der die lebendige Achtung der Arbeit längst im Herzen trug, ehe die moderne Ästhetik dem Kunsthandwerke und dem Buchschmuck gnädig den Adelsbrief verlieh. Sein inneres Gefühl für konsequente Gestaltung läßt ihn leicht das deutende Werk der Engländer und die Prinzipien geläuterter Buchkunst erfassen; rasch durchläuft er alle Stufen der zeichnerischen Technik, und um selbst ein geschlossenes persönliches Werk zu schaffen, mangelt ihm nur noch das repräsentative Werk, die unbewußte Idee, aus der Abstraktion in Gestaltung kristallisiert, der Zeitgedanke in einer absoluten künstlerischen Form.

Auch diese schöpferische Idee ist ein Renaissancegedanke – eine Heimatsidee. Es ist der Zionismus, der das künstlerische Werk Liliens befruchtet. Man braucht ihn heute nicht mehr zu erklären. Er ist keine neue Idee. Seit Tausenden von Jahren rauscht er im heimatlosen Volke. Aus den Liedern, die sich in Traurigkeit zu verlieren drohen, hebt er die silberne Stimme der Verheißung. In den Gebeten der Frommen an schlichten und festlichen Tagen flammt er als innigster geheimster Wunsch. In jedem gottergebenem Leben ist es die letzte und seligste Sehnsucht, das Haupt im Sterben auf den verlorenen Heimatsboden Jerusalems legen zu können. Der Zionismus, der in der gewaltigen agitatorischen Person Dr. Herzls seine programmatische Gestalt gewonnen hat, ist nur das Banner, um das sich die alten Wünsche schmiegen, der ladende Ruf, der die Tausende um sich versammelt. Er hat das Judentum wieder bewußt gemacht, die schlafenden künstlerischen Werte geweckt, er hat in tausend Augen, die trostlos ins Dunkel starrten, das Sternbild einer realen Möglichkeit entzündet. Mag man die soziale Seite des Zionismus wie immer auch betrachten, mit dem merkwürdigen Lächeln gegenüber der Utopie oder mit dem schöpferischen Eifer des Begeisterten – die tiefe ästhetische Schönheit dieses Krongedankens wird niemand leugnen können. Denn seit dem Sozialismus hat keine Idee soviel Ferne und Verlorene in ein Ziel zusammengebannt; mit Riesenkraft hat er aus einer wachsenden Zersplitterung und Entfremdung – da die Einheit der rituellen Religiosität langsam in die moderne Gottesidee zerbröckelte – eine kraftvolle Einheit gestaltet und das Nationale aus den scheckigen Hüllen der Nationalitäten befreit. Heute ist der Zauber vielleicht schon schwächer, denn je mehr sich der Zionismus national-ökonomisch zu realisieren beginnt, desto mehr entfremdet er sich die künstlerischen Naturen, die nur den fernen, gestaltungsmöglichen vielfarbigen Traum lieben können und nicht ein statistisches Projekt. Aber neue kulturelle und nationale Probleme sind aus seiner Gestaltung aufgeleuchtet, die Ideen jüdischer Kunst und nationaler Kultur, die selbst noch Traum und Möglichkeit sind, ein wegloser urwaldwirrer Pfad von verführerischer und grandioser Schönheit. Und Lilien ist der erste, der ihn gegangen. Einer der ersten war er auch, die den zionistischen Ideen unterlagen, denn ihn mußte man nicht das Judentum lehren, sondern nur den bewußten Stolz. Die Heimatsglokken mußten nun wieder zu rufen beginnen, die alten Erinnerungen an die Unterdrückung, das herbe Elend der Seinen, an manche Stunden, da man den armen Judenknaben von der Kunst zurückstoßen wollte, brauchten nur wieder aufzudämmern, um ihn zu verführen. Aber die Überzeugung der Persönlichkeit mußte auch künstlerisches Programm werden, Lilien durfte sich seines Judentums nicht nur besinnen, sondern er mußte es auch gestalten; wie die anderen freudig und selbstbewußt im Leben, so zeigte er seinem Schaffen die nationale Zugehörigkeit und nähert sich seinem Ziele, der Synthese modern-universeller meisterlicher Technik und jüdischrassigen nationalen Gehaltes. Die Vereinung ist – wie ich mich zu zeigen bemühte – in ihm längst vorbereitet: es fehlt nur noch der lebendige Anstoß, der die harrenden Kräfte in ein Ziel vermählt.

Ein Zufall schuf diese Gelegenheit. Lilien hatte in Berlin den jungen Freiherrn Börries von Münchhausen kennengelernt, der damals gerade seinem Referendarexamen zustrebte. Der holte nun einmal ein paar seiner alt-jüdischen Balladen hervor und zeigte sie dem Freunde. Im wesentlichen waren es dieselben, die heute das Buch ›Juda‹ bilden. Lilien, der sich nicht nur auf die dekorative Ausschmückung der Bücher versteht, sondern auch intuitives und fast nie versagendes spürendes Verständnis für ihren literarischen Wert besitzt, begeisterte sich für ihre hohe dichterische Schönheit und faßte den spontanen Entschluß, Münchhausens Verse stilgerecht zu schmükken. Und ohne Verleger, selbst ohne Aussicht auf einen solchen, beginnt er die Arbeit, und bald findet sich ein künstlerisch gesinnter entgegenkommender Verleger, F. A. Lattmann in Goslar, der dem Werke persönliches Interesse entgegenbringt. Eine Schöpfung der Liebe ist das Werk und kein Fabriksauftrag: das spürt man, wenn man das Buch zur Hand nimmt und es durchblätternd genießt. Münchhausen erzählt in feiner Form von diesen reichen Tagen: »Es war auf unserm Thüringer Schlosse Windischleuba. Ein helles Giebelzimmer oben neben dem Turme war dem Zeichner hergerichtet, neben seinem Zeichentische stand mein Schreibtisch. Weit offen die Fenster, Kartoffelfeuer rauchten durchs Thüringerland, und ihr Duft zog ins Zimmer. Auf den Wiesen und Feldern sangen fern die Kinder, und unten im Schilfe des Wallgrabens spektakelten die Rohrspatzen. Im Schlosse alles ganz still, kaum daß ein Schritt die Wendeltreppe hinunterhuschte und sich in dem Kreuzgange verlor, kaum daß mal verloren die Wetterfahnen kreischten. Und in die Arbeit hinein erzählten wir uns unsere Lebensgeschichten, die eine voll von unverdientem Leid, die andere eine einzige große Erfüllung jedes Wunsches. ... Es war eine köstliche Zeit, ein reifer klarer Herbst voll von Fröhlichkeit und voll von künstlerischer Arbeit.« Und wundersam sind auch die Früchte gereift.

1900 erschien das Buch. Es war ein ungemeiner, ein wohlverdienter Erfolg für Dichter und Zeichner. Denn das Buch ist ein Dokument, nicht nur eines der vollkommensten Werke deutscher Buchkunst, sondern auch das erste Blatt in der Geschichte der nationalen bewußten Kunst. Von den Versen des Freiherrn von Münchhausen brauche ich hier nicht rühmend zu sprechen: man kennt ihn heute als den ersten und kräftigsten der modernen deutschen Balladendichter. Aber speziell in diesem Buche hat er eine eigene interessante Physiognomie gewonnen, er ist herbe und kraftvoll, in seinen Versen glühen die Bilder dunkel wie Rubine, überleuchtet vom suggestiven Pathos der Psalmen und Gesänge; die monumentale felsige Gewalt des alten Testamentes und den dunklen ekstatischen Rhythmus ihrer Lieder hat hier ein Fremder und Ferner gefunden. Nicht, daß Münchhausen jüdischem Empfinden verwandt geworden sei – gerade seine bezeugte Reinheit der Rasse macht dies unmöglich – aber die Gedanklichkeit und die Sprachform des Buches der Bücher verjüngt sich in seinen tönenden Versen. Erst Lilien schafft den Ausgleich, indem er das Monumentale der alten Kunst – in der strengen Gestaltung der Konturen und der jähen Wirkung des Flächenkontrastes – mit dem Sentimentalen moderner Empfindung – in den heimatssehnsüchtigen Gedanken mancher Bilder – vermählt. Er paraphrasiert die Gedichte und hüllt sie in eine dekorative Einheit, die von den altvölkischen blau-weißen Heimatsfarben umschlungen, von Dornen umrankt und vom silbernen Zionssterne überleuchtet ist. Die alten Geräte und vergessenen Wahrzeichen, Symbole und Zeugen der stolzen Vergangenheit leben wieder auf in moderner Umbildung, das Nationale wirkt in ornamentaler Verwertung. Mit dieser Synthese gläubiger Bewahrung und schöpferischer Verjüngung hat sich Lilien eine bodenständige Eigenart geschaffen, die ihm niemand entreißen und die er nur selbst überwinden oder übertreffen kann. Denn hier spricht nicht mehr Kunst, sondern schon Kultur; diese Vereinung hat keinen momentanen, sondern einen Entwicklungswert, sie ist nichts Historisch-Abgeschlossenes, sondern ein Organisch-Schöpferisches. Das Buch ›Juda‹ ist das erste Glied einer Reihe, deren Abschluß und endgiltige Größe noch unberechenbar in der Zukunft liegt.

Das Buch ist eine Fülle, darum aber noch keine Erschöpfung für Lilien gewesen. Nur ein Anfang war es. Gelingen und Erfolg weisen ihn für die nächste Zeit ganz in nationales Milieu; für seine Zeitkultur ist er nicht mehr ein Willkommener, sondern ein Notwendiger und Unumgänglicher, vielleicht sogar der Notwendigste. Nach zwei Jahren widmet sich Lilien einem neuen großzügigen nationalen Werke, dem Ausschmuck der ›Lieder des Ghetto‹ von Morris Rosenfeld. Wiederum ist es Freundschaft und innige Sympathie, welche ihn tiefer in die geheimnisvollen Schöpfungsschächte eindringen läßt, als es sonst den berufsmäßigen Buchschmückern gelingt, und diesmal ist die psychische Vereinung eine noch innigere. Wieder sind die Schaffenstage verschönt durch die Innigkeit verstehenden Zusammenwirkens, denn der Übersetzer Berthold Feiwel steht Lilien durch gleiche Überzeugung, der Dichter durch gleiches Schicksal nahe. Erst in diesem Buche ist die heimatliche Wahrheit ganz in ihm erstanden, weil der fremde Dichter ihm sein eigenes Leben erzählt. Denn auch Rosenfeld war ein Verstoßener des Lebens, einer, der um seine meisterliche Kunst mühsam gerungen, ohne Helfer und ohne Lehrer, der, zermürbt und vernichtet von armseliger rastloser

Schneiderarbeit in den berüchtigten Sweat-Shops von London und New-York aus dem tausendfachen Elend derer um ihn den mitleidigen Drang empfunden hat, den vielstimmigen Aufschrei in Verse zu bannen. Und diese Verse, die feurig leuchten wie eine blutige Flamme allen menschlichen Elends, sind in niedriger öllichterhellter Stube, auf zerfetztem Bett in Krankheit, Ermattung und bitterster Not geschaffen. Tränen haben oft die Schrift verwischt, und fremde mitleidige Tränen brannten nieder auf manches dieser primitiven und eben darum so hinreißenden Gedichte. Wie Lilien ist Rosenfeld selbst jüdischer Prolet. Aber beide haben sie eine wundersame heroische Liebe: die Kunst. Beide eine brennende und gütige Empfindung: nicht Mitleid für sich, sondern für die andern im trostlosen erstickenden Dunkel, aus dem sie sich schon befreit. Und beiden leuchtet in stillster Seele das gleiche Licht seliger Hoffnung: der messianische Heimatstraum des verstoßenen Volkes. Über dem dunklen wirren Erdengewühle, über der traurigen Einsamkeit des öden Landes und über dem Maschinenlärm der großen Städte, brennt am stillen hohen Himmel die leuchtende Hoffnung des Zionssternes. Und in diesem Verheißungszeichen finden sich zwei treue zerarbeitete Kämpferhände weit über Länder und Meere. Der die Verse schrieb, sang des andern Leben und Sehnsucht, und der die Bilder schuf, zeichnet nicht nur eigenes Schicksal, sondern auch das des fernen Bruders. Und diese tiefe Einheit, diese Blutsverwand[t]schaft der Schöpfer verleiht dem Rosenfeldbuche gegenüber ›Juda‹ die Superiorität im kulturellen Werte. Es fehlt ihm das Sensationelle, das Primäre und Absonderliche der Balladen des reichsritterlichen Dichters, aber es ist keine sorgfältig harmonisierte Zweiheit mehr, sondern Dichtung und Schmuck sind wie zwei Dolden einer einzigen Blüte. Auch zeichnerisch scheint mir das Rosenfeldbuch überlegen. Lilien der Lernende hat sich nicht nur technisch bereichert und differenziert, der Realist in ihm fand hier Gelegenheit, sich mehr der eigenen Wirklichkeit zu besinnen, er konnte alle Liebe und all sein unmittelbares Erleben zu diesen Versen tragen, ohne zu fürchten, ein Fremdes zu bringen. Er hat Gestalten, die ihm im Leben zunächst stehen, in den Zeichnungen verwertet, und niemand fühlte einen Kontrast; er hat Typen, die ihn auf Fahrten und Reisen gefesselt, physiognomisch ausgenützt, er hat Heimatserinnerungen und Eigenschicksal in seine Blätter eingestreut, ohne des fernen Dichters Empfinden zu verwischen oder zu verfärben. Darum mußte er mit diesem Buche erstarken. Denn nun war er dem Leben so ganz nahe, das seine einzige Schule war. Und ganz nahe auch seinem Volke, denn gleiches Blut hämmerte im Herzschlage dieses Dichters, gleiche Bangigkeit und gleiche Sehnsucht. Wie er tief in den dunklen Zauberspiegel blickte, um des Fremden Züge zu enträtseln, fühlte er alle Ähnlichkeiten sich vertiefen und vermehren, bis die eigenen Linien es waren, die aus dem schmerzlichen Dämmern geheimnisvoll entgegengrüßten. Und erst wer diese Vereinung voll empfunden, versteht das tiefsinnige zeichnerische Gedicht des letzten Blattes, da e i n e dunkle Palme sich segnend über die drei stillen harrenden Gräber senkt. . . .

In diesen Jahren nationaler Entwicklung ist Lilien nicht nur zeichnerisch, sondern auch schöpferisch bedeutsamer und tiefer geworden. Er war nie ein reiner Zeichner, ein Abzeichner und Naturalist, der die absoluten Werte der Welt in äußeren Formen und ihrer seelenlosen Hülle sucht, Lilien war stets ein Intellektueller, ein Sucher nach essentiellen geistigen Werten, nach einer künstlerischen Teleologie, die eine Ursächlichkeit in geheimen psychischen Kernen und ein Ziel in ihrer Entäußerung sieht. Er sucht die Lebensform, für welche Formen und Farben nur so leere und arme Zeichen sind, wie in der Dichtung selbst unsere feinsten und durchbildetsten Worte gegenüber dem reinen Relief, der klaren Anschaulichkeit des Absoluten. Rassenfanatiker haben diese anthropomorphistische Erscheinung zu einer für das Judentum typischen verallgemeinert, die großen zeitgenössischen Naturalisten Israels und Liebermann liefern jedoch einen glücklichen Gegenbeweis gegen solche Dogmatik. Und diese Intellektualität ist vieler Gradationen und Fluktuationen fähig, selbst innerhalb einer einzelnen Persönlichkeit. Bei Lilien war sie im Beginne eine niedere Form, ein Geistreichsein, tatsächlich eine Art künstlerischen Journalismus. Seine Blätter in der ›Jugend‹ waren zum Teil nur delikat gezeichnete witzige Einfälle, manche wie der ›Faun mit der Flöte‹ und das ›Amoroso‹ klug pointierte geschliffene Gedichte. Manche wie das entzükkende Blatt ›Lex Heinze‹ entwickeln eine stupende Fülle satirischer Einfälle und kaustischen Witzes. In ungünstiger Entwicklung hätte Lilien, so sonderbar es auch klingt, sich vielleicht der Karikatur zuwenden können, aber seine tiefinnerliche Liebe zu seelischer Schönheit hat ihn davor ebenso bewahrt, wie vor der Hingabe an das allzuhandwerkliche Kunstgewerbe. Die Sehnsucht nach reiner Form und unmaterialistischer Gestaltung, die ihn selbst in diesen scherzenden Blättern eine wundersam harmonische Rundung fraulicher Schönheitslinien finden ließ, hat sein intellektuelles Schaffen geläutert. Je mehr sich wieder die reinen Flammen sozialer und nationaler Gedanken in seinem geistigen Leben umfaßten, desto unbedeutender und spärlicher verglühten diese witzigen, geistreichen Einfälle. Heute ist sein Werk gänzlich frei von diesen schelmischen, im Sinn eines großen künstlerischen Zieles immerhin bedeutungslosen Scherzen, und nur die Freunde, die manchmal in fröhlichen Nächten sein herzliches Lachen hören, wissen, daß der Schelmentrieb bei ihm nur aus der Kunst, nicht aber aus dem Leben gebannt ist. Aus dem geistreichen Einfall ist im reifen Werke der Gedanke geworden, das deutende und kündende Symbol. Der Dichtkunst ist diese Form entlehnt und Lilien ist heute – ich sehe mehr Verdienst, als Tadel darin – ein schöpferischer Dichter des Zeichenstiftes, nicht nur ein Zeichner. Er empfindet die Allbeseeltheit der Natur im Menschen wie in der einzelnen Blüte, in der Landschaft wie in den Tieren, er hat den tiefen Dichterglauben, daß auch in den stummen Dingen ein Lebendiges sei, das manche Menschen verstünden und wüßten. Er sucht aus der Physiognomie ebenso die individuelle Lebensidee zu gestalten, wie er die Essenz der Geschlechter aus ihren Formen zu lösen sucht, indem er in den Frauengestalten den Gedanken weicher nachgebender Schönheit, im Akt des Mannes den siegenden Zauber der Kraft gestaltet. Lilien ist darum noch kein reiner Symbolist, der durch erträumte Abstraktionen spricht, ihm ist schon die Wirklichkeit das Symbol, und zwar in ihrer primitivsten Form. Die reale, nur von allem Unwesentlichen gereinigte Landschaft ist ihm Symbol, nicht eine erträumte stilisierte Landschaft. Ein beliebiges Blatt soll seine Absicht erklären. In den ›Elul-Melodien‹ zieht ein vertriebener verzagender greiser Jude einsam dahin. In seinem Blicke liegt eine Stimmung, in seiner ganzen Gestalt. Hinter ihm dehnt sich das ewig unruhige, rastlose, friedlose Meer. Wieder klingt dasselbe Motiv. Die harmonisch gewählte Landschaft wiederholt die Stimmung. Über dem Meere flattert eine Schar Möwen – nach Ruhe – nach Heimat. . . . Wieder rauscht derselbe Gedanke auf und die Disteln um des Wanderers Fuß – ein Symbol, das bei Lilien vielleicht zu oft wiederkehrt, – singen sie wieder, dieser einsamen Seele traurige Weise. So hypostasiert Lilien immer die menschliche Seele allen Gegenständlichkeiten, so schafft er eine eigenartige Symbolik, die man primitiv nennen könnte, wenn sie nicht eine so wunderbare Varietät der Typen, eine so vollkommene Dichtungsfähigkeit und psychologische Deutungskraft besäße. Hier schlummert das Geheimnis, das mancher vielleicht unbewußt empfunden hat, warum man bei jedem einzelnen Blatte Liliens so lange in genußreicher Betrachtung verweilen könne, denn man läßt sie nicht früher, bevor man nicht ihre Beseelung in den verborgensten Symbolen aufgespürt und verstanden hat. Die Kombination ist an und für sich keine neue: man denke in der Malerei an die geheimnisvollen und magischen Landschaften auf den Frauenporträts des Lionardo; insbesondere in der Dichtung ist die Mischung des Psychischen und Landschaftlichen ein fast notwendiges Requisit. Lilien aber hat diesen Gedanken des Symbols zur peinlichsten Konsequenz erhoben, zur Idee universeller Symbolik. Auf seinen letzten Blättern ist auch das geringste Detail nicht mehr unbeseelt und stumm; jedes spricht sein Wort in die Geschichte, jedes ist ein Dufthauch der strömenden Stimmung. Noch der Rahmen greift hinein in das Bild und entrafft ihm den essentiellen Wert, alles flüchtet in diesen Wesen in die bewußte Einheit eines Gedankens und die unbewußte einer Stimmung. So erreicht Lilien die orchestrale Gewalt eines gemalten Bildes, in dem die koloristischen Elemente unterstützend wirken, mit seinem schlichten Schwarz-Weiß – das in seiner absoluten Konsequenz überdies der Schattierung entsagt – vermittels einer Symphonik eigenster Art, indem er ebenfalls das Thema von wechselnden Stimmen anschlagen läßt, deren einheitliches Zusammenklingen gleichfalls die Polyphonie ergibt. Um dies zu vermögen, muß man aber mehr sein als ein Zeichner, ein Abzeichner des Wirklichen; man muß dichterisch fühlen, um dem Kosmos seelische Werte zu entreißen, man muß Schöpfer sein. Und darum spreche ich von einem Dichter Lilien, denn dies scheinen mir nicht mehr »Einfälle« zu sein, wenn die Umrahmung eines hellen Knabenbildes ein gezacktes Dornenherz ist, wenn ein maschiges Netz mit einer aussaugenden Spinne das Bild des armselig schuftenden Schneidergesellen überzieht, oder wenn er im Ex Libris eines Freundes den künstlerischen Weg als ein Durchringen durch Dornen zum Tempel der Schönheit gestaltet. Mir dünkt dies mehr. Es ist nicht mehr »geistreich«, wenn ein Zeichner in einem Blatte ›Liebe‹ das umschlungene Paar, das sich hoch über der fesselnden niedrigen Welt und nahe den Wolkentoren der Ewigkeit wähnt, in diesem seligsten Moment auf kleiner losgerissener Erdenscholle von einem Dämon erhoben denkt, dessen höhnische Fratze ihnen im nächsten Augenblicke grausames Niederschmettern aus den erträumten Himmeln droht. Das sind Künstlervisionen ... Träume Liliens, des Dichters ... Darum empfinde ich auch seine beiden Bücher so einheitlich und erzählerisch wie Epen und die Kollektion Ex Libris wie einen zusammengehefteten Band farbig bunter Verse. Man könnte sich fast alle in Reime umdichten, gleichsam aus einem Gewande in ein anderes hüllen, sie auf das Vorsatzblatt schreiben, so wie man sie auf die Einbandseite klebt. Den Professionalisten, die einen Maler, wenn er nicht Nurmaler ist, gerne verächtlich »literarisch« nennen, mag dies ein Greuel sein. Mir aber erscheint gerade in E. M. Liliens Typus eine lebendigere Form der Schönheit. Er ist nicht nur Zeichner, wir lieben ihn als Dichter und Träumer eigener Schönheit, als Künder neuer Ziele, als tiefen und fühlenden Menschen, dessen warmes Herz hörbar in den sonst so stummen, papiernen Büchern bebt und klopft.

Aber selbst, die den Künstler so in ihm lieben, stellen Lilien in einen noch zu engen Kreis. Denn heben wir sein Werk aus dem Rahmen artistischer Betrachtung, so bleibt im Gegensatz zu den meisten Künstlern noch viel: eine kulturelle Leistung von hoher Bedeutsamkeit. Wir, die wir gelebtem Judentume fernestehen, können sie nicht fühlen, sondern nur ahnen. Wenn wir von Liliens Werk sprechen, müssen wir mehr meinen als soundsoviel klischierte Blätter. Denn er ist ein Mittler zwischen der erlesenen Welt, zu der er sich Bahn gebrochen hat, und den zahllosen Entfremdeten der Bildung, von denen er gekommen. In seiner Hand hat sich für viele zum erstenmal die Flamme der Kunst entzündet. Die Kongreßkarte, die ferne im tiefsten Rußland irgendeiner empfängt und staunend im Dorfe umherzeigt, ist der erste Strahl künstlerischer Kultur, der ihnen von allem Anbeginn in die Augen geleuchtet. All das Licht, das der sehnsüchtige Sucher von einst staunend aufgesogen, glüht heute zurück. Lilien ist der erste, der den chassidischen Fanatikern die Darstellung des Nackten gewiesen hat, ohne daß sie ihn des Religionsfrevels zu zeihen wagten. Er ist der erste, der die Formenfülle des alttestamentarischen Ritus zu ornamentaler Verwertung brachte, der die hebräischen Majuskeln neu beseelte und damit Schätze gehoben hat, an deren Reichtum noch manche zehren werden. Er hat mit Freunden den ersten nationalen Verlag begründet, der Werke nach künstlerischen Prinzipien ausstattet, er hat sich als erster bewußt in die Reihe jüdischer Künstler gestellt, die nur unbewußt aus ihrer Rasse für die Heimat schufen. Überall war er ein Beginner, ein Schöpfer. Noch ist seine Leistung zwar nicht das, was man definitiv d i e jüdische Kunst nennen könnte, so wie man von einer holländischen und spanischen spricht, aber zweitausendjährige Versäumnisse können nicht zehn und nicht hundert schöpferische Jahre einholen. Vorläufig hat er für sein Volk geschaffen; und auch die meisten seiner nächsten Arbeiten werden nationalen Bestrebungen dienen. So schafft er jetzt mit Maxim Gorki, dem innigen Kenner des russischen Judenproletariates, gemeinsam ein Buch ›Zbornik‹, welches die produktive Leistung der Jargonpoeten in sich vereinen soll, gewählt und eingeleitet von dem großen Proletendichter und geschmückt von dem Volkskinde Lilien, dem Autodidakten. Und auch die ›Hagada‹, das Buch der jüdischen Familie, will Lilien künstlerisch gestalten und so an jenem Feierabend, da alter Ritus seinen Zauber breitet, moderne künstlerische Schönheit erwecken. Das sind Leistungen, die viele dem »Schwarzweißkünstler« vergessen. Alle Sehnsucht konnte er freilich nicht erfüllen, aber sie gedeutet zu haben ist schon Verdienst. In einem Blatte hat er mit seinem Stifte den ganzen messianischen Traum gestaltet, in einem unvergeßlich schönen Blatt, der Kongreßkarte. Ganz schlicht ist das Symbol. Der zionistische Gedanke als schwingenumrauschter Engel weist dem einsamen Juden in Dornen das Land der alten Verheißung, die sonnige Heimat, die er ackernd durchschreiten soll. Schlicht und groß ist das Blatt. Die ganze Sehnsucht lehrt es – und die ganze Erfüllung!

Diese kulturelle Tat scheint mir das große und wahre Werk E. M. Liliens, dem man gerne eilig die enge Formel des »zionistischen Schwarzweißkünstlers« überwirft. Weder das eine, noch das andere in dieser Formel ist bedeutsam für seine Persönlichkeit. Der Zionismus war für ihn nur der Impuls und in seiner Persönlichkeit mußte – wie in jeder bemerkenswerten – dieses nationale Ideal sich umformen und eigene Gestaltung erringen. Und andrerseits ist die Schwarzweißtechnik, so individuell, so typisch und so meisterlich sie Lilien handhabt, doch nur ein Mittel, das ihm heute genügt, nicht aber immer genügen muß. Vielleicht begegnen wir ihm in einigen Jahren als Radierer, vielleicht als Maler, vielleicht als Bildhauer. Wer ihn und die heroische Arbeitsstrenge kennt, welche ihn in zehnfacher Größe jedes einzelne

Blatt arbeiten läßt, nur um Ungenauigkeiten und Oberflächlichkeiten zu vermeiden, die ihn Mühe und Arbeit vieler Tage achtlos vernichten läßt um eines kleinlichen Fehlers willen – der zweifelt nicht an ihm, wenn er eine Bahn verlassen wird, deren Enge er zu fühlen beginnt. Wenn seine wachsende Schöpferfülle die Form zersprengt, so wird sie sich eine neue zu schmieden wissen. Noch zittert in ihm jene schöpferisch suchende Liebe der Kämpferjahre, noch immer schafft er als ein Beginner. Dreißig Jahre ist er erst alt. Und vor zwölf Jahren war er noch beim Schildermaler in Drohobycz . . .

Jakob Wassermann

Es hieße sich in Deutschland einer gefährlichen Täuschung hingeben, wollte man annehmen, die deutsche Erzählungskunst habe seit längster Zeit, vielleicht seit dem Erscheinen des ›Werther‹, den auch nur mindesten Einfluß auf die Weltliteratur genommen. Was seit hundert Jahren bei uns an Belletristik produziert wurde, ist – kein Leugnen hilft gegen Tatsachen – für den nationalen Hausgebrauch gewesen und unsere epische Handelsbilanz bleibt noch heute erschreckend passiv. Blättert man die Verzeichnisse englischer, französischer, italienischer Ausgaben durch, die bestrebt sind, die standard works der Erzählungskunst zu vereinen, so wird man mit einigem Erstaunen und noch größerer Kränkung unter hundert, oft fünfhundert Werken nicht ein einziges deutsches finden. Solche Übereinstimmung nun ist niemals Zufall, sondern Zutagetreten eines latenten Defektes. Selbst unsere bedeutendsten sogenannten Romane, der ›Wilhelm Meister‹ und der ›Grüne Heinrich‹, liegen bei ihrer eminenten Bedeutung für jeden, der seelische Erlebnisse sucht, doch weitab vom Begriff des reinen epischen Kunstwerkes, und – tragisches Verhängnis! – der einzige deutsche Roman, der hätte Weltliteratur werden können, war jenes dickleibige Manuskript, das Heinrich von Kleist kurz vor dem Ende seinem Verleger übergab, der es als Makulatur verwendete. Erzähler im höchsten Sinne kann nur ein freier, mit sich selbst nicht mehr beschäftigter Mensch sein, Proteus, der Gestaltlose, er, dem es gegeben ist, sich in steter Selbstentäußerung in seine eigenen Gestalten restlos zu verwandeln, in ihren Meinungen die seine zu vergessen, einer, der aufhören kann im Schaffen, Substanz zu sein, Körper und Seele, der nur Sinn wird, sehendes Auge, horchendes Ohr, redende Zunge. Bei den Deutschen nun, denen jedes Kunstwerk nur immer Vorwand ist, näher an sich selbst (statt an die Welt) heranzulangen, das innere Kunstwerk der Persönlichkeit zu schaffen (statt das äußere des Werkes) scheint irgend etwas dieser letzten Selbstzerstörung, dieser äußersten Verwandlungsfähigkeit zu widerstreben. Die deutschen Erzähler gleichen alle jenen (oft unendlich bezwingenden) Schauspielern, die nie sich ganz in ihren Gestalten verlieren, von deren Ich immer noch etwas im Spiele wach bleibt, statt ganz im Traum der Schöpfung zu versinken. Unseren bedeutendsten Romanen – ich nannte schon den ›Wilhelm Meister‹ und den ›Grünen Heinrich‹ – haftet diese Zwitterhaftigkeit der Erlebnisdichtung an, sie sind, um ein Bild der Geometrie zu versuchen, nie Kreise der Welt, die sich völlig ineinanderschließen, sondern Tangenten vom Rande einer Persönlichkeit in die Welt hinaus. Nicht das Werk ist der Kreis, Symbol der fehllosen Geschlossenheit, sondern der Schöpfer, nicht der Künstler vollendet sich, sondern der Mensch (der für das Kunstwerk recht gleichgültig ist). Erlebnisdichtung ist eben keine reine Dichtung, und die wachsende Geschlossenheit im Schöpfer rächt sich mit einer fast proportionalen Brüchigkeit im Geschaffenen. Die besten Romane auch unserer Zeit, die sich ungleich deutlicher als jede frühere um kunsttheoretische Erkenntnis bemüht, sind verhängnisvollerweise in ihren besten Exemplaren – ich nenne nur Thomas Manns ›Buddenbrooks‹, Schnitzlers ›Weg ins Freie‹, Ricarda Huchs ›Ludolf Ursleu‹ und Hesses ›Camenzind‹ – verwandeltes Eigenerlebnis, zerdehntes Rückentsinnen des Auges und Ohres, statt frei Erfundenes, und haben alle die Gefahr, mit dieser ersten unmittelbarsten Wiedergabe des Selbsterlebten schon ihre ganze innere Welt zu verraten. Damit soll – ich liebe all diese Bücher sehr – kein Einwand gegen ihre Schönheit, sondern nur gegen die Unreinheit der Gattung versucht sein, und tatsächlich hat schon die Weltliteratur dieses Empfinden bekräftigt, denn keiner dieser Romane hat irgendwo im Auslande eine auch nur annähernd ähnliche Wirkung sich erzwingen können. Wie ein Verhängnis scheint die Persönlichkeitskultur, das Erbteil Goethes, und der jedem Deutschen innewohnende metaphysische Trieb an dem Blut jedes einzelnen Kunstwerks zu zehren und jener freien Darstellung, jener unbefangenen, fast spielenden Art des Erfindens (»fiction« nennt der Engländer die Belletristik und trifft damit ins Schwarze) zu wehren, die für den großen Erzähler immer charakteristisch bleiben wird. Darum ist es kein Zufall, daß die beiden, die neben Thomas Mann, dem bewußt Erstarkenden, die beste Hoffnung auf einen wirklichen deutschen Roman geben, daß Heinrich Mann und Jakob Wassermann schon mit ihrem Blute von der deutschen Tradition gelöst sind. Der eine, Heinrich Mann, durch romanische Abkunft und vor allem seine innerliche Antipathie gegen das Breitbürgerliche, das heute die deutsche Kunst so zu verfetten droht, der andere, Jakob Wassermann, durch stark ausgeprägte Rassenfremdheit und einen Willen zur reinen Epik, wie er ähnlich bewußt in Deutschland noch nicht zu finden war.

Jakob Wassermann, sagte ich, entgeht diesem Gesetz. Denn er ist Jude. Jude in einem viel tieferen, lebendigeren Sinn der inneren Bestimmung, als sonst der konfessionelle Vermerk zu begrenzen pflegt. Denn bei den meisten jüdischen Schriftstellern in Deutschland ist das Judentum längst nicht mehr die innere Substanz, der Kern ihres Wesens, sondern nur eine Art intellektueller Optik, eine

Anschauungsform, ein geistiger Mechanismus. Es ist nicht Blickform, sondern Brille, ein Medium der Anschauung, aber nichts selbst Wirkendes, und darum eher ein Hemmnis höchster Anspannung. Dieses Kulturjudentum ist fast nie künstlerisch nahrhaft, weil es eine zu dünne Oberflächenschicht ist, und bedingt jene merkwürdige Wurzellosigkeit, die allerdings wieder durch gesteigerte Anpassungsmöglichkeiten kompensiert wird. Es ist auf dem Weg der tausend Verwandlungen, Filtrierungen und Vermischungen dem echten, dem alttestamentarischen schon so ferne geworden, daß solche Kulturjuden ebensowenig Juden genannt werden dürften wie die Italiener von heute noch Römer und die Griechen Hellenen. Wassermanns Zusammenhang mit seiner Rasse ist ein viel intimerer, er ist nicht nur tangiert vom Judentum, sondern fast ausschließlich von ihm bestimmt, nur aus ihm zu begreifen, wenn auch er (mit J. J. David) von allen modernen Erzählern der deutscheste scheint. Er stammt aus einem jener Winkel in Franken, wo die jüdischen Gemeinden, seit Jahrhunderten eingenistet, in dauernd gegensätzlicher Abgeschlossenheit ihre eigene Art und damit die schöpferische Tradition bewahrt haben. Und durch eine geheimnisvolle Polarität der angespannten Gegensätze ist die elementare Urkraft der jüdischen Weltvision der deutschen näher als der jeder anderen Nation, weil ja beide in ihren Endzielen nach einer einheitlichen moralisch-metaphysischen Vergeistigung des ganzen Lebens streben, freilich in einer unendlichen Verschiedenheit der Methode, aber eins im höchsten Weltbilde, etwa in jener bedeutsamen Begegnung Spinozas und Goethes am äußersten Endpunkte ihrer Geistigkeit. Während aber bei den Deutschen diese Idee der Einheit eine schon eingeborene ist, die nur einer inneren Vervollkommnung und Läuterung bedarf, ist sie bei dem Judentum erst eine errungene. Martin Buber hat in seinen so bedeutsamen Reden über das Judentum die schöne Formel gefunden, daß es ein ständiger Dualismus mit steter Sehnsucht nach Einheit sei. Diese Dualität zwischen der geistigen und sinnlichen Sphäre ist nun für den Künstler die Wahl zwischen der Vision und der Analyse bei jeder innern Weltgestaltung. Schon das Alte Testament, die höchste Probe der jüdischen Kunst, birgt die Urform dieses Zwiespalts in sich, die orientalisch üppige Bilderpracht und die mathematisch reine Formulierung der Idee, den Trieb zum geistigen Gesetz, der in unendlichen Zwischenstufen aufsteigt bis zu jener unsinnlichen Form Gottes, der vielleicht bedeutendsten logischen Idee der Welt. Wassermann, dessen Begabung noch in jenem alttestamentarischen, orientalischen Judentum verwurzelt ist, hat beide diese Urkräfte gegensätzlich in sich entwickelt, eine ungestüme, zu lyrischer Ausschweifung geneigte sinnlich-visionäre, typisch orientalische Phantasie, aber gekreuzt von einem sicheren Wirklichkeitssinn, einem analytischen Spürtrieb, beide voll Gier, sich weltschöpferisch zu betätigen, beide schroff einander gegenüber. Und die Geschichte des Aufstiegs in Wassermanns Schaffen ist die ihrer Versöhnung, ihrer gewaltsamen Vereinung durch einen erstarkenden Willen zur reinen Kunst. Anfangs hat der noch von Verantwortungsgefühl nicht so sehr beschwerte Dichter diese beiden Triebe frei schaffen lassen; es gibt Bücher, die nur von dem einen geschaffen sind (der ›Alexander‹ und das wundervolle Vorspiel zu den ›Juden von Zirndorf‹ vom ziellos-visionären) und solche, die nur Destillate der Wirklichkeit sind (›Der Moloch‹ und die kunsttheoretischen Dialoge), aber das Wachsen seines Werkes ist ausschließlich von dem Urtrieb bestimmt, die beiden voneinander arbeitenden Kräfte in eine einzige zu verwandeln, der blinden Gewalt der Sinnlichkeit die Zielbestimmung des Intellekts zu verleihen, eine logische Ordnung der Visionen zu ermöglichen und so, auf künstlichem Wege, eine gesteigerte, aber doch richtige künstlerische Anschauung der Welt in seinen Büchern zu gewinnen, die der elementaren sinnlich-eingeborenen gleichwertig ist.

Denn Wassermanns Kunst der einheitlichen Weltanschauung – dafür zeugen seine Rasse und seine Anfänge – ist nicht elementar, nicht primitiv wie die der meisten großen Erzähler, sondern errungen, erlernt und erobert. Es gibt Künstler, denen sie von Anbeginn geschenkt ist. Tolstoi war einer, Gottfried Keller, Dickens, Dichter sie alle, deren künstlicher Kosmos neben dem wirklichen existierte, aber identisch mit ihm durch jene »prästabilierte Harmonie« der Anschauung, der zufolge jede Monade, jedes flüchtigste Geschehnis hüben und drüben durch einen unbegreiflichen Zufall (der eben das Genie der Darstellung bedeutet) immerwährend identisch bleibt. Der Künstler, der nur aus Vision schafft, ist gewissermaßen der Weitsichtige, dem alle Realität vor den Augen verschwimmt und Geschehnisse nur in wolkiger Ferne auftauchen, während der Analytiker wiederum der Nahsichtige wäre, der über der deutlichen Erkenntnis des Geschauten jeden Horizont verliert. Sie aber, diese Unmittelbaren, die reinen Erzähler wären dann die Normalsichtigen, die Nähe und Ferne in richtiger Proportion zu sich selbst erfassen, die ohne Spiegelungen scharfrandig und klar sehen, sie sind – das Unkomplizierte ist ja nicht das Gewöhnliche, sondern das Seltenste des Lebens – Außerordentliche und Begnadete, deren dichterische Welt zu einer ursprünglichen Identität mit der realen gelangt. Wassermann ist keiner von diesen Beschenkten. Er ist, wie jeder Leidenschaftliche, anfangs geneigt, unwahr zu sein durch Übertreibung und Überhitzung der Gefühlswelt, gleichzeitig aber – der jüdische Zwiespalt – als Analytiker versucht, skeptisch seine eigenen Visionen zu zersetzen. Unruhe ist sein Anbeginn und seine ganze

Entwicklung eigentlich nichts als das Ringen um jenes Equilibrium, das für den Epiker notwendig ist, um eine schöpferische Vereinung seiner disparaten Fähigkeiten. Keiner von den Neueren hat sich ähnlich zäh und bewußt um alle Probleme des Erzählens, des Stils und der Gestaltung bemüht, und schon darum ist Wassermanns Entwicklung eine der schönsten Anspannungen künstlerischer Kraft um ihre eigene innere Ordnung, ein Kampf, der, von reinstem Wertgefühl begonnen, mit zunehmender Erkenntnis der Schwierigkeiten immer erbitterter wird. Neun Zehntel der Energie, die Wassermann für sein Werk verbraucht hat, liegt nicht in den Büchern beschlossen, sondern in verworfenen Versuchen, in unterdrückten Werken. Sein Wille zur reinen epischen Kunst ist eine der heroischsten Anspannungen eines Talents um seine innere Vollendung, würdig Flauberts, der in der Mitte seines Werkes ihm als Beispiel zur Seite trat, ein Kampf, dämonisch wie jeder, den menschlicher Wille gegen die Natur und gegen das Schicksal führt. Wie schmerzhaft Wassermann an dem eingeborenen Zwiespalt gelitten hat, spürt man, wenn man sich tiefer in seine Bücher beugt und auf ihrem untersten Grunde (schon in jenen ersten nur ahnungsvollen) als letztes Motiv eben jene Vernichtung des Zwiespältigen, jene brennende Sehnsucht nach Unmittelbarkeit findet. Der reine Mensch – etwa Dostojewskijs ›Idiot‹ –, der unkompliziert fühlende, elementare, von der Sinnlichkeit nicht getrübte, von der Logik nicht verschnürte (also auch der reine Künstler), erscheint dort als der höchste Typus des Lebens. Durch alle seine Gestalten glänzt diese sehnsüchtige Idee der Befreiung, des nackt der Welt Gegenüberstehens, des Weltbegreifens ohne Medium. Sein »Agathon« war der erste dieser Reihe, der »Gute« neben Anselm Wanderer, dem noch unsicheren, noch nicht angelangten, Agathon, sein Symbol der Überwindung des jüdischen Zwiespalts, dann »Caspar Hauser«, der von allen Rassen und Vorurteilen Freie, und gleichzeitig im Weiblichen »Renate«, die unbefleckbare, und »Virginia«, die unbefleckte – immer aber der klare ungefaltete rein triebhafte Mensch als Ideal der Vollendung. Und immer neben oder schon hinter ihnen – das Antithetische ist Wassermann im Theoretischen und Künstlerischen geblieben – in parallelen Linien zum Aufstieg, den sie erreichen, die Gefahr, der sie entflüchten. Stefan Gudsticker, der Lügner, Erwin Reiner, der Blender, Arrhideus, der Sophist – alles, wie Wassermann später aufgedeckt hat, Wandelformen des »Literaten«, des nicht Unmittelbaren – begleiten als Schatten die Strahlenden, immer lauert der Zwiespalt, noch nicht ganz überwunden, hinter der Einheit. Diese eine große Idee der Unmittelbarkeit, die gleichzeitig auch die seiner Kunst ist, überschwebt unsichtbar alle Bücher Wassermanns, so wie über den hellen und finsteren Bildern der Bibel die Gestalt des namenlosen Gottes waltet. Und zu dieser Reinheit der Figuren mit gleicher Reinheit des Schaffens emporzusteigen, solche irdische Vollendung mit gleicher der Kunst zu vereinen, das ist die dämonische Anspannung seiner fünfzehn Jahre Arbeit. Noch ist er nicht am Ziel, noch ist niemals in seinen Büchern diese ideale Gestalt, dieser neue Weltmensch vollendet: immer ließ er ihn, als noch nicht reif in seiner Welt, noch nicht vollendet in der Kunst vergehen. Agathon, den ersten, ließ er vorschnell zerbrechen, Caspar Hauser noch als Jüngling scheiden vor dem Erlebnis der Frauen, Renate verging an den Träumen, Virginia versinkt in die Wirklichkeit. Noch ist das Ideal nicht geschaffen, noch die Geschichte des Beatus nicht geschrieben, Sohnes Agathons und Renates, des Erlösers und der Erlösten, die Geschichte des Freien von beiden Rassen, des von allen Fährnissen Befreiten. Nur sich selbst, den Künstler, hat Wassermann in diesen Jahren der Anstrengungen errungen, noch nicht sein höchstes Werk.

Es gibt ein paar Bücher von Jakob Wassermann (ganz frühe und heute schon verlorene), die von diesen ernsten Anstrengungen um die Kunst noch nichts wissen. Die sorglosen möchte ich sie nennen. Sie sind noch ohne jenes schmerzhafte Bewußtsein letzter künstlerischer Verantwortung geschrieben, noch ohne Zurückhaltung, rasch nur ein Erlebnis in Schilderung verwandelnd, aber bemerkbar schon durch den gebändigten Stil, der sich unbewußt gegen jeden seelischen Lyrismus, gegen den sprudelnden Rhythmus der Ekstase wehrt. ›Melusine‹ heißt das eine, ›Schläfst du, Mutter?‹ das andere. Sie gehören beide zu seiner Biographie, aber noch nicht zu seinem Werk.

Wassermanns erste Tat sind die ›Juden von Zirndorf‹, eines der merkwürdigsten und bei aller Verwirrung genialsten Werke unserer neuen Literatur. Sie sind eines jener dämonischen Erstlingswerke, die, gleich verräterisch für das Genie und seine Gefahr, die ganze zukünftige Entwicklung, das spätere Erlebnis, schon mit wahrsagerischen Runen in sich aufgezeichnet haben: eines der Werke, das nachtwandlerisch schon die Pfade geht, die alle spätern dann mit der ungeheuern Mühe des Gefahrbewußten beschreiten werden. Eine Urkraft flackert darin, die zum mütterlichen Ganzen des Weltgefühls in verzweifelter Sehnsucht zurück will, die Gier, alle Probleme des Lebens in die Faust einzupressen, schon mit dem ersten Ansprung verwegen das Unzulänglichste zu fassen. Ich möchte Wassermann damals gekannt haben, glühend und verworren, in diesem – fast möchte ich sagen: vulkanischen – Augenblicke, da er sein ganzes Blut in ein einziges Werk stürzen wollte, da er das Höchste plante, Erlösung seiner selbst im Symbol, Austilgung seiner Rasse, einen neuen Mythos eines neuen Heilands (das gleiche, was zwanzig Jahre später Gerhart Hauptmann für unsere Welt im ›Emanuel Quint‹, was Dostojewskij für die russische versucht hatte). Auftauchend, noch ganz heiß von der jüdischen Tradition, in seine eigene Welt, wirft er ihr den glühenden Gedanken zu, den er ihren Tiefen entrungen: die messianische Idee, in der jeder jüdische Idealismus am tiefsten wurzelt. Denn dieser Agathon, der reine Apostel einer verworrenen Welt, will nichts Geringeres, als seinem entgötterten Volke eine neue Gläubigkeit schaffen, noch einmal wie der Sabattai Zewi des Vorspiels vom Morgenlande, vom Orient aus die Welt erlösen (so wie Aljoscha Karamasow sein Rußland). Wassermann hat ihm seine ganze unverbrauchte Leidenschaft mitgegeben, ihn gespeist mit allen Kräften einer angespannten Rasse – aber der Künstler in ihm war nicht stark genug, um ihn über ein ganzes Leben zu halten. Agathon, der ein Christus hätte werden sollen, ist in den ›Juden von Zirndorf‹ der Johannes geblieben, der Verkünder statt der Erlöser. Die Visionen, die im historischen Vorspiel, im Irrealen unerhörten Flug nehmen, zerscheitern an den Wirklichkeiten: der Dualismus des künstlerischen Prinzips, Fluch der Rasse, ließ Wassermann das Werk vorschnell, mit jugendlicher Ungeduld beenden. Die ›Juden von Zirndorf‹ sind Fragment geblieben (nicht äußerlich, aber innerlich), sein Urfaust, ein Chaos von Möglichkeiten, durch das die Schicksale wie Meteore taumeln statt als Sterne in geeintem Umschwung. Wassermann hatte damals zu wenig künstlerisches Gesetz in sich, nur den Willen, dieser aber war kühner als je in einem spätern Werk; und erst wenn die Spirale seiner Entwicklung wieder zu jenen höchsten Anspannungen zurückkehrt, die er damals haltlos, voreiligen Pfeilen gleich, nach oben schnellte, wird man der künstlerischen Gewalt inne werden, die jene Jahre innerer Arbeit in ihm gezeitigt haben.

Damals war er noch zu schwach, zu leidenschaftlich, das Bild seines Ideals vom unmittelbaren Menschen zu vollenden. Und zerbrach es lieber (um es später neu zu erschaffen), statt es zu verderben. Er ließ Agathon hinschwinden, unerfüllten Werkes, in seinem nächsten Roman der ›Geschichte der jungen Renate Fuchs‹, die von all seinen Werken bis heute den stärksten Erfolg gehabt hat. Einen verhängnisvollen, weil aus Zufälligem und Nebensächlichem genährten, wie er bald erkannte, verdankt eigentlich nur einem intellektuellen Witterungssinn für das brennende Problem der Zeit, für die Frauenfrage. Aber auch hier ist die Idee eines klaren ursprünglichen Verhältnisses zur Welt das innerste Motiv: Renate Fuchs, bei der sich selbstverständlich der Wille zum unmittelbaren Erlebnis ins Erotische wendet, geht der Reinheit des Gefühls nach und wird dadurch zur Asbestseele, die in allen trüben Feuern des Lebens ihre innere Unberührtheit beschützt. Sie gibt zuerst – wieder ist das Schicksal des Künstlers hier zur Tragödie seiner Menschen verwandelt – nur irgendeiner leidenschaftlichen Ungeduld nach, sie verschwendet blind ihre lyrisch aufgeregten Kräfte an die Verlockungen des Scheines, um erst durch Prüfungen zu ihrem Wert- und Unterscheidungsgefühl zu gelangen. Wie Agathon, der sie entsühnt, ist sie noch eine Unvollendete, eine Suchende, eine Werdende, aber doch schon voll Erkenntnis des Wertlosen, der künstlichen Kultur des Wortes, die Gudsticker, der äußerliche Dichter, hier symbolisiert, der Literat, die immanente Gefahr des stets nur gewerteten und gespiegelten, statt wahrhaft gelebten Lebens. Und stärker drängt dieser Roman schon ins Wirkliche hinein, freilich mit noch unzulänglichen Kräften. Die Überwertung der Frau, wohl begründet in einem momentanen Erlebnis, hat, wie bei so vielen Künstlern, hier die moralische Absicht sentimental gefärbt, der visionäre Trieb wird niedergehalten durch die immer vordringendere Einmengung der Realitäten. Je näher Wassermann in diesen ersten Büchern dem Unmittelbaren tritt, desto deutlicher wird seine künstlerische Unzulänglichkeit (im Vergleich zu den späteren Romanen). Die Gestalten stürzen, wie aus jäh aufgerissenen Türen geschleudert, ganz heiß noch von Wirklichkeit, auf die Szene, mengen sich ein und verschwinden, hemmen das sausende Schwungard der Handlung, verschatten mit ihren Körpern das innerliche Licht. Irgendeine Ungeduld verschiebt auch hier das Schwergewicht der Handlung; ebenso wie in den ›Juden von Zirndorf‹ beginnt in den letzten Kapiteln die zu rasch aufgebaute, mit zuviel Details beschwerte künstlerische Masse zu knistern und bricht in unvermittelter Katastrophe zusammen. Eine feuerfarbene, aber innerlich kalte Vision von der Todesvereinigung Agathons und Renatens verbrennt den mühsam gehäuften Stoff kostbarer Beobachtungen.

Aber Wassermann, vielleicht verwirrt durch den Erfolg, wollte noch tiefer hinein in das Wirkliche und maß im nächsten seiner Romane, ›Der Moloch‹, seine jugendliche Kraft mit dem schwersten aller künstlerischen Probleme, mit einer Aktualität. Ein Prozeß, den eine jüdische Familie gegen die Räuber ihres gewaltsam getauften Kindes anstrengten und der damals in ganz Österreich größte Aufregung hervorrief, verlockte ihn zu einem Zeitroman, jener Gattung der Kunst, die nicht nur Talent, sondern eine ungemeine Sicherheit gegenüber den Tatsachen, ein eminentes künstlerisches Equilibrium und vor allem absolute Leidenschaftslosigkeit verlangt (denn ein Zeitroman mit innerer Beteiligung wird zum Pamphlet). Das alles war im zwiespältigen Talent Wassermanns nicht zur Reife gelangt, und darum ist der ›Moloch‹ bis heute sein mißlungenstes Werk, der vielleicht einzige wirkliche Fehlgriff seiner sonst instinktiv unendlich glücklichen Stoffwahl. Auch hier ist der Gedanke der Unmittelbarkeit, des reinen Menschen, in dem ich das Leitmotiv seiner Jugend sehe, wieder angeschlagen. Man sieht, daß Wassermann sich selber bewußt ist, diese Idee nicht bewältigt zu haben, er rollt sie hin und her, knabbert sie von allen Seiten an wie ein Hund den übergroßen Brocken, den er nicht mit einemmal verschlucken kann. Er spielt mit dieser großen Idee, packt sie so ungeduldig, daß sie ihm immer wieder entgleitet, aber er läßt sie nicht frei mit jener erhabenen Zähigkeit des großen Künstlers, der mit dem Engel ringt, bis daß er ihn segnet. Hier ist sie zum erstenmal, die erlösende Idee, ins Tragische gewandt, nicht gezeigt, wie sich ein Mensch durch den Wust des Lebens zur innern überzeugenden Klarheit durchringt, sondern das Widerspiel, das Trübwerden, das Erblinden des Ideals, der Untergang des Reinen im Sumpf der Leidenschaften. Schon Anselm Wanderer, der problematische Held der ›Renate Fuchs‹, war ein Unsicherer gewesen, pendelnd zwischen dem schöpferischen und dem bloß gaukelnden Menschen, zwischen Agathon und Gudsticker, hier aber ist die Ernüchterung des Ideals, die Verzweiflung an der innern Vollendung (und sicherlich wieder korrespondierend mit einer menschlichen Depression des Künstlers) Tatsache geworden. Der ›Moloch‹ stellt die innere Krisis des Künstlers Wassermann dar: eine ungemein wertvolle, wie sein späterer Aufstieg erweist. Er hat ja allen diesen drei Büchern selbst das Urteil gesprochen – ich meine immer: im höchsten Sinne –, indem er die Helden, die er anfänglich zu den äußersten Vollendungen emporsteigen lassen wollte, vorschnell zum Tode bestimmt. Sie alle, Agathon, Renate und der Held des ›Moloch‹ sind noch nicht ganz rein, ganz schöpferisch, sie haben noch nicht alle Schlacken der Rasse und der Beziehungen in sich ausgetilgt, sie haben alle noch Dunkelheit und Schwere in sich, schwarzes, jüdisch-grüblerisches Blut. Sie ringen noch mit dem Leben, statt mit ihm zu spielen, wie die ganz Großen. Mit ihrer Vernichtung vernichtet Wassermann in sich selbst seinen höchsten Willen, zu dem er noch nicht die Stärke fühlt. Er weiß, daß er sich in diesen noch brüchigen Gestalten nicht verschwenden darf, sondern sparen muß, um seiner letzten Aufgabe (spät in den Jahren vielleicht einmal) entgegenzugehen, die all diese frühen Versuche zusammenfaßt: die Geschichte des Beatus, des Glücklichen, Sohnes des Agathon und der Renate, des Kindes zweier Rassen, aus der Umarmung des Todes und des Lebens empfangen, von Verzweiflung und Hoffnung mythisch gezeugt, in der seine höchste Absicht von einst mit seinem inzwischen zur Vollendung gesteigerten Können sich vielleicht vollkommen versöhnen wird.

Wassermanns erster, durch den heroischen Elan bewundernswerter Ansturm gegen die Realität war mit diesen drei Büchern mißlungen. Das lebendige Leben ist zu eigenwillig, um sich leidenschaftlich in einer heißen Minute nehmen zu lassen, es verlangt vom Künstler auch bedingungslose Treue und Geduld. Diese ordnende Verteilung der schöpferischen Kraft ist Aufgabe der Mannesjahre. Es kommt nun in Wassermann zu einer Ruhepause der Selbstbesinnung, die auch zusammenhängt mit einer gleichzeitigen Wandlung seiner äußeren Existenz, seiner Verheiratung und der Stabilisierung seines Wohnorts. Er übersiedelt nach Wien, und hier tritt der Heiße und Ungestüme in einen Kreis von Künstlern, die vom ersten Beginn sich strenge Selbstverantwortlichkeit zum Ziel gesetzt haben und innerlich beständig die schöpferische Aufgabe dem Maß ihrer Kraft anpassen. Und er lernt von ihnen. Nichts Fremdes freilich, sondern nur sich selber beherrschen, und wird reif durch Resignation. Sein Wille befeuert nicht mehr vereinzelt, in heißen Visionen das einzelne Kunstwerk, sondern schließt seine Glut zusammen in eine einzige geschlossene Anspannung zur Kunst. Zur Kunst des Schreibens, des Erzählens, des Gestaltens, zur bewußten, auf Dauer gedachten Schöpfung. Wassermann beginnt, er, der Unbändige, Chaotische, zu erkennen, daß Genie auch Geduld sei, Flaubert wird sein Lehrmeister, die großen Schweizer Keller und Conrad Ferdinand Meyer nehmen ihn in die Zucht. Und Geduld, geschlossene Anspannung füllt langsam die Kluft zwischen den beiden eingeborenen Formen seines Talents, der Vision und der Analyse, nicht mehr diametral beginnen sie zu wirken, unruhig die Erzählung bald an einem, bald am anderen Strange nach vorwärts reißend, sondern der sichere Kunstwille macht eine der anderen dienstbar, was um so eher gelingt, als die bisher übermächtige Vision mit der abnehmenden Jugend an Rauschkraft verliert, indes die künstlerische Logik sich an den Erfahrungen täglich bereichert. Eine Ruhe, ein innerer Ausgleich geschieht in Wassermann, der sich auch in seinem Stil spiegelt, deutlicher, als der Raum hier nachzubilden erlaubt. Auch er barg beide Extreme der Sinnlichkeit und Geistigkeit, die farbig wirre lyrische Aufwallung, die sprühende Kaskade verschlungener Sätze, und andererseits die knappe Kristallisation, die Neigung zur epigrammatischen Verkürzung, die beide heute noch in Wassermanns Stil bestehen, aber in einer wunderbaren Ausgeglichenheit. Er hat sich damals vom Ornament befreit, vom Überflüssigen zum Notwendigen gebändigt, und sein epischer Vortrag hat nun jenen wie rhythmisch bewegten Wellenschlag, der ohne Lärm, nur mit wohltuend sanftem, unmerklich mitklingendem Wiegen die Erzählung weiterspinnt. Er ist nicht funkelnd, sein Stil, sondern dunkel metallisch, nicht ein flirrendes Geschmeide von Worten, sondern geschliffener Stahl, biegsam und elastisch, nicht Feuer sprühend, aber in Feuer gehärtet. Er opfert die Melodie dem Rhythmus, den verführerischen Schwung der steten Beharrlichkeit, an jenen gleichmäßig festen Schritt geübter Bergsteiger gemahnend, die höchste Gipfel erklimmen wollen und wissen, daß Sprünge und Eile vorschnell die Kraft ermüden. Aber er ist nicht trocken; in seiner Dunkelheit glänzt jenes innere Licht, das auch den paar Gedichten Wassermanns die merkwürdig orphische Musik gibt. Und er ist deutsch in dem hohen Sinne von Zucht, für den Bach musikalisch und Kleist literarisch den reinsten Typus darstellen.

Die drei nächsten Bücher, die Jakob Wassermann schrieb, der ›Alexander in Babylon‹, ›Die Schwestern‹ und der ›Caspar Hauser‹ sind technisch untadelige Werke geworden durch den erwachten Sinn zur Selbstbeherrschung. Nun erst der Schwierigkeiten bewußt, die der zeitgenössische Roman gerade seinem auf Zwiespalt ruhenden Talent bot, wandte er sich zunächst zum Historischen zurück (oder, um näher zu seinen Worten zu sprechen, er versucht Mythos nicht aus dem optisch Realen, sondern der Überlieferung zu gewinnen). Das Historische bedeutet eine wunderbare Zwischenstufe zwischen dem Ersonnenen und dem Geschauten, dadurch, daß es zwar Realität ist, aber doch eine nur individuelle und darum unkontrollierbare, eine Wirklichkeit, die erst der schöpferischen Vision bedarf, um in die Erscheinung zu treten. Und hier entfaltet sich gerade die Doppelwirkung seines Talents aufs glücklichste: sein reifer Intellekt, gepaart mit dem nun ganz gehärteten Stilgefühl, spürt aus dem Wirrsal der erhaltenen chronistischen Berichte den Funken Leben, den seine Vision dann zu brennender Glut anfacht. Wassermann weiß jetzt, wie gefährlich es ist, vorschnell das Ganze zu wollen, und teilt seine Kräfte. Einmal gibt er noch der ganz wilden, ganz farbetrunkenen orientalischen Phantasie freien Lauf, im ›Alexander‹, dieser Orgie der wie mit Haschisch aufgehetzten Sinne. Wir haben in der ganzen deutschen Literatur vielleicht kein Buch, das so sehr Rausch ist, so sehr Farbentrunkenheit, so sehr innerlichen Zusammenhang mit den modernen Malern hat, die auch in den grellroten glühendsten Farben mit einer fast sinnlichen Lust wühlen. Nie ist der Orient ekstatischer geschildert worden als hier aus einer vielleicht geheimnisvoll-sehnsüchtigen Rückerinnerung des Blutes. Nur eine Sekunde der Weltgeschichte zeigt er, aber jene grandiose des Zusammenbruchs des größten aller Kaiserreiche in einem einzigen Menschen, die Selbstvernichtung der Leidenschaft, in der Wassermann vielleicht seine eigene überwundene Gefahr vergeistigt hat. Denn so stark ist das artistische Verantwortungsgefühl schon in ihm geworden, daß die Kunst ihm zum Lebensproblem wird, daß ihm im Sinne Flauberts das ganze unendliche Leben nicht mehr Selbstzweck scheint, sondern Materie, die in Kunst zu verwandeln ist. Eine ungemein fruchtbare Bescheidung wird sichtbar. Wassermann will nicht mehr wie im Beginn sein Volk oder die Frauen erlösen, sondern den Künstler in sich ganz frei machen. Er stößt sich selbst aus seinem Kunstwerk heraus und macht es dadurch vollendet, wenn er auch manchem dadurch persönlich uninteressanter wird. Immer mehr wird er anonym, der unsichtbare Schöpfergott, den sein Werk zwar ahnen läßt, nie aber im Sichtbaren zeigt. Immer mehr gewinnt er die Zügel über sein Talent. In den drei Novellen ›Die Schwestern‹, die komplizierteste seelische Zustände mit psychologischer Meisterschaft schildern, spürt man zum erstenmal eine klare Disposition, ein anordnende, wägende, ausgleichende und verwerfende Hand, nicht nur glühende Sinne. Wo früher eruptive visionäre Entladungen gleich Motoren die Handlung über breite sandige Strecken forttrieben, arbeitet nun eine wohlberechnete Kraft. Die kunstvollen Gebäude gehorchen nicht nur der Schönheit, sondern auch den Gesetzen der Schwerkraft, sie haben Stabilität, indes die frühern Novellen etwas Fluktuierendes hatten, das farbige Gleiten von Wolken oder Träumen. Besonders in der Kriminalnovelle, in der aus flüchtigem Verdacht die Lawine des Verhängnisses anschwillt, bewundert man die Meisterschaft des literarischen Kontrapunkts: wie im Schachspiel ist Zug gegen Zug gesetzt, in sicherer unaufhaltsamer Umkreisung ein Leben vom Netz des Verhängnisses umschnürt, alles geschieht mit der Notwendigkeit des Spontanen, die innerlich wieder verzahnt ist in die immanente Absicht des Schicksals. Auch hier ist das Ornament überwunden, das Zufällige, das Schmückende ersetzt durch die stählerne Fügung, Stoff und Stil also zur Identität gezwungen. Und von diesen Versuchen, Schicksale in der Stunde ihrer Reife, eben ihres Schicksals, zu schildern, mag ihm der Mut geworden sein, einen Menschen von der ersten Entwicklung aufzubauen, den unzugänglichen, weil organischen Prozeß der seelischen Kristallisation mit der Alchimie der Kunst nachbildend zu versuchen.

Ich meine den ›Caspar Hauser‹ (der hier nur in der Beschränkung des Zusammenhangs mit den früheren Werken betrachtet sei). Hier hat Wassermann sein altes Ideal vom unmittelbaren Menschen wieder aufgenommen, aber gleichzeitig bewahrt vor der Gefahr des Persönlichen, indem er diesen außerordentlichen Menschen als einmaligen Einzelfall, nicht als Typus gestaltet hat. Er hat ihn von den Wirklichkeiten weggehalten, sogar vom allgemein Menschlichen, indem er ihn tiefer verstrickt sein ließ mit den Urkräften der Erde, sein Blut begabte, Gewitter und jedes elementare Geschehen, selbst seinen Tod prophetisch zu spüren, indem er ihm mystische Witterung gab, das Herz aus den Worten zu erlauschen. Aber er hat gleichzeitig in seinem Erlebnis eine Verkürzung des ganzen seelischen Weltbegreifens gegeben und die pathetische Historie des namenlosen Findlings, dessen Tragödie es war, keine Kindheit zu haben und nur Jüngling zu sein, verdichtet zu der Geschichte der Kindheit überhaupt, zur Bewußtwerdung der in trüben Erinnerungen vergehenden Entwicklung der Seele. Es ist im wesentlichen nur der geheimnisvolle Moment der Entdeckung des »Ich« im Menschen gegenüber dem unendlich vielfältigen »Du« der Welt, der uns allen verdämmert und der nur im Künstler (der in manchen Sekunden dem Kosmos wie zum ersten Male gegenübersteht) wieder wach wird. Und es ist gleichzeitig die Geschichte des reinen Menschen, der nicht von fremden Begriffen gefälscht ist, des ganz Unmittelbaren, der primitiv und mit intuitiver Klarheit den Dingen gegenübersteht und darum von keinem begriffen wird, irgendein Symbol des ganz nur von sich bestimmten, des namenlosen, gattungslosen Begriffes Mensch, der uns längst im Schwall der Vorstellungen entglitten ist. Und sein Tod ist nicht wie der frühere aller Helden Wassermanns auch ein Urteil, Abspruch der Lebenstüchtigkeit, sondern Schicksal, denn Caspar Hauser ist nicht für das Leben gedacht (das Übergang bedeutet), sondern als Sekunde, als die Sekunde Jüngling, sein Körper, sein Leben nur eine versteinerte Durchgangsform eines entgleitenden Begriffs. Und dieses Werk Wassermanns – für mein Empfinden sein bisher vollendetstes – ist mißverstanden, wenn es nur erzählerisch gewertet wird, als Geschichte eines Menschen. Es ist Symbol für unsere eigene mystische Weltentdeckung, Komprimierung unserer breiten kindlichen Erfahrungen in ein einziges Erlebnis, ein kühnerer Versuch ins Dunkel des Wachwerdens, als er mit dichterischer Flamme bisher versucht wurde. Und auch in der Gestaltung ist das Gefühl des Einmaligen, des Monumentalen, der Wille, diese in Legenden schwankende Gestalt ganz ins Dauernde, ins

Unwiderlegliche zu heben. Eine tiefe Gläubigkeit an seine Gestalt übermannt Wassermann: zum erstenmal, glaube ich, liebt er in einem Werke seinen Menschen. Und bestätigt sich damit selbst zum erstenmal als produktiver Künstler, er, der bislang seine Gestalten vor der Vollendung zerbrach und damit ihre Unzulänglichkeit gegenüber dem inneren Ideal bekundete.

Nach diesen drei Büchern, die alle der Belebung der Vergangenheit galten, versucht Wassermann, mit nun gereiften Kräften sich wiederum der Gegenwart zu bemächtigen in seinem viel diskutierten und auch viel befeindeten Roman ›Die Masken des Erwin Reiner‹. Es ist der Roman des Literaten, den Wassermann in seiner Studie über den »Literaten« hinter fast allen Formen des halbschöpferisch fähigen Menschen aufgespürt hat, des Trügerischen und Blendenden, der mit dem Leben spielt, statt es zu leben, der es beredet, statt es zu begreifen, der es am meisten zu besitzen scheint und doch immer nur Spiegelglanz hat, wertlosen Widerschein. Und ihm gegenüber in jener geheimnisvollen Gegnerschaft, die Wassermann so oft schon aufgedeckt hat und die ihm nicht minder bedeutsam scheint als der Widerstand der Geschlechter, der elementare Mensch, der Fruchtbare gegenüber dem Wertlosen – hier aber zum erstenmal in der Gestalt einer Frau gesehen. Virginia – die Namen sind wie so oft bei Wassermann verräterisch in ihrer Symbolik – ist die Selbstsichere, die nicht nur körperlich Unberührte, sondern auch seelisch nicht Verführbare, in ihrer Einfalt stärker als alle Künste ihres geschmeidigen Verführers. Und zum ersten Male in Wassermanns Werk ist es nun die reine unmittelbare Kraft, die über den Schein siegt – den Menschen, der hinter seinen Masken keine Seele birgt –, ein Symbol, wenn man will, für das künstlerische Selbstgefühl, für die gesicherte Weltanschauung des Dichters, der sich selbst als Schaffenden und darum

Siegreichen bejaht. Gudsticker beschämte noch Agathon und Anselm im Beginne, hier – denn Reiner ist ja nur Wandelform dieses Urbegriffes – bricht er vor der unwiderstehlichen Gewalt des einheitlichen, innerlich klaren Menschen zusammen. Virginia ist intuitiv das, wozu Renate gelangen will, die Keuschheit des Fühlens, die Wahrhaftigkeit der von den Sinnen nicht mehr zu verleitenden Seele, die Frau, die sich nicht mehr nehmen läßt, sondern nur schenkt, und darum die ganz Freie, dem äußersten Ideal des Unmittelbarkeitsbegriffes Wassermanns schon sehr nahe. Es wäre verlockend auszuführen, wie sehr dieser seit langem erste Wirklichkeitsroman Wassermanns den früheren überlegen ist, wie die Einschränkung des Problems in den Kreis des Einzelschicksals, ohne die pathetischen Versuche der Renate zur aktuellen Bedeutsamkeit, die innere Architektonik gefördert hat, eine wie genaue Berechnung der Wirkungen hinter den wie zufällig sich abrollenden Geschehnissen ständig zu spüren ist. Denn Wassermann hat gelernt, systematischer als jeder andere, hat im Arsenal der epischen Kunst alle Waffen geprüft, die Geheimnisse der Wirkung theoretisch durchforscht – die ›Kunst des Erzählens‹, seine Studie verrät nur einen Teil seiner angespannten Bemühungen – und nicht gezögert, die verachtetsten Elemente der epischen Befeuerung, Spannung und Grauen, in künstlerischer Veredelung als Blutzufuhr seinen Romanen zu eigen zu machen. Er hat nicht gezögert, die elementaren Gesetze der Wirkung aus Kolportagegeschichten und niederer Unterhaltungslektüre aufzuspüren, epischen Stoff selbst in melodramatischer Verkleidung zu wittern und kühn noch einmal anzufassen, was andere schon mit ungeschickten Händen dauernd verpfuscht zu haben schienen. Man vergesse nicht, daß ›Klarissa Mirabel‹, seine Meisternovelle, ihren Ursprung im verachteten ›Pitaval‹ hat, daß Caspar Hauser ein Lieblingsobjekt antidynastischer

Kolportageromane war, daß selbst die Geschichte Erwin Reiners im Grunde die Geschichte der immer und über alle Künste des verlockenden Don Juans obsiegenden Tugend ist. Aber alle diese fast volkstümlichen Elemente hat Wassermann bewußt aufgenommen, eben weil er fühlte, daß die allzu vornehme Verachtung des Spannenden, dieses ewigen Urelements, alles Erzählens, und die rigorose Ausschaltung des Sonderbaren jene merkwürdige Bleichsucht des deutschen Romans erzeugt hatten, an der wir seit einem Jahrhundert kranken; er hat erkannt, daß Psychologie zwar unsichtbare Triebkraft, nie aber Geschehnis in einem Werke sein müsse und daß Sparsamkeit der Darstellung ebenso notwendig sei wie Vielfalt des Geschehens. Er tritt damit, obzwar er deutscher schreibt als fast alle unsere gegenwärtigen Erzähler, entschlossen aus der deutschen Romantradition heraus, mit dem sichern Willen, in einen höheren Kreis zu treten, den der Epik überhaupt, des allerorts und jederlands gleich gültigen Kunstwerks der Erzählung. In ihm ist heute ein Wille über die deutsche hinaus in die Weltliteratur.

Zu welcher Virtuosität sich das rein technische Können Wassermanns an den Erfahrungen und im Mißlingen emporgesteigert hat, bezeugt sein letztes Buch, ›Der goldene Spiegel‹, das in seiner Art irgendeinen neuen Begriff darstellt. Es sind Erzählungen in einem Rahmen, aber der Rahmen beginnt schließlich selbst zu leben, fließt farbig über ins Geschehen, das wiederum Geschichte um Geschichte im Urteil ordnend spiegelt. Es scheint Mosaik und ist doch mehr, weil all die funkelnden epischen Fragmente gleichzeitig wieder den einzelnen Erzähler charakterisieren, der hier immer zwischen die einzelne Novelle und den Dichter als Reflex eingeschoben ist, so daß die Charakteristik nicht unmittelbar durch Beschreibung, sondern kristallinisch durch innere Werturteile in die

Handlung wächst. Verwirrend ist diese Kunstfertigkeit. Es sind ganz kleine Anekdoten darin – die »Keimzelle der Epik«, wie sie Bab jüngst so glücklich nannte – und die raffiniertesten breitesten Novellen wie ›Aurora‹ oder ›Die Pest im Vintschgau‹, alle aber ineinander verzahnt, wie das Räderwerk einer Uhr, wo kleine Räder die großen treiben, feine silberne Stifte dazwischen das Equilibrium halten, kleine künstliche Federn spannen oder retardieren, um alle zusammen den ebenmäßigen Rhythmus, den Takt des Erzählens im steten Gleichmaß zu halten. Zum ersten Male hat Wassermann hier als Erzähler den ganz ruhigen Atem des rhythmisch Schreitenden, zum erstenmal ist es ihm gelungen, sich ganz auszuschalten, anonym zu bleiben hinter dem Werke. Das Historische und das Reale sind darin versöhnt, aber auch das Wichtigere, seine beiden diametralen Erzählertriebe, Logik und Leidenschaft.

Diese immer größere Ruhe und Sicherheit kennzeichnet heute Wassermanns Schaffen. Er stürzt nicht mehr in seine Bücher sich kopfüber hinein mit jener schönen berserkerischen Wut seines Beginnens, sondern er bändigt sie. War er früher von der Welt wie brünstig in das Dikkicht der Kunst gehetzt, sich dort vor der Übermächtigkeit des Lebens zu retten, so ist er heute selbst schon der Jäger, die Kunst ward ihm Waffe, das Leben sein Wild und bald die Beute. Das Schaffen beginnt für ihn endlich statt eines Kampfes ein Spiel zu werden. Das unangenehm Krampfartige, Eruptive, das Quälerische und künstlich Verworrene, das vielen den Genuß seiner Bücher verleidete, ist langsam wie Rauch ihnen entwichen, sie klären sich in dem Maße, wie die geistigen Strahlen, statt sich in Blitzen sinnlos zu entladen, harmonisch in eine Lichtquelle sich sammeln. Die Dunkelheit und lastende Trübe hebt langsam an, von Wassermanns Büchern zu weichen, der Krampf der Jugend wandelt sich in stetige zielsichere Kraft. Und es könnte leicht sein, daß nun bald jener goldene Glanz von Heiterkeit auf ihnen zu ruhen beginnt, der auf beruhigten Wassern nach wühlenden Stürmen so gerne sich spiegelt.

Busoni

Sein wirkliches Gesicht lag lange hinter der dunklen Wolke des Bartes verschattet. Tragisch schien er und düster, sah man ihn von der Tiefe des Raumes aus an das Klavier treten, ein leidender Christus an dem schwarzen Holz, das alle irdische Lust und Qual in sich verschließt, immer wieder aufs neue durch ihn zu erlösen. Aber nun, da der dunkle bärtige Rand gefallen ist, der Sturz der Haare nicht mehr schwarz wallend über seinem Antlitz dräut, sondern in silbrigem Grau hell eine helle Stirne freiläßt, schön geformt und rein, entdeckt man in seinen so aufgeheiterten Zügen (diesen seltsam geistigen, seltsam sinnlichen) einen sehr beweglichen Mund, der nur herb bleibt in den Stunden der Musik, sonst sich aber gern zum Lächeln des Gespräches rundet, manchmal sogar überquillt in ein eruptives Lachen, dies einzige italienische, aretinische Lachen Busonis, mit dem er Menschen so fortreißen kann wie mit seiner meisterlichen Kunst. Und man sieht, freudig überrascht, in dem nun erhellten Gesicht die Augen leuchten, rein und wasserfarben, aber nicht im stumpfen Ton des ruhenden untiefen Wassers, sondern voll der glitzernden Unruhe des beständig fließenden, von steten innerlichen Quellen erneuten und gespeisten. Augen, die es lieben, in die Welt zu schauen, dann wieder in Büchern zu rasten, die sich an Farben und Frauen freuen, trinkende, suchende Augen, die aber plötzlich heilig ruhig werden – in der ernsten Sekunde, da unter seinen Fingern der erste Ton aufklingt. Keinen unserer Meister liebe ich so sehr am Klavier wie

Busoni. Andere sind erregt im Schaffen, sie schaufeln, sie graben donnernd die Töne aus dem weißen Steinbruch der Tasten, ihr ganzer Körper schwingt in Anstrengung mit. Andere wieder lächeln zum Spiel das betrügerische Lächeln der Athleten, die getürmtes Gewicht mit gespielter Mühelosigkeit hochheben, einer staunenden Menge zeigend, daß es ihnen nur Spiel sei, unsagbare Leichtigkeit. Andere wieder bäumen sich im Stolz, zittern in Erregung. Er aber, Busoni, lauscht. Er lauscht sich selber im Spiel. Eine unendliche Ferne scheint dann zwischen den geisternden Händen da unten, die in Tönen wühlen, und dem erhobenen Antlitz voll seliger Entrücktheit, das sich versteinert in süßem Erschrecken vor der namenlosen Medusenschönheit der Musik. Unten ist Musik, oben Stille, unten das Schaffen, oben das Genießen. Er scheint vergessen zu haben in diesen kostbaren Minuten, daß all dies, was ihn jetzt mit süßem Schaudern ergreift, aus ihm selber strömt, er atmet, trinkt und lauscht nur ekstatisch ein, fremd sich selber in dieser nicht zu erlernenden Gebärde hingegebener Verzückung. Sein Gesicht verklärt sich in der Spannung des Lauschens, und seine Augen spiegeln, aufwärts schauend, irgendeinen unsichtbaren Himmel und darin den ewigen Gott. Wie ich ihn liebe in diesen Augenblicken! Wie ich ihn beneide in diesen Augenblicken um so höchste, seltenste Lust, sich selbst nicht mehr zu fühlen im Staunen des Schaffens, erlöst zu sein von allen Unzulänglichkeiten der Arbeit in die Reinheit der Werkbewunderung, um diese äußerste, nicht mehr ringende und fragende, sondern schon ruhende und sich selbst genießende Meisterschaft! Doch wie einen beneiden, der selbst immer neidlos war, den Hilfreichen, Freudigen, den sich an Jüngeren immer wieder Erneuernden? In Jahren, da andere bitter werden, will erst Freudigkeit in ihm erwachen, in Jahren, da andern die Quelle des Schaffens versiegt, beginnt Musik aus ihm strömend zu quellen. Dem Virtuosen sperrt heute die eigene Vollendung den Weg, nun hat der Künstler, der Schöpfer Busoni erst Zeit, erst Raum, um auszuschreiten. Ich glaube, ohne sie zu kennen, an seine Musik. Etwas Helles wird in ihr sein, die Sorglosigkeit der spät Gereiften, und vielleicht wird sein Lachen, sein einzig herzliches, kindliches Lachen, darin klingen. Die Kunst der Jungen ist eigensüchtig, und darum wild und verworren. Aber die Meisterschaft der Gütigen trägt immer im Haar den silbernen Kranz der Heiterkeit.

Wedekind, der Unbürgerliche

Seine Größe: er hat sich nie innerlich den Formen unserer Welt gefügt. Die Probleme der bürgerlichen Gesellschaft, ihre dramatisch-oberflächlichen Konflikte, Ehebruch, Ehrbegriffe und soziale Ambitionen sind nicht die seinen, nicht das Spiel der Geschlechter reizt ihn an, das flüchtige, sondern der Kampf, der ewige. Sein Weltbegriff ist Revolte gegen das Gegenwärtige, wichtig ist ihm nur das Unabänderliche, die Konflikte des Bluts, des Geschlechts und der Vitalität. Darum darf er sich's leicht versagen, pathetisch zu werden, weil die inneren Wahrheiten kein Pathos brauchen, oder sentimental, weil die Gefühle in jener Nacktheit des Empfindens nicht mehr keusch sind oder lüstern, sondern schon jenseits der Moralität. Er darf primitiv sein, weil er im letzten immer das Einfache darstellt: ›Frühlings Erwachen‹, die Tragödie der Kindheit, ›Lulu‹, die Komödie des Sexus, ›Marquis von Keith‹, die Ironie der bürgerlichen Welt, ›Hidalla‹, die Tragikomödie des Künstlers. Und seine ganze Liebe geht zu jenen letzten Aufrichtigen, zu den letzten einlinigen, eindeutigen Gestalten unserer Zeit, die von der bürgerlichen Gesellschaft an den Rand ihrer Verachtung gedrängt werden, die sie ausstoßen möchten, wenn sie ihrer doch nicht bedürften: den Hochstapler, die Hure, den Clown, die letzten pittoresken Figuren unserer ernüchterten Welt. Aber durch diese seine Liebe gibt er ihnen die höchste Kraft des Lebens: die Dämonie. Lulu, wie aus den Tagen der Astarte lächelt sie gefährlich herüber in unsere Tage, unverändert im Sturz und Aufstieg ihrer äußeren

Existenz, tierhaft-naiv und göttlich-bewußt ihrer vampirischen Gewalt. ›Frühlings Erwachen‹, das ist unserer aller Erleben, nur hier ins Typische emporgesteigert, und in jeder seiner männlichen Gestalten ist etwas von unserer Bitterkeit und Herrschgewalt. Immer spürt man letzte unterste Kräfte in seinen Werken, Leidenschaften, die nur mehr Triebe sind des Blutes und der Sinne, blinde, dumpfe, unergründliche ewige Mächte, keiner Zeit untertan und kaum zu bändigen in sozialen Konventionen. Alle seine Tragödien sind für mich eigentlich nur Sekunden des Durchbruchs, wo der in uns verborgene tierhafte halbgebändige Mensch explosiv in die Gesellschaft geschleudert wird, dort verheerend alle Schranken und Hemmungen zerschlägt, um dann – Simson ist das Symbol – im Niedersturz der Umwelt selbst zugrunde zu gehen. An Wedekind werden wir immer und immer wieder bewußt, wie viel Künstliches in unseren Gefühlen, Wertungen und Worten trotz unserer Gegenwehr latent bleibt, und daß jene letzte Wahrheit, die der Sinne, doch die stärkste und unabänderlichste unseres Schicksals ist. In dieser steten antisentimentalen Ernüchterung zur immanenten Wahrheit unserer Existenz ist er längst unentbehrlich geworden für unser deutsches Theater, das sich sonst fast ausnahmslos Konflikten der bürgerlichen Welt verschrieben hat und ohne ihn langweilig und gleichgültig wäre, Ästhetik bloß statt Ethik. Seine Größe ist in der Unerschütterlichkeit und Aufrichtigkeit seines sensuellen Glaubens, seine Kraft in der Leidenschaft seiner Überzeugung. Immer dringt er wieder, mit jedem neuen Werke, von außen hinein in die bürgerliche Welt, sie aufwühlend in neuen Konflikten, nie hat er sich ihr angepaßt und eingefügt. Aber in dieser unabhängigen Empörung ist Geschlossenheit, in dieser Verleugnung ein Glaube: seit fünfundzwanzig Jahren unentwegt sich selber treu, hat er sich und sein Werk in eine Einheit ohnegleichen, in jene absolute Identität verwandelt, in der wir eines der höchsten künstlerischen Ereignisse unserer Zeit hingebend und freudig bewundern.

Marceline Desbordes-Valmore

Das Lebensbild einer Dichterin

Die verlorene Kindheit

»D'un cœur de femme il faut avoir pitié,
Quelque chose d'enfant s'y mêle à tous les âges.«
*(»Mit einem Frauenherzen habe man Mitleid,
Etwas Kindliches mischt sich hinein in jedem Alter.«)*

In der ersten Morgenröte des Jahrhunderts, im Kriegsjahre 1801, steuert eine kleine französische Karavelle Westindien zu, vierzig Tage und vierzig Nächte durch den unendlichen Ozean. Nur ganz Verwegene wagen ihr Leben damals an solche Fahrt, denn die englischen Fregatten durchkreuzen raubgierig das Meer und jagen jeder Napoleonsflagge als erwünschter Prise nach. Auf dem Verdeck zwischen Offizieren, Abenteurern, Kommissären und Kaufleuten, zwischen all den Heimatlosen des Wunsches und des Schicksals zwei weibliche Gestalten, eng aneinandergelehnt in ihrer Angst, wenn die Wellen wie gierige Tiere über Bord springen, zwei kranke und schwanke Gestalten, ein vierzehnjähriges Kind, blond und zart, eine kleine Madonna, mit ihrer sorgenvollen Mutter zur Seite. Stürme schüttern das schwankende Fahrzeug, tropische Sonne brennt auf die gerefften Segel, wenn in der Windstille das winzige Fahrzeug sich ohnmächtig in der endlos flimmernden Schwüle des Ozeans wiegt. Nachts blicken fremde Sterne herab auf das niedere Deck, wo sie auf und ab gehen, sorgenvoll und ohne Freund. Manchmal singt das kleine Mädchen mit seiner gebrechlichen Silberstimme altmodische Romanzen, um die Mutter zu trösten und eine Heiterkeit vorzutäuschen, von der das eigene Herz nichts weiß.

Dieses vierzehnjährige blonde Mädchen unter fremden Sternen ist Marceline Desbordes, mit ihrem späteren Doppelnahmen Marceline Desbordes-Valmore als Frankreichs größte Dichterin bekannt. Zu Douai in Nordfrankreich ist sie am 20. Juli 1786 geboren, in jenem flandrischen Grenzkreis, der von je der französischen Sprache die höchsten Meister des Liedes geschenkt hat: Verlaine, Samain, Rodenbach, Verhaeren, Lerberghe. Den Desbordes, einer alten Familie, steckt der Künstler im Blut. Der Oheim ist Maler, und auch der Vater, im Handwerk der Kunst verwandt, dankt behaglichen Wohlstand dem durchaus höfischen Beruf des Heraldikers und Schildermalers. Jahrzehntelang hat er die Karossen des Adels mit Emblemen geschmückt und mancherlei Prunkgerät mit Wappen und Spruch verziert. Aber die Revolution hat die Schlösser zertrümmert, die Karossen sind selten geworden und die Wappen zersplittert: aus gemächlicher Wohlhabenheit stürzt die Familie nieder in eine plötzliche Armut, und die grauen Schwestern Dürftigkeit und Sorge umschleichen das Haus. Der Erwerb ist verloren, nirgends in der Nähe Hilfe und Ersatz. Da beschließt die Mutter in phantastischer Kühnheit, Rettung von einem entfernten Verwandten in Guadeloupe zu erbitten, einem Plantagenbesitzer, von dessen Reichtum Legenden über das Meer gedrungen sind. Ohne sich von Vernunft und Gefahr abmahnen zu lassen, rüstet sie die Reise und nimmt als Begleiterin gerade das Schwächste, das Jüngste, das Liebste mit, die zwölfjährige Marceline, ein Kind, goldblond und zart, mit blaßrosig durchleuchtendem Antlitz wie das der Madonnen des van Eyck. Der Hafen wäre nahe, aber es fehlt den beiden das Geld zur Überfahrt. Nahezu zwei Jahre ziehen sie durch ganz Frankreich, ehe sie die Barschaft zusammengespart und

-gebettelt haben. Die Mutter ist untüchtig und schwächlich, so muß es Marceline, die Zwölfjährige, sein, die das Brot erwirbt, Tag für Tag. Im Alter der Sorglosigkeit, da andere Kinder noch mit ihren Puppen spielen, muß sie schon, wie Mignon, die Heimatlose, in Komödiantentruppen Dienst tun, muß täglich mit ihrer kindischen, fragilen Stimme Lieder singen und tanzen, nur um das Kärglichste der Notdurft zu verdienen. Und mit wieviel Tränen ist dies schmale Brot genetzt! Die Truppe, die sie aufnimmt, macht Bankrott, ein anderes Mal jagt sie eine unfreundliche Prinzipalin mit Schlägen davon, und vor dem Hungertod bewahrt sie nur das Mitleid gütiger Kameraden. Aber sie dulden alles, um nur hinüberzugelangen ins Goldland, denn dort drüben harrt ihrer ja Reichtum, die Rettung. Sie hungern, sie betteln, sie frieren, sie darben sich durch von einem Ende Frankreichs bis zum andern, diese beiden Frauen; zwanzig Monate kämpfen sie, bis endlich in Bayonne jemand ihnen genügend Geld leiht oder schenkt, um die gefährliche Reise anzutreten. Vierzehn Jahre ist die kleine Marceline jetzt alt, aber ihre Kindheit ist unwiederbringlich untergegangen in Not und Sorge.

Und nun reisen sie über den Ozean vierzig glühende Tage, vierzig sterndunkle Nächte dem Vetter entgegen, der ihnen helfen soll. Aber ehe das Schiff landet, tauscht der Kapitän seltsame Signale mit denen am Ufer, und seine Mienen verdüstern sich. Entsetzliche Nachricht erwartet sie: Guadeloupe steht nicht mehr unter französischer Herrschaft, ein Aufstand der geknechteten Neger hat die Insel verwüstet. Und ihr Vetter, der reiche Plantagenbesitzer, auf den sie alle Hoffnungen gesetzt hatten, ist als einer der ersten von der Meute ermordet worden. Ratlos stehen die beiden Frauen am Ufer, allein in einer ungeheuren Wildnis von Menschen und Dingen. Die Mutter trägt es nicht lange, das gelbe Fieber rafft schon in den ersten Tagen die Enttäuschte hinweg, und nun steht die vierzehnjährige Marceline ganz allein, meilenweit von der Heimat, unter fremden Menschen und Sternen, angewiesen auf das Mitleid oder Übelwollen von Unbekannten. Nichts an Grauen bleibt ihr erspart. Ein Erdbeben erschüttert die Stadt, sie sieht Feuersäulen aus den harten Bergen brechen und die Häuser zusammenstürzen. Auf den Knien bestürmt sie den Gouverneur, er solle ihr die Heimreise ermöglichen. Aber nach Wochen erst – nach namenlosen Wochen, von deren Elend niemand weiß – wird ihr Wunsch erfüllt, und siebenfach heimatlos, eine Waise, kehrt sie wieder zurück auf einem elenden Kauffahrteischiff, wieder vierzig Tage und vierzig Nächte. Das Kind ist das einzige weibliche Wesen auf dem Fahrzeug, und der Kapitän, ein trunkener und brutaler Geselle, sucht aus ihrer Verlassenheit Vorteil zu ziehen. Er stellt ihr nach, und die Erschreckte muß zu den Matrosen um Hilfe flüchten, die sie in einer Art humaner Revolte vor seinen Zudringlichkeiten schützen. Aus Rache fordert er nun Bezahlung für die Überfahrt und behält der Waise bei der Ausschiffung in Havre den kleinen Koffer zurück, der all ihre Habseligkeiten enthält. In schwarzen Trauerkleidern, ohne Geld und ohne Freunde, steht die Fünfzehnjährige nun in der fremden Stadt, aber ihr Mut zur Entbehrung ist gestählt von all den bitteren Erfahrungen. Niemand weiß, wie sie sich weiter bis nach Lille geschleppt hat, wo sie einige Menschen kennt. Dort taucht sie im Jahre 1803 plötzlich auf, und freundliche Bekannte, von ihrem Schicksal gerührt, organisieren eine Theatervorstellung zu ihren Gunsten. Die Ankündigung, ein Kind, das aus dem Massaker von Guadeloupe gerettet sei, werde auftreten, bringt dem Theater einigen Zulauf und ihr genug Ertrag, daß sie endlich nach fast dreijähriger Wanderung wieder nach Douai in das Heimathaus zurückkehren kann. In traurige Stuben tritt sie dort mit ihrer bösen Botschaft ein. Der Vater bringt sich nur kümmerlich weiter, ihr Bruder, unfähig zu ernster Arbeit, ist aus Not Soldat geworden und kämpft in Spanien für Napoleon. Dunkel auch hier wie überall. Ein paar Tage bloß ruht sie aus bei den Ihren, dann wandert sie eilig weiter, um nicht länger zur Last zu fallen. Früh ruft sie das Leben: schon vom zwölften Jahre an wirft sich die ganze Notdurft der Existenz schwer auf die zwei schmalen Schultern und erdrückt ihr die Kindheit.

Die Schauspielerin

»Toujours du talent, mais trop de sensibilité.«
(»Immerhin begabt, aber zuviel Empfindlichkeit.«)
Der offizielle Theater-Rapport von 1814

Die guten Bürger von Lille und Rouen sehen nun in diesen Jahren, wenn die Stafetten frohe Nachricht aus Napoleons Hauptquartier melden und sie, über die Weltlage beruhigt, ihrer Schaubühne Besuch abstatten, inmitten des heimischen Klüngels mäßiger Komödianten und abgetakelter Heroinen eine rührende Gestalt: ein halbreifes Mädchen von zartem Wuchs und verschüchtertem Gebaren, ernst und doch milde, keusch und doch nicht kühl. Aus Mignon ist Ophelia geworden, die Sanfte, die Schwärmerische; aber die frühe Strenge des in Sorgen verdüsterten Antlitzes wird schön beschwichtigt durch eine anziehende Kindlichkeit, die jedes Wort und selbst die flüchtige Geste dieses Mädchens beseelt. Ihre Erscheinung ist gewinnend. Eine lichte Aureole von Blond umschmiegt Marcelines Gesicht, von dem nicht zu sagen ist, ob es jemals wahrhaft schön gewesen sei. Sie selbst, die Bescheidene, fand sich »laide aux larmes« *(»häßlich von Tränen«)*, und die wenigen Bilder von ihr sind ungewiß und nicht recht authentisch. Aber die Kritiken aus jenen verblichenen Provinzgazetten wissen ihren Eindruck von damals deutlich zu beleben und bezeugen trotz ihrer ledernen Pathetik im letzten doch die gleichen Vorzüge ihres Wesens, die später die Dichterin inspirierten. Hier und dort, in jeder Kunstäußerung war ihr Zauber die tiefe Aufrichtigkeit einer Seele, die jedes und auch das unterwertigste Gefühl mit einer wundervollen Kraft der Expansion ins Grenzenlose ausspannte, und dann jener innerste, vom Genie ihr eingesenkte Sinn für Musik. Dazu kam damals noch der Schimmer von Anmut, der ihre kindliche Gestalt umschwebte. Etwas Unirdisches und hold Sentimentales muß ihr damals zu eigen gewesen sein, etwas von der geheimnisvollen Magie der sanften Tiere, der rührenden Anmut der Rehe, der flüchtenden Leichtigkeit der Schwalbe, Schönheit von der Schönheit der wehrlosen Wesen, denen die Natur jede Waffe versagt hat, um ihnen dafür jenen Zauber der Seele zu schenken, der Rührung und Mitleiden schafft. Und wirklich: die Wehrlosen, die Leidenden, die unschuldig Gekränkten, das sind die Rollen, die Marceline damals zugewiesen sind. Niemals spielt sie die Heroinen, die Amoureusen; denn Leidenschaft, die begehrende und große, Pathos und Emphase, das glitzernde Funkenspiel der Koketterie sind ihr fremd. Sie vermag – hier ist Grenze und Größe der Dichterin und Schauspielerin – nur darzustellen, was ihrem eigenen Schicksal nahe ist. Damals wurde ihr noch die Rolle der Verfolgten zugeteilt, die gekränkte Waise, die verachtete Schäferin, das Aschenbrödel bei den bösen Schwestern, die verfolgte Unschuld, die liebende Tochter – alle diese himmelblau sentimentalen Mädchenfiguren, die wir noch besser als von jener verstaubten Literatur aus den affektierten Bildern Greuzes und den Kupfern der Almanache kennen. Aber diese Verlogenheit durchdringt sie mit Seele, weil ihre schon in kindlichen Jahren rege Güte selbst dies künstliche Schicksal mit Ergriffenheit überfühlt. Nur die seelische Sensibilität, die auf die geringste Vibration der Menschlichkeit mit stärkstem Ausbruch des Empfindens reagiert, macht sie als Schauspielerin bedeutsam. Und dann: sie hat die Träne, die leichte und doch die echte, nicht die erpreßte der Komödianten, sondern schon damals die der Dichterin, die Träne, die aus den Quellen eines heißen Herzens stammt und, aufsteigend in die Kehle, erst die Stimme warm durchschüttert, ehe sie feucht an den Wimpern blinkt.

Abend für Abend tritt sie vor die Rampe, und viele hundert bunte Schicksale hat sie in diesen zwei Jahren zur Freude der wackeren Bürger von Lille und Rouen dargestellt. Aber ihre wahre Existenz, die hinter den Kulissen, ist monoton und matt, ein freudloses proletarisches Dasein zwischen Arbeit und Entbehrung. Wenn oben die Kerzen verlöschen, der Vorhang sinkt, eilt sie müde nach Hause, wo die beiden Kostgängerinnen, ihre Schwestern, auf sie warten, die, ärmer noch als sie selbst, an ihrem armen Leben zehren. Bei der flackernden Lampe muß sie dann noch Kostüme schneidern, Kleider waschen, Rollen abschreiben, um sich mageren Zuschuß zu verdienen, und durch ein unerhörtes Mirakel der Aufopferung gelingt es ihr sogar, ab und zu von diesen achtzig Franken Gehalt etwas nach Hause zu senden. Aber unter welchen Entbehrungen sind diese Groschen gespart! Es ist oft das nackte Brot, das sie den Ihren opfert. »Man warf mir Blumen zu«, schrieb sie später, »und ich kehrte hungernd nach Hause zurück, ohne es irgend jemandem zu verraten.« Und Marcelines ganzes Grauen vor ihrem Schicksal ermißt man in dem Schrei, mit dem sie zwanzig Jahre später, selbst in tiefster Notlage, davor zurückschreckt, ihre Tochter dem Theater zu geben: »Lieber sterben, als sie das erleben lassen, was ich selbst erlebte.«

Ein gnädiger Zufall erlöst sie von der Provinz. Die Künstler von der Opéra Comique, auf einem Gastspiel in Rouen, hören ein kleines Lied, von Marceline in einem der Stücke gesungen, und die Lieblichkeit ihrer Erscheinung sowie eine seltene Beseelung des Vortrags erwecken ihre Aufmerksamkeit. Sie verhelfen ihr zu einem Engagement nach Paris, an die Opéra Comique, und mit einemmal ist sie auf anderer Bahn, ist ohne Schulung und Übung Sängerin an einer Weltbühne. Grétry, der große Meister, wendet ihr seine väterliche Zuneigung zu, nennt sie »sa chère fille« *(»seine liebe Tochter«)* und öffnet ihr sein Haus, gute Rollen werden ihr zugewiesen, obzwar ihre Stimme, die zarte, eigentlich nicht recht ausreicht und im weiten Saale zu verhauchen droht. Aber die Musiker, auch sie wie alle anderen Kollegen von ihrem kindlichen Liebreiz und der schüchternen Güte ihres Wesens gewonnen, dämpfen mit Absicht, wenn sie singt, heimlich ihre Instrumente, damit ihr Gesang nicht gedeckt werde und besser zur Geltung komme. Fünf, sechs Jahre verbringt Marceline an dieser Bühne, eine drängende, geheimnisvolle Zwischenzeit. Das Kind in ihr ist längst versunken im Anstrom der Sorgen, der Flut der täglichen Geschäfte, aber auch die Frau in ihr ist noch nicht ganz wach. Denn noch haben die beiden Stimmen in ihr nicht geklungen, die sie in ihre wahre Welt erwekken und ihr harrendes Gefühl ins Grenzenlose heben: die Liebe und mit ihr die Dichtung.

»Mon cœur fut créé pour
n'aimer qu'une fois.«
*(»Mein Herz wurde geschaffen,
um nur einmal zu lieben.«)*

Sie ist nun einundzwanzig Jahre alt. Ihr Gefühl, das übermächtige, hat sich bislang nur an kindliche Demut und schwesterliche Aufopferung verschwendet, jetzt aber tastet es weiter in die Welt, dies drängende »besoin d'aimer pour aimer« *(»Bedürfnis, um der Liebe willen zu lieben«).* Die Frucht ihres Gefühls ist reif. Unkund seiner Bestimmung gibt sie sich in dieser Zeit leidenschaftlich der Freundschaft hin, und am meisten wendet sich Marcelines Neigung einer jungen Griechin Delia zu, einer begabten Schauspielerin des gleichen Theaters. Zeitgenössische Beschreibungen schildern sie als eine übermütige, leichtfertige, sinnliche Frau. Wie immer wirkt hier Gegensätzlichkeit des Charakters als Anziehung. In ihrem Hause begegnet Marceline dem Verführer. Hier beginnt der tragische Roman ihres Lebens. Kapitel auf Kapitel können wir ihn aus ihren Gedichten lesen, Zug um Zug den Feldzugsplan ihres Verführers, das Ermatten ihres Widerstandes, die Peripetien ihres Gefühls verfolgen, denn dies ist das Wunderbarste dieser Dichterin, daß sie, zaghaft im Wort und keusch im Wesen, sich bis auf das letzte verriet in ihren Versen. Ihre Seele war immer nackt im Gedicht.

Delia spielte auch hier wie auf der Bühne die Rolle der Verführerin und Marceline die der Unschuld. Der Hauptakteur ist ein junger Dichter, Delias Geliebter, der »Olivier« der Elegien. Die allererste Szene muß man sich ersinnen. Eines Tages (vielleicht hat Marceline eben die beiden verlassen) stellt der junge Dichter ganz absichtslos in heiterer Neugier die Frage an Delia nach ihrer Freundin Herzensangelegenheiten und staunt bei der verräterischen Mitteilung, die Zwanzigjährige noch völlig unschuldig zu wissen. Delia rät ihm lächelnd, sein Glück zu versuchen. Die Zumutung reizt und versucht ihn, sie verbinden sich beide übermütig zum Komplott, dies kühle Herz zu entflammen. Das nächste Mal schon setzt er sich an Marcelinens Seite und spricht Worte zu ihr, die sie beglücken und verwirren, er spricht mit seiner sanften Stimme, deren Schmelz sie in zahllosen Gedichten gerühmt und deren Zauber sie immer wieder unterlegen ist. Delia bleibt abseits, lächelnd und der verstatteten Abirrung ihres Geliebten neugierig froh. Unmerklich ebnet sie ihm die Wege und fördert durch Rat die leichte Mühe. Später, viel später erst begreift Marceline diese frivolen Zettelungen, später, zu spät, wie sie aufschreit:

»Ce perfide amant, dont j'évitais l'empire,
Que vous aviez instruit dans l'art de me séduire,
Qui trompa ma raison par des accents si doux,
Je le hais encore plus que vous!«
*(»Diesen treulosen Geliebten, dessen Gewalt ich entging,
Den Sie die Kunst lehrten, mich zu verführen,
Der meine Sinne mit so sanftem Ton betörte,
Ich hasse ihn noch mehr als Sie!«)*

Aber anfangs ist sie nur selig und verwirrt. Sie fühlt zwar gleichzeitig Gefahr; unbewußt, mit dem Instinkte schauert sie vor der Versuchung, sie sucht zu flüchten. Eine düstere Ahnung wetterleuchtet in den Himmel voll Glück: »Je l'ai prévu, j'ai voulu fuir.« *(»Ich habe es vorausgesehen, ich wollte fliehen.«)* Aber ihr klarer Wille will schon nicht mehr zurück. Zwar rettet sie sich zu ihren Schwestern und vertraut ihre Angst dem Gesang und der Dichtung, die zum erstenmal an dieser erhöhten Wärme des Gefühls in ihr aufkeimt, aber das Verhängnis ist schon im Zuge, sie ist ihm verfallen.

»J'étais à toi peut-être avant de t'avoir vu,
Ma vie, en se formant fut promise à la tienne,
Ton nom m'en avertit par un trouble imprévu,
Ton âme s'y cachait pour éveiller la mienne. –
Je l'entendis un jour et je perdis la voix,
Je l'écoutais longtemps, j'oubliais de répondre,
Mon être avec le tien venait de se confondre,
Je crus, qu'on m'appelait pour la première fois.«
(»Ich war wohl dein von allem Anbeginn,
Mein Leben, kaum bewußt, dir schon verkettet!
Dein Name sagte mir's, der meinen Sinn
Verwirrend überfiel, in den gebettet
Dein Herz sich barg, das meine zu verlocken.
Ich hörte ihn – und er verführte tief;
Ich lauschte lange, bebend und erschrocken:
Da war's, daß deine Seele nach mir rief!«)
(Nachdichtung von Gisela Etzel-Kühn)

Er merkt ihre Verwirrung und seine Macht. Immer dringlicher werden seine Bewerbungen. Er spricht zu ihr in Delias Gegenwart, sie wagt ihm nicht zu antworten. Sie flüchtet aus dem Haus (Zug um Zug kann man die Szene aus ihrem Gedicht verfolgen), um ihm, nein, um sich selbst, ihrem eigenen Verlangen zu entgehen.

»Je fuyais tes regards, je cherchais ma raison,
Je voulais, mais en vain, par un effort suprême,
En me sauvant de toi me sauver de moi-même.«
(»Ich floh vor deinen Blicken, um zur Vernunft zu finden,
Mit letzter Kraft wollte ich dir entkommen
Und meinte, so mich vor mir selbst zu retten.«)

Aber er folgt ihr auf die Straße. Sie sind zum erstenmal allein, sie erschrocken, schüchtern, mit klopfendem Herzen, er klug und berechnend. Mit unnachahmlichem

Geschick weiß er die einzige Saite ihres Herzens zu rühren, die bisher geklungen, an das Unglück. Er weiß, daß ihre Güte stärker ist als ihre Lust, und vertraut lieber dem Mitleid als Mittlerin denn stürmisch leidenschaftlicher Werbung. Er stellt sich traurig, melancholisch, heuchelt Weltschmerz und Überdruß, und sie, die Leiderfahrene, vergißt, ihn zu fürchten, weil sie ihn leiden sieht und selbst das Leiden kennt. Die Tröstung scheint ihr eine Pflicht. Nun weigert sie ihm nicht mehr das Beisammensein, und rascher folgen nun die Kapitel im Roman ihrer Liebe. Ein Rendezvous wird vereinbart. Ihr ganzes Wesen fiebert ihm entgegen, vergebens sucht sie mit einem Buche ihre Ungeduld zu täuschen, aber ihr Herz spricht lauter und überschlägt alle Worte:

»Ah, je ne sais plus lire!
Tous les mots confondus disent ensemble: il vient!«
(»Ach, ich kann nicht mehr lesen!
Alle diese verschwimmenden Worte sagen zugleich:
Er kommt!«)

Sie kann nicht mehr lesen, sie kann nicht mehr leben, sie kann nicht mehr atmen, sie kann nicht mehr schlafen. Aber alle diese Qualen liebt sie um seinetwillen, sie liebt diese Schlaflosigkeit, weil sie von Denken durchwirkt ist, von Denken an ihn:

»Je ne veux pas dormir; oh! ma chère insomnie,
Quel sommeil aurait ta douceur?«
(»Ich will nicht schlafen; oh, meine geliebte Schlaflosigkeit,
Welcher Schlaf hätte deine Süße?«)

Und wenn er nun naht, so weiß sie nicht mehr zu fliehen, magnetisch hält seine Nähe sie fest:

»Hélas! Je ne sais plus m'enfuir comme autrefois!«
(»Ach! Ich kann nicht mehr fliehen wie einst!«)

Schon ahnt sie, daß sie ganz an ihn verloren ist und jener große Sturm über ihre Sinne gekommen, den sie manchmal auf der Bühne durch fremdes Schicksal brausen sah. Ihre Angst ist längst nicht mehr Widerstreben, sie ist bloß Furcht vor dem Neuen, Furcht vor dem Glück. Sie erkennt sich erschrocken seinem Willen leibeigen und daß gar nicht mehr sie es ist, die dem Letzten noch widerstrebt. Er kann sie nehmen, wann er will, sie fühlt es, sie weiß es. Und der Aufschrei:

»Ma sœur, je n'avais plus d'appui que sa vertu«
(»Schwester, ich hatte keine Stütze mehr als seine Tugend«)

sagt ihr ganzes Schicksal.

Er zögert nicht länger. Der Augenblick – auch einem minder Wissenden unverkennbar – ist gekommen. Er naht drängend und glühend. Ihre Tränen scheuchen ihn zurück, eine letzte kurze Sekunde lang, aber seine sanfte Stimme, diese Stimme, deren Bezauberung sie immer und immer wieder erlag, löst ihre Arme, und sie fühlt ihre Seele entfliehen in einem ersten Kuß:

»J'ai senti fuir mon âme effrayée et tremblante:
Ma sœur, elle est encore sur sa bouche brûlante!«
*(»Ich fühlte meine Seele erschrocken und zitternd schwinden,
Schwester, sie ist noch an seinem brennenden Mund!«)*

Alle Bedenken des Gefühls und der Vernunft sind geschwunden, Vergangenheit und Zukunft gehen unter im Überschwang, die Sinne glühen auf:

»Et tout s'anéantit dans notre double flamme!«
(»Und alles vergeht in unserer doppelten Flamme.«)

Nun brechen Ekstasen aus ihren Versen, Feuergarben der Lust. Wie ein Sklave in die Freiheit stürzt sie in den Kerker dieser Leidenschaft. Nur wer das Glück nie gekannt hat, nur eine Frau, der wie Marceline die ganze Kindheit in tragischer Trauer sich verdüstert hatte, kann dermaßen aufglühen im Rausch. Sie, die nie wie die anderen die Liebe vorgekostet in Spielen und Träumen, wird trunken von dem brennenden Trank seiner Lippen, sie jauchzt in der Seligkeit ihres Schwachseins, sie fiebert in der Lust, unter seiner Stimme zu erschauern. Fast zu viel scheint ihr seine Nähe, kaum kann sie »le bonheur accablant« *(»das erdrückende Glück«)* seiner Gegenwart ertragen. Aber um wie viel furchtbarer ist doch der Wahnsinn des Ferneseins. Sie leidet im Zuviel des Glücks und verlangt sich doch immer noch mehr. Immer tiefer dringt sie ein in die Liebe:

»Tu ne sauras jamais comme je sais moi-même
A quelle profondeur je t'atteins et je t'aime.«
(»Nie wirst du wissen wie ich,
Wie tief ich dich liebe und fühle.«)

Immer höher schwingt sich ihr Jubel auf, er zerreißt alle Dämme der Besinnung, und ihre ganze Seele flutet fessellos über in das neue Gefühl.

»Il n'amait pas . . . J'aimais.«
(»Er liebte nicht . . . Ich liebte«)

Am 24. Juni 1810 trägt ein Beamter des Pariser Magistrats den Namen eines neugeborenen Kindes männlichen Geschlechts in die Register der Stadt ein und fügt der Meldung den bedeutsamen Vermerk bei: Vater unbekannt. Irgendein Freund Marcelines dient als Zeuge, da »Olivier«, der geheimnisvolle Geliebte, nicht geneigt scheint, sich öffentlich zu bekennen. Jeder Legitimierung ihrer Beziehung setzt er den Vorwand entgegen, sein Vater würde niemals in die Vermählung mit einer Schauspielerin einwilligen. In Wahrheit denkt er nur, das ihm lästige Verhältnis zu lösen. Marceline, mit allen Sinnen trunken von Liebe und Mutterglück, ahnt nichts von dem mählichen Erkalten seiner Leidenschaft. Sie glüht ihn an mit allen ihren Flammen, voll der Sorge um ihn gibt sie dem Fliehenden noch die zärtlichsten Wünsche mit, da er ihr ankündigt, er müsse verreisen, seinen Vater zu sehen, ihn zu überreden:

»Partir! tu veux partir! oui, tu veux voir ton père . . .
Va, dans tous les baisers d'un enfant qu'il adore
Lui parler des baisers de l'enfant qu'il ignore:
Mets sur son cœur mon respect, mon amour;
Il est aussi mon père, il t'a donné le jour!«
(»Ziehen! Du willst ziehen! Ja, du willst deinen Vater [sehen . . .
Geh, und sprich zu ihm unter den Küssen eines Kindes, das [er liebt,
Von Küssen eines Kindes, das er nicht kennt:
Auf sein Herz lege meine Achtung, meine Liebe,
Er ist auch mein Vater, er hat dir das Leben gegeben.«)

In Wirklichkeit promeniert der Ungetreue aber nach Italien und bleibt lange fern. Die Nachrichten von ihm fließen spärlich; aber sie, die unendlich Gütige, die Vertrauensvolle, ahnt noch nicht die volle Wahrheit. Durch Zufall erfährt sie von seiner Rückkehr und zugleich das Entsetzliche, daß er längst mit einer anderen Frau in Beziehung steht. Wie ein Blutsturz bricht die Erkenntnis aus ihr:

»Malheur à moi! Je ne sais plus lui plaire!«
(»Welch ein Unglück! Ich weiß ihm nicht mehr zu gefallen.«)

Mit einemmal wird sie der ganzen tragischen Wirklichkeit bewußt, und mit dem grauenhaften Irrtum erkennt sie schaudernd die abgekartete Komödie, der sie zum Opfer gefallen. Sie erkennt, daß sie, auch diesmal wie so oft im Theater, ihr eigenes unendliches Gefühl an ein Spiel gewandt hat. Ihre Brust birst vor Verzweiflung. Aber wem soll sie klagen, wem? Von Delia, der Freundin, ist sie verraten, alle anderen Menschen hat sie vergessen, verloren über diesem einen. In dieser Herzensnot wirft sie sich an die Brust ihrer Schwester, und an sie gerichtet ist das unsterbliche Gedicht des Entsetzens, in dem die gellen Schreie der ersten Verzweiflung noch nicht in das strömende Metall der Worte eingeschmolzen sind. Spitz und heiß von ihrem Blute, durchstoßen die Schreie wie Dolche die zitternden Zeilen:

»Ma sœur, il est parti! Ma sœur, il m'abandonne!
Je sais qu'il m'abandonne, et j'attends, et je meurs!
Je meurs! Embrasse-moi! Pleure pour moi . . .
Pardonne!
Je n'ai pas une larme, et j'ai besoin de pleurs.
Tu gémis! Que je t'aime! Oh! jamais le sourire
Ne te rendait plus belle aux plus beaux de nos jours.«

(»Schwester, er ist fort und gibt mich auf!
Ich weiß es und warte und sterbe!
Ich vergehe! Umarme mich! Weine für mich . . .
Verzeih!
Ich habe keine Tränen und brauche sie.
Du weinst! Wie ich dich liebe! Nie hat ein Lächeln
Dich schöner gemacht in den besten Tagen.«)

Sie weiß, daß er ihr verloren ist, aber sie will es nicht glauben. Sie betet, sie fleht um einen Betrug, um eine Hoffnung, weil sie die Wahrheit nicht ertragen kann. Gleichsam auf die Knie wirft sie sich vor ihrer Schwester und bettelt, bettelt um eine fromme Lüge:

»Sans retour! Le crois-tu? Dis moi, que je m'égare,
Dis, qu'il veut m'éprouver, mais qu'il
[n'est point barbare,
Dis, qu'il va revenir, qu'il revient . . . trompe-moi,
Mais obtiens qu'il me trompe à son tour comme toi.
Va le lui demander, va l'implorer. . .«
(»Keine Rückkehr! Du glaubst es? Sag, daß ich mich irre,
Sag, daß er mich prüfen will und daß er keineswegs
[barbarisch ist,
Sag, daß er zurückkommen wird, daß er wiederkommt . . .
[täusche mich,
Aber bring ihn dazu, mich zu betrügen so wie du.
Bitte ihn, flehe ihn darum an . . .«)

Und dabei weiß sie ihn bei einer andern, sie weiß es, sie sieht es. In weißen, schlaflosen Nächten taucht das Bild greifbar nah auf:

»Oh comme il la regarde, oh comme il est près d'elle,
Comme il lui peint l'ardeur qu'il feignit avec moi.«

(»Oh, wie er sie betrachtet, wie er ihr nahe ist,
Wie er ihr die Glut vormalt, die er mir vorspielte.«)

Und sie flüchtet vor ihm, vor jeder Begegnung, vor seinem Blick, sie rettet sich zu ihren Schwestern auf das Land, in die Einsamkeit. Sie verläßt das Theater, sie gräbt sich ein in ihre Trauer, irgendwo in einem verlassenen Winkel Frankreichs. Das Kaiserreich stürzt um sie zusammen, die Völkerschlacht bei Leipzig wird geschlagen, die Kosaken ziehen ein in Paris, aber man spürt es nicht in ihren Versen, ihren Briefen. Ihre ganze Nation, Zeit und Raum, alles ist ihr, der echten Frau, gering gegen das Gefühl. Sie weiß nur, daß sie ihn liebt, noch immer liebt, trotzdem sie längst das verwegene Spiel durchschaut. Nur um den eigenen Stolz zu retten, das Gefühl zu entschuldigen, das dem Ungetreuen doppelt getreue, forscht sie im eigenen Verhalten nach einer Schuld. Sie sucht in sich einen Anlaß zu finden. Vergebens. Sie sucht und sucht in sklavischer Demut und muß es doch gegen den eigenen Willen verneinen:

»L'ai-je trahi? Jamais! Il eût mon âme entière;
Hélas! j'etais étreint à lui comme le lierre.«
(»Habe ich ihn verraten? Niemals! Meine ganze Seele besaß er;
Ach, wie Efeu umklammere ich ihn.«)

Aber trotz alledem gelingt es ihr nicht, ihn zu hassen, ihm zu zürnen. Resigniert gesteht sie's ein:

»Ah, je ne le hais pas, je ne sais pont haïr«
(»Ach, ich hasse ihn nicht, ich vermag es nicht«),

und bald weiß sie, daß es mehr ist als Nicht-Hassen; beschämt, vernichtet, erniedrigt wird sie gewahr, daß sie trotz alledem noch immer Liebe für ihn fühlt. Erschreckt vertraut sie es den Versen an, erschreckt über sich selbst:

»Ma sœur, je l'aime donc toujours,
Quel aveu, quel effroi, quelle triste lumière.«
(»Schwester, ich liebe ihn noch immer,
Welch Eingeständnis, welch Schrecken, welch düsteres Licht.«)

Und wie glücklich ist sie, da sie hört, daß er krank ist, wie glücklich, einen Vorwand zu finden vor sich selbst, ihn wieder lieben zu dürfen:

»Comment ne plus l'aimer quand il est malheureux.«
(»Wie ihn nicht mehr lieben, wenn er unglücklich ist.«)

Endlich nach zwei Jahren Sich-Wehrens ist ihr ganz klar, daß keine Härte in ihr ist, kein Haß und kein Widerstand, und nichts als der Wunsch, ein einziger, brennender, glühender Wunsch, ihn wiederzusehen. Sie sucht, sie bettelt um eine Versöhnung, sie wendet sich an ihre Schwester, wendet sich selbst an Delia, die sie verraten hat, nur um ihn wiederzugewinnen. Bedingungslos kapituliert sie, erlöst gibt sie ihren Stolz preis:

»Fierté, j'ai plus aimé mon pauvre cœur que toi.«
(»Stolz, mein armes Herz, habe ich mehr geliebt als dich.«)

Er läßt sich erbitten. Sie soll ihn wiedersehen. Und kaum daß sie es weiß, daß ihr Wunsch erfüllt werden soll, überkommt sie das alte Schreckgefühl. Sie zögert, sie sucht Entschuldigungen und findet sie schließlich:

»Dieu! sera-t-il encore mon maître?
Mais, absent, ne l'était-il pas?«
(»Oh Gott! Ist er noch mein Geliebter?
Aber war er, abwesend, es nicht?«)

Sie weiß, daß eine neue Verbindung nicht Glück mehr sein wird wie einst, ein Glück der Wollust und des Taumels, sondern ein Glück in Tränen, Glück des Mißtrauens; aber sie nimmt das Joch freudig auf sich, obwohl seiner Schwere bewußt. Wie eine Gefangene tritt sie vor ihn hin. Ihren Stolz hat sie zertreten und ihre Scham, schauernd beugt sie den Nacken für dieses Glück der Erniedrigung:

»Prenez votre victime et rendez lui sa chaîne,
Moi, je vous rends un cœur encore tremblant d'amour.«
(»Nehmen Sie Ihr Opfertier und legen es wieder in Ketten,
Ich gebe Ihnen dafür ein vor Liebe zitterndes Herz.«)

Er hebt die Kniende zu sich empor, ein kurzes Zwischenspiel der Versöhnung beginnt. Aber dies von Demütigung und Mitleid genietete Beisammensein ist nicht von langer Dauer. Bald verläßt er sie wieder, und diesmal wird es ein Abschied für immer. Er verstrickt sich in andere Abenteuer, seine Gestalt verlischt im Namenlosen. Marceline faßt ihr Kind, ihren letzten Besitz, und wandert wieder zurück ins Leben. Die Zuflucht ihrer Liebe ist vernichtet, aber eine andere Macht im Tausch erstanden, Tröstung ihres Unglücks: die Dichterin in ihr ist geboren. Ihr Gefühl, zurückgestoßen von dem einen, entlädt sich nun gegen das All, beschwingte Verse entäußern ihre einsame Qual, ihre niedergehaltenen Tränen werden zu aufklingendem Kristall.

Der Verführer

»Mon secret c'est un nom.«
(»Mein Geheimnis ist ein Name.«)

Musik hat ihrem Schmerz die Lippen entsiegelt. Jedes flüchtigste Beben ihres Herzens ist Strophe geworden, jeden Überschwang und jedes Verzagen ihres Gefühls hat sie ein Leben lang und immer noch in der feurigen Minute des Erleidens und Wiedererleidens lyrisch bekannt. Nackt und hüllenlos hat sie dem Winde der Welt jeden Schauer ihrer Sinne, jede Schmach ihrer Seele hingegeben, aber ihre Lippen blieben bis über die Todesstunde hinaus abwehrend verschlossen, wenn es den Namen galt, den Namen jenes einen Menschen, der diesen Sturm in ihr erweckte. Alles von sich hat sie verraten. Nur ihn nicht, der sie verriet.

Fünfzig Jahre jappt nun schon vergebens die französische Literaturgeschichte hinter diesem einen Geheimnis Marcelines her, Sainte-Beuve, ihr Freund und Vertrauter, allen voran. Mit Dissertationen und Kommentaren spüren sie auf allen ihren Wegen, ihren Biographien nach, um den Namen dieses »Olivier« irgendwo aufzudecken, durch Licht und Schatten, durch das tausendfältig blühende Gestrüpp ihrer Verse folgt die ganze Meute jedem Blutstropfen ihres verwundeten Herzens. Jedem Seufzer schnuppern sie nach, jede versickerte Träne graben sie auf: aber wunderbar und fast unbegreiflicherweise ist die tiefe Scham ihres Verschweigens bis heute noch immer stärker geblieben als die Mühe der Nachspürer. Mit keinem andern Namen ist er heute noch zu nennen als »Olivier«, dem Namen, den sie in ihren Versen ihm gibt und mit dem jener einzige erhaltene Liebesbrief zu ihm spricht. Siebzig Jahre, ein biblisches Menschenalter, nach ihrem Tode ist das Geheimnis noch so stark und unentweiht wie in jeder Stunde ihres Lebens.

Das wenige, das von ihm aufzuspüren gelang, weiß man nur durch sie, durch den Verrat ihrer Leidenschaft im Gedicht. Die eine Zeile bezeugt, daß er ein Dichter war und früh schon in engerem Kreise berühmt; jene andere Stelle stellt sein Alter fest, daß er um drei Jahre jünger war als sie selbst; viele Strophen rühmen die wunderbare, zärtliche, eindringliche Stimme, die sie immer und immer berauschte; und Briefe wiederum erzählen, daß er nach Italien ging und dort erkrankte. Der merkwürdigste Hinweis aber, der für die Feststellung immer entscheidend sein muß, geht von einem Gedicht aus. Dort sagt sie, daß in ihren Taufnamen ein gemeinsamer wiederkehrt. Sie sagt:

»Ton nom . . .
Tu sais, que dans mon nom le ciel daigna l'écrire,«
(»Dein Name . . .
Du weißt, ihn in meinen Namen zu schreiben geruhte der
Himmel«),

und späterhin nochmals:

»On ne peut pas m'appeler, sans te jeter vers moi,
Car depuis mon baptême il m'enlace avec toi.«
(»Man kann mich nicht rufen, ohne dich mir
[zuzuschleudern,
Denn seit meiner Taufe verbindet er mich mit dir.«)

Man mag denken, wie gierig die ganze Meute nachspürend in der Richtung dieses Fingerzeigs gestürmt ist. Marceline, Felicité, Josephe sind ihre drei Vornamen, und in der Scharade jenes anderen Namens mußte also einer von ihnen wiederkehren. Dies und manch anderer flüchtiger Beweis hat die meisten verführt, Henri de Latouche als ihren Erlesenen zu vermuten. In Hyacinthe Joseph Alexandre Thabaud de Latouche ist Joseph die Bindung zu Marceline, auch der Beruf nähert sich dem Beweis, daß er ein Dichter und schon damals von einem gewissen Range war, und selbst die dritte Tatsache ist unbestreitbar, daß er als junger Mann zwei Jahre in Italien verbrachte und daß George Sand seine »sanfte und eindringliche« Stimme rühmt. Sainte-Beuve als Schnüffler und Indiskreter in Liebesdingen, der er war (durch seinen Vertrauensbruch wurden die Briefe Mussets an George Sand vorzeitig ausgeliefert), wollte auch hier den billigen Ruhm, schon zu Lebzeiten Marcelines als erster das Geheimnis aufgespürt zu haben. Er wollte Gewißheit und versuchte eine List, die nicht gerade edel genannt werden kann: eine Mitteilung eines Freundes ihrer besten Freundinnen mißbrauchend, der in manchen Andeutungen auf Latouche als den vermutlichen Liebhaber Marcelines hinwies, nahm er den Tod Latouches eilig zum Anlaß, einen jesuitisch geschickten Brief an Marceline zu richten, in dem er sie (als hätte er ihn nicht selbst vertraut gekannt) um Mitteilungen über seinen Charakter befragte. Seine geheime Hoffnung war, sie würde bei diesem schüchternen Klopfen alle Türen ihres Herzens öffnen und werde, sie, die aufrichtige, heroische und in ihrer Leidenschaft unbedachte Frau, in irgendeine Zeile ein gültiges Bekenntnis ihrer einstmaligen Neigung einfließen lassen.

Und Marceline Desbordes-Valmore, die Wunderbare, ließ sich leicht verleiten, ein Requiem für den Menschen zu sagen, der ihren Versen reger Anwalt gewesen und ihr den ersten Verleger verschaffte. Ein Brief, ein Dokument menschlichen Gefühls und hinreißender Güte, ist heute noch erhalten und hier zu lesen. Er gilt den Psychologen unter den Forschern als entscheidendes und letztes Argument; denn Marceline, schöner und mühsam zurückhaltender Erregung voll, spricht hier von Latouche zwar mit Härte und Erbitterung, aber immer wieder tadelt sie gewissermaßen ihr eigenes Gefühl und hebt die Hände flehend und beschwörend zu Sainte-Beuve empor, um ihn von einem strengen Urteil zurückzuhalten. Sie schildert alles Gefährliche Latouches, dieses zynischen und in seinem eigenen Schaffen durch ein Übermaß von Geist und Ironie gehemmten Menschen; aber ihre Nachsicht findet im Negativen noch ein Verdienst, da sie von ihm rühmt, daß er weitaus nicht alles Unheil verschuldet habe, das in seiner Macht gelegen sei, und daß in seinem innern Büßen schon reichliche Vergeltung wäre für die vielen Tränen, die er verursacht. Dieses Wort von den Tränen, die er verursacht, ist den Gelehrten der Bücher und Dilettanten des Herzens schon Beweis genug. Wie die Folterknechte vermerkten sie jubelnd den erpreßten Schrei, und seit diesem Tage zischelt's und tuschelt's durch ein Dutzend Bücher: Latouche, Latouche.

Wirklich: die Scheingründe lasten schwer in der Waagschale des Urteils. Aber in die andere Schale senkt sich unendliches Gewicht und hebt den trüben Ballast der Vermutungen und Wahrscheinlichkeiten wieder empor. Dieses Gewicht ist Marceline Desbordes-Valmores Persönlichkeit, deren menschliche Eigenschaften ganz gebunden und beseelt sind durch eine beispiellose und fast gefährlich übersteigerte Aufrichtigkeit und Gerechtigkeit. Es ist kaum ausdenkbar, ihr den jämmerlichen Betrug zuzumuten, daß sie jenen Menschen als einen Fremden in das Haus Valmores, ihres Gatten, eingeführt hätte, der ihre Vergangenheit kannte aus Wort, Brief und Gedicht und der das Grab ihres vorehelichen Kindes in Brüssel gesehen. Und es ist mühevoll, ihr zuzumuten, daß sie, die Unkundigste aller Verstellung, in ihren Briefen an Latouche sich plötzlich zu so demütiger und respektvoller Förmlichkeit erniedrigt hätte, sie, die an »Olivier« die brennendsten und aufgelöstesten Verse und Worte der französischen Lyrik geschrieben. Das Geheimnis ihres klaren Herzens überzeugt da ebenso wie alle Beweisgründe der Vernunft.

Sollte aber tatsächlich, wie immer eindringlicher die Forscher auf eine bloß mündliche Nachrede hin behaupten, Latouche jener »Oliver« gewesen sein, dann bereitet jene erste Tragödie des verführten Mädchens nur noch eine viel grausamere, eine Tragödie der Mutter vor, wie kein Roman sie kühner und grausamer zu entsinnen gewagt hätte. Denn dieser Latouche, der einundzwanzigjährig mit Marceline bekannt war und ihre ersten Verse auf orthographische Fehler korrigierte, er ist ja – verwirrender Gedanke! – derselbe, der unter der Maske des biedern hilfreichen Familienfreundes mehr als fünfundzwanzig Jahre später Ondine, die Tochter Marcelines, zu verführen sucht, die sie nur mit Mühe (ihre Briefe zittern vor Schrecken) vor ihm schützt. Derselbe Latouche, dem sie heimlich jenen Knaben geboren hatte, der unter geborgten Vatersnamen auf dem Friedhof begraben liegt, derselbe sollte dann fünfundzwanzig Jahre, ein Vierteljahrhundert später als Verführer ihre Tochter begehren – eine Vorstellung für mich, die das Gefühl kaum zu fassen vermag. Zwar gellen tatsächlich jene Briefe an ihren Mann, der Latouche damals freundschaftlich besucht, von schrillen Warnungsschreien: kein Gedanke wäre ja wirklich einer Mutter fürchterlicher als jener, ihr eigenes Elend von ebendemselben noch einmal an ihrem Kinde verschuldet zu sehen, und wirklich zwingt sie ihren Gatten, damals von Latouche ein Jugendbildnis zurückzufordern. Aber warum dieser Zorn bei ihr, der Verzeihenden, erst nach zwanzig Jahren, warum so späte Vorsicht bei der immer so Unbedachten? Trotz aller vorgebrachten Wahrscheinlichkeit wehrt sich deshalb mein Gefühl unwillkürlich gegen diesen Latouche und gerade gegen ihn, bis nicht ein Zufall statt Andeutungen endgültigen Beweis erbringt.

Mögen sie weiter spüren: ich weiß nichts Schöneres, als daß dieser Name noch immer nicht gefunden ist, das große Geheimnis ihres Herzens nicht unwidersprechlich entsiegelt. Denn wie wenig wäre dies, das Gewonnene: ein Name, ein Hauch von Worten in der Luft, ein flüchtiges Silbenpaar gegen das tiefsinnige Symbol der Anonymität, gegen dies, daß er nichts blieb für uns als für sie: das Namenlose in ihrem Leben, das Erlebnis. Er war nur der Ruf, die Macht, die ihr entgegentrat, die Form, in die ihre harrende aufgespeicherte Liebe einströmte, der Lehm, der zerbrochen wird, sobald der heiße Guß an ihm sich gestaltet. Er hat keine selbsttätige Bedeutung für ihr späteres Leben und hat keine Schuld. Denn wenn er mit ihrem Herzen tändelt und unbewußt jenen ungeheuren Brand verschuldet, so ist er ebensowenig verantwortlich wie ein Kind, das mit dem Zündelholz spielt und eine Feuersbrunst entfacht. Die ganze Tat dieses »Olivier« war, daß er nahte, daß er die Stunde war. Er brauchte ihr nur die Tiefe zu weisen, in die ihr durch den Schutt der Sorgen, den Schlamm der Entbehrung zu lange aufgestautes Gefühl selig schäumend hinabstürzen konnte, und schon hatte er sein, hatte er ihr Schicksal erfüllt. Er gab ihr Gelegenheit zu lieben, und damit ist seine Bedeutung erschöpft. Wie er sich menschlich verhielt, bleibt gleichgültig, denn seine Macht über ihr Gefühl ist damit zu Ende. Er konnte sie dann verlassen oder mißhandeln, sie wieder aufnehmen und neuerlich verlassen, aber er konnte ihr Gefühl nicht mehr steigern und nichts mehr dämmen, es war schon jenseits seines eigenen Willens und Gewissens. Er konnte nur mehr Schmerz häufen oder Lust, ihre Stimmung verwandeln, aber nichts mehr ungültig machen, nicht mehr die aufgebrochene Blüte ihrer Leidenschaft zurückdrängen in die Knospe, diese wundervolle purpurne und unverwelkbare Blüte, die er mit flüchtigen Fingern spielend aufgeblättert.

Man kann es nachfühlen, was ihn zu ihr drängte, verstehen, was ihn lockte. Süßer noch als bei einer Halbwüchsigen die frühe Leidenschaft, mochte es ihn reizen, hier in einer Verschlossenen und Verspäteten unter der Asche von Sorge und Trauer noch einmal die Lohe mit einem Atemhauch aufglühen zu lassen. Und noch besser vermag man zu verstehen, was ihn von ihr entfernte. Er wollte ein Spiel, wollte diesem schüchternen, von allen Geistern der Not und Entbehrung aus den Gärten ihrer Kindheit gejagten Mädchen die erste Frucht zärtlicher Worte reichen. Aber die Erweckte ist eine andere. Aus ihrem schmalen Körper brechen Flammen der Exaltation, ihre Sanftheit löst sich plötzlich in einen bacchantischen Taumel der Leidenschaft, sie preßt sich mit einer unvermuteten Trunkenheit an den Erstaunten, mit einem Durst, als wollte sie von ihm allein alle Seligkeit des Himmels und der Erde trinken. Er will eine Geliebte und findet die Liebende, er begehrt in ihr die Frau, die wunderbare, die vielfältige, die neue, und sie ist die glühende, immer die gleiche. Er will die Lust, und sie gibt ihm die Liebe. Er will Stunden, und sie bietet ihm die ganze Unendlichkeit. Man sieht es deutlich aus ihren eigenen Bekenntnissen, daß er zurückschrak vor ihrer maßlosen Hingabe, vor dem vulkanischen Ausbruch ihrer Liebe, denn für sie, die Entbehrende, der niemals etwas zu eigen war von irdischem Besitz, wird das Gefühl zur Welt, und sie dehnt es zur Unendlichkeit. Übermaß ist ihr einziges Maß in der Liebe: immer lodert sie, jedes Wort, jede Regung setzt sie in Brand. Mit Tränen antwortet sie auf kleines Gelüst, mit Tränen des Jubels, mit dem Schluchzen der Verzweiflung. Tränen sind ihre einzige Sprache in der Liebe. Immer sieht er, der kühle Lovelace, in feuchte

Blicke, in schauerndes Antlitz: sie hat nur diese eine Antwort, immer nur die eine:

»L'amour n'eut jamais de moi que des larmes.«
(»Die Liebe hatte von mir nichts als Tränen.«)

Tränen, Tränen sind ihre Welt, »pleurs« und »larmes« ihrer Verse häufigster Reim. Ihre Leidenschaft tut weh, sie ist zu heiß, sie versengt, sie verbrennt. Vergebens versucht sie selbst, dieses Übermaßes bewußt, sich zu dämpfen und ersehnt beschaulicheren Genuß. Sie möchte selbst gerne heiter werden durch die Liebe, sie als Spiel erlernen:

»Je voudrais aimer autrement.
Pour moi l'amour est un tourment,
La tendresse m'est douloureuse.«
*(»Ich möchte anders lieben.
Eine Qual ist mir die Liebe,
Und schmerzhaft die Zärtlichkeit.«)*

Und dieser Kontrast zwischen ihm, dem Spielenden, und ihr, der Ekstatischen, wird immer größer im Abstand ihrer Beziehung. Sie vermag sich nicht zu mäßigen, er nicht zu steigern. Er, der sie emporlockte, kann ihr nun nicht mehr nach. In dem Äther des Gefühls, zu dem sie ihn aufreißen will, jappt er, der Gleichgültige, nach Luft. Und so wehrt er sich gegen diese Verkettung. Gegen ihre Güte kämpft er mit Grausamkeit, gegen ihre Hitze mit Kälte. Aber sie ist gepanzert mit der Liebe, und ihre Waffe ist Vergebung. Er höhnt sie mit Untreue, und sie vergibt ihm; er quält sie mit Lüge, und sie verzeiht ihm; er flüchtet vor ihr, doch ihre Liebe läßt nicht nach. Immer tiefer treibt ihn das Verlangen, den letzten Grund ihrer Güte zu finden, ihre Hingabe zu versuchen, wie man Gott versucht. Doch er vermag nur ihr Leben zu zerstören, sie unglücklich zu machen, bleibt aber ohnmächtig gegen die dämonische Gewalt dieser Liebe, die er nicht mehr dämmen, nicht mehr zerstören kann. Stanzt er ihr Haß ins Herz, gießt er die Säuren der Selbstverachtung, die Ätzungen der Qual ihr in die Brust, so saugt ihr Gefühl all dies gierig auf und verwandelt es wieder in Liebe: sie kann sich nur steigern und nicht mäßigen. Was immer er tut, es bleibt ohne Gewalt über sie, und selbst sein Entschwinden vermag sie nicht zu berauben. Wir haben in der Weltliteratur kaum ein schöneres Beispiel von der ungeheuren Macht, die der Erste, der Verführer über das ganze Leben einer Frau ausübt, jener Erste, der ihren Körper aufschließt und das aufgesparte Gefühl aus den Adern bis zu den Lippen jagt. Denn dieser Mensch – oder schon der Traum von ihm – zehrt im Leben der Desbordes-Valmore das Edelste an Liebesfähigkeit auf, das Göttliche, das Maßlose, den Überschwang. Was sie später gibt, ist gemessene Güte, Dankbarkeit, Ehrfurcht, Sinnlichkeit, aber immer nur Einzelnes, nie jener elementare Ausbruch ihres ganzen Wesens, dies Ausstürzen ihrer Weiblichkeit. Ein anderer Mann tritt später an ihre Seite, und sie ist ihm treu als Gattin, aber in seinen Armen noch bekennt sie: »Je ne sais pas comme on oublie.« *(»Ich weiß nicht, wie man vergißt.«)* Nur durch höchste Aufrichtigkeit vermag sie dies seltene und doch so seelenwahre Wunder der zwiefachen Liebe zu erfüllen, denn noch als alte Frau fühlt sie sich in manchen Stunden nicht dem erwählten Manne, sondern dem erträumten zu eigen. Wie Wetterleuchten zuckt aus jenen Fernen immer wieder Bezauberung in ihr längst beruhigtes Leben hinüber; fünfzigjährig, auf einer entbehrungsreichen Komödiantenreise mit ihrem Gatten in Italien, fühlt sie vor der neuen Landschaft nur den einen Schauer, daß »seine« Schritte vor dreißig Jahren hier geweilt, und unvermutet bricht aus einem Briefe des Jahres 1836 an die Freundin der bekennende Schrei: »Das einzige Herz, das ich mir von Gott erbeten hätte, hat das meine nicht gewollt.« Nie kann sie, im Glück und im Elend nicht, jenen Ersten vergessen. Treu dem Gatten, ist sie, die Dankbare, auch treu dem Gefühl, nie verleugnet die Frau in ihr jenen fernen und fast schon mythischen Gott ihrer Kindheit, der sie zum Weibe schuf: in Valmore liebt sie treu den Mann und ihrer Kinder Vater, und in dem Entschwundenen, in »Olivier«, ebenso treu das Phantom ihrer Träume, das Übermaß ihres eigenen Gefühls. In »Olivier«, dem Verführer, liebt sie ein ganzes Leben lang die Liebe.

Die Verlassene

> »Toutes les humiliations tombées sur la terre
> à l'adresse de la femme, je les ai reçues.«
> *(»Alle Demütigungen, die auf dieser Erde der Frau zugedacht sind, habe ich erlitten.«)*
> *An Pauline Duchambge*

Am Tage, da ihr Geliebter sie verlassen hat, verläßt sie Paris. Sie hofft, sein Fernsein zu ertragen in der Ferne, und flüchtet vor seiner Nähe, der ersehnt-verhaßten, nach Brüssel, wo sie am Théâtre de la Monnaie Anstellung findet, und zwar eine vortreffliche. Anfangs wird sie dort wenig beachtet, denn drei Stunden von der Stadt donnern die Kanonen von Waterloo, und der Zusammenbruch des Kaiserreiches übertönt Gespräch und Gesang. Die Tragödie der Welt ist zu laut und zu nahe, als daß man auf den falschen Donner der Bühne hörte.

Aber bald wird man ihrer mit Bewunderung gewahr.

Ihre Kunst ist reif geworden im Erlebnis, aus der schmerzgeweiteten Brust bricht nun voller der dramatische Aufschrei. Jetzt erst wird sie die Heroine. Ihr Wesen, einst nur fähig, kindliche Schüchternheit, Einfalt und Bangen zu verkörpern, vibriert nun von Sinnlichkeit und Leidenschaft, ihr Schmerzruf hat eine wundervolle Resonanz aus tiefstem Empfinden, und die gesprochenen Verse beseelt der melodische Rhythmus ihrer Dichtung.

Erfolg hat aber niemals für Marceline Desbordes-Valmore Glück bedeutet. Nur als Lärm hat sie ihn empfunden, als Schall aus der Ferne, niemals körperlich, nie als Welle, die ihr Leben heben oder senken konnte. Sie weicht allen Versuchungen aus, sie riegelt sich ab gegen die Welt, sie klammert sich an das einzige, was ihr geblieben ist, an ihr Kind:

»Gage adoré de ses tristes amours«
(»Geliebtes Pfand der traurigen Zuneigung«),

und sucht in den unschuldigen Zügen das fremde und geliebte Gesicht. Sie will ihr Leben abschließen, beschränken, begrenzen. Aber das Schicksal hat eine seltsame Feindschaft gegen sie. Ein Fluch ist ihr geschworen von einem unbekannten Gott, der ihr Rast versagt. Ihr Schmerz, der fruchtbare, soll ewig feuerflüssig erhalten werden, und so wühlt das Schicksal ihn immer von neuem auf, so wie man die strömende Erzglut beständig bewegt erhält, damit sie nicht Schlacken bilde und zu früh in kalten Formen erstarre. Immer wieder wird ihr Neues gegeben, aber immer nur zur Leihe, immer etwas geschenkt, darin ihre Sehnsucht sich einwurzeln könne, um es dann ihr zu entreißen und das Erdreich ihrer Seele schmerzhaft aufzuwühlen. Kaum läßt das Leben ihr Rast, so mengt sich der Tod in ihr Geschick. Ihre Freundin, die einzige, von der sie Zuspruch in diesen Tagen hat, bald darauf ihr Vater, sterben plötzlich hin, und wenige Wochen später wird auch ihr Letztes durch Krankheit bedroht, der fünfjährige Knabe. Wie eine Rasende kämpft sie gegen das Verhängnis zwei Monate lang, aber es ist vergebens:

»Après soixantes jours de deuil et d'épouvante
Je criais vers le ciel: Encore, encore un jour!
Vainement! J'épuisais mon âme tout entière . . .
Je criais à la mort: Frappe-moi la première!
Vainement! Et la mort, froide dans son courroux
En moissonnant l'enfant, ne daigna pas atteindre
La mère expirante à genoux.«
(»Nach sechzig Tagen Trauer und Erstarrung
Rief ich zum Himmel: Noch einen Tag!
Vergeblich! Ich erschöpfte meine Seele völlig . . .
Ich schrie zum Tod: Schlage mich zuerst!
Vergeblich! Und der Tod, kalt in seiner Wut
Das Kind hinwegraffend, war nicht so gnädig,
Die Mutter zu nehmen, die, fast sterbend, auf den Knien lag.«)

Der Knabe stirbt. Innerhalb eines einzigen Jahres hat sie alles verloren, was ihr das Schicksal geschenkt:

»J'ai tout perdu, mon enfant par la mort
Et mon ami par l'absence.«
(»Alles habe ich verloren: Mein Kind durch Tod,
Meinen Freund durch Abwesenheit.«)

Ihre Verzweiflung ist unbeschreiblich. Aus ihren Briefen brechen wilde Schreie, die nichts anderes mehr ersehnen als den Tod. Sie ist wieder so arm, so verlassen wie damals, als sie im schwarzen Kleide, eine Waise, am Landungsplatz in Havre stand, aber nun noch viel mehr, weil ihr Leben geschwächt ist von dem früh verlorenen Kind und ihre Seele zerrissen von der Verachtung des Geliebten. Nun erst, da sie Besitz gefühlt, wird die Entbehrung zum Schmerz. Vergebens sucht sie ein Ende. Von dem Tod hält sie die Gläubigkeit zurück, so sucht sie der Welt zu entweichen durch Flucht. Wie eine Nonne in ihrer Zelle, gräbt sie sich lebendig ein. Sie will nichts mehr haben, nichts mehr hören, an nichts mehr sich binden, da ihr doch alles genommen wird. Die flüchtigen Stunden der Komödie sind die einzigen, da sie zu Menschen spricht, und da sind es nicht ihre Worte, sondern erlernte. Jedes wirkliche Wesen ist ihr Feind, jeder Blick tut ihr weh, denn alles wird Vergleich und Erinnerung. Der Kelch ist voll. Es gibt aus diesen Jahren ein Gedicht ›Les deux mères‹ *(›Die beiden Mütter‹)*, das in einer Szene ergreifend schildert, wie selbst unschuldigster Anlaß in der Gequälten die Narben aufsprengt. Ein Kind naht ihr auf der Straße, freundlich mit in Liebe ausgebreiteten Händen tappt es ihr näher, und sie, fast auf den Knien fleht sie das Fremde an, ihr nicht zu nahen, denn es ist Erinnerung:

»Vous qui m'attristez, vous n'avez en partage
Sa beauté ni sa grâce où brillait sa candeur.
Oh' mon petit enfant, mais vous avez son âge
C'en est assez pour déchirer mon cœur.«
(»Du machst mich traurig, du teilst mit ihm
Weder die Schönheit, noch die Anmut, in der seine Reinheit leuchtete.
Aber, du kleines Kind, hast sein Alter,
Und das genügt, um mir das Herz zu zerreißen.«)

Und mit dem verlorenen Kinde scheint auch ihre Jugend zu Ende. Ein Flor des Leides umschleiert ihre Augen; sie, die nie heiter war, ist nun düster geworden und herb. Die vielen Tränen haben den Schmelz der Jugend von ihren Wangen gewaschen, die Stimme ist brüchig und weigert sich dem Gesang. Unendlich ist ihre Einsamkeit. Sie lebt in der Welt wie Ariadne, die Verlassene, auf der wüsten Insel Naxos, nur der Klage und dem Gebet. Bacchus, der glühende, der Gott der Trunkenheit, hat sie verlassen, der Rausch der Liebe ist geschwunden, und nun wartet sie nur auf einen mehr, auf den Tod. Sie hört ihn nahen, schon breitet sie ihm die Arme entgegen, um hinzusinken aus dieser Welt in das ewige Dunkel. Aber sie ahnt nicht, daß, der naht mit beflügelten Schritten, Theseus ist, der Befreier, sie nochmals zurückzuführen ins lebendige Leben.

Valmore

»Il n'y a rien de si sincère que mon cœur,
Je ne puis le donner qu'en donnant ma vie.«
*(»Es gibt nichts Aufrichtigeres als mein Herz.
Ich kann es nur mit meinem ganzen Leben
hingeben.«)*

Im Theater ist damals als Partner heroischer und leidenschaftlicher Konflikte ein junger Schauspieler engagiert, Valmore, vom weiblichen Publikum Brüssels bald der »schöne Valmore« genannt. Sproß einer adeligen Familie, Neffe eines kaiserlichen Generals, der in der Schlacht an der Moskawa sein Leben gelassen, hatte er sich dem Theater durchaus nur um künstlerischer Neigung willen verschrieben. Zu spät gekommen in der Weltgeschichte, um auf der Lebensbühne unter Napoleon zu kämpfen, will er Held und Konquistador zumindest im Spiele sein. Er ist sieben Jahre jünger als sie, darstellerisch zwar nur mäßig begabt, aber doch gewinnend durch seine ritterliche Erscheinung und die fast herrische Aufrichtigkeit seines Wesens. In den Stücken geben sich die beiden oft das Stichwort der Liebe von Mund zu Mund, er hat die Werbung, sie den Widerstand, und aus dieser regen Gewohnheit des Tausches erborgter Gefühle wächst allmählich eine gewisse menschliche Vertrautheit.

Und dann – in der Biographie Marcelines ist jede Episode immer dramatisch motiviert –, diese beiden Komödianten, die hier Zufall oder Bestimmung auf den Brettern eines Provinztheaters zusammenführt, diese beiden fremden Existenzen haben vor vielen Jahren einander gestreift. Vor sechzehn Jahren, als die Halbwüchsige nach Guadeloupe reiste und in Bordeaux um ein paar Franken auf der Schaubühne agierte, hat sie dort in befreundeter Familie einen kleinen Knaben auf den Knien geschaukelt. Sie hat mit ihm geplaudert, sich an seiner klugen Anmut gefreut und schon damals mit ihm unschuldig schwesterlichen Kuß getauscht. Ihre Lippen kennen einander: dieser Knabe aus Bordeaux, dieser lang vergessene Gespiele einer Stunde war Valmore gewesen. Das Entsinnen der kindlichen Episode flicht rasche Freundschaft zwischen den Erwachsenen.

Valmore aber erwidert ihr Gefühl der Freundschaft mit lebhafterer Neigung, und allmählich erwächst ihm der Wunsch, sich der verehrten Frau dauernd zu verbinden. Noch wagt er nicht, sich zu erklären, er hat Scheu vor dem Wort. Ein schöner männlicher Stolz verbietet ihm stürmische Werbung, um sich die rasche Abweisung der Erschreckten zu ersparen. Kund ihres Unglücks weiß er vielleicht, daß man die tiefe Resignation ihres Herzens erst Stufe um Stufe mit sachter Hand wie eine Kranke wieder emporführen müsse ins Vertrauen. So wählt er des Wortes behutsamere Form: den Brief. Obwohl ihr täglich nah, schreibt er ihr einen Brief, in dem er sich gewillt erklärt, die Redlichkeit seiner Gefühle durch eheliche Liebe zu erweisen.

Marceline erhält den Brief, sie erschrickt und will den werbenden Worten nicht glauben. Sie blickt in den Spiegel: das Salz der Tränen hat ihre Wangen aufgelaugt, der Schmerz mit spitzem Stichel den Augen Furchen eingegraben, sie fühlt sich verbraucht, unwertig und verblüht. Einunddreißig ist sie den Jahren nach und innerlich viel älter, er aber, der Jugendfrische, vierundzwanzig – wie darf sie da ihn binden, sie, die selbst gebunden ist an Erinnerung und, wie ihr dünkt, an untilgbares Leid? Denn selbst in dieser Sekunde des Glücks fühlt sie, daß ihr Herz nichts vergessen kann, daß »Olivier«, des Unbekannten Bild, ewig in ihrer Seele brennt. Sie ist entschlossen zur Treue, zur Abwehr. Aber doch, es lockt so seltsam, noch einmal das Leben zu beginnen, noch einmal aus diesem unendlichen Abgrund von Trauer und Entbehrung emporzusteigen in das Licht.

Sie antwortet Valmore in einem Brief, der ablehnt und doch zögert zugleich. Er will Absage aussprechen und scheut sich doch, unwiderruflich zu werden. Sie bittet ihn, sie zu schonen. »Versuchen Sie nicht, mein Herz mit Gefühl zu erfüllen, ich habe so viel gelitten und traurig, wie ich bin, tauge ich nicht mehr zur Liebe.« Sie warnt und warnt, sie verneint die Möglichkeit eines neuen Gefühls und bezeugt es ihm doch durch ihre Furcht vor neuer Prüfung und die Bitte, sie zu schonen. Sie bietet ihm an, Brüssel zu verlassen, wenn das Beisammensein mit ihr ihn quäle, sie warnt und wehrt ab. Aber doch, sie findet kein Wort, das ein hartes Nein sagt. Denn dies ist zu neu, zu selig schön für die Enterbte, dieser ungewohnte Schauer, zum erstenmal nicht nur zu lieben, sondern einmal auch wahrhaft geliebt zu sein.

Valmore mißversteht sie. Er meint, ihr Zögern bedeute, er sei zu gering für sie, die gefeierte Schauspielerin, die Erste des Theaters. Noch kennt er nicht die ganze Tiefe ihrer Glücklosigkeit. Er will sich entfernen, aber schon ruft sie ihn zurück. Sie beeilt sich, ihm zu antworten, ihm zu versichern, wie sehr sie ihn achte, und in dieser Hochschätzung klingt schon ein erster Unterton von Neigung. Valmore wird sicherer, er wirbt nun dringender und heißer. Immer weicher wird der Ton in ihren Briefen, immer nachgiebiger. Sie will es noch nicht glauben, daß man sie wieder zum Leben erlösen will, und glaubt es doch schon. Sie schämt sich ihres eigenen Wankelmuts, nach so großem Gefühl so bald eines zweiten fähig zu sein, und ersehnt es doch schon mit allen Sinnen. So fremd ist ihr das Glück geworden, daß sie sich davor fürchtet und beinahe wieder ihr Leid zurückwünscht:

»Je tremble d'être heureuse et je verse des larmes;
Oui, je sens que mes pleurs avaient pour moi des
Et que mes maux étaient mes biens.« [charmes
(»Ich zittere davor, glücklich zu sein und vergieße Tränen;
Ja, ich fühle, daß meine Tränen für mich zauberhaft
Und meine Leiden meine Freuden sind.«)

Sie ist sich bewußt, daß sie nicht vergessen kann, aber sie fühlt sich stark genug, auch mit einer Wunde im Herzen einem anderen Manne sich zu vereinen. Sie hat ihn gewarnt, sie warnt ihn bis zum letzten Augenblick. In Aufrichtigkeit bietet sie ihm ihr ganzes Leben dar, aber er begehrt es stark und glühend, und mit einem gewissen Jubel stimmt sie schließlich zu.

Es ist rührend, in diesen ihren Briefen zu lesen, wie fremd sie dem Glück geworden ist. Ein Wunder von Gott ist ihr diese Wendung. Sie kann es gar nicht begreifen, sie faßt es kaum, dieses vergessene Wort, dieses verlorene Gefühl. Gleichsam aus einem Kerker taumelt sie an das Licht, und ihre Augen sind blind, sie wagt nicht zu schauen. »Wie, das Leben ist also doch das Glück?« stammelt sie in einem Brief, einen Tag nach der Vermählung: »Ich bin glücklich! Wie doch meine ganze Seele sich auftut diesem vergessenen Wort, das für immer ausgelöscht schien.« »Sag mir, Geliebter, wo ich bin, sag mir's doch, ich weiß es nicht mehr. Laß mich noch einmal einen solchen Brief lesen, der mir das Herz verbrennt.« Sie stammelt, sie taumelt unter diesen ersten Tagen. Und was das Wundervollste ist, das Unwahrscheinlichste, daß dieses Glück über ein ganzes Leben hin dauert. Denn in ihrem ersten Erlebnis ist sie eine andere geworden. Sie ist nun fähiger, einen Mann zu beglücken, weil sie resignierter ist. Sie will nicht mehr alle Himmel umfassen, sie will nicht mehr glücklich sein, sondern als wahre Frau nur glücklich machen. Nichts begehrt sie für sich fortan, alles nur für ihn. Ein wunderbarer Kampf beginnt nun in diesen beiden für viele Jahre, ein Kampf der Demut gegen Demut. Beide fühlen sie sich minderwertig, einer gegen den andern. Er empfindet ihre Überlegenheit als Schauspielerin, als Dichterin, fühlt den Adel ihrer Menschheit und beugt sich vor ihr. Sie wieder spürt nur das eine, das Wunderbare, in einer immer wieder erneuten Dankbarkeit, daß er jünger ist als sie, sieben Jahre, und er ihr freudig seine strahlende Jugend geschenkt hat, und sie beugt sich vor ihm. Er hat sie ins Leben gehoben und Kinder aus ihrem abgestorbenen Leib erweckt, dafür dankt sie ihm Tag für Tag. In den Briefen der alternden Frau brennt gleich heiß wie in denen am Tage der Vermählung ihre Glut, und er wiederum faßt ungelenk, um einmal in ihrer Sprache zu sprechen, seine Gefühle in Versen zusammen. Keines ihrer Liebesgedichte ist vielleicht so rührend wie dies Gedicht, das sie erweckt, dieser ungeschickte Versuch eines nüchtern-redlichen Menschen, Worte in Reime zu pressen, um auch ihr in ihrer Weise zu dienen. Die entsetzliche Angst, er, der Jüngere, könnte sie, die Alternde, betrügen und mißachten, sie könnte nochmals verstoßen werden von der Liebe, schwindet selig dahin. Tag für Tag erstaunt sie immer wieder aufs neue, noch immer geliebt zu sein, und bewundert seine Redlichkeit. Immer bleibt sie die Erstaunte, daß auch ihre Liebe gelte, immer die Dankbare. Und nun endlich darf sie sich hingeben, verschwenden, aufopfern, Tag für Tag, und die furchtbare Mühsal ihres äußeren Lebens macht dies Opfer zu einem unaufhörlichen.

Manchmal fällt noch ein leichter Schatten vergangener Zeiten in ihr Glück. Valmore leidet im Geheimen sehr, immer zu spüren, wie unvergessen jener andere ist. Er hatte gehofft, nun werde ihm, der sie nochmals die Liebe gelehrt, mit ihrem Leben auch ihre Dichtung gelten. Das Bild jenes andern, der sie gequält und verachtet, werde verschatten im erneuten Glück. Aber Marceline Desbordes-Valmore ist unfähig zur Lüge. Ihre Dichtung, die aus dem traumgewordenen Erleben der Jugend aufsteigt, scheint geheime Gesetze zu haben, gegen die sie selbst nichts vermag. Inmitten ihrer Ehe schreibt und veröffentlicht sie jene schmerzvollen Elegien an »Olivier«, den einst Geliebten, und Valmore, der all ihre lebendige Liebe hat, muß den Druck von Versen überwachen, die einem andern gelten. Seltsamere Qual ward nie einem Gatten ersonnen. Aber Dichtung ist stärker als ihr bewußter Wille. Nicht das Glück inspiriert diese Frau, sondern das Tragische, nur die Träne erlöst ihr das Wort, und darum gelten ihre Verse einzig dem, der ihr Gefühl zur Qual der Liebe aufrief, und fast nie jenem, der sie beglückte. In Valmore liebt sie den Mann, den Gatten, in »Olivier« die Liebe selbst, die Quelle des Leidens, das ihr tiefstes Glück aufwühlt. Sie bezeugt in ihrer unendlichen Aufrichtigkeit, daß im Leben einer Frau doppelter Raum für Liebe ist, für die der Wirklichkeiten und die des Ideals, und daß das Unvergessene, im Leibe längst erstorben, in den tiefsten Schluchten des weiblichen Gefühls unerreichbar verborgen bleibt, daß Erlebnisse nicht absterben mit dem Erlebten. Sie sieht Valmore leiden an ihren Geständnissen, aber sie vermag ihre Dichtung nicht zu beherrschen: ihre Aufrichtigkeit ist stärker als ihr Wille. Sie ist machtlos gegen die eigene poetische Gewalt. Vergeblich müht sie sich, ihm seine Eifersucht auf die Verse auszureden:

»Ces poésies qui pèsent sur ton cœur«
(»Diese Verse, die so schwer auf deinem Herzen lasten«);

sie fügt ihrem Mädchennamen als Dichterin immer den seinen bei, nennt sich Marceline Desbordes-Valmore, um öffentlich ihre Verbindung zu bekunden. Alle kleinen Listen des Herzens wendet sie an, sie beschuldigt sich der Übertreibung und ist zweifellos aufrichtig in der Sekunde der Verzweiflung, da sie ihre Dichtung verflucht, weil sie Mißstimmung aussäe zwischen ihnen. Wie selig ist sie darum, wenn sie auch ihm etwas zu vergeben hat. Spät, mit siebenundvierzig Jahren, gesteht er ihr, der Vierundfünfzigjährigen, daß er sie mehrmals betrogen habe. Und beinahe beglückt antwortet sie ihm in dem wundervollen Brief: »Es wäre ein Wunder, hättest Du den Versuchungen Deines Alters und Deines Berufes entgehen können! Glaube mir, es ist einzig wichtig, daß sie nicht die Unzerreißbarkeit unseres Bundes vernichten konnten. Keiner Frau nehme ich es übel, Dich liebenswert gefunden zu haben, mein teurer Freund. Viel eher hätten sie es mir nicht vergeben dürfen, Deine Frau zu sein und – offen gesagt – ein solches Glück nicht zu verdienen.« So, mit Güte und Aufrichtigkeit knüpfen sie immer aufs neue das Band, das sie einander hält; selbst die Armut, die ewige und unerträgliche ihrer Tage, kann die Reinheit ihrer Existenz nicht vergiften. Immer findet ihre Hingebung neue Formen des Aufschwungs und schließlich auch die edelste Wendung: sie verzichtet ganz darauf, die Geliebte zu sein, um des neuen Glückes willen, ihn neu und anders lieben zu dürfen. Früh blinkt ihr Schnee auf dem Scheitel, und nun umgibt sie Valmore, den Gatten, mit einer wundervollen Mütterlichkeit. Er wird gleichsam ihr ältestes Kind, das Sorgenkind, dem sie sich müht, eine Stellung zu finden, das sie behütet, pflegt und berät. Sie muß ihn, den schlechten Provinzschauspieler, der nirgends ein Engagement findet, in Rouen ausgepfiffen, in Paris nirgends angenommen wird, immer wieder trösten über die schmerzhaften Niederlagen seiner Eitelkeit, sie muß den zweifelhaften Komödianten und doch wackern Mann dreißig Jahre darüber hinwegtäuschen, daß sie es ist, die mit Arbeit und Qual die ganze Familie erhält. Erst als der künstlerische Wahn ihm zerrinnt und er eine kleine Stellung an der Bibliothek findet und nun nichts mehr ist als Vater und Gatte, kommt eine Art Ruhe in den zerrissenen Haushalt. In den späteren Briefen mischen sich der Leidenschaft des Gefühls immer mehr und mehr hausmütterliche Ratschläge bei, die Ehe wandelt sich in Mutterschaft und Geschwisterlichkeit. Und aus der Ferne ihrer Jahre, dem gefährlichen Unterschied des Alters wird durch ihre Güte und Resignation immer neue Nähe und eine noch innigere Bindung.

> »Depuis l'âge de seize ans j'ai la fièvre et je voyage.«
> *(»Seit meinem sechzehnten Lebensjahr habe ich Fieber und irre umher.«)*

Die Not und Entbehrung ist nun aus ihrem Herzen gescheucht. Aber sie läßt ihr liebstes Opfer nicht und umstellt von außen ihr Leben. Vergeblich sucht das Komödiantenpaar nach einem Nest. Die Brüsseler Truppe löst sich bald auf, sie streben nach Paris; aber Valmore, dessen mindere Qualitäten als Schauspieler mit dem Schwinden der Jugendlichkeit immer sichtlicher werden, erweist sich dort als Hemmnis für ein gemeinsames Engagement. Wieder wirft sie die Welle in die Provinz zurück von Strand zu Strand, jahrelang treiben sie dort, von allen Stürmen des Mißgeschicks gejagt und herumgefegt, zwanzig, dreißig Jahre, nirgends heimisch, überall wieder vertrieben. Nächtelang, tagelang, mit kleinen Kindern und dem ganzen Hausrat wandern sie von Ort zu Ort, immer wieder wird ihr ganzer Lebensbestand auf Karren geladen, immer wieder Kontrakte und Kündigungen, Hoffnungen und Enttäuschungen. Ein paar Jahre ruhen sie in Lyon, aber es ist Rast auf einem Vulkan, denn die Industriestadt ist fiebrig aufgewühlt von Arbeiterrevolten, in den Straßen werden die Menschen niederkartätscht, und dem Volke vergeht bald das Gelüst auf Komödie.

Der Traum der Kunst ist längst erloschen, es ist nur ein hartes Metier, das die beiden um ihrer Kinder willen betreiben, Broterwerb, Handwerk ohne Redlichkeit, dem Mißgunst und Neid bald die letzte Freude nehmen. Selbst zwischen ihnen beiden droht Zwietracht emporzuwuchern, denn immer deutlicher zeichnen sich die

Erfolge Marcelines von den zweifelhaften Triumphen ihres Mannes ab; doch diese Gefahr bietet erwünschte Gelegenheit, die Größe ihrer Hingabe zu beweisen. Rasch entschlossen gibt sie den Beruf auf, läßt die Heroine, um nichts mehr zu sein als Hausfrau und Mutter, Heldin des Tages. Unglück und Kindbett haben ihren Körper matt gemacht, ihre Stimme durchsiebt. Empfindlich für Mißachtung, gleichgültig gegen Ruhm, ist sie längst schon müde, täglich fremden Menschen ihre Tränen zu geben; ein Grauen faßt sie an, wenn sich abends die Lichter entzünden, ein Grauen, die Furchen ihres Gesichts mit Schminke zu füllen, und kaum daß sie resigniert hat, so jubelt sie schon über ihren Entschluß. »Nicht mehr Theater zu spielen, ist eine Art Glück, das ich bis zu Tränen empfinde.«

Nun ist er, Valmore, das Haupt der Familie, Erwerber und Erhalter. Sorge wächst ihm damit zu, aber auch Selbstgefühl. Zuerst kämpft er noch in den großen Städten, aber in Lyon ausgepfiffen, meidet er die besseren Bühnen und schleppt sich von Provinz zu Provinz. Marceline bleibt in den ersten Jahren seine Begleiterin, dann aber fordern die Kinder ihre Gegenwart, und nur von ferne vermag sie ihn mit Briefen aufzumuntern. Sie verschweigt ihm zärtlich die tausend Sorgen, die ihr den Tag zerstücken und die Nacht wegstehlen. Denn sie kämpft einen tagtäglichen heroischen Kampf, um ihre kärgliche Existenz zu sichern; und diese große Dichterin, der Frankreich schönste und unvergeßliche Verse dankt, ist in allen Jahren der Entbehrung gleichzeitig der einzige Dienstbote des ganzen Hausstandes. Sie näht die Kleider der Kinder, sie wäscht, sie schneidert, sie kocht; nachts nach aller Mühe und Sorge schreibt sie sentimentale Novellen und Romane, um ein paar Franken zu verdienen. Sie arbeitet dreißig Jahre wie eine Verzweifelte, sie verkauft ihren letzten Schmuck, den Ring, den er ihr zur

Vermählung gab; sie sucht nach Stellungen, sie bettelt beinahe, und an dieser Ärmsten der Armen hängen noch andere Lasten. Der Bruder, in englischer Gefangenschaft, quält unablässig um Geld, sie muß sich von ihrem eigenen Nichts etwas absparen, um ihm einen Notpfennig zu senden; die Familie ist in ewiger Bedrängnis, sie hilft auch ihr; in die Gefängnisse von Lyon bringt sie das letzte Brot von ihrem Tisch. Sie muß Briefe wochenlang liegen lassen, weil ihr das Geld fehlt, sie zu frankieren. Sie bleibt oft zu Hause, weil ihre Kleider und Schuhe zu schlecht sind für die Gasse. Ihr einziger Trost sind die kleinen Gedichte, die sie, über den Stickrahmen gebeugt, bei der Arbeit ersinnt, und die kleinen Lieder, jene wundervollen Kindergedichte, mit denen sie Hippolyte, Ondine und Ines, ihre drei Kinder, einschläfert.

Und dabei: wie klein sind ihre Wünsche! In eine Nußschale lassen sie sich pressen: Ruhe, ein wenig Rast, etwas Sonnenschein und ein bißchen Grün. Sie träumt – wie andere von Kronen und von Karossen – von irgendeinem stillen Haus auf dem Lande, von einem kleinbürgerlichen Glück, von einer ganz einfachen Existenz. Nur den Mann nahe haben, nur wissen, wovon man am nächsten Tage lebt, nicht sehen müssen, wie er beschämt und todesmüde von irgendeinem Mißerfolg in einem lächerlichen Winkel Frankreichs sich heimschleppt, und nicht immer mit übermenschlicher Anstrengung täglich das Lächeln erlügen müssen, um ihn zu begrüßen. Aber sie muß die Nomade bleiben, zwanzig, dreißig Jahre. Sie schreit auf zu Gott:

»Défendez aux chemins de m'amener encore.«
(»Verbiete den Wegen, mich weiterzuschleppen.«)

Aber die Wege schleppen sie weiter: durch alle Länder muß sie irren, und ihre Füße sind wund. Im Postwagen nach Italien, wo Valmore einer Truppe verpflichtet ist, schreibt sie mit zitternder Hand:

»Ah, les arbres du moins ont du temps pour fleurir,
Pour répandre leurs fruits à la terre et mourir.
Ah! je crains de souffrir, ma tâche est trop pressée
Ah! laissez-moi finir ma halte commencée
Oh! Laissez-moi m'asseoir sur le bord du chemin
Mes enfants à mes pieds et mon front dans ma main
Je ne puis plus marcher.«

(»Ach, die Bäume haben wenigstens Zeit zu blühen,
Ihre Früchte auf der Erde auszubreiten und zu verblühen.
Ach, ich fürchte das Leid, meine Aufgabe drängt zu sehr,
Ach, laßt mich die begonnene Ruhe ausschöpfen,
Oh, laßt mich am Wegrand niedersetzen,
Meine Kinder zu Füßen und den Kopf in den Händen,
Ich kann nicht mehr weitergehen.«)

Aber Gott erhört sie nicht. Selbst in Paris hat sie, die Fünfzigjährige, noch nicht Rast. Vierzehnmal übersiedelt sie, immer von einer Wohnung zur anderen gejagt, immer ist da der fünfte oder sechste Stock der einzige, wo sie die Miete erschwingen kann. Und ihre Füße sind wund. Sie zählt die Stufen von Wohnung zu Wohnung, hundert Stufen, hunderzwanzig, hundertdreißig, und ein Jubelschrei bricht aus ihr, wie sie endlich den Freunden berichten kann, daß sie in der Rue St. Honoré um 27 Stufen niedriger wohnt. »Im zweiten oder dritten Stockwerk wohnen, das wäre mein Traum«, seufzt sie auf. Ein kleiner Balkon mit ein paar Blumen muß ihr das Grün ersetzen, von dem sie träumt, in zwei, in drei Zimmern drängt sich ihre, ihres Mannes und ihrer drei Kinder Existenz zusammen. Ihre ganze Kraft wendet sie an diesen widerlichen, winzigen Kampf, die jeden Monat fehlenden zwanzig und dreißig Franken zu erobern, immer bleibt diese Existenz im Kleinlichen befangen, und so fremd sind ihr wirkliche Summen geworden, daß, als ihr einmal vierhundert Franken Pension als Geschenk des Königs durch die Güte von Freunden vermittelt werden, sie von einer »inondation d'argent« *(»Geldschwemme«)* jubelt. Dabei müht sie sich, ihre ganze Sorge, ihr Elend dem eigenen Manne zu verbergen. 1842 schreibt sie: »Alles, was ich an weiblichem Genie, an Schweigen und an Worten kenne, wende ich an, um diesen großen und niedrigen Kampf meinem lieben Mann zu verschweigen, der das nicht acht Tage ertragen könnte. Ich rette seinen Stolz um den Preis meiner Erniedrigung, und erst nach meinem Tode wird er erfahren, durch welche unschuldigen Schliche, durch welche Tränen, die einzig Gott und ich kennen, ich bis zum heutigen Tag das traurige Geheimnis des Brotes gerettet habe, das noch nie an unserem und unserer Kinder Tisch fehlte. Auch Frost haben sie noch niemals gelitten.« Aber dann schreit sie wieder auf: »Die Arbeit tötet mich, ich ersticke an diesen Geldnöten, die mein Leben aufzehren wie die Motten das Tuch.«

Das geht zehn, das geht zwanzig und dreißig Jahre. Sie versteht es selber nicht mehr. »Wie ist es denn möglich«, schreibt sie, »daß man Tag und Nacht arbeitet und doch nicht genug verdient, um zu leben!« Dazu kommt, daß Valmore, von allen Bühnen refüsiert, selbst nichts mehr verdient. Mit dreiundfünfzig Jahren weiß sie nichts mehr »pour inventer leur existence« *(»um ihre Existenz zu sichern«).* Es ist der ewige Bankrott. Zwar hat der Sohn schon eine kleine Anstellung, aber das kann nicht genügen, und nun muß sie in die letzte Erniedrigung sich ergeben, muß sie, die Stolze, die ein Geldgeschenk von Madame Récamier zurückwies, bei allen Ministerien, bei allen Freunden betteln, in den Vorzimmern der Theater herumschleichen, um Valmore einen Posten zu verschaffen, um seinen Stolz zu retten, der unter allen diesen Enttäuschungen sich selbstmörderisch in Anklagen ergießt und seine ursprüngliche Heiterkeit verdüstert hat. Endlich gelingt es, ihn mit zweihundert Franken monatlich in der Bibliothèque Nationale als Hilfsbeamten unterzubringen. Mit einem Jubelschrei begrüßt Marceline seine Ernennung; aber schon ist wieder andere Sorge bereit, ihr die des Geldes und des Erwerbes abzulösen.

Es ist kein einziger heller, unbesorgter Tag in ihrer Existenz, und es wäre entsetzlich, ihr Schicksal nachfühlend zu beschreiben, wäre das Leiden nicht die Kraft ihrer Seele und der rauschende Quell ihres Gedichts.

Menschlichkeit

> »Peut on être juste et ne pas plaindre tout ce qui respire? De là souvent ces élans d'imprudente piété qui m'ont fait croire à des fausses larmes. J'aime mieux en avoir été victime que sentir mon cœur se briser.«
> *(»Kann man gerecht sein und nicht alles, was atmet, beklagen? Daher kommt oft diese Woge unvorsichtigen Mitleids, die mich an falsche Tränen glauben ließ. Lieber ist es mir, deren Opfer zu sein, als zu fühlen, daß mein Herz zerbricht.«)*

Die Leidenden allein wissen um das Leiden: überall erkennt darum Marceline Desbordes-Valmore mit schwesterlichem Blick jedes irdische Unglück. Über sie, die von Sorgen fast Erdrückte, schütten noch alle andern ihre Sorge hin. Kaum weiß sie selbst, wie für den nächsten Tag das Brot für sich und ihre Kinder zu schaffen, und noch drängen der Bruder, der entlassene Soldat, der arbeitslose Oheim, der greise Schwiegervater um Geld an sie heran. Und sie gibt, ehe sie sich selber nimmt. In allen Vorzimmern der Ministerien kennt man sie, die ewige Petentin. Bald bettelt sie für eine arme Witwe, eine entlassene Schauspielerin, bald fordert sie Befreiung eines armen Sträflings, bald rennt sie die Sohlen durch um 500 Franken für die Heimreise eines jungen Italieners – nie aber bittet sie für sich. Man lese ihre Briefe: ununterbrochen ist sie, die selber Notleidende, Fürsprecherin alles irdischen Elends; alle ihre literarischen Verbindungen nutzt sie einzig, fremde Not zu erleichtern.

Denn fremde Not ist ihr härter als die eigene. Als in Lyon der Aufstand ausbricht, schreibt sie die wunderbaren Worte: »Man errötet, daß man zu essen, daß man warm und zwei Kinder zu haben wagt, während die andern nichts besitzen.« Alle Härte des Gerichts, jedes Urteil ist für sie, die nur Milde kennt, ein nie zu beschwichtigendes Entsetzen. »Wenn ich ein Schafott sehe, verkrieche ich mich unter die Erde und kann nicht essen, nicht schlafen.« Und als der Zufall will, daß sie bei ihren hundert Quartieren einmal einem Gefängnis gegenüber wohnt, wagt sie keinen Blick mehr aus dem Fenster. Nie kann sie begreifen, daß man bestraft statt zu verzeihen. »Um sechs Franken willen, um zehn Franken willen, wegen eines Zornausbruches, für eine fieberhaft geäußerte Meinung schickt man Menschen in die Galeeren!« Ihr Herz kann das nicht verstehen: ihr sind im russischen Sinn alle Übeltäter nur »Unglückliche«, und allem Unglück fühlt sie sich verwandt. Darum verwendet sie, die Gehetzte, die Gejagte, noch ihre ganze Willenskraft, um zu helfen. Sie dringt einmal in einem Gefängnis bis zum Direktor vor, um Entlassung für einen Sträfling zu verlangen; und als sie das Haus mit den Riegeln und vergitterten Gelassen mit guter Botschaft verläßt, atmet sie auf: »Ich fühlte mich wie im Himmel, als ich das Haus verließ.« Sie bettelt bei Theatern um Rollen für Zurückgesetzte, bei dem König für eine Witwe; und als Martin, ein Landsmann von ihr, Minister wird, schreibt sie ihm im Patois seiner Heimat, um ihn milde zu stimmen. Sie steht müde und krank von ihrem Bette auf, um einem Freund einen verfallenen Pfandbrief zu retten: jeder Appell an das Mitleid reißt eine Kraft aus der Hinfälligen unverweigerlich empor, denn hier fühlt sie sich angerufen im wahren Namen und Kern ihres Wesens. Trösten ist ihr ein vitales Bedürfnis: im Wohltun strömt sie die ganze überschwengliche Gefühlsmacht, die einmal der unselig Geliebte verachtet, nun auf alle Verachteten aus.

Dieser Blick für das Leiden ist unvergleichlich bei Marceline Desbordes. Man lese ihre Schilderungen Italiens: zum erstenmal betritt sie Mailand, aber sie sieht nicht die marmorn gepflasterten Straßen mit den Karossen wie Stendhal, nicht die amoureuse wollüstige Luft des Südens: ihr erster Blick sieht die vielen Bettler an den Kirchentüren, die zerlumpten Kinder, die Elendsquartiere, sie durchschaut den Jammer, der unter diesem Luxus sich scheu verbirgt. Und in den Kirchen ergreift sie nur die Darstellung des leidenden Christus und die heilige Demut der Märtyrer. Irgendeine urtümliche Einstellung wendet ihren Blick immer den Geprüften zu: sie hat keine Wahl, denn sie sieht nur durch Ergriffenheit. Bei den Aufständen steht ihr Herz zu dem ewig besiegten Volke, bei dem »herrlichen, dem sublimen Volke«. »Armes Volk«, schreit sie einmal auf, »so voll Zuversicht und Frömmigkeit, es hat auch diesmal nichts erhalten als das Recht, für seine Kinder zu sterben . . . Wir gehören zum Volk durch unser Elend und unsere Überzeugung.« Nur die Zurückgestoßenen liebt sie wahrhaft, die selbst Zurückgestoßene. Und vielleicht, weil sie so zärtlich, so wissend das Leiden fühlt, kommt gleichsam angelockt immer wieder von allen Seiten alles Unglück zutraulich zu ihr. Sie ist die Beichtigerin ihrer Freundinnen, die Trösterin ihres Mannes, dem sie über seine theatralischen Niederlagen mit rührender Lüge hinweghilft; immer ist ihre Wohnung überschwemmt von Menschen, die von ihr, der Ärmsten, noch etwas begehren, zumindest die Wohltat ihres Mitgefühls. »Jede Kleinigkeit von dem, was Dich quält, ist mir wichtig«, schreibt sie einmal einer Freundin – wahrhaftig, sie hat geradezu Durst nach tröstender Tat und saugt mit unendlicher Liebeskraft alles Leiden an sich. Trotz der eigenen Fülle und Überfülle hat sie noch immer Raum für andere Not und immer Tränen bereit; fast scheint es, daß sie sich von ihren Sorgen nur rettet durch das Mitgefühl. Vermöchte sie nicht immer in fremde Not zu entfliehen, sie erstickte an der eigenen.

Niemals aber kann der oft erlittene Undank oder ein Unrecht ihre milde und duldende Seele zu Zorn auftreiben. Sie ist unfähig jeder Erbitterung. Man weiß, wie sie »Olivier« verziehen, der sie ins Elend stieß; und selbst gegen jene, die ihr wahrer Widerpart sind, gegen die Reichen, gegen die Hartherzigen, gegen die Selbstsüchtigen ballt sie niemals die Faust. »Ah, die Reichen, die Mächtigen, die Richter«, so schreit sie einmal auf, »sie gehen ins Theater, nachdem sie ein Todesurteil ausgesprochen haben.« Nur diesen Schreckensruf hat sie, aber keine wirklich rachgierige Empörung, weil sie nicht hassen kann und weil sie diese Art Menschen einfach nicht versteht. Sie sind ihr fremd, alle, die nicht Mitleid kennen, die nicht geben – »nein, die Reichen fühlen nicht mit uns, Pauline«, schreibt sie an ihre Freundin, »die Reichen von heute kommen und erzählen einem mit so viel Rückhaltlosigkeit ihren eigenen Jammer, daß man gezwungen ist, mit ihnen mehr Mitleid zu haben als mit sich selbst.«

Nein, die Reichen fühlen nicht mit ihr, der ewig Entbehrungsvollen, und sie versteht die Reichen nicht. Sie versteht nie und nie einen Menschen, der sich verwehrt und verhält, der sich nicht ausströmt in der weichen Lust des Helfens und Gebens. Und aus ihrem ewigen Elend staunt sie nur fremd, ohne Haß, ohne Bitterkeit zu diesen Kalten und Versperrten empor wie zu Wesen, die nicht ganz ihresgleichen sind, weil ihnen gerade das fehlt, was sie als ihren einzigen Reichtum empfindet: die strömende Barmherzigkeit, das ewig sich verschenkende Gefühl. Und zutiefst in ihrem innerlichsten immer verzeihenden Herzen bemitleidet sie vielleicht sogar die Mitleidlosen als die Ärmsten unter den Armen.

Die Dichterin

»Moi seule en mon chemin et plaurante
[au milieu,
J'ai dit ce que jamais femme ne dit
qu'à Dieu.«
(»Allein und mitten auf dem Weg weinend,
Habe ich gesagt, was eine Frau nur Gott sagt.«)

Entrechtete des Schicksals, Enterbte des Glücks, »Paria der Liebe«, war Marceline Desbordes-Valmore auch als Dichterin nicht begütert. Die fürstliche Schatzkammer der Sprache blieb ihr ein Leben lang verschlossen. Nie kann sie den heißen Leib ihres Gedichts mit den funkelnden, glitzernden, schillernden Edelsteinen seltener Worte, den kunstvollen Spangen ziselierter Fügungen, dem uralten Kronschatz ererbter und erworbener Kultur schmücken. Sie hat nichts, um ihrem Gefühl Befreiung zu kaufen, als die kleine Münze der täglichen Sprache, das Diktionär eines Bürgers, beinahe eines Kindes. Marceline Desbordes-Valmore ist Autodidaktin und ihre Bildung eher unter dem Mittelmaß der Zeit. In ihrer kurzen

Jugend hat sie wenig gelernt, spät ist sie zur Schule gekommen: »À dix ans je ne savais rien que d'être heureuse« *(»Mit zehn Jahren kannte ich nichts, als glücklich zu sein«)*, und früh schon von der Kindheit ins Leben gerissen, haben ihr Not und Sorge die Bücher aus der Hand geschlagen. Niemals ließ ihr das Schicksal genügend Ruhe, ihre Bildung zu bessern. Nicht einmal das Geringste, die Rechtschreibung, bemeistert diese große Dichterin. Ein gut Teil ihrer Verse mußte erst für den Druck nachgefeilt werden, und in ihren Briefen wimmeln sprachliche Fehler wie Fische im Bach. Jedes Fremdwort wird ihr zur Klippe. In einem Briefe schreibt sie einmal von den Äquinoktien, die die große Hitze verschuldeten, und fügt in ihrer Demut dem raren Wort voll Besorgnis die Entschuldigung bei: »Ich habe das von andren gehört, denn Du weißt ja, ich bin nicht gebildeter als die Bäume, die sich heben und neigen, ohne zu wissen warum.« Marceline Desbordes-Valmores Kunst ist kunstlos. Ihre Reime sind kärglich, die Bilder kaum andere als diejenigen, die man bei Blaustrümpfen und Dilettanten findet, die süßlich romantischen Vergleiche von der Blume, die sich im Winde wiegt, der Rose, die sich entblättert, der Schwalbe, die sich ihr Nest sucht, dem Blitz, der aus heiterm Himmel zuckt. Sie ist wenig vielfältig in den Versformen, und schon das Sonett ist ihr, der Armen im Reime, zu schwer. Sie ist mittellos in ihrer Kunst, sie hat nichts als die abgegriffenen Kupfermünzen der täglichen Sprache, um sie gegen ihr Gefühl zu tauschen, das kostbare; sie hat nichts als die schlichten Worte, wie Rilke sagt: »die im Alltag darben«, die kleinen, die einfachen, die wundervollen Worte, »les mots, les pauvres mots, les mots divins, qui font pleurer« *(»die Worte, die einfachen Worte, die göttlichen Worte, die rühren und bewegen«)*. Auch ihren dichterischen Besitz schafft sie sich ganz allein; nicht die Sprache ist es, die sie zur Dichterin macht, die von Fremden übernommene, sondern nur das, was sie der eigenen Brust entäußert, ein unendliches Gefühl, und dann jene höchste Macht ihres Wesens: die Musik.

Marceline Desbordes-Valmore ist ganz Musik, weil sie ganz Seele ist. Jene höchste Gewalt ist ihr geschenkt, jene irdisch-unirdische Gewalt, die aus den acht Tönen, aus der Oktave, das Weltall des Empfindens aufbaut. Die kältesten, die nüchternsten Worte werden transparent und durchleuchtend von dem feurigen Rhythmus des Gefühls. Nichts ist Bau, Umriß, Bildung, Nachahmung, Problem, Konstruktion in ihren Gedichten, alles fließend, schwebend, aufklingend, schwingend, alles ist Musik, Verklärung. Sie durchseelt den ärmsten Reim, das schlichteste Wort, sie bindet das mit Mühe Gefügte in ein seliges Band.

Musik ist der Sinn, Musik auch der Anlaß ihrer Dichtung. Denn nicht Ambition, nicht Nachahmung hat sie wie die meisten der Poesie zugeführt. Marceline liebt als junges Mädchen die Gitarre. Ihr feines Gehör behält die Melodien, die sie im Theater, die sie auf der Straße gehört, und zu arm, die Texte, die Bücher zu kaufen, dichtet sie sich selbst zu Hause in den vielen einsamen Stunden melancholische Romanzen und kleine Lieder zu der innen nachklingenden Melodie. Unmerklich, ganz unbewußt, wie die Blumen auf den Feldern empor zu Gott blühen, wächst aus diesem arglosen Spiele die ernste Neigung, die Leidenschaft zum poetischen Bekenntnis. Und wie dann ihre Stimme matter wird und sie dem Gesang entsagen muß, flüchtet sie ganz hinüber von dem gesungenen in das geschriebene, in das gesprochene Wort. »Die Musik begann, in ihr«, schreibt Sainte-Beuve, »sich von selbst in Dichtung zu verwandeln, die Tränen sanken nieder in ihre Stimme, und so entblühten die Verse eines Tages von selbst ihren Lippen.« Sie dichtet jahrelang nicht für die Welt, sie singt bloß ihr eigenes

Leid in Schlaf, »pour endormir son pauvre cœur« *(»um ihr leidendes Herz einzuschläfern«)*. Die Mutterlose und Kinderlose, die Fremde in der Liebe ersinnt sich selbst die Tröstung im Lied.

Sie weiß es selbst kaum, daß sie dichtet, und hat es ein Leben lang nie verstanden, daß sie »Dichterin« war. Es drängt in ihrer Brust, Schmerzen quellen auf und drohen die Brust zu sprengen. Sie steigen empor und würgen die Kehle, aber ihren Lippen sind sie schon Melodie. Sie seufzt, sie weint, sie betet, sie klagt in ihren Gedichten, und was andere Frauen in den Kirchen ihrem Beichtiger vertrauen, was in Küssen erlöst wird oder in Klagen und Tränen einsam untergeht, alles das wird hier durch Musik der Seele Schwingung und befreite Melodie. Sie erzählt sich immer nur selbst, sie spricht Monologe aus der tiefen Traumhaftigkeit ihres Wesens und vergißt ganz, daß auch andere diese Stimme je hören könnten. Darum sind ihre Gedichte auch so unerhört aufrichtig, so ganz ohne Scham. Sie sind nur Durchbruch des Gefühls, Zerreißen der von Schmerz gespannten Hülle des Lebens durch innere Gärung. Diese Verse, oft sind es nur Schreie, manchmal Klage, manchmal Gebete, immer aber beseelte Stimme. Sie sind nicht das Gefundene und Gefügte, sie sind das bloß Ausgeströmte, das Zufällige, denn Marceline Desbordes-Valmores Genie ist das der Unmittelbarkeit. Am Nähtisch hingesummt, zwischen der Arbeit und den Sorgen, oder abgestreift von den farbigen Flügeln des Traums, kommen ihr diese Verse zugeflogen, schmetterlingshaft und leicht. Niemals sind sie durch die Magie des Willens hergezwungen, nirgends ist Schwere von Absicht in ihnen, kaum sind sie anders als melodisch bewegte Luft. Das Gedicht ›Ma demeure‹ *(= ›Ma chambre‹ – ›Mein Zimmer‹)*, ist es nicht ein reiner Seufzer, verhauchend in Musik? Man höre es klingen, dies Trostgebet einer armen Seele:

»Ma demeure est haute
Donnant sur les cieux,
La lune en est l'hôte
Pâle et sérieux.
En bas que l'on sonne,
Qu'importe, aujourd'hui?
Ce n'est plus personne
Quand ce n'est pas lui!
(. . .)
Vis à vis la mienne
Une chaise attend,
Elle fut la sienne,
La nôtre, un instant.
D'un ruban signé
Cette chaise est là,
Toute résignée
Comme me voilà!«
(»Mein Zimmer liegt fast
Schon im Wolkenbereich;
Der Mond ist sein Gast,
Immer ernst, immer bleich.
Mag' drunten nur läuten!
Denn was es auch ist,
Hat nichts zu bedeuten,
Da du es nicht bist!
(. . .)
Ein Stuhl steht im Zimmer
Zu seinem Empfang;
Der seine war's nimmer,
Der unsre nicht lang.
Hier steht er auch eben,
Mit Schleifen geschmückt,
So starr und ergeben,
Wie ich, so bedrückt.«)
(Nachdichtung von Gisela Etzel-Kühn)

Diese Aufrichtigkeit gibt ihren Gedichten höchsten und einzigen Wert. Eben weil diese Dichtungen nichts der Phantasie danken und alles dem Erlebnis, sind sie so frauenhaft. Es sind die Jahreszeiten der Seele, und nie seit Sappho hat man so tief und schön durch den Schleier der Dichtung in ein Frauenherz, nie so nackt eine Seele im Bade des Gefühls gesehen. Erröten, Zögern, Angst, Scham und Bedacht (sie spricht ja im Traum), all das ist ihr fremd. Wir lauschen wie in ein fremdes Zimmer diebisch hinein in ihr Leben. Aber sie, die Entschleierte, ist so rein, so edel und keusch, daß sie uns alle Beschämung des Lauschers erspart. Wir wissen um ihr tiefstes Erlebnis und wissen damit von allen Frauen durch diese eine, die aufrichtig war, und dem dichterischen Wert fügt sich derart ein unabschätzbarer dokumentarischer bei. Denn beispiellos in der Weltliteratur ist dies selige Wunder restloser Aufrichtigkeit, dem zu Dank man hier aus kleinen Liedern, Zeile um Zeile, ein Frauenschicksal, eine ganze Biographie aus Gedichten aufbauen kann, ohne daß sich irgendwo eine Lüge darin fände, eine Verschönerung oder Heuchelei. In tiefer Unbesorgtheit vermag man hier jenes Wunder der Kristallisierung des Gefühls zu betrachten, das sich sonst dem Tag und der Erkenntnis verschließt, die Mysterien der Schwangerschaft, die Schauer des ersten Liebesempfindens, das Grauen des Alterns, Schauer von Glück vor dem neuen Erlebnis der doppelten Liebesfähigkeit, die Qual der Entfremdung der Kinder durch das Leben, das Verströmen der sinnlichen Liebe in die Gottesliebe, in Religion. Nirgends in einem Dichter ist das Gefühl transparenter und so selbst Dichter gewesen wie in den Versen der Desbordes-Valmore, und die Leugnung Sainte-Beuves ist ihr höchstes Lob: »Elle n'est plus poète, elle est la poésie même.« Sie ist selbst nicht die Dichterin, sondern das Gefühl dichtet gleichsam durch sie hindurch.

Musik hat die Dichtung ihr zugebracht, Musik trägt sie von ihr fort in die Welt. Freundinnen und Fremde vertonen ihre kleinen Lieder; sie staunt, sie will es nicht glauben, daß sie mit einmal beflügelt in die Welt wegstreben. Wie einst in der Liebe, so geht es der Glückentwöhnten auch im Ruhm, sie kann ihn nicht fassen, kann's nicht denken, daß diesen kleinen Versen, die sie zwischen der Arbeit, halb im Spiel, halb im Traum ersonnen, irgendein Wert, eine Bedeutung innewohnen könne. Die Dichtung, das war ihr doch nur ein Opiat, ein kleines Glück gegen die großen Schmerzen, eine Selbsttäuschung, der Liebe in Lust und Qual verwandt:

»Comme une douleur plus tendre il a sa volupté«,
(»Wie ein zarterer Schmerz seine Lust hat«),

und nun kommen Menschen, große berühmte Dichter, und feiern dies als Literatur. Sainte-Beüve begrüßt die Verse mit einem Hymnus; Balzac, der freundliche Koloß, schleppt sich keuchend und dampfend die hundertdreißig Stufen zu ihrer Wohnung hinauf, um ihr seine Bewunderung zu sagen; Victor Hugo jubelt schon als Knabe ihr zu. Mit Tränen und Schauer wehrt sie alle Lobpreisungen als unverdient ab, fast fürchtet sie Hohn in dieser Werbung der Welt wie einst in jener Valmores. Kein Ruhm läßt sie diese tiefinnerliche Bescheidenheit je verlieren. Sie ist »stupide de joie« *(»sprachlos vor Freude«)*, wenn man ihr ein paar freundliche Worte sagt; und als Lamartine, der Berühmteste seiner Zeit, mit einem prachtvollen Gedicht sich grüßend an sie wendet, schauert sie zusammen wie unter Engelsruf. In dem Gedichte der Antwort, das die schönen Zeilen mit noch schöneren erwidert, lehnt sie allen Ruhm erschreckt ab.

»Oh n'as tu pas dit le mot gloire
Et ce mot je ne l'entends pas.«
*(»Oh, hast du nicht das Wort Ruhm gesagt
Und ich höre dieses Wort nicht.«)*

Immer und immer wieder weist sie auf die Nichtigkeit ihrer kleinen Person hin:

»Je suis trop buissonnière, et ce n'est pas aux champs
Qu'il faut apprendre à moduler ses chants,
Il faut, ce qui me manque, une sévère école
Pour livrer sa pensée au vent de la parole.«
*(»Wie ein Strauch bin ich, aber auf den Feldern
Soll man nicht lernen, seine Lieder zu finden,
Man braucht, was mir fehlt, eine strenge Schule,
Um seine Gedanken dem Wind der Worte überlassen
zu können.«)*

Vor dem kleinsten Dichter, dem letzten Dilettanten beugt sie sich und reicht gleichsam kniend Madame Tastu, irgendeiner Goldschnittlyrikerin, schülerhafte Huldigung. Ein ganzes Leben lang begreift sie nicht, was Literatur ist. In den dreihundert Briefen, die man von ihr kennt, mag man vergebens eine Zeile suchen, die diesem Jahrmarkt der Eitelkeiten gilt, in wundervoll unzerstörbarer Naivität unterschätzt sie ihren eigenen Wert, wie sie den fremden erhöht. Latouche, den Autor der Fragoletta, diesen zweifelhaften Freund, nennt sie einen »homme d'immense génie« *(»Mann von großer Begabung«)* und fühlt sich ihm ein Leben lang verpflichtet, weil er die Silben in ihren Versen nachzählte, und ihr einen Verleger fand. Auch hier ist sie immer die Gebeugte, die Hingegebene – »née à genoux« *(»auf den Knien geboren«)*, wie sie einmal sagt. Selbst die Literatur vermag nichts gegen die beseelte Schüchternheit ihres Wesens.

Niemals, niemals kann sie das Wunder erfassen, daß ihr kleines enges armseliges Leben, ihre geknechteten scheuen Gefühle irgendeines anderen Menschen Interesse und Neigung finden könnten. Es sind doch nur ihre Tränen, die hier im Verse überfließen, flüchtige Kristalle vom Widerstreit des äußeren Lebensfrostes und innerer Glut, wie Eisblumen auf die Spiegelfläche ihres Schicksals hingezaubert. Und wirklich, »larmes et pleurs« sind die beiden Worte, die wieder und wiederkehren durch ihr ganzes Werk, der ewige Kehrreim aller ihrer Gedichte, Schmerz und Mißgeschick, die wirklichen Sterne ihres Lebens, sind auch die einzigen Inspiratoren ihrer Dichtungen gewesen. Aber allmählich weitet sich das Gefühl, zweigt vom persönlichen Erlebnis ab und strömt über in das große Mitleiden. Ihr eigenes Leben löst sich in ein Weltgefühl. Der romantische selbstgefällige Schmerz, den sie unwillkürlich von schlechten Byronschen Nachbildern ihrer Zeit übernommen, erhebt sich durch eine innere Güte allmählich zum tragischen Glücksgefühl, und gleichzeitig schwindet aus der Sprache aller romantische Bombast. Ihre Stimme, die leise klingende, wird stark im Anruf der andern; Schwesternschaft mit aller irdischen Qual läßt sie in ihren späteren Versen ein erhebendes Pathos finden. In Versen ruft sie alle Erniedrigten an:

»Vous surtout qui souffrez, je vous prends pour [mes sœurs,
Pleureuses de ce monde où je passe inconnue.«
(»Vor allem ihr, nehmt hin mein Mitgefühl,
Ihr Ungeliebten, Schwestern ihr im Leide!«)
(Nachdichtung von Gisela Etzel-Kühn)

Alle Mütter fühlt sie klagen in ihrer eigenen Stimme, alle Tränen der Welt strömen den ihren zu, tausend Seufzer beschwingen ihr Gedicht. Und in Lyon, der Stadt im Aufstand, wird die Klage zur Anklage, der Ruf zum Schrei. Aus dem schüchternen Kinde, der Leichtverführten, ist durch Liebe die Frau geworden, und durch Mutterschaft und Schmerz wird sie Mensch und Mitmensch. Sie klagt an, sie deutet mit zitternden Fingern auf die Kanonen, die lebende Menschen, Väter, Frauen und Mütter niederkartätschen, und unbewußt ruft eine bewegte Zeit sie zur großen sozialen Dichterin empor. Sie schildert das Elend der Arbeiter, den Hohn der Reichen und die Komödie der Gerichte, sie wendet sich an die ganze Menschheit und hebt ihre Stimme auf zu Gott. Alles Unglück hat in ihr Bruderschaft:

»Je me laisse entraîner où l'on entend des chaînes,
Je juge avec mes pleurs, j'absous avec mes peines,
J'élève mon cœur veuf au Dieu des malheureux,
C'est mon seul droit au ciel et j'y frappe pour eux.«
(»Ich lasse mich dorthin führen, wo man Ketten kennt,
Ich richte mit meinen Tränen, mit meinen Schmerzen
[spreche ich frei,
Mein verwitwetes Herz hebe ich auf zum Gott der
[Unglücklichen,
Das ist mein einziges Recht auf den Himmel, und ich klopfe
dort an für sie.«)

Ihre Liebe hat sich in Weltliebe verwandelt, alle Sentimentalität ist im Sturm des Schicksals weggeweht, und wenn sie die Stimme jetzt zur Klage erhebt, so gilt es längst nicht eigenem Schicksale mehr, sondern sie, die Demütige für sich selbst, spricht herrisch und kühn für die Menschheit. Laut, voll und drohend orgeln ihre Verse empor zu dem Schöpfer aller Qualen, zu dem Herrn des Schmerzes. Nicht die Frau spricht mehr von Sehnsucht und Enttäuschung privaten Gefühls, sondern das Namenlose zum Namenlosen, und die letzten, die schönsten Verse der Desbordes-Valmore sind nur mehr Zwiesprache der leidenden Kreatur mit ihrem Schöpfer, mit Gott.

Die Frau

> »Tant qu'on peut donner on ne peut pas mourir.«
> *(»Solang man geben kann, will man nicht sterben.«)*
> *(Nachdichtung von Gisela Etzel-Kühn)*

Sie ist die wahre Frau, weil die Liebe der Sinn und die Tat ihres ganzen Lebens ist. Ihre Leidenschaft nährt sich nicht an der Gegenliebe, der zufälligen und begrenzten, sondern vom Liebesbedürfnis, dem in ihr unendlichen und unvergänglichen. Nicht von außen wird das Erlebnis, das einmalige, in sie geschüttet, sondern von innen quillt es empor, aus den unergründlichen Schächten ihres Herzens. Es ist da kein Anfang und kein Ende, alles strömt ineinander, gepreßt von den Zuflüssen der Seele, Kindesliebe, Leidenschaft, Gattentreue, Mutterschaft, um schließlich im Grenzenlosen der Gottesliebe zu münden, der sie unbewußt vom Angebinn zugestrebt: »Seigneur qui ne cherchait l'amour dans votre amour.« *(»Der Herr, der die Liebe nicht in eurer Liebe suchte.«)* Von einem Ende ihres Lebens bis zum andern flutet dieser Strom mit unablässiger Welle. Ihr Gefühl wird nie müde, sie läßt nicht ab, sich hinzugeben an ihren Gatten, an die Kinder, an die Freunde, an die Welt und an Gott. Immer bleibt sie die unendlich Ergriffene, die Schenkende, die Duldende, und wenn ihre Liebe wandert vom ersten Mann zum zweiten, von den Kindern zur Kirche, so ist diese Wanderschaft nur höchste Treue an ihrem innern Lebenswillen, der sich entäußern muß. Nie ist es das Geschehen, der Anlaß, immer nur das Gefühl, das ihr Erleben zur Größe spannt. Jener Verführer ist auf den Brettern ihres Lebens nichts als der Bote, der das Stichwort bringt und die Tragödie des Herzens anklingen läßt, dann tritt er ab und verschattet im Dunkel; aber das große Spiel, das die Liebe mit ihr begonnen hat, endet nicht mit ihm, sondern mit ihrem eigenen Leben. Sie, die Erweckte, singt Jubel und Schmerz unablässig aus erregter Brust, die Arie ihrer Seele hat kein Ende bis zum letzten Tag.

Ich weiß keine Dichterin, die so wenig Schauspielerin ihres Gefühls war wie Desbordes-Valmore, die Komödiantin des Berufs. Sie ist nicht die Heroine (wie George Sand, wie Charlotte Corday, Jeanne d'Arc und Theroine de Méricourt), sondern nur die Heroische des Alltags, sie ist nicht die große Liebhaberin, die grande amoureuse (wie die Pompadour, wie die Lespinasse, wie Ninon de Lenclos), sondern bloß die Liebende und darum die Entsagende. Ein ganzes Leben opfert sie im Tempel ihres Herzens dem Gotte des Gefühls. Sie gibt klaglos alles, was sie ihrem Leben abringen kann: dem Geliebten ihre Reinheit, dem Gatten ihre tägliche Mühe und Kraft, den Kindern ihre Sorge, dem Gefühle die Verse und dem Himmel ihr Gebet. Sich-Versagen wäre für sie Sterben: »Tant qu'on peut donner on ne peut pas mourir.« Nichts behält sie darum für sich, und was ihr etwa zufällt, der Ruhm der Bühne und später jener der Dichtung, diese Geschenke des Schicksals weist sie wie eine Unwürdige ab. Die Ungeschmückte will sie bleiben, die Dienerin, die Magd fremden Lebens, sie will schenken und nicht beschenkt sein, ihr Geben nicht durch Gegengabe geschmälert sehen. Aus allen ihren Stunden, den dunklen und trüben, flicht sie Kräne für andere Stirnen und streut die Blüten ihrer Dichtung verschwenderisch auf den geliebten Namen. Das Glück der Beschenkten war ihr versagt; so sucht sie, wahre Frau, die sie ist von jener verwölkten Kindheit an bis zur Todesstunde, Kraft und Erhebung in einer beispiellosen Hingabe, in einer Hingabe ohne Frage, ohne Verpflichtung, ohne Bedingung, so wie sie einst nur aus Gebenslust sich dem fremden Manne hingab. Sie selbst hat das Glück verlernt und findet es nur in der Verwandlung, andere beglückt zu sehen. Immer tritt sie zurück, und wenn sie bittet, wenn sie zu Gott aufschreit, so ist es für den Gatten und für die Kinder, selbst klaglos bereit, zu verschwinden, zu vergeben, und ihr süßester Wunsch:

»D'être abeille et mourir dans les fleurs«
(»Eine Biene zu sein und in den Blüten zu sterben«).

Das Schicksal hebt sie nicht auf in seine seligen Arme, so bleibt sie zu seinen Füßen und demütigt sich, und allmählich wird ihr das Leiden nicht mehr der Feind, der sie überfällt, sondern der Freund, der getreue. Und will Freundliches ihr nahen, so fürchtet sie ein Fremdes, ihr nicht Zugeteiltes darin. Sie weicht scheu vor ihm zurück. Immer wenn es naht, wenn Valmore um sie wirbt, wenn ihren Versen ein freundliches Wort gesagt wird, so schauert sie zusammen, sein Nahen bringt ihr Angst:

»Je tremble d'être heureuse.«
(»Ich zittere davor, glücklich zu sein.«)

Ihr Glück, das weiß sie bald, sind die Tränen, und sie liebt sie wie ein Glück, dem entfremdet zu werden sie sich fürchtet. Allmählich mischt sich Süße in ihr Erleiden, und ohne Zwang, aus innerster Lebensnot, wird sie Meister ihres Schmerzes und selig im Leiden. Ähnlich, wie es in Gottfried Kellers Versen heißt, darf sie von sich sagen:

»Ein Meister bin ich worden,
Zu tragen Schmerz und Leid,
Und meine Lust zu leiden
Ward meine Seligkeit.«

Dulden ist ihre wahre Welt, und ihre Klage verwandelt sie in Gebet: »Prier ce sont nos armes« *(»Gebete sind unsere Waffen«)*, sagt sie von sich und allen Frauen, weil sie erkennt, daß die Frau nur durch Leiden und nicht durch Lust in die große Gemeinsamkeit eingefügt ist, daß Empfangen ihr Erleiden sein muß und in alle Süße des Körpers und der Seele ihr Schmerz unverweigerlich gemengt ist.

Kein neues Unglück kann sie darum irremachen: ihre Liebe ist nicht abzutöten, ihr Gefühl nicht zu zerstören. Bei der ersten Enttäuschung schrie das gequälte Herz noch auf, zu neu war ihr der Schmerz. Aber schon damals war es nur erschreckte Klage, nicht Zorn und nicht Anklage, schon damals suchte sie alle Schuld in Bestimmung, in Selbstschuld zu verwandeln:

»Il me faisait mourir et je disais, j'ai tort.«
(»Er brachte mich um, und ich sagte, ich habe unrecht.«)

Schon damals verzeiht sie ihm, sie verzeiht der Freundin, die ihn verlockt hat, denn sie muß sich's bekennen: »Je ne sais pas haïr.« *(»Ich kann nicht hassen.«)* Immer ist sie das Opfer, die Ausgenützte, aber darum nicht die Enttäuschte. Ihre Familie klebt parasitisch an ihrem Leben, aber nie hat sie es beklagt mit einem Wort. Latouche, der falsche Freund, sucht ihre Tochter zu verführen; und doch, als dann Sainte-Beuve an seinem Todestage jenen Brief an sie richtet, schreibt sie in ihrem Briefe eine brennende Apologie. Ihrem Verführer findet sie das wundervollste Wort der Vergebung, das je eine Frau gesprochen:

»J'en parle à Dieu sans son injure
Pour que Dieu l'aime autant que moi.«
(»Ich spreche zu Gott, ohne ihn anzuklagen,
Damit Gott ihn genauso liebt wie ich.«)

Für jeden findet sie eine Entschuldigung und für alle jene, die sie gequält und erniedrigt haben:

»Ceux qui m'ont affligée en leur dédain jaloux,
Ceux qui m'ont fait descendre et marcher dans
[l'orage,
Ceux qui m'ont pris ma part de soleil et d'ombrage,
Ceux qui sous mes pieds ont jeté des cailloux«,
(»Die mich in ihrer eifersüchtigen Verachtung
Gequält, erniedrigt und in den Sturm getrieben,
Die mir meinen Teil an Sonne und Schatten genommen,
Die unter meine Füße Kiesel geworfen haben«),

für sie alle erhebt sie ihre Stimme zu Gott:

»Oh, qui se peut venger? Oh par votre abandon
Seigneur! par votre croix dont j'ai suivie la trace,
Par ceux qui m'ont laissé la voix pour crier grâce,
Pardon pour eux! pour moi! pour tous! pardon!
pardon!«
(»Oh, wer kann sich rächen; Um Deines Verzichts willen,
Herr, um Deines Kreuzes willen, dessen Spur ich gefolgt bin,
Um derer willen, die mir meine Stimme gelassen haben,
Damit ich um Gnade schreien kann,
Verzeih ihnen! Mir! Allen! Verzeih! Verzeih!«)

Und auch ihm selbst, Gott, verzeiht sie, daß er ihr von fünf Kindern vier genommen, daß er seinen dunklen Engel gegen alle entboten, die ihr teuer waren. Nicht Klage richtet sie an ihn um diesen herbsten Verlust, sondern nur

Bitte für andere Mütter, und es ist eine heroische Güte des Verzichts in diesem Gebet:

»Oh Sauveur! soyez tendre au moins aux autres mères,
Par amour pour la vôtre et par pitié pour nous,
Baptisez leurs enfants de nos larmes amères
Et relevez les miens tombés à vos genoux.«
(»O Heiland, sei den Müttern gut!
Erbarme dich aus Liebe zu der Deinen.
O taufe ihre Kinder in der Flut
Von unsern bittren Tränen, und die meinen,
Die stumm und starr zu deinen Füßen liegen –
Erhebe sie und laß sie heimwärts fliegen!«)
(Nachdichtung von Gisela Etzel-Kühn)

Er hat seinen ganzen Zorn gegen sie gesandt; aber sie, die Liebesreiche, vermag ihm nicht zu zürnen, und je mehr er sie züchtigt, desto glühender liebt sie ihn.

In dieser scheinbaren Schwäche, dieser grenzenlosen Selbstdemütigung ruht die Kraft, der wunderbare Heroismus der Marceline Desbordes-Valmore. Ihr Leben ist das einer Heldin, einer Heiligen, und Descaves findet ihr den schönsten Namen »Notre Dame des Pleurs« *(»Unsere liebe Frau von den Tränen«)*. Glut ist ihr Widerstand. So wie ihr magerer gebrechlicher Körper mehr als fünfzig Jahre sich, allen Krankheiten trotzend, weiterträgt, so überwindet ihr Charakter alles Unglück. Die Kraft anderer wird zu Taten und Worten, ihr Bestes an Kraft aber verzehrt sich im Schweigen, und alle Verse verraten zu wenig, was für Qualen sie litt in den täglichen Kämpfen und Tagwerken, in den Entbehrungen und Erniedrigungen, wie verzweifelt sie das Lächeln erkämpfte, das sie abends dem müden Manne entgegenbringt, und den Heroismus, viermal vom Totenbett ihrer Kinder noch einmal aufzustehen und nochmals in ein so furchtbares Leben hinein. Diese in tausend Stunden gestählte Kraft, gegen die Verzweiflung zu ringen und unentwegt sich der Liebe zu bewahren, ist das Mirakel, das sie glühend erhält bis zum letzten Vers. Andern Frauen erlischt meist das Gefühl mit der Liebe, andern Dichterinnen kühlt die Leidenschaft aus mit dem Erlebnis, sie aber verwandelt und steigert grenzenlos ihr Gefühl. Vom Geliebten zum Gatten, vom Manne zu den Kindern und von den Kindern zu Gott trägt sie ihre Hingebung, aber niemals lischt die heilige Flamme aus. Alles, was das Leben in ihre Glut wirft, Ekel, Qual, Bitterkeit, es nährt nur ihr Lodern, und die Sechzigjährige dient ihr noch hingebungsfroher als die Halbwüchsige. Die Flamme, die einst nur reichte bis zu den Lippen des Geliebten, ihre Kinder wärmte und den Gatten umschlang – in den letzten Jahren schlägt sie empor bis zu Gott und wird eins mit seiner ewigen Glut.

Marceline Desbordes-Valmores Leben führt über den Kalvarienberg aller Leiden; und damit sie auch das Höchste an Lust und Tiefste an Qualen kenne, drückt das Leben auf ihr blutendes Haupt die dunkle Dornenkrone der Mutterschaft.

Mater Dolorosa

»Enfants, priez pour moi, j' ai tant prié pour vous.«
(»Kinder, betet für mich, so wie ich es für euch getan habe.«)

Hingabe war ihres Lebens Sinn und die Mutterschaft darum ihre höchste Berufung. Hier war ihrer Opferfreude, der so oft verschwendeten, Beständigkeit geboten und ihres Empfindens fast religiöser Reinheit unschuldige Antwort. Hier durfte sie dienen ohne Ende und ohne Dank, ihr Blut mühen für eigenes Blut. Einzig in diesem weiblichsten der Gefühle lischt ihres demütigen Lebens Angst, die Unwürdige zu sein und ein Glück nicht zu verdienen. Die Verschüchterung ihrer Seele wird im Anblick ihrer Kinder von einem neuen Gefühl gescheucht: zum erstenmal begreift sie, daß Gott auch ihr, der Enterbten, gütig sein kann:

»Dieu dans ma pauvreté me laissait être mère.«
(»Gott ließ mich in meiner Armut Mutter sein.«)

In dem Sturm ihres Lebens ist hier eine kleine Insel Seligkeit, und man kennt die Stimme, die sonst so sorgenvolle, nicht mehr, wenn Marceline von ihren Kindern spricht. Der Flor von Melancholie ist gesunken, und die Träne, die aufquellende, trübt nicht mehr ihre selige Melodie. Ein Jubel, den Liebe sie niemals lehrte, springt hoch:

»Un enfant! un enfant! ô seule âme de l'âme!
Palme pure attachée au malheur d'être femme!
Eloquent défenseur de notre humilité,
Fruit chaste et glorieux de la maternité,
Qui d'une langue impie assainit la morsure
Et de l'amour trahi ferme enfin la blessure!
Image de Jésus qui se penche vers nous
Pour relever sa mère humble et née à genoux.«
(»Ein Kind! Ein Kind! Oh, du einzige Seele!
Reines Wesen, verbunden mit dem Unglück, Frau zu sein!
Überzeugender Beschützer unserer Demut,
Keusche und ruhmvolle Frucht der Mutterschaft,
Die die Wunde gottloser Sprache reinigt,
Die die Wunde verratener Liebe schließt!
Bild Jesu, der sich zu uns neigt,
Um seine demütige Mutter zu erhöhen, die auf den Knien geboren wurde.«)

Diese brennende Mütterlichkeit umspannt die kleinen Leben von ihrer frühesten Stunde bis in die Mannheit, sie beginnt schon im Vorgefühl der Erwartung, sie flügelt ihrem Nahen schon voraus, und niemals hat eine Mutter für mein Empfinden ein schöneres Gedicht geschrieben als sie zur Geburt ihres Sohnes Hippolyte.

Das Mysterium der Schwangerschaft verwandelt ein tiefes Blutempfinden in eigenstes seligstes Erlebnis, sie mahnt – noch matt von Schmerzen, die längst verrauscht sind im Glück – das Kind an all die süßen Sorgen der Erwartung, wie sie aus Gebeten Glied um Glied seines Körpers schuf, wie seine Sinne durchwebt sind von ihren Träumen und sein ganzes Leben glühend vorgeahnt aus ihren Wünschen. Die selige Stunde der Geburt beneidet noch die des dunklen Verbundenseins, und im schönsten Worte ergießt sich die ganze Glut ihrer Erwartung:

»J'aurais voulu voir Dieu pour te créer plus beau.«
(»Ich wollte Gott erschaun, dich schön zu machen.«)
(Nachdichtung von Gisela Etzel-Kühn)

Körper von Körper gelöst, senkt sie noch ihre Seele in die halbbewußte zurück und durchglüht sie mit Sorgen der Liebe. Und als die Kinder dann aufwachsen, ist sie ihre einzige Dienerin. Sie wacht über ihren Schlaf und ihre Angst. Sie macht sich kindlich mit ihnen, ihre Verse lernen die Sprache lallender Lippen sprechen, sie erfindet, die Kindliche, ihrem Mädchen ein Gedicht zum Einschlafen, das unsterblich geworden ist in der französischen Literatur und das jedes Kind in der Schule heute mit seiner kleinen Stimme lernen und sprechen muß. Es ist das Gebet ›L'oreiller *(d'une petite fille‹ – ›Das Kopfkissen eines kleinen Mädchens‹)*, das schönste Abendgebet der Welt:

»Cher petit oreiller, doux et chaud sous ma tête,
Plein de plume choisie, et blanc, et fait pour moi!
Quand on a peur du vent, des loups, de la tempête,
Cher petit oreiller, que je dors bien sur toi!

Beaucoup, beaucoup d'enfants pauvres et nus, sans
[mère,
Sans maison, n'ont jamais d'oreiller pour dormir;
Ils ont toujours sommeil. O destinée amère!
Maman! douce maman! cela me fait gémir.

Et quand j'ai prié Dieu pour tous ces petits anges
Qui n'ont point d'oreiller, moi j'embrasse le mien.
Seule, dans mon doux nid qu'à tes pieds tu
[m'arranges,
Je te bénis, ma mère, et je touche le tien!

Je ne m'éveillerai qu'à la lueur première
De l'aube; au rideau bleu c'est si gai de la voir!
Je vais dire tout bas ma plus tendre prière:
Donne encore un baiser, douce maman! Bonsoir!«

(»Du liebes kleines Kissen, angefüllt
Mit zarten Federn, weiß und warm bist du;
Wenn Wind und Wolf und Ungewitter brüllt –
Bei dir ist Schlaf für mich und gute Ruh.

Viele viele Kinder, arm und verwaist und bloß,
Kein Dach, kein Kissen hütet ihren Schlaf,
Und sie sind immer müd; o bittres Los!
Ach, Mutter, welch ein Unglück sie doch traf.

Da bete ich für all die Kleinen, die
Kein Kissen haben, und ich küsse meins;
In meinem Nest zu deinen Füßen, sieh,
Segn' ich dich, Mutter, und berühre deins.

Ich wache nicht, bevor der Morgen weht
Und fröhlich durch den blauen Vorhang lacht;
Jetzt sag ich leis mein innigstes Gebet,
Noch einen Kuß, Mama, und gute Nacht!«)
(Nachdichtung von Gisela Etzel-Kühn)

Noch ehe sie sprechen können, beseelt sie so ihre stummen Lippen in Musik. Und für den Sohn, als er zum erstenmal zur Schule geht, schreibt sie jene entzückende kleine Erzählung vom ›L'écolier‹, um ihn zum Fleiße anzufeuern; und die haben seitdem tausend Mütter tausend Kindern vorgesprochen, wenn sie zum erstenmal mit ihrem Ränzel zur Schule trotten. Sie muß sich nicht zwingen zu diesen Versen, sich nicht kindlich machen um der Kinder willen, denn sie selbst wird selig an diesen kleinen Strophen. In diesen Kinderliedern erwacht plötzlich etwas in ihr, das ganz vergessen und verschüttet lag: ihre eigene Kindheit. Von dem Lächeln der Kinder reflektiert eine Heiterkeit in ihr Leben zurück, sie findet in entzükkenden melodischen Versen kleine schalkische Wendungen, ihr Herz, das verschattete, blüht wieder auf in Heiterkeit. Zum erstenmal atmet sie unbesorgt. Die Armut um ihr Leben trifft sie stark und gepanzert, denn Mutterschaft, das neue Glück, umgürtet ihren Leib, der Tod kann ihr nichts mehr anhaben, das Schicksal hat keine Macht über sie. Jubelnd ruft sie aus:

»J'ai des enfants! leurs voix, leurs haleines, leurs jeux
Soufflent sur moi l'amour qui m'alimente encore;
J'ai, pour les regarder, tant d'âme dans lex yeux!
Mon étoile est si bien nouée à leur aurore!
On m'a blessée en vain, je ne peux pas mourir:
J'ai semé leurs printemps, je dois les voir fleurir.«
(»Ich habe Kinder! Ihre Stimmen, ihr Atem, ihre Spiele
Hauchen mir die Liebe zu, die mich noch immer nährt;

Ich empfinde soviel Herzlichkeit, wenn ich sie betrachte!
Mein Stern ist eng verknüpft mit ihrem Morgenlicht!
Vergeblich hat man mich verletzt, ich kann nicht sterben:
Ihren Frühling habe ich ihnen bereitet, ich muß sie blühen sehen.«)

Aber dieser großen Dulderin ist aller irdische Besitz nur als Pfand flüchtig gegeben, und sie muß ihn auslösen mit allen ihren Tränen. Der Tod steht zwischen ihr und dem Glück. Das erste Kind, das Kind des Unbekannten, hat ihr der Tod genommen, und auch das erste, das sie Valmore schenken darf, stirbt nach wenigen Wochen. Dann scheint das Unheil beschwichtigt mit diesen beiden Opfern ihrer Liebe, drei werden den Verlorenen nachgeboren und überwachsen die Kindheit: Hippolyte, ihr Sohn, und die beiden Töchter Ondine und Ines. Zwanzig Jahre lang darf sie sich ihrer freuen. Sie zieht sie heran, und schon bringen sie Gefahr in ihr Leben. Ondine, die ältere, ein kokettes, kluges und ambitiöses Mädchen, wird von der Literatur lebhaft verlockt; Sainte-Beuve wünscht sie zur Frau, sie weist ihn zurück; aber mit einemmal muß Marceline entdecken, daß Latouche, der freundschaftlich in ihrem Hause verkehrt (in dem manche Biographen den Verführer, den »Olivier« Marcelines und den Vater ihres unehelichen Kindes sehen), sich mit allen Künsten bemüht, und nicht ganz vergeblich, die Nähe und Vertrautheit des Umgangs zu mißbrauchen. Aufgescheucht in ihrer Angst schreibt Marceline innige Briefe an ihre ferne Tochter, die erhalten sind und in rührender Fürsorge sie vor dem eigenen Schicksal warnen. An der Angst wacht noch einmal das Grauen der früh erlebten Leiden auf. Tage der Aufregung und Monate des Entsetzens stürzen jetzt in ihr Leben. Wie sie ihr Kinderglück im Betrachten verdoppeln durfte, will nun auch die Tragödie des grausamen Verführtseins im Kinde sich erneuern. Sie muß das Kind schützen, sie, die keine Mutter damals hatte, die sie zurückriß von ihrem Elend, schützen (der Gedanke ist kaum zu fassen): vor vielleicht ebendemselben »Olivier«, dem gleichen Verführer oder zumindest der gleichen Verführung. Aber es gelingt, Ondine zu warnen und sie bald darauf mit einem einfachen und nüchternen, achtbaren Mann zu vermählen.

Zu retten, um sie zwiefach zu verlieren. Denn jetzt, da sie gesichert scheint, führt das Schicksal seinen ersten Schlag. Ines, die jüngere Tochter, stirbt mählich hin an Schwindsucht, dann folgt ihr im Tode das einzige Enkelkind, das Ondine geboren, und wenige Jahre darauf an der gleichen Krankheit, zur Verzweiflung der Mutter, Ondine selbst. Alle die Lichter, die ihr Leben erhellten, löschen aus mit ihren Augensternen, und ebenso, wie einst in der Liebe, sieht sie nun im Schicksal einen finsteren Hohn, eine Ironie des Glückes, die ihr Herz zerschneidet. Ihre Krone rollt in den Staub, mit einmal ist sie »la mère découronnée« *(»die Mutter, der Krone beraubt«)*; ihr Stolz, ihr Vertrauen sind gebrochen, die sieben Schwerter der Madonna durchbohren jetzt ihre Brust. Und als wären diese neuen Existenzen gleichsam unterirdisch miteinander verwurzelt gewesen, so stürzt jetzt plötzlich der ganze Wall ein, mit dem sie ihr Leben gefestigt glaubte. Ihr Onkel, ihr Bruder, ihre Freundin sterben, fast alle zu gleicher Zeit, in diesen entsetzlichen Jahren: wie Niobe sieht sie, versteinert vor Gram, einen nach dem andern unter den Pfeilen des Schicksals sinken.

Vor der Liebe konnte sie flüchten, doch nicht vor dem Tod. Gegen ihn ist sie machtlos. Nun ist, sie fühlt es, alles endgültig verloren. Die Liebe ihres alternden Gatten vermag ihr, der weißhaarigen Frau, keine neuen Kinder mehr zu erwecken. Ihre Familie ist zersprengt, die Freunde entschwunden, nichts kann sie mehr begnaden auf dieser Welt. Aus dem Trümmerfeld ihres Lebens glüht ihre Sehnsucht jetzt nur den Himmel mehr an. Sie hat nur Gott mehr, um ihn zu lieben, und sie bietet ihm das einzige, das Letzte, was sie besitzt, ihren Schmerz:

»Je vous donnerai tant de larmes
Que vous me rendrez mes enfants.«
(»Ich gebe dir all meine Tränen,
Gib mir meine Kinder zurück!«)
(Nachdichtung von Gisela Etzel-Kühn)

Zu ihm sprechen jetzt alle ihre Verse, zu ihm allein heben sich ihre Blicke. Die Erde hat für sie keine Heimstatt übrig, nur zurück will sie in die andere Welt, wo ihre Kinder sind und alles, was sie in diesen dumpfen Jahren geliebt. Verzweifelt pocht sie an die Himmelstür, sie weist ihre Wunden und ihre Armut:

»Ouvrez, je ne suis plus suivie
Que par moi-même et par la vie.«
(»Öffne, mir folgt nurmehr
Mein Ich und das Leben.«)

Sie weist ihre Wunden, sie bietet ihre Tränen, all ihren Schmerz breitet sie ihm hin.

Ihr Leiden ist höchstes Anrecht geworden, und was einst ihre Seligkeit war, das nennt sie jetzt Gott als Sinnbild des äußersten Schmerzes, da sie empor will in sein Herz:

»Laissez moi passer – je suis mère.
(»Laßt mich ein – ich bin Mutter.«)

»Moi je pars, moi je passe
Comme à travers les champs un filet d'eau
[s'en va;
Comme un oiseau s'enfuit, je m'en vais dans
[l'espace
Chercher l'immense amour, où mon cœur
[s'abreuva.«
(»Ich gehe und löse mich auf
Wie der Tau über den Feldern;
Wie ein Vogel flieht, schwebe ich fort in den
[Raum,
Um die endlose Liebe zu suchen, an der mein
Herz sich erquickte.«)

Sie ist nun eine alte Frau, allein in der Welt. Armut und Trauer umschnüren ihr enges Schicksal mit schwarzem Rand. Das Feld ihres Lebens ist nach sechzig Jahren Mühe brach geblieben. Umsonst hat die Pflugschar des Leidens ihr Leben durchpflügt, Sturm hat alle Saaten verweht. Eine letzte Freundin hat sie noch, und der schreibt sie in diesem Jahr das Geheimnis ihrer Entrücktheit. »Höre mich an, ich bin heute in die Kirche gegangen und habe dort acht Kerzen angezündet, acht Kerzen, arm wie ich selbst. Sie waren für acht Seelen, für meine Seele, für Vater, Mutter, Bruder, Schwestern und Kinder. Ich habe sie brennen gesehen und verbrennen und glaubte, sterben zu müssen. Ich sage es nur Dir allein: es war ein Besuch bei Gott.« Aber bald hat sie niemand mehr für vertrautes Wort, auch diese, die Letzte, Pauline Duchambge, geht ihr voraus. Nur zu ihm, der nicht antwortet und doch alles hört, geht jetzt ihre Klage. Alle Verse, die Marceline Desbordes-Valmore noch schreibt, die letzten begnadetsten Gedichte sind Zwiesprache mit Gott. Sie hebt ihr tränenüberströmtes Antlitz zum Himmel empor, um die

Erde nicht mehr zu sehn, die alles Leben von ihr getrunken hat. Sie hat längst Abschied genommen:

»Tous mes étonnements sont finis sur la terre,
Tous mes adieux sont faits, l'âme est prête à jaillir.«
(»Mein Staunen geht zu Ende auf der Erde,
Der Abschied ist getan, die Seele bereit zum Aufbruch.«)

Jeder Tag ist ihr zur Last, und die sechzig Jahre stillen Leidens drängen sie nun ungestüm weg aus dieser vereinsamten Welt. Niemandem ist nun ihre Liebe, die unendliche, zu Dienst, und so fühlt sie sich ohne Sinn. Aus der Resignation wird Ungeduld, jede Stunde zwischen Menschen und Häusern Qual:

»De chaque jour tombé mon épaule est plus légère.«
(»Mit jedem Abend wird meine Schulter leichter.«)

Abgekehrt ist ihr Blick von dieser Welt und nur einzig in die Ferne gerichtet, in Zukunft und Vergangenheit.

So sieht sie Michelet »ivre d'amour et de mort«, trunken von Liebe und von Tod. Und aus dieser Trunkenheit entstehen ihre letzten Gedichte, die schon ganz entirdischt und von Gottesgefühl magisch durchleuchtet sind wie das Dunkel einer Kirche von farbig gebrochenem Sonnenlicht. Alles hat ihr das Leben entwenden können, nur nicht die Glut des Gefühls. Aber nicht wie eine Fackel flackert sie mehr in Leidenschaft, sondern brennt fromm und windstill wie ein ewiges Licht. »Mon âme n'est pas éteinte, elle est montée plus haut.« Durch die immer dünnere Hülle ihrer Körperlichkeit glüht heißer die Seele durch, kaum ist sie selbst es noch, die spricht. Immer ist sie in diesen Versen die schon Aufsteigende, die schon Befreite, immer schon nahe bei Gott und nahe seinem Herzen. Schauernd reicht sie ihm die

»Couronne effeuillée« *(»Der entblätterte Kranz«)* ihres Geschicks zurück:

»J'irai, j'irai porter ma couronne effeuillée
Au jardin de mon père où revit toute fleur;
J'y répandrai longtemps mon âme agenouillée:
Mon père a des secrets pour vaincre la douleur.

J'irai, j'irai lui dire, au moins avec mes larmes:
›Regardez, j'ai souffert . . .‹ Il me regardera,
Et sous mes jours changés, sous mes pâleurs sans
[charmes,
Parce qu'il est mon père il me reconnaîtra.

Il dira: ›C'est donc vous, chère âme désolée!
La terre manque-t-elle a vos pas égarés?
Chère âme, je suis Dieu: ne soyez plus troublée;
Voici votre maison, voici mon cœur, entrez!‹

O clémence! ô douceur! ô saint refuge! ô Père!
Votre enfant qui pleurait vous l'avez entendu!
Je vous obtiens déjà puisque je vous espère
Et que vous possédez tout ce que j'ai perdu.

Vous ne rejetez pas la fleur qui n'est plus belle;
Ce crime de la terre au ciel est pardonné.
Vous ne maudirez pas votre enfant infidèle,
Non d'avoir rien vendu, mais d'avoir tout donné.«

(»Ich gehe und trage hinaus in des Vaters Garten,
Wo jede zertretene Blume lebendig loht,
Meinen entblätterten Kranz; ich will knien und warten:
Mein Vater hat viele geheime Arznei für den Tod.

Ich gehe und sage – und sei's nur mit schweigenden Tränen:
›Ich habe gelitten, sieh her!‹ Und da sieht er mich an:
Wie hohl auch die Wangen und bläulichen Schläfen gähnen,
Mein Vater schaut lange, und liebend erkennt er mich dann.

›Bist du es, verzweifelte Seele?‹ erhebt mich sein Fragen.
›So war deinen irrenden Füßen die Erde zu klein?
Blick auf, ich bin Gott! Wirf ab deinen Gram und dein
[Klagen,
Hier wartet dein Haus, hier wartet mein Herz – tritt ein!‹

O Gnade! O Vater! O heilige Zufluchtsstätte!
Dein weinendes Kind – du hast es in Güte erhört!
Ach, wenn ich auf Erden die himmlische Hoffnung nicht
[hätte,
Daß du mich errettest, wie wär' ich vergrämt und verstört.

Du verwirfst nicht die Blume, nur weil ihre Schönheit
[vergangen,
Diese irdische Schuld – der Himmel sieht sie nicht an;
War treulos dein Kind, es wird dennoch Verzeihung
[empfangen,
Wenngleich es alles verschenkt und gar nichts gewann.«)

(Nachdichtung von Gisela Etzel-Kühn)

Ein Jahr noch weilt sie, nur mit den Sinnen, auf der Welt, der sich ihr Gefühl längst entwand. Und endlich, am 23. Juli 1859, nimmt sie der Tod zu sich. Auf dem hohen Friedhof von Montmartre wird sie begraben, nahe bei Heinrich Heines Ruhestatt, und in Douai, dort in dem kleinen grauen Kirchlein, in dem sie die Taufe empfangen und als Mädchen gespielt, spricht der Priester für ihre Seele das letzte Gebet. Aber in der dunklen und erhabenen Kathedrale des Ruhms lesen alle großen Dichter Frankreichs ihr die Totenmesse. Baudelaire, Samain, Victor Hugo, Anatole France, jeder sagt seine Litanei der Liebe als Dank für die ihre, jeder spricht ihrer großen Seele dichterisches Gebet, und das schönste vielleicht Verlaine:

»Telle autre gloire est, j'ose dire, plus fameuse,
Dont l'éclat éblouit mieux encore qu'il ne luit:
La sienne fait plus de musique que de bruit,
Bien que de pleurs brûlants écumeuse et fumeuse.

Mais la bonté du cœur, mais l'âme haute et pure
Tempèrent ce torrent de douleur et d'amour
Et, se mêlant à la douceur de la nature,
A sa souffrance aussi, de nuit comme de jour

Promènent sous le ciel tout pluie et tout soleil
A chaque instant, avec à peine des nuances,
Un large fleuve harmonieux de confiances
Vives et de désespoirs lents, et, non pareil

Il chante, l'ample fleuve au capricieux cours,
L'hymne infini de toute la tendresse humaine
Où la fille et l'amante et la mère ont leurs tours,
Où le poète aussi, dans l'horreur qui nous mène,

Vient mêler son sanglot qui finit en prière
Universelle, et la beauté même d'un art
Issu du sang lui-même et de la vie entière,
Rires, larmes, désirs et tout, comme au hasard.«

(»Mehr gilt, so wag ich zu sagen, der Welt jener andere Ruhm,
Dessen Glanz eher blendet als leuchtet:
Der ihre ist mehr Musik denn Geräusch, mag er
Von brennenden Tränen auch schäumen und rauchen.

Doch dieser Sturzbach von Liebe und Schmerz ist gezähmt
Durch Herzensgüte und eine hochsinnig-reine Seele,
Ein sanftes Wesen dazu und ein Tag und Nacht
Andauerndes Leiden, lassen sie

Unter einem Himmel, der allzeit ganz Regen, ganz Sonne
ist, dazwischen fast nichts, einen breiten

Harmonischen Strom sich ergießen – lebhafte
Geständnisse und träge Verzweiflung –, und unvergleichlich

Singt der weite Strom, in seinem launischen
Lauf, den unendlichen Hymnus aller menschlichen
Zärtlichkeit, wo Tochter und Geliebte und Mutter die Stimme
Erheben, und die Dichterin auch – und Schrecken erfaßt uns –

Ihr Schluchzen dreinmengt, das mündet ins allumfassende
Gebet, und die Schönheit einer Kunst obendrein,
Die dem Blute selbst und dem ganzen Leben entsprang,
Mit Lachen und Tränen, Begierden und allem, wie der
Zufall es bringt.«)

Jeder hat seine Flamme des Gedichts entzündet an der ihren, und so reicht eine leuchtende Kette von Versen von ihrer Welt herüber bis zu unserer Zeit. Allmählich erst blinkt Ruhm auf ihrem vergessenen Namen. Ihre Briefe entdecken die heroische Tragödie, die ihr unscheinbares, geknechtetes Leben selbst den Nächsten verschwieg, und weisen eine beispiellose Harmonie der Dichtung und des Lebens, einen Zwieklang voll Schmerzenssüße, wie ihn kaum eine Dichterin schöner aus ihrem Schicksal löste. Und wir erst, die Späteren, erkennen ehrfurchtsvoll das höchste Geheimnis ihres Lebens und ihrer Kunst, die edelste Formel des Dichters: das Leiden müde zu machen durch unendliche Liebe und die Klage tönend durch ewige Musik.

Sainte-Beuve

Der große Kritiker ist selten, weil die Vielfalt der Aufgabe, an die er berufen ist, von innen her Vielfalt der Fähigkeiten fordert und deren oft gegensätzliche Elemente überdies noch in einer so besonders abgewogenen Dosierung, daß die widerstrebenden in ihrer Wirkung sich verstärkend binden. Von allem, was in jedem Kunstwerk, in jedem Künstler enthalten ist, muß Spur, Anlage und Keim in dem idealen Kritiker gleichfalls bereit sein; nichts wiederum darf er wie der Künstler ganz und restlos verkörpern – immer muß er gleichzeitig diesseits und jenseits sein, in sich zugleich und in dem andern. Verschiedenstes muß er vereinigen, den Blick für das Zeitlose und den Nerv für die Zeit, das Relative der Stunde ebenso zu empfinden befähigt sein wie das Absolute der Werte, Vergangenes muß er gewärtig haben im Sinne der Bildung, das Werdende aber mit dem magischen Auge der Ahnung vorausfühlen. Er muß Künstler sein und doch wieder nicht zuviel: gerade genug, um das Geheimnis der Werkstatt zu kennen, die Krisis der Schöpfung, die Ehrfurcht vor der Gestaltung, damit er dann umschaffend seine eigene Sphäre, die der wissenden Nachgestaltung, in vollendeten Formen zu durchbilden vermöge. Aber ebenso muß ihm die erhabene Einseitigkeit, die Eigenwilligkeit, die ganz der Phantasie verschworene Einstellung des reinen Künstlers versagt sein um der höheren Freiheit des Urteils willen. Hingeben muß er sich wie jener und doch beharren in ewiger Verwandlung, hierin dem Schauspieler ähnlich, der durch fremde Gestaltung nachgestaltend durchwandelt, immer ein anderer in jeder Form und doch eine Persönlichkeit kraft des ihm eigentümlichen Wesens mit dem er wandernd und sich wandelnd die vorgeformten Formen erfüllt. Nicht minder aber als dem Künstler muß er in anderer Sphäre seinem Bruder im Geiste, dem Gelehrten, gleichen, dem stillen Sammler der Tatsachen, dem gewissenhaften Vergleicher; mit beiden Urinstinkten des Erkennens ist es ihm auferlegt, gleichzeitig zu wirken: er muß fühlen können, aus Instinkt fühlen, und doch wieder dies Magische erklären können, wie eben der Gelehrte die gleich dunklen Phänomene der beseelten Natur erklärt. Immer ist von ihm in jeder Hinsicht ein Doppeltes verlangt: Enthusiasmus und ruhige Erkenntnis. Liebe und Gerechtigkeit, Künstlertum und Wissenschaft, Demut vor dem Werk und gleichzeitig Richterwort über das Geschaffene. Und diese Unstimmigkeit in eine stete, unablässig neu erkämpfte Harmonie zu lösen, ist des Kritikers eigentliche Kunst: sie ist, vollendet geübt, so selten in allen Epochen wie die große Kunst selbst.

Von solchen dominierenden Kritikern, deren Werk Kunstwerk geworden ist, erscheint die Figur Sainte-Beuves in neuerer Zeit uns noch immer die intensivste, so wenig er auch menschlich und moralisch eine sympathische Persönlichkeit gewesen sein mag. Nach beiden Seiten ist er, gleichsam versuchend, über die Polarpunkte seiner Welt hinausgedrungen: er hat sich als reiner Dichter versucht in Versen und einem Roman, er hat als Gelehrter, als Kulturpsychologe das große historische Werk über Port-Royal geschaffen. Aber sein Zentrum blieb stabil die Kritik: durch mehr als dreißig Jahre hat er sie, fast möchte man sagen tagtäglich, geübt, sie zur Meisterschaft erhoben und sich selbst zur Autorität. Gerade das Professionelle war seine Größe, und die Ausdauer – die Gewissenhaftigkeit jener Arbeitsjahre eigentlich mehr sein Genie, als was die Natur ihm bestimmend mitgab: aus allen Elementen, in beständigem Kampf, in steter Steigerung und Klärung ward hier eine Gattung entwickelt, die für uns noch in den Grundlinien absolut gültig und vorbildlich ist: der künstlerische Essay, der aus dem Gelegentlichen, dem Tagesbedürfnis die gewonnenen Überblicke zu dauerhafter Form, zum dichterischen Bildnis steigert: Wertung als eigenen Wert, Kritik als Kunst. Den zufälligen Anlaß zu überwinden und mit umfassendem Ausblick zu erhöhen, war vordem nur Privilegium des Produktiven gewesen: zu dem gestalteten Werk tritt nun verwandte Gattung, die nachgestaltende, die Kritik, und wird selbst ihrem Gegenstand, dem Kunstwerk, ähnlich durch Rundung und Ebenmaß. Und wie die Antike ihre ästhetische Betrachtung im Dialog, das achtzehnte Jahrhundert mit Grimm, Voltaire und Lessing im meisterlichen Briefe, so formt sich nun die neue Zeit ihr charakteristisches Ausdruckmittel ästhetischer Wertung: im künstlerischen Zeitungsaufsatz, in der umrissenen architektonischen Studie, im Essay.

Sainte-Beuves äußeres Lebensbild ist wenig problematisch: eine Karriere eher als ein wahrhaftiges Schicksal. Im Jahre 1804 in kleinbürgerlichem Provinzmilieu in Boulogne-sur-Mer geboren, wird er halbwüchsig zum Studium nach Paris geschickt, exzelliert im Gymnasium in den alten Sprachen und besucht die Universität. Er beginnt, wie immer die Jugend beginnt, mit großen Träumen: sein Schreibheft ist voll von Gedichten und sein Herz von ehrgeizigen Plänen, aber ihm fehlen die Freunde, die ihn aufmuntern, fehlt das angenehme, empfehlende Äußere, das ihm den Schwung in die Geselligkeit gäbe: unsicher tastet er herum, studiert Philosophie, Naturwissenschaften und entscheidet sich schließlich für den Geist der Medizin, so sehr er gegensätzlich zu den träumerischen, melancholisch-sanften Gedichten seiner geheim-geborgenen Versmappe zu sein scheint.

Aber da kommt der Ruck von außen und stößt ihn hinein in eine ganz andere, ganz unerwartete, wahrscheinlich sogar unbegehrte Karriere. Junge Freunde gründen ein literarisch-politisches Blatt, den ›Globe‹, der rasch große Verbreitung erlangt: sein früherer Lehrer Dubois schafft dem literarischen Medizinstudenten dort Eingang. Zuerst darf er gelegentlich Notizen verfassen und Berichte kollationieren, dann werden ihm Aufätze erlaubt und bald von ihm erbeten; noch inskribiert auf der Sorbonne, wird Sainte-Beuve im engeren Kreise zur kritischen Autorität, als er, der junge Student, zum erstenmal für Victor Hugo eintritt, macht das nicht nur Aufsehen in der literarischen Pariser Hühnersteige, sondern ein illustrer Leser (den er nicht ahnt, und der wiederum seinen Namen damals gar nicht kennt) bemerkt von seiner Höhe wohlwollend die Tatsache und äußert – denn kein Geringerer ist es als Goethe – zu Eckermann (am 4. Januar 1827), bei seinem Lobe Victor Hugos: »Jetzt hat er den ›Globe‹ auf seiner Seite und so hat er gewonnenes Spiel.« Ein Dreiundzwanzigjähriger, ein Flaumbärtiger ist Sainte-Beuve schon ›der Globe‹ für die literarische Welt, ja für Goethe, er ist eine Macht, eine werdende Autorität, und darum beeilen sich auch die verschiedenen Gruppen, ihn zu sich herüberzuziehen. Er wird Gast im Kreise der Romantiker, Intimus Victor Hugos, Dichter unter Dichtern, und es dauert einige Jahre, bis er bemerkt, die Kameradschaft gelte nicht seinen Versen, sondern seiner kritischen Stellung. Durch eine Hintertür ist der junge Student, der heimliche Dichter, in die Moderne eingedrungen: aber er installiert sich sorglich darin, bleibt von jenem Tage in der Literatur seßhaft und bekräftigt durch ruhelose Arbeit, künstlerische Leidenschaft und eminente Fähigkeit die frühe Berufung.

Sainte-Beuve bleibt, so sehr auch der Dichter in ihm sich enttäuscht fühlt, so sehr er als Gelehrter der Einschränkung zu entkommen trachtet, für Paris, für die Welt der große Kritiker, und schließlich resigniert er sich zur Hoheit dieser Stelle. Sein äußeres Leben ist eigentlich früh zu Ende: er wechselt drei- oder viermal die Stelle, von der aus er autokratisch das französische Schrifttum beherrscht, er tauscht den ›Globe‹ mit dem ›Constitutionel‹ und dem ›Moniteur‹, er wird Professor in Liège und dann an der Sorbonne, er kommt in die Akademie; Auszeichnungen regnen auf ihn herab, Prinzessinen besuchen, Dichter umschmeicheln ihn. Aber im Grunde bleibt sein Leben immer das gleiche: immer der eine meisterliche Aufsatz jede Woche, an dem er sechs Tage hämmert und feilt, um am siebenten Tage zu rasten. Er hat dann das Glück, 1869, ein Jahr vor 1870, zu sterben, so daß ihm ein neuer Frontwechsel vom überzeugten Bonapartisten zum Republikaner (schon dreimal hatte er sich mit dem Winde gedreht) erspart blieb.

So bürgerlich banal ist Sainte-Beuves äußere Lebensgeschichte: die innere ist geheimnisvoller.

Er wäre gern ein großer Dichter gewesen, und in den eitelsten Sekunden seines Lebens, in denen sein Selbstbewußtsein den sonst spiegelklaren Intellekt blendete, hat er sich vielleicht selbst einen vermeint (gesagt hat er es nie). Aber er war kein großer Dichter und kaum ein mittelmäßiger. Seine Verse, sein Roman sind – um von verwandter Kunst ein Wort zu borgen – Kapellmeistermusik, gerade die notwendigen drei Zoll über dem Dilettantismus, sehr sauber, geschmackvoll, empfindsam im Gefühl, sie sind klassisch (oder besser klassizistisch) in den Formen, gut poliert, gut gedichtet, oft zu gut, aber irgendwie tot wie Glasperlen, die ja auch jene glatte Rundung, jenes vorschriftsmäßige Funkeln haben, alles ähnlich den echten, und doch nicht jenen geheimnisvollen Glanz von innen, das von irgendeiner Tiefe in sie verschlagene magische Feuer. Man kann sie durchaus nicht unerlebte Werke nennen, im Gegenteil, sie sind – wie so oft bei Dilettanten und Dichtern zweiten Ranges – bekenntnishaft, sein Roman ›Volupté‹ eigentlich eine sentimentale Selbstbiographie im Stil Werthers, Renés und Obermanns, sein ›Livre d'amour‹ die poetische Chronologie einer Leidenschaft, aber was ihnen fehlt, ist, was Goethe das »Incommensurable« nannte, die dämonische Dunkelheit, das dreimal glühende Licht. Immer lodert Feuer auf, immer erstarrt es in der durchsichtigen Helle dieser allzu bewußten, kristallenen Intellektualität: sie strahlen keine Wärme diese Verse, diese Bekenntnisse, und heute, nach fünfzig Jahren, sind sie zwar noch nicht vergangen, aber doch schon vergilbt, knisternde Dokumente, Literaturgeschichte, gemaltes Feuer.

Irgendwie hat Sainte-Beuve, der selbst in seiner Eitelkeit noch Klarsichtige, trotz allen Scheinerfolgen allmählich doch die Nichtwirksamkeit, die innere Ohnmacht seiner poetischen Leistung verspürt, und die Kritik wurde ihm ein erwünschtes Refugium. Wie so viel abgedrängte Dichter sucht er aus dem Manko einen Vorzug zu formen und deutet den notgedrungenen Verzicht in eine ästhetische Absicht um, wenn er sagt: »Die Kritik ist das zweite Antlitz und die notwendige zweite Phase für die meisten geistigen Erscheinungen. In der Jugend verbirgt sie sich unter der Kunst, unter der Dichtung . . . Erst wenn die Dichtung sich ein wenig verflüchtigt und aufgehellt hat, wird dieser Hintergrund wahrhaft sichtbar und die Kritik drängt sich von allen Seiten und unter allen Formen in die Begabung ein. Schließlich bereichert sie sich dann an allen andern hervorragenden oder unbewußten Qualitäten, an unseren geliebtesten Erfolgen und unseren nun besser verstandenen Mißerfolgen.« Aber diese milde Resignation war nie ganz echt bei Sainte-Beuve: sein persönlicher Mißerfolg als Dichter war der Tropfen Galle, der ihm immer wieder in die Feder glitt, wenn er über einen zeitgenössischen großen Dichter schrieb. Irgendein Ressentiment, ein schlecht verhehlter Neid verzieh es den andern nie, daß sie aus dem Freien schufen, indes er nachbildend an geschaffenes Werk gebunden war, und dies erklärt (wie bei so vielen nach ihm) die aggressive Art des verhinderten Dichters gegen den freien und großen, gegen Victor Hugo vor allem, an dem er aus privaten Motiven gemein und erbärmlich gehandelt, gegen Balzac, vor dem er erst in der Stunde, da er tot, da er ungefährlich war, den spitzen kritischen Degen senkte, gegen alle, die stark und schöpferisch in seiner Nähe wirkten. Nietzsche hat diesen mesquinen Haß gegen das Produktive stark an Sainte-Beuve gefühlt und mit hartem Hammerschlag an die Wand genagelt. »Nichts von Mann, voll eines kleinen Ingrimms gegen alle Mannesgeister. Schweift umher, fein neugierig, gelangweilt, aushorcherisch – eine Weibsperson im Grunde, mit eines Weibes Rachsucht und Weibes Sinnlichkeit.« Und wirklich: Sainte-Beuve weicht in seinen Aufsätzen den genialen Männern möglichst aus: den Frauen seiner Zeit, sei es die Desbordes-Valmore, die Madame de Staël, die George Sand, verweigert er die Zustimmung nicht, die er einem Stendhal, einem Balzac nur sparsam gab. Und ebenso zärtlich, fast eindringlich schildert er die großen Enttäuschten, die kontemplativen Philosophen, die resignierten Naturen, die skeptischen, die kulturellen Feingeister wie Chamfort, Diderot, Vauvenargues, und selbst Pascal bewundert er ohne Rückhalt. Sie haben eben nicht an jenen tiefsten Nerv seines Lebens gerührt, an die geheimste Kränkung, an die Wunde, die erst langsam in einer linden Resignation vernarbte: sie waren nicht seine glücklicheren Rivalen. Im

Grunde hat Sainte-Beuve die großen Dichter mit dem Instinkt des Unproduktiven immer gehaßt, eben weil er sie mit seinem Intellekt lieben mußte und im geheimsten gewünscht hätte, selbst einer von ihnen zu sein.

Gerade dies aber, was seinem Charakter fehlte: Männlichkeit, Freimut, ethische Bestimmtheit, sittliche Festigkeit, gerade dies war umgewandt die Prädestination seiner Größe als Darsteller. Sainte-Beuve war absolut feminin als literarische Erscheinung, darum aber so unendlich, so unvergleichlich befähigt zur Hingabe, zur Anpassung, zur Einfühlung. Allen Strömungen gab er sich leidenschaftlich hin, jedem starken Willen fiel er anheim, von allen Begegnungen und Erscheinungen färbte er ab, ja sie durchdrangen ihn restlos, daß man sein eigenes Wesen während der Darstellung gar nicht mehr spürte. Er hat einmal von sich geschrieben: »Ich bin der den Wandlungen am meisten und bis zur Selbstvernichtung hingegebene Geist. Ich begann offen und ehrlich mit dem vorgeschrittensten achtzehnten Jahrhundert, mit Tracy, Daunou, Lamarck und der Physiologie: hier ist mein wirklicher Kern. Ich bin dann durch die doktrinäre und psychologische Schule des ›Globe‹ gegangen, allerdings mit Reserven, dann zur romantischen Welt und in den Kreis Victor Hugos übergegangen, wo ich scheinbar fest verankert schien. Dann durchlief oder streifte ich vielmehr den Saint-Simonismus und die noch ganz katholische Gruppe Lamennais, um mich 1837 in Lausanne wiederum dem Calvinismus und Methodismus zu nähern. – In allen diesen Verwandlungen und Übergängen habe ich aber nie auf meinen Willen und mein Urteil Verzicht geleistet (mit Ausnahme eines Augenblicks im Kreise Victor Hugos und da unter dem Eindruck einer Magie), ich habe nie meinen Glauben engagiert, sondern ich verstand und durchdrang so sehr die Menschen und die Dinge, daß ich immer jenen, die mich überzeugen wollten und mich schon für den Ihren hielten, die größten Hoffnungen gab. Meine Neugier, mein Verlangen, alles zu sehen, alles von der Nähe aus zu betrachten, meine besondere Genugtuung, das relativ Wahre in jedem Ding und jeder Organisation zu sehen, haben mich in jene lange Serie von Experimenten hineingetrieben, die dann für mich gewissermaßen ein einziger langer Kurs von Moralphysiologie wurden.« Diese Biegsamkeit der Neigungen, diese zeitweise passionierte Hingabe an das Objekt der Betrachtung ging aber bei Sainte-Beuve noch weiter über die Literatur hinaus: auch politisch hat er unablässig Farbe gewechselt, er war Royalist, Jakobiner, Bonapartist, Republikaner, immer aus der Verliebtheit der Stunde. Seine Passioniertheit für den Gegenstand der Darstellung zieht ihm immer für einen Augenblick den Boden unter den Füßen fort: wie Hermann Bahr bei uns, kann er nichts von außen betrachten. Er spürt nach innen in jede Bewegung, jede Strömung so tiefgründig hinein, daß er von ihr mitgerissen wird. Während er im Kreise Victor Hugos lebt, ist er Romantiker, statt bloß die romantische Schule zu schildern, während er ›Port-Royal‹ schreibt, wird er Jansenist. Nur durch diese Widerstandlosigkeit, durch diese Passioniertheit der Anteilnahme gelangt ja der Kritiker an den wesenhaften, an den schöpferischen Punkt, an die Urquelle jeder Bewegung. Und die gewaltsame Geste, mit der sich sein Intellekt dann der Bezauberung entreißt, die Rückkehr ans Ufer aus der Strömung wird ihm, der nur die Aufgabe hat, sich selbst treu zu sein, leichthin als Untreue angerechnet. Aber eben durch diese Untreue wird Sainte-Beuve nie zum Doktrinär, dieser Mangel an Stabilität schützt ihn vor Erstarrung: seine Hingebungsfähigkeit hat das wunderbar weiblich Biegsame, das spielend allen Fluktuationen der Bewegung sich anpaßt, seine Anschmiegsamkeit lockt allen Formen ihr Geheimnis heraus.

Und das Geheimnis ist seine Welt. Seine weibische Neugier, der stärkste Nerv seines kritischen Organismus, tastet sich überall heran, wo ein Rätsel im Charakter, eine Dunkelheit in einem Schicksal dämmert: von seinen medizinischen Studienjahren her hat er noch die Meisterschaft, mit dem Skalpell säuberlich Nerv und Muskel in einem Organismus bloßzulegen, und eine fast divinatorische Gabe der Kombination hilft ihm, Zusammenhänge aufzuspüren, über ganze Epochen hinweg in raschen Synthesen Verwandtes zu binden. Freilich hat er von dieser weiblichen Fähigkeit der psychologischen Neugier auch alle Untugend: er ist indiskret bis zum Exzeß, tratschsüchtig bis zur Geschwätzigkeit, schnüfflerisch bis zur Taktlosigkeit. Sein erbärmlichster Streich hat ihn in Paris für alle Anständigen verächtlich gemacht: es war ihm, wie man weiß, gelungen, die Frau seines großen Freundes Victor Hugo zu verführen, und er hatte diese Liebesepisode in allen kompromittierenden Details in seinem ›Livre d'amour‹ versifiziert, das er freilich gedruckt in seinem Schranke verwahrte. Aber schließlich hielt es seine Eitelkeit doch nicht aus, er zeigte vertraulich in Salons diese Verse, und so wurde allmählich diese Vertraulichkeit das »secret de Polichinelle«. Den billigen Triumph, seinen berühmten Rivalen Victor Hugo zum Hahnrei gemacht zu haben, konnte er sich nicht versagen, und indiskret mit dem eigenen Geheimnis, war er es nicht minder mit dem der andern. Jahrelang umschnoberte er Marceline Desbordes-Valmore, um zu entlocken, wer jener geheimnisvolle Verführer, jener »Olivier« gewesen sei, fast nie kann er bei einer Biographie darauf verzichten, in einem versteckten Notizchen oder einer Andeutung irgendeine Indiskretion aus dem Liebesleben auszuplaudern: der psychologische Ehrgeiz wird bei ihm leicht zum Voyeurtum, zur Astlochguckerei, und ähnlich wie seinen Nachfahren, den Psychoanalytikern, ist ihm allzusehr das erotische Erlebnis Kern und motorische Kraft aller künstlerischen Produktion. Er hat einen ganz unerhörten, einen Frauenblick für die Defekte in einem Charakter, für die Unebenheit in der literarischen Toilette eines Künstlers, ein nervös geschärftes Feingefühl für jede Unwahrhaftigkeit. Und von diesen kleinen, funkelnd klugen und raffinierten Beobachtungen baut er dann allmählich eine Darstellung auf. Seine Charakteristik beginnt immer beim Detail. Nicht wie die großen Vorfahren, wie Montaigne, La Bruyère zeichnet er gleich in langen umfassenden Linien: er ist eher Schüler der großen französischen Miniaturisten, eines Clouet etwa, des Meisters im Rundstück. Oft sind seine Porträts nur Medaillons, runder Ausschnitt, aber dann meist besonders kostbar durch die Zartheit der Linie, die Feinheit der Beobachtung und das Geschmackvolle der äußeren Fassung: durch seinen Stil.

Die Stilkunst Sainte-Beuves ist seine eigentlichste, seine unumstrittene Kunst. Wie bei den meisten der großen französischen Prosaisten (im Gegensatz zu den deutschen) kam seine sprachliche Kultur aus einer profunden humanistischen Bildung; für ihn war es selbstverständlich, wie für uns französisch oder englisch, an den Abenden die lateinischen und griechischen Prosaisten zu lesen, und unwillkürlich hat (ebenso wie bei Renan) seine Sprache die kristallene, an eine große Ruhe gebundene, die zugleich gemächliche und doch konzise Form der lateinischen Klassiker nachgeahmt. Sein Gefühl für die Sprache war aber nicht nur ein rezeptives, sondern auch ein produktives: er spürte nicht nur in jedem Text die verzitterndste Nuance, die feinste Biegung, sondern er polierte an seinen eigenen, scheinbar nur für das Eintagsdatum des »Lundi«, des »Montag«, bestimmten Zeitungsaufsätzen jede Periode, wog und überprüfte das einzelne Attribut des Lobes oder Tadels auf sein spezifisches Gewicht und bog in unablässigen Versuchen die Form zu immer neuer Rundung. In seiner Arbeit war dieser feinschmekkerische, weibliche, weibische Epikureer ein Spartaner, ein Helot unbarmherzigen Pflichtgefühls. Sein ganzes Leben war zugeschnitten auf diesen einen Artikel an jedem Montag: und ebendieser Montag auch der siebente Schöpfungstag, der Ruhetag, der einzige, den sich der hartnäckige Arbeiter gönnte. Am Dienstag wurde (ähnlich, wie ja auch Harden durch dreißig Jahre an seiner ›Zukunft gerobotet hat) schon wieder das Fundament zum nächsten Aufsatz gelegt, die eigene Bibliothek durchstöbert nach Material, der Sekretär mit einem Desideratenzettel nach der Nationalbibliothek geschickt, von der er dann mit Stößen Büchern beladen zurückkam. Die nächsten Tage blieb Sainte-Beuve in seine Klause verschlossen, unnahbar selbst für die besten Freunde, ein einstündiger Spaziergang abends mit seinem Sekretär diente einzig dazu, die Gedanken des Aufsatzes in freier Rede zu entwickeln. Endlich war der Aufsatz geschrieben, dann kam die Korrektur, sie wurde von ihm zuerst allein gelesen, dann drei- oder viermal laut dem Sekretär vorgelesen, damit im gesprochenen Wort deutlicher jede Brechung oder zu scharfe Bindung der Satzperioden zutage trete und noch verbessert werden könne. Sonntag vormittag ging schließlich das minutiös revidierte Korrekturenblatt in die Druckerei, Sonntag nachmittag empfing Sainte-Beuve seine Freunde. Montag morgens erschien dann der Aufsatz und gab wie eine Stimmgabel das klare Urteil an die ganze literarische Welt.

In so hingebungsvoller und künstlerischer Form wurde durch dreißig Jahre allwöchentlich ein Zeitungsartikel geschaffen. Darum beginnt die kritische Journalistik wahrhaft erst mit diesen »Lundis« Sainte-Beuves. Vordem gab es nur Polemiken und anläßliche Rezensionen: bei Voltaire und Grimm war die literarische Kritik meist ein natürliches Nebenbei, bei Lessing nur eine kurzfristige Epoche, bei Heine eine gut geübte Geldfron. Allen diesen bedeutete der literarische Essay bloß einen Ausflug in ein leicht erreichbares Nachbargebiet, meist einen Kriegszug, eine polemische Kampagne – als Metier, als Lebensarbeit erscheint in der ihm persönlichen Form des einmal wöchentlich geschaffenen Charakterbildes der Essay erst bei Sainte-Beuve. Er ist der Vorfahre Taines und unseres Altmeisters Georg Brandes, die ihn beide an Europäertum des Wissens (Sainte-Beuve kannte eigentlich nur Französisch und die Klassiker, alle anderen Sprachen unzulänglich), an Universalität des Blicks, an Reinheit des Charakters vor unserem neuen Blick übertreffen, im einzelnen aber, in der Feinheit der Beobachtung, in der nervösen Subtilität der Witterung ihm nur ganz selten nahe kommen. Am ähnlichsten war ihm noch Ludwig Speidel in Wien, der sich auch sparsam und zäh auf das eine meisterliche Feuilleton in der Woche beschränkte, der mit gleicher Feinkunst (und gleichem kritischem Fehlurteil gerade den zeitgenössischen Genies wie Wagner gegenüber) gelegentlichen Anlaß zum Ereignis ummünzte, der aus Konzentraion ins Kleine sich eine Größe schuf. So ist Sainte-Beuve Ahnherr eines ganzen Geschlechts, Gründer einer eigenen Kunstform, deren Meister er geblieben ist: selbst die seiner Nachfahren wie Suarez, die ihn verleugnen, sind noch Wesen von seinem Wesen. Er hat die Ehrfurcht vor der Form, die vordem nur dem produktiven Künstler, dem Buchwerk angehörte, in die Kritik, in die Zeitung gebracht, und die immer makellose Reinheit der Form, die er selbst der unruhigsten Stunde einer ganzen Existenz abzwang, ist dieses Amoralischen moralische Größe. In seinem oft beeinflußten Urteil, in seinem privaten Verhalten waren die Defekte seines Charakters immer offenbar: in das eigentlich Künstlerische seines Werkes sind sie nie eingedrungen, hier war er rein, Sainte-Beuve, makellos und ehrlich, hier wirkte sich die innere Verantwortlichkeit, die seinem Verhalten oft fehlte, schöpferisch aus. Seine Überzeugung mag locker, mag schwankend gewesen sein, aber irgendwo hatte der Künstler in ihm sein Gewissen. Und dieses Gewissen war die Form.

Auch im Kritiker, nicht minder als im Künstler, vermag man die Urformen des Temperaments, die philosophische Einstellung zum Leben deutlich zu erkennen. Sainte-Beuve war der Epikureer unter den Kritikern. Er wollte nicht pädagogisch wirken als Theoretiker, nicht moralisierend als Dogmatiker: in keinem Sinn, in keiner Richtung war er diktatorisch. Er wollte nur durch Darstellung, durch psychologische Vertiefung den andern und sich selbst – oder eigentlich: sich selbst, und dann erst den andern – den Genuß verstärken. Seine Hand hat die voluptuöse und wissende Kunst des erlesenen Feinschmeckers, der mit bewußter Langsamkeit das Herz der Artischocke unter den Blättern auslöst: Lesen, Exzerpieren, Notieren und Schreiben war ihm irgendwie ein kulinarischer Genuß. Eine ganze Welt steht zwischen seiner weiblichen, genießerischen Art und etwa der protestantischen Lessings, der die ganze Nationalliteratur reformieren will, als ein anderer Luther das Drama vom Papismus der Franzosen befreien – Sainte-Beuve kennt keine bestimmte Ästhetik, keine bestimmte Problematik, ja er hat kaum eine besondere Vorliebe. Seine psychologische Neugier wird von einer jeden Persönlichkeit und jedem Problem zur Betrachtung angereizt, heute von Napoleon und morgen von Firdusi, von dem katholischen Bossuet ebenso wie von dem Freigeist Byron. Am liebsten aber macht sich der Gourmand in ihm an die seltenen Bissen heran, an das Abseitige, das Vergessene und Kuriose; seine besondere Aufmerksamkeit gehört den kleinen Dichtern der Vergangenheit, den poetae minores, den temperierten Talenten, den sonderlichen Charakteren, den amourösen Frauen, all den Figuren, die im Halbdunkel der Geschichte, verschattet von den großen Persönlichkeiten stehen, die noch nicht abgetastet sind von den Historikern und abgeleiert von den Philologen. Für diese Menschen hat er eine rührende Liebe, eine besondere psychologische Zärtlichkeit, und ihnen ist seine spürende, abwägende, tastende und ein wenig ironische Kunst am meisten gewachsen. Bei den ganz großen Gestalten gerät er leicht ins Vage: von Goethe redet er unsicher in Worten allgemeiner Verehrung herum, bei Dante interessiert ihn die Übertragung Rivarols mehr als das Problem der Sprache. Hier wird ihm der Rahmen zu weit, der innere Enthusiasmus schwingt nicht stark genug aus der weichlichen Seele, und die weibische Verliebtheit in das Problem reicht nicht aus, wo Liebe und hymnische Kraft, wo Überschwang und Weite des Blicks erforderlich wären. Seine Meisterschaft ist bei dem mittleren Dichter, bei dem philosophischen Skeptiker. Der Genießer versteht am besten die Genießer, nicht aber die Fanatiker und Ekstatiker des Lebens: am allerbesten sind darum seine Frauenporträts. Da kann seine leichte wollüstige Hand mit Schleiern um Bekenntnis und Enthüllung spielen, Licht und Schatten schwankt wie zwischen gehobenen Gardinen, hier gelingt es ihm, Menschen ganz im Menschlichen zu sehen, und hier kann sich auch das Liebenswürdige, das Graziös-Andeutende, das Bezaubernd-Diskrete seines Stiles ganz auswirken. Und durch diese kleinen Genrebilder hat er das Pantheon der französischen Literatur, in dem bislang nur die nackten, kalten Statuen der großen Meister standen, entzückend ausgeschmückt, unvergeßliche Veduten ins siebzehnte, ins achtzehnte Jahrhundert hinein gegeben, die dann die

Goncourts mit ihren impressionistischen Farben nur nachzuzeichnen brauchten. Eben durch die scheinbare Vereinzelung, durch das Detail hat er mehr als alle Literarhistoriker den Zusammenhang der französischen Vergangenheit wiederhergestellt.

Rabindranath Tagores ›Sadhâna‹

DER JÜNGERE SCHRIFTSTELLER *bei seinem Freunde eintretend* Ich hoffe dich nicht zu stören.

DER ÄLTERE SCHRIFTSTELLER *ein Buch weglegend* Durchaus nicht.

DER JÜNGERE Was ist das für ein Buch?

DER ÄLTERE Rabindranath Tagores philosophisches Werk ›Sadhâna‹ (›Der Weg zur Vollendung‹), das eben bei Kurt Wolff deutsch erschienen ist.

DER JÜNGERE Und das hast du jetzt Lust zu lesen? Ich verstehe dich nicht.

DER ÄLTERE Warum sollte ich das neue Buch Tagores zu lesen nicht den Wunsch und sogar Eile haben? Und wieso ist dir dieses Bedürfnis mit einem Male so unbegreiflich? Es ist doch erst zwei Monate her, da saßen wir hier beisammen in diesem Zimmer, lasen die ›Stray Birds‹, und du warst wie ich hingerissen von der kristallenen Einfachheit dieser Verse, von der hohen und in einem reinen Sinn einfältigen dichterischen Bindung, die aus ihrer Fremdheit sich selbst eine neue Melodie schuf. Wir waren beide beglückt, daß gleichsam in eine Pause der dichterischen Offenbarung in Europa dieser neue Rhythmus trat und, wenn ich nicht irre, warst du es selbst, der in diesen Versen eine ahnende Ankündigung neuer Religiosität erblicken wollte.

DER JÜNGERE Ja, das ist richtig, ich habe damals Rabindranath Tagore wirklich wie eine Art Offenbarung empfunden, und in einem Jahr oder in zwei Jahren werde ich ihn wahrscheinlich wieder lesen können, nur jetzt, gerade in diesem Augenblick, ist es mir unmöglich, gegen ihn ganz gerecht zu sein. Ich kann im Augenblick seinen Namen nicht aussprechen hören, ich mache einen Bogen um jede Buchhandlung, um dort nicht vierzigfach auf jedem Umschlag immer wieder dasselbe Gesicht des indischen Magiers mir besonnt entgegenlächeln zu sehen, es ist mir gräßlich, in einen Tramwaywagen, in eine Bahn einzusteigen, weil gewiß dort irgendein Bürgermädchen oder ein Jüngling – in der Bahn! – seine Verse liest, und ich mußte mich geradezu bezwingen, um nicht mich über die Darmstädter Idolatrie, die feierliche Erhebung zum Weltpoeten, in bösartigster Weise lustig zu machen. Ich vertrage es eben nicht, wenn das, was ich einmal für mich liebte, zur Sensation und zum Tangopausengespräch, wenn irgendwo mit einem Dichter, den ich verehre, ein Rummel schausüchtig inszeniert wird. So lange biege ich um die Ecke und lege seine Bücher in das unterste Schubfach.

DER ÄLTERE Du machst also ein Werk für seine Wirkung, einen Dichter für seine Bewunderer verantwortlich. Du hättest also vor hunderfünfzig Jahren nur aus dem Grunde, weil die Modeaffen sich à la Werther kostümierten, keine Zeile von Goethe mehr gelesen oder Lord Byron, als er der Löwe der Londoner Gesellschaft wurde, ein Jahrzehnt gegrollt? Ich weiß, es ist in Deutschland Sitte, einen Autor sofort, wenn er zehn Auflagen hat, für einen Dummkopf oder einen Schwindler zu erklären, aber ich tue da nicht mit. Wenn ich einmal einem Dichter Vertrauen aus eigenem Kunstbewußtsein in klarem Gefühl gewährt habe, so mißtraue ich ihm auch nicht im Erfolg.

DER JÜNGERE Ich mißtraue auch nicht ihm, sondern ich mißtraue eigentlich mir selbst und frage, ob ich damals in einer ersten Hitze, vom Neuartigen seiner Erscheinung überrascht, ihn nicht zu hoch eingestellt habe. Denn wenn ein Dichter von einem Gedichtband in Deutschland 70 000 Exemplare innerhalb eines Jahres verkauft, so ist das für mich immer eine Warnung, diesem Dichter schärfer auf die Finger zu passen, denn nur das Verdünnte rinnt immer über ins Breite. Von Goethes ›Westöstlichem Divan‹ waren nach fünfzig Jahren nicht soviel Exemplare verkauft wie nach fünf Monaten von dem ärmlichen Nachguß Bodenstedts ›Mirza Schaffy‹, und so frage ich mich, ob das Indische in Rabindranath Tagore, das mich zuerst bezauberte, nicht auch eine solche dünne Dosierung ist, ein gezukkertes Destillat, weil es so vielen in Deutschland so ausgezeichnet mundet. Du wirst mir doch zugeben, daß die plötzliche buddhistische Neigung in Deutschland nicht gerade ein Erfreuliches ist.

DER ÄLTERE Kein Erfreuliches, aber ein sehr Erklärliches. Ich muß von mir selbst sagen, daß ich mich seit einigen Jahre um die Indischen Dichter und Philosophen sehr intensiv gekümmert habe, die früher meinem Gedankenkreis absolut ferngestanden sind. Und das scheint mir davon zu kommen, daß die drei wesentlichsten Probleme, die uns durch den Krieg eindringlich in das Bewußtsein gedrängt worden sind, das Problem der Gewalt, das der Macht und das des Besitzes, von keiner Nation so eigenartig, so tief und so menschlich betrachtet worden sind wie von den Indern. Hier finden wir unsere aktuelle Problematik mit einer ganz selbstverständlichen Entschiedenheit beantwortet, und der ganze Wahnsinn unserer Betriebsamkeit und Organisation, unserer Kriegswut und unseres Nationalismus wird erst recht klar, wenn wir ihn gleichsam von außen, aus der Hemisphäre eines andern Denkens und Fühlens übersichtlich betrachten.

Darum wirkt Rabindranath Tagore, der als Lebendiger die Gültigkeit dieser alten Erkenntnis bezeugt und erneut, so unwiderstehlich verlockend auf die Massen wie auf den einzelnen.

DER JÜNGERE Gegen diese ideelle Einstellung habe auch ich keinen Einspruch. Im Gegenteil: ich halte die Wirkung Tagores, die Verneinung seines Nationalismus, die Höhe ethischer Kraft, die von seinem Wesen ausgeht und endlich einem Dichter wieder nicht-literatenhafte Macht zurückgibt, für einen der wenigen geistigen Glücksfälle unserer an moralischen Persönlichkeiten so armen Epoche. Mein Mißtrauen wendet sich ja nur gegen das Dichterische in ihm, und eben um des Erfolges willen. Du wirst mir doch nicht ableugnen wollen, daß das Kunsturteil der Masse immer das Elementare verneint und einzig das Epigonische begrüßt. Wo das Publikum ja sagt, ist im Dichter immer etwas verdächtig.

DER ÄLTERE Ich leugne auch durchaus nicht, daß das Kunsturteil des großen Publikums immer mit unfehlbarer Sicherheit sich für das Zweitklassige entscheidet. Es liebt das Halbechte, das Bequeme, das Rosenfarbene, das Imitative zu allen Zeiten und in allen Epochen. Aber in einem dürfen wir die große Masse doch niemals unterschätzen, nämlich in ihrem Instinkt. Die Menschen haben ein wundervolles Gefühl dafür, welcher Dichter für sie dichtet, zu ihrem Nutz und Frommen, welcher Dichter ihnen helfen will und bei jeder Zeile, die er schreibt, an die Menschlichkeit denkt. Und dieser sehr natürliche Instinkt läßt die Menge kalt sein gegen die andern Künstler, die eigentlich nur für sich selbst schaffen oder für den höchst imaginären Begriff der Kunst und der Kunstvollendung. So wie die Hunde plötzlich auf der Straße einem Menschen zulaufen, der Hunde liebt, ohne daß es durch irgendein äußerliches Zeichen erkenntlich wäre, so strömen die Menschen mit ihrem Vertrauen unbewußt dem Dichter entgegen, der mit jeder Zeile, die er schreibt, nicht an sich, sondern einzig an sie denkt. Die ungeheure Wirkung Tolstois und jene Rollands (denen du doch gewiß höchste moralische Qualitäten zubilligen wirst) ist nur daraus zu erklären, daß die Menschen in diesen Dichtern einen Willen zur Hilfe, ein Zu-ihnen-Sprechen mit einem dumpfen Instinkt urmächtig spüren.

DER JÜNGERE Und wie wäre das – du verzeihst, wenn ich dich unterbreche –, dann bei der Courths-Mahler, bei Hermann Sudermann und Otto Ernst?

DER ÄLTERE Auch hier ist es in gewissem Sinn der gleiche Fall, auch diese Dichter schreiben für die Menschen, allerdings nicht im hohen Sinn, um ihnen geistig zu helfen, sondern um sie zu unterhalten, um ihnen das Leben so darzustellen, wie sie es gerne sehen möchten, und nicht, wie es wirklich ist. Auch diese Dichter schreiben – natürlich nicht aus einem Willen, sondern aus irgendeiner Impotenz des Persönlichen – nicht aus ihrem eigenen Optimismus heraus, sondern aus jenem der Menge. Sie schämen sich nicht, sich gemein zu machen, und auch diese Gemeinsamkeit ist eine Bindung, die zu leugnen vergeblich wäre.

DER JÜNGERE Ich könnte dir darauf ausführlich erwidern, denn mir scheint diese Zusammenstellung des Reinsten und Kleinsten in der Kunst etwas gefährlich, aber ich möchte nicht abweichen von dem Fall Tagore. Das Buch, das du da vor dir liegen hast, ist, wenn ich nicht irre, ein philosophisches. Da ist für mich nun die erste Frage, ob es irgendwelche neuen Ideen zum Ausdruck bringt, und nicht, ob diese Ideen irgendwelchen stimulativen oder beruhigenden Effekt auf den Menschen ausüben.

DER ÄLTERE Mir ist nicht ganz klar, was du »neue« Ideen nennst. Die Gedanken, die Rabindranath Tagore in der ›Sadhâna‹ entwickelt, sind natürlich alt, ja sogar uralt, sind die ewig alten Ideen, die du überall findest, in jedem ganz großgeistigen Menschen, in jeder Religion und in jedem Dichter. Es sind etwa die Gedanken, daß der Mensch nicht an Besitz und Macht arbeiten solle, sondern an seinem ganzen innern Ich, an seinem wahren Ich, durch das er mit der Gottheit verbunden ist. Bei solchen Urideen, wenn ich sie so nennen darf, kommt es einzig nur auf die Form, den Ausdruck, die Deutlichkeit und die dichterische Formulierung an, und die scheint mir in diesem Buch einen wirklich ganz hervorragenden Grad erreicht zu haben. Der Begriff des Gottes, des Alls, des Ich ist hier gleichsam aus einem andern Material herausgearbeitet als bei den antiken und neuzeitlichen geistigen Bildern, und in der Sprache waltet eine so wohltuende Wärme und doch leidenschaftslose Sinnlichkeit, daß auch der einfachste, der primitivste Mensch sie seelisch zu durchdringen vermag, was doch, wie du mir zugeben wirst, einen ganz ungeheuren Gegenwert bedeutet gegen unsere philosophischen Werke, die im eigenen Jargon abgefaßt sind und ihre Sprachunkraft hinter einer lateinisch-griechischen Terminologie priesterlich verstekken. Die Klarheit von Tagores dichterischer Diktion wäre allein schon ein vorbildlicher Gewinn für unsere ganze philosophische Generation.

DER JÜNGERE Aber führt diese Klarheit nicht auch – ich kann den Verdacht nicht verschweigen – zu einer gewissen Banalität? Ich finde es furchtbar gefährlich, wenn jemand über die Welträtsel und die letzten Dinge so unbefangen sprechen kann. Ich habe das Gefühl, daß das Letzte solch einer Erkenntnis sich niemals in das Wort kristallisiert, sondern irgendwie, wie bei den deutschen Mystikern, in einem herrlichen chaotischen Zustand verharrt, mehr ahnend zu begreifen, als mit dem common sense, dem allgemeinen Sinn, zu erfassen. Der wirkliche Philosoph hat doch nicht die Klarheit a priori, sondern man ringt schaffend erst um sie.

DER ÄLTERE Dein Einwand ist ganz richtig, und wenn mich etwas stört in dem Buche Tagores, so ist es auch die gewisse Mühelosigkeit, die Taschenspielerei, mit der er die schwierigsten Begriffe, an denen die Menschheit seit der Stunde ihrer Schöpfung ringt, freundlich heiter, ganz ohne Qual und Denkaffekte erledigt. Tod und Übel, die schlimmen Instinkte streicht er mit einer gewissen milden Handbewegung zur Seite, und ich muß dir nochmals recht geben in dem, was du richtig ahnend spürst, daß hier in diesem Buch sich nicht das wundervollste Schauspiel der Welt auftut, nämlich das, wie der chaotische, ungewisse Mensch mit Fieber und Verzweiflung in denkender Not um ein Gesetz, eine Harmonie ringt. Sondern diese Harmonie ist in Tagore gewissermaßen schon von Anfang da, sie ist mit einer gewissen Lauheit des Blutes, mit der indischen Weichheit ihm von je eingeboren, und er gibt dieses harmonische Gefühl einfach nur an seine Schüler und an die Menschen weiter.

DER JÜNGERE Natürlich ist diese seine Lehre durchaus weltbejahend und optimistisch: das erklärt mir auch ihren Erfolg, denn schließlich wollen die Menschen ja immer das alte Narrenwort hören, daß unsere Welt die beste aller möglichen Welten sei.

DER ÄLTERE Auch darin ist etwas Wahres. Die Weltanschauung Tagores ist natürlich optimistisch, aber ich zweifle ja selbst, wie ich dir sagte, ob man sie wirklich eine Weltanschauung nennen dürfe und nicht besser eine Weltpredigt. Tagore will mit seinem Buch nicht für sich die Welt ins klare bringen, sondern den Menschen, uns Europäern vor allem, die er für Abgeirrte hält, auf den Weg helfen, und diese Hilfsbereitschaft gibt seinem Buch etwas unvergleichlich Rührendes. Ich schlage dir hier zum Beispiel nur die Stelle auf, wo er über den Tod spricht, und will sie dir vorlesen:

»Wenn wir unsere ganze Aufmerksamkeit auf die Tatsache des Todes richteten, so würde uns die Welt wie ein ungeheures Leichenhaus erscheinen, aber in der Welt des Lebens hat der Gedanke an den Tod die denkbar geringste Gewalt über unsern Geist. Nicht weil er die am wenigsten sichtbare, sondern weil er die negative Seite des Lebens ist. Das Leben als Ganzes nimmt den Tod nie ernst. Es lacht, tanzt und spielt, baut Häuser, sammelt Schätze und liebt, dem Tode zum Trotz.

Nur wenn wir einen einzigen Todesfall für sich betrachten, starrt uns seine Leere an, und wir werden von Grauen erfaßt. Wir verlieren das Ganze des Lebens, von dem der Tod nur ein Teil ist, aus dem Gesicht. Es ist, wie wenn wir ein Stück Zeug durch ein Mikroskop betrachten. Es erscheint uns wie ein Netz; wir starren auf die großen Löcher und meinen die Kälte hindurchzuspüren. Aber in Wahrheit ist der Tod nicht die letzte Wirklichkeit. Er sieht schwarz aus, wie die Luft blau aussieht; aber er gibt unsrem Dasein ebensowenig seine Farbe, wie die Luft auf den Vogel abfärbt, der sie durchfliegt.«

Ist das nicht Tröstung? Glaubst du nicht, daß, wenn irgendein Kranker oder Leidender solche erhabenen, reinen und in irgendeinem Sinn auch wahren Worte liest, er diesem Buche, diesem Menschen unendlich dankbar sein muß? Und so würdest du von Blatt zu Blatt irgendeinen Satz finden, wo eine vielleicht bestreitbare Erkenntnis in so reiner dichterischer Form, mit solcher menschlichen Durchdringung dargestellt ist, daß sie dich wohltätig anweht und du unwillkürlich in Liebe aufgehen würdest zu einem solchen Menschen, der in so hohem Maße nicht nur den Willen, sondern auch die Fähigkeit zur Tröstung hat. Es muß ja nicht alles rein literarisch gewertet sein, und gerade bei Tagore dürfen wir uns am wenigsten darum kümmern, in welchem Maße er ein Neubildner, ein Urschöpfer ist. Nehmen wir ihn, wie er ist, dankbar hinein in unsere Zeit, der er so viel wie ganz wenige gegeben durch den Adel seiner Haltung, die Harmonie seines Wortes, den reinen Atem seiner Menschlichkeit. Anderen gegenüber wollen wir wieder kritisch sein: dem Gütigen laß uns nur Dank haben. So, und nun wollen wir gehen! Du erlaubst doch wohl, daß ich das Buch mitnehme. Oder schämst du dich, mit mir zu gehen, wenn ich ebenso wie 30 000 Deutsche ein Buch Tagores heute in Händen halte?

DER JÜNGERE Durchaus nicht. Nur möchte ich dich bitten, den Umschlag mit dem Photographiebild Tagores abzunehmen. Mir ist es irgendwie unangenehm, diesem reinen Antlitz, diesen gütigen Augen wie einem Odolplakat an allen Ecken und Enden zu begegnen. Zu Hause will ich es mir selbst gern aufstellen, aber im Gassenladen stört es mich immer trotz aller Dauerargumente. Und was ›Sadhâna‹ betrifft, so will ich es gerne auch im Tagore-Jahr lesen. Du leihst mir doch hoffentlich das Buch!

DER ÄLTERE Nein, das nicht. Denn ›Sadhâna‹ ist ein Buch, das schön genug ist, daß man es selbst besitzen soll, und du sollst es dir kaufen, auch wenn du damit der achtzigtausendste Deutsche wirst.

Arthur Schnitzler

Zum sechzigsten Geburtstag

Arthur Schnitzler; ich habe ihn, in seiner Stadt, seiner Welt aufwachsend, von ferne seit erster Bewußtseinsfrühe als Dichter geliebt und liebe ihn noch mehr, seit ich an vielfacher Gelegenheit die prachtvolle, warme, gütige Fülle seiner Menschlichkeit rein bewährt sehen konnte. Ihn bloß zu rühmen an seinem festlichen Tag, wäre mir leicht. Aber es drängt mich, mehr zu tun: in jener Aufrichtigkeit von Arthur Schnitzler zu sprechen, die wir bei ihm in a l l e n menschlichen Dingen lernten, und mit dieser Aufrichtigkeit offen zu sagen, daß mein Glaube an sein Werk ein höherer ist als jener der Stunde (so laut sie sich auch gebärden mag).

Denn ich fühle in Wahrheit, in innerster, aufrichtiger Wahrheit so: Arthur Schnitzlers Werk macht jetzt, gerade um die Stunde eines festlichen Jahres, eine schwere, wohl die schwerste Krise seiner inneren und äußeren Wirkung durch. Jener Teil, jener sehr wesentliche seines Theaters, seiner Novellistik, der Sittenschilderung ist, kann heute und gerade heute einer jungen Generation nicht mehr recht erkennbar und mitfühlbar sein: sie werden, die Jüngeren, im Augenblick vielleicht gar nicht verstehen, was uns an diesen Werken so wichtig und so bezaubernd war, und ich vermag es wiederum zu verstehen, was eine eben aufsteigende Generation (und nur diese allein) ungewiß macht vor Kunstwerken, deren geistigen Reiz, deren dichterische Absicht sie zweifellos nicht verkennen kann. Irgendein Zusammenhang ist, das spüren sie, zerstört, und wir wissen selbst, wer ihn zerstört hat: die Zeit, der Krieg, jene beispiellose Verwandlung der Sphäre, die gerade Österreich am erbittertsten umgestülpt hat. Stifter war um 1866 ein ähnliches geschehen in Österreich, und Jean Paul um 1870 in Deutschland: auf einmal war eine Jugend da, dort eine liberale, hier eine hastig-tätige, die nach einem Kriege sich und ihre Probleme in so zarten, so edel kristallisierten, so seelischen Formen nicht mehr gespiegelt fand. Noch einmal mußte die Zeit sich wenden und zurückschwingen, bis wir diese Dichter wieder erkannten und erfühlten. Jenen war aber die Zeit nur allmählich weggewendet worden: die Welt Arthur Schnitzlers jedoch hat der Wirbelsturm von fünf Jahren mit einer in der Geschichte unerhörten Vehemenz zerstampft, hier ist einem Dichter das Beispiellose geschehen, daß ihm seine ganze Welt, aus der er schuf, seine ganze Kultur für lange oder immer vernichtet scheint. Die Typen, die unvergeßlichen, die er geschaffen, die man gestern, die man an seinem fünfzigsten Geburtstag noch auf der Straße, in den Theatern, in den Salons von Wien, seinem Blick fast schon nachgebildet, täglich sehen konnte, sie sind plötzlich weg aus der Wirklichkeit, sind verwandelt. Das »Süße Mädel« ist verhurt, die Anatols machen Börsengeschäfte, die Aristokraten sind geflüchtet, die Offiziere Kommis und Agenten geworden – die Leichtigkeit der Konversation ist vergröbert, die Erotik verpöbelt, die Stadt selbst proletarisiert. Manche der Probleme wiederum, die er geistig so bewegt und klug abgewandelt, haben eine andere Vehemenz bekommen, das Judenproblem vor allem und das soziale. Konflikt ohnegleichen: als Spiegel hat dieser größte Schilderer Wiens und der österreichischen Geistigkeit sein Werk vor die österreichische Welt gestellt. Da stirbt das alte Österreich über Nacht, und das neue, das in dem treugehaltenen Bilde sich hastig suchen würde, vermöchte sich nicht mehr zu erkennen. Nicht er ist seiner Welt, sondern die Wirklichkeit ihrem Dichter untreu geworden.

Ähnliche Krise der Wirkung bleibt keinem Künstler erspart. Manche haben sie zu Beginn ihres Werkes, haben sie dann, wenn die Epoche, die sie vorauserkannt haben, sich selbst noch nicht erkennt, manche wieder, wenn ihre Welt leise wegzualtern beginnt. Schnitzlers Welt aber ist – beispielloses Schicksal – ihm unter den Händen weggerissen worden, ehe sie welk, ehe sie ausgelebt war, und wir wissen es: für immer. Und sie wäre wirklich dahin, für immer dahin, wenn nicht einer – eben er, Arthur Schnitzler – sie gehalten, uns erhalten hätte, wenn diese vorbeigelebte und im Wirbel weggetragene Welt nicht in Formen und Typen, in ihrem Geist und in ihrem Gefühl, ihrer unzerstörbaren Kunstgegenwart Bildnis und überdauernde Gestaltung hätte in seinen Werken. Nur scheinbar besteht ja ein Künstler durch seine Epoche, ein Dichter durch seine zeitliche Sphäre: in Wahrheit besteht jene durch ihn allein. Nicht die Epoche dauert, und das Werk welkt hin: die Epoche altert ab, das Werk aber erneut sich als Kultur, als Kostüm, als Gegenwart ewiger Vergangenheit. Alles, was dies Wien um die Jahrhundertwende, dies Österreich bis zu seinem Einsturz war, wird einmal – denn der Name der francisco-josefinischen überspannt zu weiten Raum – nur durch Arthur Schnitzler recht erkannt, nach ihm recht benannt werden können. Die ersten Jahre unserer österreichischen Kultur haben nicht die Dichter geschildert: Haydn, Schubert, Waldmüller sprechen allein für den Jahrhundertanfang. Dann erst kommen Grillparzer, Stifter, Raimund als Bildner, als Deuter dieser Stadt, dieses Reichs. Nach ihnen wäre dann Schweigen gewesen oder nur mehr wieder Musik: hier aber steht er am Ende des Jahrhunderts, Geist vom Geiste dieser Stadt, treu ihren Traditionen, und bildet in leichten und nachdenklichen Spielen, in schwebenden und doch dauernden Gestalten das Wesen dieser merkwürdigen Kultur. Nur ein paar Jahre noch, ein Jahrzehnt vielleicht, dann dunkelt schon eine leise Patina von Geschichte auf diesen seinen Bildern und Gestalten. Was heute Gegenwart von gestern scheint, wirkt dann rein als Vergangenheit, wirkt in seinen vollendeten Teilen als Klassik und dichterische Dauer, und eine junge Generation ist da, eine zweite oder dritte, die unsere Liebe, unsere Verehrung zu diesem hinter aller Leichtigkeit so ernsten, trotz aller Grazie so tiefen Künstler aufs neue beglückt billigen und begleiten wird. Möge er ihr noch in voller Schaffenskraft begegnen!

Notizen zum Erzähler Arthur Schnitzler

Atmosphäre: In jenen Jugendjahren, die entscheidend für die Lebenseindrücke eines Dichters sind, sieht Arthur Schnitzler, der Vierzehnjährige, der Fünfzehnjährige, der Zwanzigjährige um sich in Wien eine geordnete und sinnvoll abgeteilte Welt. Jener Begriff, den man Gesellschaft nennt, hat sich im Mittelpunkt des alten Habsburger Reiches zu höchster (und letzter) Blüte entfaltet, eine kulturell geeinte, geistige Gemeinschaft mit deutlich abgegrenzten sozialen Schichten. Den obersten und unzugänglichsten dieser Kreise bildet der Hof, dann kommen Hochadel, die kleine Aristokratie, die sich an ihren Endpunkten dann wieder den nächsten unteren Schichten, dem Militär, der Beamtenschaft, der Universität, dem Bürgerstand und der jüdischen Finanzwelt anschließt. Jeder dieser Gesellschaftskreise hat seine eigenen Lebensformen, seine bestimmten Quartiere, Klubs, Restaurants und sonstigen Gemeinschaftspunkte, sie haben sogar innerhalb des österreichischen Dialekts ihren besonderen Dialekt, ihre eigene Sprache, doch sind sie im Element des Wienerischen, des Österreichischen gebunden. Nur innerhalb dieses Kreises unterscheiden sie sich (so wie die Pflanzen innerhalb ihrer Gruppe) durch besonderen Farbton: die Stiftskreuzordensdame, erzogen im Sacre-Cœur, die bürgerlich reichen Damen, erzogen im Genfer Pensionat, die Frau des Mittelstandes; der Ehrbegriff des Offiziers und jener des Kaufmanns, sie sind nicht derselbe, so wenig wie ihre Herkunft und ihr Kleid. So oft sich auch diese Welten begegnen, haben sie sich noch nicht gemischt. Ihre Repräsentanten sehen einander im Burgtheater, in der Oper, im Musikvereinssaal, bei der Praterfahrt, auf der Ringstraße, sie kennen einer den andern vom Sehen, vom Hören und aus der Zeitung, aber sie verkehren nur flüchtig miteinander und bewahren dadurch bis 1914, wo der ganze alte habsburgische Staat umgeschüttelt und durcheinandergeschüttelt wird, ihre seelische Selbständigkeit und Typenphysiognomie.

Dieses Nebeneinander und doch Gegeneinander in der Gesellschaft, diese genaue Schichtung bei ständiger Vermengung mußte den in Wien geborenen Schriftsteller auf das Lebhafteste beschäftigen; unablässig hat Schnitzler in seinem erzählenden und dramatischen Werk diese Elemente gegeneinandergestellt und ständig in seiner Retorte gemischt. Der Adelige, der Dichter, der Bürger, der Kleinbürger, die Adelige, die verheiratete Frau, das süße Mädel und die Dirne, alle diese Figuren, die jede einen Stand, eine Wiener Gesellschaftsklasse repräsentieren, sind die verschiedenen Farben aus der Palette. Ihr Gegeneinander und Zueinander, ihr Sich-Abstoßen, ihr Sich-Anziehen, ihr Sich-Vermengenwollen und doch nicht völlig Vermengen, ist das eigentliche Thema aller seiner Stücke und vieler seiner Novellen, und ihre Summe die Wiener – die österreichische Welt und Kultur. Sie ist die wahre Atmosphäre seines Werks.

Daß hinter diesem Kulturkreise noch eine andere Welt lebte und wirkte, die große anonyme Masse, hat Arthur Schnitzlers Jugendzeit kaum gespürt. Die soziale Frage war noch 1880 nicht erfunden. Wien endete für die Literatur damals vor dem Burgtheater, an der Ringstraße, allenfalls noch im Innenkreis der Vorstädte. Die Arbeiterviertel Favoriten, Ottakring, Brigittenau, sie waren zwar faktisch da, aber man bemerkte sie nicht, man betrat sie nicht. Auch im dichterischen Werk hat sie Schnitzler nie betreten, das Proletariat fehlte in seinem optischen Kosmos.

Beruf: Der Vater ist berühmter Arzt, Professor. Seinem Wunsch zufolge studiert Arthur Schnitzler Medizin; einige Jahre lang hat er tatsächlich auch Praxis ausgeübt. Nicht mit viel Neigung, aber doch mit innerem Gewinn: etwas ist ihm davon in seinem dichterischen Schaffen geblieben, der ruhige, klare, klinische Blick, der bei jeder Erregung die Ursache, bei jeder Erscheinung die Wurzel sucht, die Kunst des Beobachtens und genauen Belauschens. Dieser nur ganz ihm gehörige, diagnostisch genaue, dieser gleichzeitig gütige und doch zweifelnde Lichterblick Schnitzlers hat sich am Medizinischen geschärft. Dort hat er gelernt, jeden Fall als Einzelfall zu betrachten, jeden Organismus und jede Seele als etwas Einmaliges. Er hat Psychoanalyse betrieben als Dichter, ehe sie von seinem um wenige Jahre älteren Kollegen, Sigmund Freud, in Form und Logik erfunden war. Tiefenkunst, die eine und die andere, nur transportiert bei Schnitzler vom Theoretisch-Konkreten ins Psychisch-Individuelle. Viele seiner Novellen sind wahrhaft »Behandlungen«, ein »ärztlicher Fall«, mit derselben Liebe, mit derselben Eindringlichkeit, mit derselben klaren und klinischen Beobachtung, Kunst der Anatomie im Seelischen geübt. Und nichts vielleicht so sehr als die jahrelange medizinische Praxis hat Schnitzlers Talent, in dem vielfache Möglichkeiten an Ironie und Witzigkeit bereitlagen, davor bewahrt, jemals Oberflächenkunst und Amüsierkunst zu werden. Die Strenge der Wissenschaft legte ihm auch Strenge des Anspruchs in der dichterischen Darstellung auf.

Literarische Herkunft: Vor ihm ist im literarischen Raum Österreichs ein Vakuum. Grillparzer und Stifter sind gestorben, die beide klassische deutsche Tradition ins Österreichische übersetzten. Grillparzer das weltbildnerische Drama Schillers, Stifter in seinem ›Nachsommer‹

die große geruhsame epische Kosmik Goethes. Als repräsentativer Dichter gilt in Schnitzlers Jugendjahren Adolf Wilbrandt, aus dem Heyse-Kreis gekommen, schönbärtig und wie jener in pathetischen Flausch und Samtrock gehüllt; im Burgtheater herrscht neben seiner glatten Verskunst noch Bauernfelds gedämpfte katarrhalische Heiterkeit und vor allem [herrschen] die sogenannten Comtessenstücke, fromm und sorgfältig gesüßte Prosa und Poesie. Die amüsante, die geistreiche Form wieder lebt sich im Feuilleton der ›Neuen Freien Presse‹ mit Hanslick und G. Spitzer aus; beide Sphären eigentlich noch Heinrich Heine-Welt, nur das Süße und Bittere, nicht mehr zu anziehendem Widerspruch gemengt, sondern sorgfältig abgeteilt.

An diese Vorfahren schließt sich Schnitzler nicht an. Ein Element in ihm widerstrebt der kritischen Witzigkeit, eine Neigung zu Ironie und Selbstbeobachtung dem Pathetischen der Burgtheatertheatralik. Es scheint, daß er in jungem Alter statt dieser Dichter und Journalisten Goethe gelesen hat, denn wenn von einem, so ist seine Prosa von der Goethischen bestimmt und gefärbt, mit ihrer ruhigen, oftmals weitmaschigen Gelassenheit und ihrer klaren taghellen Sprache. Dann kommt der Einfluß der Franzosen, Maupassant vor allem und seine stofflichklare, saubere, runde Novelle, der wie mit einem Messer aus dem Leben herausgeschnittene Einzelfall. Maupassant hat vielleicht am stärksten auf seine prosaischen Anfänge gewirkt, so wie Ibsen auf seine dramatischen Gestalten. Das Wesentliche aber bringt und schafft seine eigene Entwicklung.

Thematik: Schnitzler ist als Erzähler kein Synthetiker, kein zusammenfassender Schöpfer, er rollt nicht wie Zola, wie Balzac weite Panoramen auf, er ruft keine Massen heran, er enthüllt keine weiten bewegten Flächen. Schnitzler ist von Anfang an Analytiker, ihn fesselt immer der einzelne Mensch: seine Dimension ist nicht die Breite, sondern die Tiefe. So beginnt er ganz selbstverständlich mit kleinstem Format, mit der Skizze. Er arbeitet sich gleichsam erst ein, er schult sich erst die Hand. Die ersten Novellen ›Abschied‹, ›Die Frau des Weisen‹, ›Ehrentag‹ sind geschriebene Einakter mehr als wirkliche Novellen, mehr Situationen als seelische Entwicklungen; rund jede einzelne, aber eng, ausgezeichnet erzählt, aber ihnen fehlt beim Dichter das wahrhafte Selbsterschüttertsein, beim Leser das Erschüttertwerden. Einzelne sind eines Maupassant würdig und würden einen Tschechow nicht beschämen. Sie würden aus dem Wienerischen ins Französische oder Russische übertragen und hinübergepflanzt, ganz organisch wirken, weil sie alltägliche Situationen sind, der junge Mann, die junge Frau, der Ehemann, Dreieckfiguren in eigenartigsten und lebhaften Variationen. Aber obwohl Meisternovellen, tragen sie noch eigentlich nicht seine eigene Unterschrift. Erst nach 1900, nach seinem vierzigsten Jahr, wird Schnitzler der große Erzähler.

Vertiefung: Um zu erschüttern muß Schnitzler erst selbst erschüttert sein. Sein Leben war anfangs vielleicht zu leicht gewesen, zu eben, zu bequem: Sohn aus guter Familie, im Bürgerlichen aufgewachsen, in der Gesellschaft um seines schönen Bartes, seiner ersten Erfolge willen gern gesehen, wird er vom Wirklichen kaum angefaßt: die Frau ist im Anfang das einzige Problem. Um weiter zu gelangen, mußte er erst Widerstand spüren, er brauchte andere Dinge und Erkenntnisse, um sich mit ihnen auseinandersetzen zu können, als die bloß erotisch gesellschaftlichen, die seine erste Sphäre ausmachten. Er mußte näher, viel näher heran ans wahrhaft Wesenhafte, tiefer hinein in die Zeit. Die kam ihm bald entgegen. Das erste Zeiterlebnis, das den jungen Schnitzler (und noch spät den alten Mann) bis tief unter die Haut berührte, war der Antisemitismus. Er wurde erst in den Achtzigerjahren, in den Neunzigerjahren in Wien erfunden, zum ersten Mal wurde damals der Versuch gemacht, das jüdisch-geistige Bürgertum, das völlig heimisch in der Wiener Kultur wohnte, und sich in ihr tätig und schöpferisch wohl fühlte, mit plötzlicher Gewalt herauszudrängen, zu isolieren, zu entwurzeln. Leidenschaftlich das Österreichische liebend, Wien und seiner besonderen Art unlösbar verbunden, sollte er, der in der ›Liebelei‹, in seinem ›Anatol‹ und seinen Novellen diese Stadt und ihre Art für die ganze Welt so wahr und wirklich gemacht, plötzlich als Fremder, als Minderwertiger gelten. Es war wie ein schmerzhaftes Erwachen, ein zorniges und qualvolles Sichbesinnen; damals begann er über sich nachzudenken, hinabzutasten zu den eigentlichen Quellen seines Wesens, und die Tiefe zu finden, die für ihn als Künstler so unendlich fruchtbar war. Neben seinem Drama ›Professor Bernhardi‹ ist dieser Roman ›Der Weg ins Freie‹ Schnitzlers große Auseinandersetzung mit sich selbst, mit seiner Welt und mit der ganzen Zeit. Das Fragmentarische, das Einzelne wird hier zum Ganzen gerundet. Alle die funkelnden Elemente seines Wesens sind darin, der Witz, der Stolz, die verwegene Ironie, die florettblitzende Dialektik, aber auch der große weite Blick, die Überschau. Erst jetzt beginnt Schnitzler die Dinge, die Menschen, die Geschehnisse gleichsam nicht mehr vom gleichen Niveau zu betrachten, sondern von oben her aus einer geistig großen Überschau. Immer weitere Horizonte umfaßt er, in immer tiefere Dunkelheiten dringt er hinab. Von der Jahrhundertwende an wird Schnitzlers Welt merkbar wichtiger, wesentlicher und im psychologischen Sinn noch wahrer, als sie vordem gewesen.

Auch das zweite Erlebnis war ein persönliches: die

Angst vor dem Abschiednehmen, die Angst vor dem Altern. Schnitzler, in seiner Jugend eher leichtlebig, gern zu Spaß und Übermut geneigt, melancholisch nur aus Koketterie, ist merkwürdig früh tragisch, ernst geworden. Ich erinnere mich, als ich ihn, der Jüngere, sah. Mit vierzig Jahren wirkte er schon wie ein Weiser, wie ein ganz in sich ruhender und nicht mehr zu erschütternder Mann. Da er in keinem Sinn gläubig war, weder im Religiösen noch als Idealist, da er nicht an die Menschheit glaubte, weil er zu scharf in den einzelnen Menschen sah, sondern bei all seiner menschlichen tätigen Güte tief innerlich eine skeptische Natur war, hing er dem Wirklichen als dem einzig Erfaßbaren an, und der Gedanke, daß diese Welt zwar sinnlich zu fassen, aber nicht zu halten war, daß alles verginge und man selbst zuerst, daß, wie er es einmal sagte, alle Menschen als Sterbende herumgehen, machte ihn nachdenklich. Immer versucht er die schöne Kunst des Resignierens zu erlernen, den Abschied vom Eros, dem Gotte der Jugend, indem er sich selbst zum Vorbild Gestalten schafft. Buch um Buch schreibt er, um sich in diesen Gestalten selbst zu trösten und zu belehren über dieses Geheimnis des Vergehens und der Vergänglichkeit. ›Casanovas Heimfahrt‹, ›Doktor Gräsler, Badearzt‹, ›Frau Beate und ihr Sohn‹. Sie und unzählige andere Gestalten, sie leiden an dem nicht zu beschwichtigenden Gefühl, daß sie einen »Einsamen Weg« gehen, daß niemand sie begleitet und sie ganz nur aus eigener Kraft diese letzte Strecke in Altern mit schon müden Augen werden tasten müssen. Und diese tragische Einstellung, diese Ratlosigkeit vor dem Leben gibt allen späten Gestalten und Figuren Schnitzlers einen erschütternden Seelenton. Etwas Urmenschliches bricht durch die bisher sorgsam umhütete Welt seiner früheren Werke, und man wird seinen Gestalten auf geheimnisvolle liebende Weise nah. Eine milde Weisheit dunkelt ihre Worte ab, eine andere, eine frühherbstliche Schönheit umleuchtet den frühen, krassen und gewaltsamen Untergang dieser Herzen. Je dunkeltöniger Schnitzlers Stimme in diesen späteren Novellen wird, um so mehr hört man seine Güte heraus: je tragischer sie im Vortrag werden, um so bedeutsamer werden sie im dichterischen Sinn.

Das dritte Erlebnis, das Schnitzler betraf, war so tief, daß er nicht wagte mehr, es zu gestalten. Denn im Krieg ging die Welt unter, die er schildert und gelebt, das alte habsburgische Österreich, und in diesem Chaos zerschellte auch sein persönliches häusliches Glück. Er erlebte, was er ahnend in manchem Werk vorausgestaltet, an seiner Frau und an seiner Tochter. Über dieses letzte Erlebnis hat er (außer in seinen Tagebüchern) nicht geschrieben: Allerpersönlichstes konnte dieser zarte Mann nie aussprechen, nicht einmal andeuten. Lieber blieb er stumm, als hart zu werden. So hat er die neue Welt des Nachkriegs nicht mehr zu erfassen gesucht, sie war ihm zu fremd. Aber neuerdings hat ihn diese Erschütterung näher heran an sich selbst geführt, durch diesen Einsturz seiner menschlichen Welt gelangte der Künstler erst in seine letzte Tiefe. Seine nach dem Kriege geschriebenen Novellen ›Fräulein Else‹, ›Die Traumnovelle‹ und ›Flucht in die Finsternis‹ wissen mehr von den Menschen als alle früheren, weil er selbst von den Menschen das Letzte und Entscheidende erfahren, und der schwere Schatten des Todes, der über ihrem Grund sichtbar lastet, macht sie tragisch in einem ganz großen und gewaltigen Sinn. Auch technisch sind sie seine Meisterwerke. Das ›Fräulein Else‹ mit dem atmenden unruhigen Takt eines gejagten Herzens, die ›Traumnovelle‹, mit ihrem deutsamen tiefsinnigen Spiel zwischen Wahrheit und Wahn. Gerade auf der letzten Höhe seines Alters erreicht Schnitzler die letzte Höhe seiner Kunst. Die Angst vor dem Schicksal hat ihn tiefgründig und weitblickend, das erfüllte Schicksal ganz weise und reif gemacht.

Symbole: Wenn man an Schnitzlers Bücher denkt, erinnert man sich nicht zuerst der Figuren, nicht auch der einzelnen Gestalten, sondern an eine Atmosphäre. Schnitzler hat nicht so sehr Gestalten geschaffen als Seelen. Die innere Welt seiner Menschen ist einprägsamer als ihr äußerer Habitus. Ihre psychischen Erschütterungen bleiben deutlicher dem Gedächtnis bewahrt als die äußeren faktischen Geschehnisse. Das kommt daher, weil der reifere, der skeptisch gewordene Schnitzler das Wirkliche nicht mehr ganz wirklich nahm, sondern immer hinter allem die Mächte spürte, die unfaßbaren. Er hatte die Gefühle, die Gesten, die Worte, alle die sinnlich wahrnehmbaren Zeichen der psychischen Vorgänge so genau analysiert, daß er wußte, keines ist restlos wahr, und wie hinter jedem Blatt einer Blume ein anderes Blatt, so liegt noch hinter jeder Wahrhaftigkeit eines Menschen eine andere Wahrhaftigkeit, so daß einer immer den andern und sich betrügt, ohne es zu wissen und zu wollen. Als Mensch glaubte er nicht an die Sichtbarmachung des Letzten in einem Menschen, als Künstler suchte er gerade das möglich zu machen, was er für unmöglich hielt. Irgendwie galt ihm diese Welt als Scheinwelt, als ein ganz merkwürdiges licht und dunkel durchflochtenes Gespinnst, das man nicht ganz auflösen konnte, ein sonderbarer Knäuel, den man – wozu? – hinrollte und herrollte, und dabei glaubt er, in diesem sinnlosen Spiel glücklich zu sein. Nie hatte er, nie eine seiner Gestalten den rechten Mut zum vollen und freien Jasagen: dazu ist er selbst und [sind] seine Gestalten zu ehrlich, zu klug, sie haben jeder seine Skepsis im Blut. Alle sind sie im letzten Sinn Symbole eines vergeblichen Bemühens: die Frau weiß, daß ihre Schönheit vergeht, der Künstler glaubt nicht an sein

Werk, der Soldat verzweifelt am Ausgang der Schlacht; alle die Begriffe, die sonst farbig und fest von Hand zu Hand gehen, Ehre, Glück, Liebe, Gott und Welt, fallen seinen Menschen, weil sie sie zu nervös hin und her wenden, welk aus den Händen, alle quält sie der Wahn, daß sie am Ende nur Puppenspieler seien, Marionetten von irgendeiner fremden Hand gezogen, welche sie am Ende grob anpackt und krachend in den Kasten wirft. Nie kommen seine Gestalten zu einem Bekenntnis, zu einer ungebrochenen Lust. Immer halten sie die Mitte, niemals ganz gläubig, nie ganz gut und nie ganz schlecht. Nie schreibt darum auch ihr Meister (wie man ihn so oft bat) ein rechtes, reines lustiges Lustspiel, nie ein volles, ganz tragisches Trauerspiel, denn er weiß, daß alles gemengt ist und unendlich vielfacher und vieldeutiger, als daß man es in Formeln fassen könnte. Man kann es nicht wissen, was das Leben ist, das ist die Melancholie seiner Menschen, und an diesen Seufzer drängt sich der zweite: selbst wenn man es wüßte, es hilft doch nichts gegen das Altern und den Tod. So trägt jeder Schnitzler-Mensch schon ein Stück Vergängnis in sich, etwas vom Herbst ist in allen seinen Gestalten, die kühle, klare, durchsichtige Luft der Vorherbsttage ist seine edelste Sphäre, wo alles noch leuchtet und im Goldlaub steht: sie aber, seine Menschen, fühlen es schon voraus, daß gerade in der Schönheit ein Abschied ist und in allem Abschiednehmen wieder eine Schönheit. Diese Art Menschen hat Schnitzler gestaltet, unverkennbar jeder Einzelne, trotz ihrer Verschiedenheit alle Brüder und Schwestern, in seinen Novellen tief menschlich und liebenswert, gerade weil sie sich selbst nicht genug lieben.

Abschied: Er hat es geliebt Menschen zu erfinden, scheinbar ihm unähnlich und ihm doch im Herzen verwandt. Er hat es geliebt, ihnen Schicksale zu erfinden, die er selbst befürchtete (und dann wirklich erfuhr). Er hat ihnen das Beste mitgegeben, was er in seiner Seele hatte: die unbeugsame Ehrlichkeit gegen sich selbst, die Nachsicht zu den Andern, das große gegenseitige Begreifen. Jung oder Alt, Frauen oder Männer, alle haben sie das merkwürdig verhangene und manchmal scharf aufblitzende Licht, das in seinen eigenen blauen wissenden Augen war. Alle haben sie seine eigene unruhige, gleichzeitig neugierige und skeptische Seele und in jedem von ihnen und scheinbar im Fremdesten, ist seines Wesens ein Teil. So ist er nicht ganz fort, indem er uns verloren ist: und alle jene, die nicht das Glück hatten ihn zu kennen, werden sich noch in Zeiten und Zeiten sein Wesen wieder aus den Menschen zusammenfügen, in denen er seine wunderbare Einheit verteidigt und vereinzelt hat.

Geburtstagsbrief an Hermann Bahr

Zum sechzigsten Geburtstag 19. Juli 1923

Der heutige Tag wird Ihnen, lieber verehrter Hermann Bahr, so viel an dankbarer und erinnernder Botschaft ins Haus bringen, daß es unbescheiden wäre, Ihnen mehr als einen einzigen Wunsch inmitten dieses Schwalls von Glückwünschen zu senden. Und da ich nun alle Herzlichkeit in einen Wunsch zusammenfassen muß, so sei es der, daß Ihnen gerade jenes erhalten bleiben möge, was ich als Ihr Wesentlichstes, Ihr Persönlichstes, Ihr Eigentümlichstes, als das wahrhaft Hermann Bahrische empfinde. Ich meine damit jene wunderbare Eigenschaft, die ich nie bei einem andern Menschen ähnlich stark und schöpferisch tätig gekannt habe und für die es eigentlich keinen rechten Namen gibt, ich meine dies ewige Allen-Dingen-Offen-Sein, diese unbändige Neugier auf alles Neue, diese helle, freudige Bereitschaft der ganzen Welt und jeder ihrer einzelnen Formen gegenüber. Leben ist für Sie von je absolut identisch mit Erleben gewesen, und der Gedanke, etwas könnte in die Welt getreten sein, ohne daß Sie davon gewußt, ohne daß Sie es verstanden und gewertet hätten, der Gedanke, es könnte noch irgendwo ein Buch, eine Stadt, einen Menschen, ein Bild, eine Musik, eine neue Form des Geistigen und Seelischen geben, von der Sie nichts wissen, der macht Sie noch heute ebenso schön unruhig und ungeduldig wie anno Griensteidl, und genau wie vor vierzig Jahren werden Sie nicht warten, bis irgendein Zufall Ihnen die Begegnung herbeischwemmt, sondern werden mit Ihrer ganzen restlosen Energie des Geistes diesem Neuen entgegengehen.

Und dieses Entgegengehen zu allen neuen Dingen, dieses Entgegenlaufen selbst, um sie ja nur noch am Wege zu treffen, solange sie noch frisch und lebendig und noch nicht ausgekühlt sind, solange sie noch die Schwungkraft des Anfangs haben, diese ewige Vitalität Ihrer Ungeduld scheint mir Ihr Wesentliches, scheint mir das, was Sie so wohltätig von den meisten Menschen unterscheidet, die doch immer nur behaglich-faulenzerisch abwarten, bis die Dinge (müde schon und hergezerrt von fremden Worten) ihnen handlich zugebracht werden. Schopenhauer erzählt einmal von jenem Reisenden, der, gefragt, was er bei den verschiedenen Völkern am meisten Gemeinsames gefunden habe, darauf antwortet: die Faulheit. Und wirklich, wie wenige sind es eigentlich, die sich nicht alles Neue schon als Begriff verarbeitet vorlegen, alles Geistige vorkäuen lassen, sondern die aus sich heraus, aus ihrer eigenen Ungeduld im Lebendigen suchen, wie wenige selbst unter den sogenannten Intellektuellen, den Schriftstellern und Kritikern! Auch die Besten unter ihnen sind noch Stillsitzer, die am Tische warten, was ihnen die Stunde gefällig zu Mahlzeit und geistiger Verdauung servieren wird: Sie aber, Hermann Bahr, waren immer auch selbst Jäger, semper novarum rerum cupidus, immer spürend, horchend, immer nervös erregt von der Witterung des Neuen, immer von dem fast sportlichen Ehrgeiz beseelt, als der erste zum Abschuß zu kommen. Doch dieses Neue muß ja bei Ihnen nicht immer gerade die jüngste Laune des Büchermarktes sein, sondern es ist ebenso das »alte Wahre«, das sich ewig dem Lebendigen als neu erweist: nur wer Sie näher kennt, weiß, wie unablässig Sie Ihren Goethe, Ihren Euripides und Plato und Homer und Balzac und Calderón, wie Sie das ganze unterirdische Schatzreich der Kunst immer wieder aufgraben, um das einst Erlebte noch einmal neu oder in einem neuen Sinne zu erleben.

Ich kenne eigentlich nichts, demgegenüber Sie sich passiv oder gleichgültig verhalten könnten. Politik (oder eher Antipolitik) kann Sie ebenso passionieren wie Verse oder Soziologie oder Philosophie oder Sport, alles Geistige vermag Sie in gleicher Stärke für eine gewisse Zeit zu irritieren und Ihre Gedanken in Umlauf zu bringen, weil ja alles ein Teil jenes unendlichen Lebens ist, das Sie so unaufhörlich anreizt und das Sie (trotz allen skeptischen und eremitischen Anwandlungen) so ganz unbändig lieben. Ich habe Sie schon verärgert, »wütend« (Ihr Lieblingswort) und mißgelaunt gesehen, nie aber, nicht ein einziges Mal bei allen Begegnungen jemals müde oder indifferent angetroffen, und das finde ich so prachtvoll an Ihnen, daß Ihnen dieser laue Mittelzustand der Gleichgültigkeit so absolut von der Natur versagt ist. Nichts, glaube ich, wird, solange Sie atmen können, Sie je dazu bringen, sich in irgendeiner Sache des Daseins unparteiisch zu verhalten, als bloß phlegmatischer Zuschauer. Leben ist für Sie vollkommen identisch mit Anteilnehmen. Also nehmen Sie teil, noch lange teil, und daß Ihnen diese Passioniertheit, diese Leidenschaftlichkeit, dieses Interesse an jeder Szene des großen Welttheaters in unverminderter Kraft erhalten bleibe, dies ist darum mein einziger, mein zusammengedrängter Geburtstagswunsch.

Freilich: die Feen im Märchen und die Götter in den Sagen geben ihre Geschenke immer nur im Casus conditionalis, sie heften immer eine Bedingung an ihre Gabe. So ward auch Ihnen diese Passioniertheit des Miterlebens, diese unzerbrochene und unzerbrechliche Freude an allem Neuen mit einer Einschränkung verliehen, über die Sie vielleicht oft geklagt, wir aber nicht zu klagen haben. Jenes starke Erleben der Dinge, das Ihnen so einzig zugeteilt ist, wird Ihnen immer erst möglich, wenn Sie dies Erleben in Wort oder Schrift mitteilen können:

Ihr Genuß beginnt eigentlich erst, wenn Sie ihn übertragen, Ihr Verstehen, wenn Sie verständlich machen können, die Erschütterung, die Entzückung erst, wenn Sie sie von sich weiterleiten können. Sie sind, wie Goethe einmal sagt, eine durchaus kommunikative Natur: wenn Sie irgendeine neue Luft in sich aufgenommen haben, müssen Sie sie im Wort gleich ausatmen, um nicht vom Eindruck erdrückt zu sein, ja Sie werden sich Ihres Gefühles erst deutlich dadurch gewiß, daß Sie es sofort mitteilen, und diesem fast zwanghaften Mitteilungsbedürfnis verdanken wir die Rastlosigkeit Ihrer Tätigkeit. Ihr Goethe sagt einmal:

»Im Atemholen sind zweierlei Gnaden:
Die Luft einziehn, sich ihrer entladen.«

Und so ist auch bei Ihnen jeder Kunstgenuß erst in der Wechselwirkung vollendet, der Selbstgenuß nur sein halber Teil, die eine Gnade, und die ganze erst in der Überleitung, im Weitersagen, im Reproduzieren. Sie können nur durch Arbeit, durch Tätigkeit, durch Wirksamkeit genießen, und dieser zwanghaften Freiwilligkeit entspringt die mir so wohltuende Freudigkeit in Ihrem Wesen, das prachtvoll Vitale in Ihrem Tun. Neun Zehntel aller kritischen Schriftsteller hört man immer über ihre Arbeit als über eine Nötigung klagen. Die meisten fassen es als Beruf, als äußeren materiellen Zwang auf, daß sie sich für Geld unablässig öffentlich mit Problemen auseinandersetzen müssen. Bei Ihnen kommt der Zwang nur von innen, das Müssen von einem persönlichen Diktat, darum hat Ihre Schreiblust eine solche Unverbrauchtheit, darum sind Sie nach vierzig Jahren Literatur so gar nicht degoutiert davon. Ihnen ist es Freude, ja sogar Lebensbedürfnis, über alle Dinge Rechenschaft zu geben, und Sie möchten es gar nicht privatim tun, weil Sie sich damit ein gut Teil von Ihrem eigenen Wesen, von Ihrer eigenen Freudigkeit abtöten würden. Sie brauchen den Zuhörer, den Zuschauer, aber nicht in dem gewöhnlichen Sinn, daß er Sie bestätige und Ihnen akklamiere, im Gegenteil, Ihre geheimste Lust ist es ja, ihn gleichzeitig ein wenig zu frotzeln, zu düpieren, zu ärgern, ihn herauszufordern, denn Sie lieben den Widerspruch als den Vater des Gespräches, und da es Ihnen ein Lustgefühl ist (wie Sie in Ihrem Selbstbekenntnis erklären), sich zu exaltieren, so wäre Ihnen ein Publikum unerträglich, das nur immer still und freudig Ja sagte zu einer Ekstase: denn das wäre gemächliches Genügen, und Sie wollen den Menschen immer nur angereizt von den Dingen, so wie Sie selbst, Sie wollen ihn lebendig und mit der ganzen Aufgeregtheit seiner inneren Kräfte. Ihnen ist es unerträglich, würdig und unumstößlich, also apodiktisch genommen zu werden: weil Sie ganz persönlich fühlen, wollen Sie, daß der andere auch persönlich und nicht Hermann-Bahrisch fühle, und ich glaube, man könnte Ihnen nichts Unlieberes tun, als Sie zu Ihrem sechzigsten Geburtstag mit seriöser Umständlichkeit zu betrachten und einzig auf Ihre Vergangenheit und nicht auf Ihre ewige Lebendigkeit hinzuweisen. So müssen gerade diejenigen, die Ihnen eine rechte Freude machen wollen, darauf verzichten, feierliche Worte zu machen: nur das wollen Sie mir erlauben, zu gestehen, daß Sie einer der ganz seltenen Sechzigjährigen sind, denen man ehrlich und aus innerster Wahrheit sagen darf, daß seine letzten Bücher die wertvollsten sind. Nie haben Sie für mein Empfinden Bedeutenderes geschrieben als die Essays der ›Summula‹ und der ›Sendung des Künstlers‹, nie war Ihre künstlerische Kraft mit ihrer glücklichen Mischung von jugendlichem Elan und Weltweite des Wissens schöner gebunden als in diesen prachtvollen Aufsätzen der letzten drei Jahre. Damit habe ich Ihnen noch für ein Besonderes zu danken, zu tausend guten Stunden, Anregungen und Eindrücken, die ich Ihnen schulde, nämlich, daß Sie das Glückwünschen so leicht machten, indem Sie es uns erspart haben, festlich unaufrichtig zu werden und den Hermann Bahr von heute mit den Leistungen einer verschollenen Jugend zu rühmen; der von heute ist mir der liebste. So brauche ich Ihnen nur zu wünschen, daß Sie der bleiben, der Sie sind: das ist leicht für Sie und wertvoll für uns alle, wenn Sie es erfüllen und uns noch Jahr um Jahr mit Ihrer lebendigen und verlebendigenden Gegenwart bereichern.

Abschied von Hermann Bahr

> »Sein ganzes Leben, wo immer wir es aufschlagen, bestand im Grunde nur darin, daß er fortwährend den andern, Freunden und Feinden, wie sich selber sogleich wieder abhanden kam; er hat zu sich selbst nur durch einen unablässigen Selbstverlust gefunden.«
>
> H. B. über Goethe

Ein riesiges Stück Leben hat der Tod an sich gerissen. Bereits seit Jahren umschlich der dunkle Holzfäller diesen mächtig ragenden Stamm und führte Hieb auf Hieb; das perlgraue, helle, im Spaß so scharf auffunkelnde, das unvergleichlich wache Auge stumpfte ab, das Ohr, das neugierig jahrzehntelang in die Welt gehorcht, wurde dumpf, die Rede fiel ihm schwer; schließlich führte der Feind noch den schmerzlichsten Schlag gegen das Gedächtnis; wo, herrlich gehäuft, in einer nicht zu vergleichenden Fülle aufgespeichert, die Erlebnisse und Erfahrungen unzähliger Jahre lagen, eine Schatzkammer, aus der wir alle geschöpft. Schon vor einem Jahre war dies erschütternd für jene, die ihn in seiner strahlenden Kraft gesehen und geliebt, das graue Haar umstürmt, auf der Höhe des Untersberges, die Brust nackt, sonnverbrannt und frei dem Lichte hingegeben, die Lungen gespannt, Leben einzuatmen und auszuatmen für uns, die wir ihn noch kannten in jüngeren Jahren, bebend von geistiger Rauflust und dann wieder grauhaarig, ernst und meisterlich versenkt in seine Arbeit, immer aber lebensfreudig und lebensmächtig, die vitalste aller Naturen, eine immer wieder erneute Fülle sich verschwendender Kraft.

Darum war diesem Lebensmenschen nichts fürchterlicher als der Gedanke an Kranksein, Müdesein oder Tod.

Als vor mehr als fünfundzwanzig Jahren einmal das Herz rebellierte, weil er ihm zu viel zugemutet, schrak er maßlos zusammen, von einer panischen Angst gefaßt. Mit einem Ruck warf er sein Leben herum, ließ allen journalistischen Dienst und zog sich nach Salzburg zurück, sich zu finden, sich zu retten. Der Gedanke: Sterben war diesem Lebensfanatiker einfach unverständlich, und er setzte von diesem Augenblick an seine ganze ungeheure Willenskraft ein, um sich an ihn geistig zu gewöhnen. Er kehrte zurück in die Kirche, die er als junger Mensch verlassen hatte, er unterwarf sich in strenger Selbstzucht allen ihren Geboten und Riten, bis zum Tode blieb er, der sonst ungeduldig von einer Erkenntnis zur andern gewandert war, dem katholischen Glauben treu, der ihm das Schwerste leichter gemacht und ihn mit dieser letzten, unvermeidlichen Notwendigkeit ausgesöhnt. Allmählich verlor sich das Fürchterliche des ersten Entsetzens, aber ständig beschäftigte ihn dieser ihm nie völlig faßbare Gedanke des Fortseinmüssens, und fast auf jedem Spaziergang führte er einen an dem kleinen Gottesacker bei der kleinen Kirche vorüber, wo er sein Grab gerüstet wußte, neben dem seines Großvaters. Und jedesmal sah er darauf hin mit dem gleichen, sich kraftvoll zur Fassung zwingenden Blick.

Es blieb für ihn eine Anstrengung, an den Tod zu denken, denn keiner von allen Menschen, die ich kannte, hat die Gegenwart so sehr geliebt wie er. Mit wirklicher Lust trank er die Luft seiner Zeit in sich ein, sie ward feurig in seinem Innern, sie berauschte ihn und steigerte sein Daseinsgefühl immer wieder neu empor; darum spannte eine so unermeßliche Gier, eine so unersättliche Neu-Gier seine Seele, vor allem zu wissen, was innerhalb der wirklichen und geistigen Welt geschah, und manchmal wurde es geradezu eine Angst, er könne zurückbleiben, etwas nicht erfahren, etwas nicht mehr verstehen, irgendeinem Menschen, einem Gedanken, einer These, irgendeiner Emanation des Geistes fremd sein. Denn Gleichgültigkeit oder Passivität gegenüber einer Erscheinung der Zeit war seiner Natur temperamentmäßig unmöglich. Bei jedem Anlaß mußte er dafür sein oder dagegen, er brauchte das Neue einfach organisch, um sein Denken im ständigen Umlauf zu erhalten. Alles konnte ihn stimulieren, das Gute und das Schlechte, er benötigte immer Anlässe, an denen er sich ärgern könnte, und andere, um sich daran hochzuschwingen, unablässig mußte er, um seine unvergleichliche Spannkraft stark zu erhalten, fremden Denkstoff, Lebensstoff in sich hineinschütten wie Kohlen in einen Kessel; aber in diesem Kessel setzte sich die Hitze sofort um in motorische Kraft und trieb ihrerseits die Zeit vorwärts. Nichts ist darum irriger als die ziemlich umgängige Auffassung, Bahr sei ein großer Kritiker gewesen, sofern man sich unter dem Kritiker (einem Typus, den es in der Vollendung gar nicht gibt) einen Mann vorstellt, der weiß oder vielmehr zu wissen vorgibt, was in der Kunst oder im Leben das Richtige sei. Für Bahr gab es kein absolut Richtiges in der Kunst, und jede apodiktische Behauptung schien ihm Frevel an dem Gotte Proteus, dem Herrn der ewigen Verwandlung: er suchte nur das Neue, das Stimulierende, und wo er es fand, da warf er noch den Überschuß seiner eigenen Kraft dazu. Er kannte keinen starren Standpunkt, weil er selbst ständig in Bewegung war. Er liebte die Anregungen, die ihn vorwärtstrieben, und riß sie in der eigenen Strömung über sich selber hinaus; Bewegung zu erleben und Bewegung zu schaffen, war seine tiefste, dauerndste Lebenslust und die unterste, äußerste Quelle seiner schöpferischen Kraft. Nach keiner Richtung verschlossen, jedem Geschehnis aufgetan, nahm er von allen Seiten und gab er nach allen Seiten, bestärkend und anfeuernd, wo immer er Stärke oder Feuer zu sehen vermeinte, und mit Recht konnte er über seine frühen Studien zur ›Kritik der Moderne‹ die Verse des jungen Hofmannsthal setzen:

»Von meiner Tür ist keiner noch gegangen,
Der nicht Verständnis wenigstens empfangen ...«

Das war an Hermann Bahr das Wunderbare und machte ihn aller Liebe wert: daß er eine spendende, eine sich verschwendende Natur war, immer bereit und sogar beglückt, sich herzugeben, zu helfen, zu steigern, andere zu bereichern, und von dieser seiner eigensten Eigenschaft kam sein Reichtum und seine Künstlerkraft. Enthusiasmus und Ja-Sagen war ihm ein Bedürfnis, eine seelische Notwendigkeit: Wo er selbst beglückt war, vermochte er nicht stumm und egoistisch sich zu verschließen. Sofort mußte er seine Begeisterung allen sagen oder sogar zuschreien, es war ein unabweisbarer Trieb, ein wahrer Zwang, die ganze Welt in den Rhythmus seines Temperaments zu bringen, sich selbst zu überzeugen, indem er die anderen überzeugte, für sich Gewißheit zu schaffen, indem er die anderen vergewisserte, und so die Menschen intensiver, lebendiger, geistig unruhiger zu machen als sie in Wirklichkeit waren, um sie ertragen zu können; überall als Sauerstoff zu wirken, dazu war das Element Hermann Bahr geschaffen, als ein Tonikum, das die Pulse heftiger schlagen läßt und die Gedanken hitziger kreisen, eine expansive Natur also ohnegleichen, die erst an der Weiterwirkung ins Lebendige das eigene Leben wollüstig fühlte. Wenn Goethe sagt: »Im Atemholen sind zwei Gnaden, die Luft einzuziehen, sich ihrer zu entladen«, so war bei ihm jeder Kunstgenuß erst in dieser doppelten Wirkung vollendet. Der eigene Genuß war für Bahr nur der eine Teil, die eine Gnade, und die ganze erst in der Entladung erfüllt, im Übermitteln, im Erklären, im Reproduzieren; Schreiben bedeutete deshalb für ihn niemals eine Mühsal, ein für Geld oder aus Ehrgeiz ausgeübtes Handwerk, sondern ein inneres Müssen, ein Entlastungsbedürfnis für den Überschuß an Vitalität, der kochend und pulsend ihm bis in die Fingerspitzen drang und nicht entlastet war, ehe sich nicht der Gedanke in Wort und Schrift geformt. Er schuf leicht, es war vielleicht sogar kein richtiges Ringen und Schaffen, es war eine Art Atmen im Wort, eine fortgesetzte Konversation, die manchmal die Schrift wählte, um mehr Menschen zu erreichen – eine Art ständigen Abreagierens der Eindrücke, die sich seiner bemächtigten. Unter den siebzig oder achtzig Büchern, die er hinterlassen, sind manche für unsere Zeit schon ausgekühlt, aber kein einziges, das nicht sichtbar solche innere Entlastung bekundete. Leben hatte sie gezeugt, Lebendigkeit gab ein jedes weiter, er war nur die Stromschnelle, die dem Ablauf die leidenschaftliche Geschwindigkeit gab. An seelischer Aufnahmekraft und seelischer Hingabekraft, an rein quantitativer Tauschwirkung eines Einzelnen mit seiner Zeit, seiner Generation, seiner Welt, war in Europa kaum einer Hermann Bahr vergleichbar: dieses Herz, dieses Hirn war wahrhaft von allen Schwingungen unseres Jahrhunderts durchströmt.

Wem solche Fülle zu eigen war, der mußte nicht mit sich sparen, der konnte großmütig, großherzig, konnte verschwenderisch mit sich sein. Als einer jener seltenen Menschen, die mehr Lebens- und Erlebniskraft besitzen, als sie für sich allein zu verbrauchen imstande sind, konnte er auch spielen mit seiner Kraft, statt sie immer nur krampfig und gewaltsam für sein Werk sparen zu müssen. Ein Überschuß von Laune und Leichtigkeit blieb bei Bahr immer noch frei. Er sprühte über in sein Gespräch und vor allem in jene amüsanten Lustspiele, die er mit seiner winzigen fliegenden Schrift zu seiner eigenen Erheiterung in einigen Tagen auf das Papier flitzte und die noch bis zur heutigen Stunde dank ihrer ungezwungenen, aus einem wahrhaften und weisen Welthumor stammenden Laune die deutsche Bühne beherrschen. Welche Frische in ihrem Dialog, welche Anmut auch in den kleinsten zufälligsten Aufsätzen, die er nach dem Theater in einem lärmenden »Redaktionszimmer« hastig hinschrieb, welche Plastik und welche Zeitkenntnis in seinen Romanen, welche Sprachgewalt in seinen ernsten tiefgründigen Studien, von denen jene über Goethe, Dostojewski, Pascal und die Kirchenheiligen unwiderleglich erweisen, daß dieses Weltkind auch aller Weisheit und allem Wissen mit brennender Denkleidenschaft verbunden war, und daß niemand die Tiefe seines Wesens ermessen konnte, der ihn bloß beurteilte nach dem glitzernden und schaumigen Oberflächenspiel seiner Komödien und seiner Journalistik. Hinter seinen Paradoxien verbarg sich ein großer Ernst, ein fanatisches Mit-sich-selbst-zu-Gericht-Gehen, unter seiner äußeren Wandelbarkeit eine starke Beständigkeit und daß er immer in entscheidender Stunde der Verläßlichste der Freunde war, kann nur bezeugen, wer ihm wahrhaft nahestand, und nur wenige ließ er, der sich scheinbar allen gab, in sein innerstes Reich, in jene »Zitadelle des Herzens« im Sinne Goethes, der sein ewiges Vorbild war als bis zur letzten Stunde unermüdlich nehmende und gebende Natur, als rastlos sich selbst umschaffende Kraft.

Wie viel dieser Mann Österreich, der Welt, seiner Zeit, wie viel er uns gewesen, bewegt fühlen wir es in dieser Stunde, mächtig spüren wir eine große unwiederbringliche Vergangenheit mit ihm dahingegangen. Was er einem nächsten Geschlechte gilt, wir können es nicht wissen, wir können es nicht sagen. Unwürdig scheint es mir, an einem noch schmerzlich frischen Grab voreilig die geistige Hinterlassenschaft eines geliebten Menschen beschwätzen und bewerten zu wollen. Und überdies, jede Rechnung wäre falsch, die nur das Geschriebene und Gedruckte als die Leistung Hermann Bahrs, als das Bleibende und Hinterbleibende betrachtet. Denn ein gut Teil seines Wirkens und vielleicht der wesentlichste hat sich in anderer Materie ausgeformt: die Wiener Bauten Josef Hofmanns und Olbrichs, die Taten der Wiener Sezession, die Opernausstattungen Mahlers, die Inszenierungen Reinhardts, die ›Freie Bühne‹ Berlins, der deutsche Naturalismus, der europäische Triumph der Duse, sie sind Teil seines Wesens, materielle Verwandlungen seiner vortreibenden, enthusiasmierenden Leidenschaft. Die Umbewertung der barocken Welt in der Kunstgeschichte, die Vergeistigung der neuen katholischen Literatur, die energetische Form der modernen Kritik, sie wären nicht denkbar ohne seine agitatorische Hingabe, und wenn der Begriff Österreich als einer autochthonen Kulturidee nach langer lässiger Selbstverleugnung wieder zur Geltung gekommen ist, so mag nicht vergessen sein, daß er und er allein, oft verhöhnt und verspottet, dieses geistige Österreichertum erschaffen – oder, wie man damals ironisch sagte: – ›erfunden‹ hat. Kaum einer ist in unserem Kreise, in unserer Welt, der ihm nicht zu danken hätte für Anregung, für Bereicherung, für Bestärkung, für ein hilfreiches Wort oder eine helfende Tat, jeder von uns hat sein Dasein als eine wirkende Kraft gespürt. Er hat unsere Jugend gelehrt: Ehrfurcht vor der Kunst, Freude an der Gegenwart, Lust an der Bejahung und Dankbarkeit als eine heilige Pflicht. Er hat uns vorbildlich dargetan, daß jeder Enthusiasmus die Seele erweitert, daß, wer sich der Jugend verbündet, sich selber verjüngt, und daß starke Dankbarkeit, stark und leidenschaftlich auszusagen, wo man menschlichen Wert und künstlerische Leistung empfangen, edlere Art ist als alle scheue und träge Verhaltenheit. So sind wir nur seines Willens und seines

Sinnes, wenn wir freimütig bekennen, daß diese Stunde des Abschieds keineswegs unsere erkenntliche Verbundenheit endet und wir mit unserem ganzen Werk und Wesen dem seinen noch tief und dauernd verschuldet sind.

Frans Masereel

Der Mann und Bildner

Glücklicherweise weiß ich ganz unwiderleglich gewiß, daß Frans Masereel, dieser meisterlichste aller neuern Holzschneider, am 30. Juni 1889 in Blankenberghe seinen ehelich angetrauten, gut bürgerlichen Eltern geboren ist: denn sonst wäre ich niemals den Verdacht los geworden, er sei ein natürlicher Sohn Walt Whitmans, eines jener verschollenen außerehelichen Kinder, die der amerikanische Weltmensch während seines Aufenthaltes im Süden mit einer unbekannten Mutter gezeugt hat. Niemals nämlich habe ich in einem Menschen, einem zeitgenössischen Künstler so sehr den Walt Whitman-Typus der freien und doch beherrschten, der überfülligen und doch heiteren Kraft gefunden, dieses unwiderstehlich Kameradschaftliche zu allen Erscheinungen, und ein ähnlich sicheres selbstverständliches Äquilibrium zwischen Persönlichkeit und Umwelt. Wirklich nur in Walt Whitman-Rhythmen und jenem Katarakt von Eigenschaftsworten, jener schmetternden Wucht der gesteigerten Whitmanschen Aufzählung könnte man sein Äußeres beschreiben: hoch gewachsen, männlich schön, muskelstark, bedächtigen Ganges und doch leicht gelenk, dunklen Auges und hellen Blicks, kraftvoll bei äußerster Sanftmut, energisch bei hilfreicher Güte, heiter bei werktätigstem Ernst, ungehemmt, wahrhaft frei und allein der innern Stimme gehorchend bei äußerster Hellhörigkeit für das ganze Orchester der Welt. Sein frankes offenes Tun gibt seiner Kunst, seinem Leben den unwiderstehlichen Ausdruck von Selbständigkeit. Man kann sich ihn niemals befangen denken, weder im Sinn der Unsicherheit noch jenem der Scham, so daß man in seiner Gegenwart beglückt das seltenste aller menschlichen Schauspiele genießt: den wahrhaft freien, sich selbst gehörigen und doch allem hingegebenen Menschen. Man muß wirklich seine ganzen inneren Kräfte zusammenfassen, um ihn genug zu lieben, und dies nicht bloß in seinem heute schon gewaltigen Werk, sondern im Urtümlichen, Elementaren seines Wesens.

Er ist einer unserer gewaltigsten Könner, ganz Mann der Zeit: jedoch nichts in seinem Wesen, in seinem Werk wirkt von außen her dämonisch. Aber erinnern wir uns nur: es gibt eine (sehr hohe, vielleicht die höchste) Gattung des Künstlers, wo der Genius aus einem Zusammenklang von großen Kräften entsteht, ich glaube nicht, daß Händel, Rubens, daß Walt Whitman und Tolstoi, daß Balzac (trotz der Büste Rodins) in ihrem Leben einen anderen Eindruck hervorgerufen haben als den einer unendlich gesteigerten Naturkraft. Solchen Vollmenschen ist es gegeben, rastlos, tagtäglich, gleichsam strömend zu schaffen. Sie haben nicht die Hemmungen und psychischen Stauungen, die seelischen Untiefen und grandiosen Plötzlichkeiten des Nervenkünstlers, sondern eine ebenmäßige und geradezu quellhafte Produktivität, die Kraft aus Kraft schafft, und nur aus derart naturhafter Nichtanstrengung vermag eine solche kolossalische Fülle zu entstehen, eine Vielfalt der Welt, wie sie Händel in seiner Musik, Rubens in seinen Bildern, Whitman in seinen Versen, wie sie dieser heute noch Junge und Unverbrauchte in seinen vielleicht tausend Holzschnitten geschaffen hat. Bei solchen Naturen scheint das Produktive sein Wunderbares zu verlieren, weil es organische Funktion darstellt, und das Wunder besteht dann eben in der Weltbreite des Werkes, in seiner unbegreiflichen Fülle, im Unabsehbaren seines Horizontes.

Solche Naturen und vielleicht nur sie allein haben die wahre Gabe der Universalität. Nur solche, die allem offen und für nichts verschlossen sind, die keine Vorliebe haben in ihrer Weltliebe, empfinden die ganze Welt und jede ihrer Formen als Gegenstand, und das ganze Register der hellen und dunklen Tasten wartet bildsam auf ihre Hand. Ein Händel kann ebenso heitere Opern und künstliche Arien wie den tragischen Messias und die Schicksale der Propheten schaffen, ein Whitman in einem Atem den Körper der Frau besingen und die Wolkenkratzer des Broadway, ein Balzac ebenso das Schicksal eines alternden Provinzmädchens schildern wie die Schlacht an der Beresina und die Börsenoperationen eines Parfümeriehändlers: nur sie, die das Gleichmaß der Kräfte haben, die geduldige, ohne jede besondere Stimmung bereite, durch nichts gehemmte Produktivität, nur sie können einen Orbis pictus geben, das kosmopolitische und kosmische Bild. Diese Fülle hat Masereel für mein Gefühl allen andern lebenden Zeichern und Bildnern voraus. Ihm ist die ganze gegenwärtige Welt in allen ihren Gegenständen, Erscheinungen und Formen gleichmäßig Motiv für seine Zeichnungen und Holzschnitte: schon heute hat der Unermüdliche eine solche Menge gestaltet, daß man wie von der Bilderschrift der Ägypter von seinen Blättern die ganze äußere Formenwelt unserer Welt restlos ablesen könnte. Ginge alles zugrunde, alle Bücher, Denkmäler, Photographien und Berichte, und blieben nur die Holzschnitte erhalten, die er in zehn Jahren geschaffen hat, so könnte man aus ihnen allein unsere ganze gegenwärtige Welt rekonstruieren, man wüßte, wie man in unserer Zeitwende gewohnt hat, wie wir gekleidet waren, man würde den ganzen grauenhaften Krieg an der Front und im Hinterland mit allen seinen teuflischen Maschinen und seinen grotesken Gestalten, man würde Börsen und Fabriken und Bahnhofshallen und Schiffe und Türme und Moden und Menschen, ja die Typen selbst und darüber hinaus noch den ganzen gefährlichen Geist und Genius, das seelische Tempo unseres Zeitalters einzig und allein von seinen Blättern begreifen. Von wem nun, frage ich, von welchem zeichnerischen Künstler außer ihm, dem Benjamin der Graphik, kann eine ähnliche quantitative und dokumentarische Leistung gerühmt werden (ich lasse zunächst die qualitative noch beiseite)? Wer von allen hat, im Sinne der Vielfalt und der Verschiedenheit, ein Ähnliches unter seinen Zeitgenossen getan? Fleiß allein konnte solches nicht schaffen und Technik nicht minder, es war ein Höheres dazu nötig, ein Bindendes, ein Umfassendes, jene wunderbare Offenheit des Wesens für die Gesamtheit der Erscheinungen und zugleich die fanatische Liebe zum Detail. Masereel ist das Gegenteil einer explosiven, einer sprunghaften Natur; sein Geist, sein Genius ist wie jener Balzacs, wie jener Walt Whitmans ganz auf das Universale gerichtet. Er liebt alle Nationen, alle Sprachen, alle Zeiten, das Alte wie das Neue, das Romantische wie das Maschinelle, und ich weiß nichts, was dieser leidenschaftliche Weltfreund auf unserer Erde haßt, als eben das Gegenelement, alle jene Institutionen also, deren Sinn und Absicht es ist, die ungeheure belebte, blutgetriebene Fülle des Daseins zum Erkühlen, zum Stocken, zur Uniformierung zu bringen, die das lebendige Leben einzuschnüren und abzugrenzen trachten. Er ist ein Feind des Staates, wo er Gewalt und Unrecht fördert, ein Feind der »Gesellschaft«, die sich als ein Höheres abschließt, die ihre Macht erhalten will, und ohne irgendwie Politiker zu sein (er verabscheut auch die Parteien als Einschränkungen und Erstarrungen der inneren Freiheit), ist er doch immer kämpfend an die Seite der Schwächeren und Unterdrückten und Benachteiligten getreten. In seinen bildnerischen Romanen ›Passion d'un homme‹, ›Idée‹, ›Le soleil‹, in seiner imaginären Selbstbiographie hat er alle Treiber und Getriebenen der die Freiheit des einzelnen befeindenden Mächte in grotesken Karikaturen an die Wand genagelt, die Kriegshetzer, die Spekulanten, die Klassenrichter, die Polizisten, alle die Vertreter einer selbstsüchtigen Moral, eines egoistischen Zweckes. Sein Weltgefühl duldet eben nichts, was die Welt vergewaltigt, keine einzelnen Gruppen, die die heilige Einheit des Alls unterbrechen. Sein Genius zielt immer auf das Ganze: wie Walt Whitman in tausend Strophen will er die Welt in Bildern auflösen, in unendlicher Verschlungenheit durch Tausende Einzelheiten darstellen, ohne darum die Idee der Einheit zu verlieren.

Zehntausend Zeichnungen und Holzschnitte hat er heute geschaffen, und trotz seiner beispiellosen Produktivität ist doch nicht zu befürchten, daß er jemals fertig werde. Denn sein visionärer Vorrat ist unermeßlich wie die Welt selbst. Masereel hat ein malerisches Auge wie Balzac. Was immer ihn nur einmal, auch nur im Vorübergehen, auch nur in der Reproduktion angestreift hat, das sitzt in klaren, unbeugsamen Linien in seinem Innern fest; hinter seiner Stirn ist ein ganz ungeheures Magazin aller irdischen äußeren Formen. Er weiß alles auswendig, was er jemals auch nur in flüchtigster Form gesehen. Nie nimmt er ein Modell, nie muß er für eine Zeichnung Studien machen, nie schlägt er ein Kostümverzeichnis nach, um irgendeine Sache, ein Motiv »richtig« zu reproduzieren. Sein Gedächtnis ist unfehlbar so wie seine Hand; er weiß (und das wirkt wirklich magisch auf alle, die ihn kennen) jede Einzelheit der Welt auswendig und hat sie lebendig mit allen Details zu jeder Stunde bereit. Er weiß jede Spiere an einem Segler, jeden Kolben an einer Lokomotive, jede Masche an einem Netzwerk aus dem Gedächtnis hinzuzeichnen. Er erinnert sich ebenso an den Turban eines Mekkapilgers und an die Tätowierung einer Rothaut wie an den Parademarsch und Gewehrgriff eines preußischen Füsiliers. Er hat jede Bewegung gegenwärtig, die Verkürzung des Körpers im Fluge, die Krümmung des fahrenden Zuges, das sich bäumende Pferd, den aufspringenden Fisch, Lachen und Schmerz in einem irdischen Gesicht. Ich habe dieses Unglaubliche selbst oft staunend miterlebt: man geht mit ihm spazieren in fremder Stadt, in heißestem Gespräch. Er scheint ganz versenkt darin und verloren. Und ein Jahr später findet man auf einem seiner Holzschnitte einen Türklopfer auf jener Straße mit allen Details so peinlich genau wiedergegeben, als hätte er ihn heimlich photographiert, oder das Antlitz eines Hundes, der unterwegs einen angesprungen hatte: dieses dunkle Auge unter der runden Hornbrille braucht ein belebtes Ding nur vorbeigleitend anzurühen und schon ist es nach innen gezogen wie auf eine belichtete Platte, schon aufgespeichert in der gigantischen Vorratskammer seines Gedächtnisses, wo nichts vermodert und verblaßt, sondern alles chaotisch wogend, ein unendlicher Kosmos der Formen, beisammenruht, bis ein Wink des Willens die einzelnen Linien aufruft und sie magisch überfließen läßt in seine Hand.

Dieses beispiellose Gedächtnis der millionenhaft bewegten Formen des Lebens und die makellose Willigkeit, mit der sich jede dieser Formen dem zeichnenden Finger, dem grabenden Messer fügt, ist Masereels eigentliche Genialität. Nicht im einzelnen, nicht in einem vorspringenden, charakterologischen Zug, sondern in der Fülle der Fähigkeiten, im Umfang der Visionen verbirgt sich bei ihm die Dämonie des Werkes. Und sie paart sich bei ihm ganz merkwürdig einer andern, scheinbar ganz bürgerlichen Tugend, nämlich seinem handwerkerhaften, geduldig zähen Fleiß. Ich sagte früher schon, daß seinem Wesen äußerlich etwas Undämonisches beiwohne, eine gewisse schwere, sanfte, fast bäuerliche Langsamkeit, erinnernd an den zähen, gleichmäßigen Schritt, mit dem der Landmann bei Saat oder Ernte über den Acker stapft, und im künstlerischen Sinn äußert sich diese Bedächtigkeit des Fortschreitens auf ein unendliches Ziel in einem ehernen, granitenen Fleiß, einer fanatischen Sachlichkeit, in jenem »Nulla dies sine linea« der alten deutschen Meister. Tagtäglich sitzt Masereel mit dem Messer stundenlang vor seinem Tisch wie ein Goldschmied, wie ein Graveur, wie ein Uhrmacher, wie alle diese Urtüchtigen des gesunden, rechtschaffenen Handwerks, und wie jene liebt er sein Handwerk, in dem ja selbst etwas Mittelalterliches, Primitives, Antiquarisches ist. Er arbeitet heute in der vom elektrischen Licht überschütteten, von Untergrundbahnen durchwühlten, von tausend magnetischen Strömen durchflossenen Stadt Paris genau so, wie irgendein mythischer Urahne vielleicht vor ihm die alten Holzschnitte von Thourout, jene frommen Bilderbogen, in einer kleinen Stube schnitt, mit derselben einfachen Technik, mit dem gleichen Messer in dem gleichen Holze, mit derselben unerschütterlichen und gleichmäßigen Geduld. Und er liebt diese Technik um der männlichen Freiheit vom Requisit willen. Alle die chemischen Fabriken, die Farben erzeugen, könnten stillestehen, die surrenden Webstühle, die Leinwand aus feinen Fäden binden, einstürzen, er würde gelassen weiter arbeiten. Denn er braucht nur ein Messer und ein quadratisches Stück Holz, um die Welt zu formen, ja selbst dies nicht einmal, denn in Genf, erinnere ich mich, hat er einmal selbst einen Birnbaum gefällt und mit der Axt zerschlagen und sich selber seine Holzplatte gesägt. Wäre er wie Robinson auf eine wüste Insel geworfen, er könnte dort nach drei Tagen ebenso arbeiten wie in seinem Atelier, er würde sich seine Blöcke schaffen (ich sage Blöcke: denn in seinem Tun ist irgend etwas vom Bildhauer, zu dem er geheimnisvoll hinstrebt) und würde in ihnen alles noch einmal lebendig sein lassen. Er braucht keine Stimmung, er braucht keine Hilfe, kein Modell, kein Motiv mehr: Jahrzehnte könnte er noch so weiter schaffen, ohne den Kopf zu heben von seiner Arbeit, so voll ist sein Inneres erfüllt, so rastlos seine Geduld. Und doch hat er schon Tausende und aber Tausende von Gestalten und Formen ins Leben gestellt: im Scherze sagte ich oft, er könnte sich heute ein Haus oder ein Segelschiff aus den Scheiten von Holz, die er schaffend zu Bild und Geschehnis verschnitt, erbauen.

Gerade diese Zwiefalt scheint mir der besondere Reiz von Masereels Kunst, nämlich, daß sie in ihrer handwerklichen Technik so altväterisch primitiv ist, genau noch dieselbe wie aus der Zeit der Blockbücher und Familienbibeln, und daß ihr Inhalt, ihr Eindruck, ihr Tempo, ihr Rhythmus so unerhört modern und zeitgenössisch ist. Er hat selbst einmal diese Zwiefalt in einem Bild dargestellt, das den Anfang seines Buches ›Erinnerungen an meine Heimat‹ bildet. Da steht er im Selbstporträt in der Mitte zwischen zwei Welten, zwischen den beiden Flandern, zwischen dem sinnlichen, lebendigen von heute mit seinen Arbeitern, Maschinen und Riesenstädten, und dem andern der Vergangenheit, dem frommen, glockendurchklungenen der Kirchen und Klöster, wo gesenkten Blicks eine Nonne von der Ewigkeit träumt. Unablässig steht er auf diesem Kreuzweg zwischen Fleisch und Geist, zwischen Primitivität der Kraft und nervösestem Lebensgefühl. Denn auf den gleichen kleinen Platten, in derselben Technik, im selben Acht-Zentimeter-Raum, wo die alten Meister in starr gebundener, kaum aufgelockerter Form ihre Heiligenlegenden hinmalten, lodert bei ihm ein neues Element: das Kinobild. Seine Zeichnungen haben die Geschwindigkeit, die pulsende, springende Kraft der Kinobilder (die er unendlich liebt, er hat sogar selbst einen Film geschrieben), und fügt man sie zusammen, so sind sie genau wie ein Film rasend rasch und spannend und aufregend. Und durch jedes dieser Blätter mit ihrem einfachen Zweiklang schwarz-weiß saust der ganze hitzige, nervöse Rhythmus unseres eiligen zwanzigsten Jahrhunderts. Das aber ist für ihn stärkster Anreiz, gerade in der härtesten farblosen Form, im Holzschnitt, auf engstem Raum der unerhörtesten Fülle einzupressen, die Bewegtheit des Geschehens bis in die kleinste Spiegelung hinein in diese paar Zentimeter zu komprimieren. Darum sind auch diese seine Holzschnitte so unendlich gefüllt mit tausend Einzelheiten, Symbolen und Gleichzeitigkeiten. Bei dem ersten Anblick sieht man immer nur die Hauptsache, um in allmählichen Entdeckungen die verblüffendsten Paraphrasierungen und Kontrastierungen des Motives zu erspähen. Je länger man in sie hineinsieht, desto mehr findet man in ihnen. Ich selbst kenne sie seit beinahe zwanzig Jahren und werde nie müde, die Bücher und Mappen aufzuschlagen, nie noch habe ich sie aus der Hand gelegt, ohne irgendwo etwas mir bislang Entgangenes gefunden zu haben.

Aber trotz dieser Fülle bleibt sein Werk nicht ein bloßes Nebeneinander von Dingen und Dingen, von Formen und Formen, Masereel ist längst nicht bloß Illustrator von Büchern mehr: so hat er nur als ein Dienender fremder Kunst angefangen. Nun hat er sich frei zu schaffen, frei zu dichten begonnen, zuerst in geschlossenen Serien, wie sie auch schon Dürer, Goya und Callot schufen. In den letzten Jahren ist Masereel weit über das Reproduktive hinausgewachsen und hat einen neuen zeichnerisch-dichterischen Typus geschaffen, den Roman, die Novelle, die kleine Erzählung in Bildern ohne Worte; und nun wäre es umgekehrt an den Dichtern, zu diesen wortlosen Büchern eines Meisters den Text zu schreiben. Ich könnte mir Charles Louis Philippe oder

Zola denken, die Masereels ›Passion d'un homme‹ in meisterlicher Prosa erzählten, einen Christian Morgenstern, der die skurrilen Abenteuer seines ›Livre d'heures‹ mit Versen versieht, und sein Lieblingsbuch ›Idée‹, scheint mir so schön, daß ich im Augenblick gar keinen Dichter unter den zeitgenössischen weiß, der diesen Roman in Worte umschreiben könnte. Denn jeder unserer Künstler-Dichter würde ihn zu künstlich, zu literarisch schreiben: das aber ist das Wunderbare an der Kunst Masereels, daß sie bei all ihrer Neuheit so eminent demokratisch ist, daß er wirklich »gute Bilder« in dem Sinne schafft, den Tolstoi bei den »guten Büchern« als Forderung stellt, nämlich, daß jeder sie verstehen kann, das Dienstmädchen wie der Künstler, der Student wie der Professor. Und wirklich, Masereels Zeichnungen gehören, wie Walt Whitmans Verse, einer imaginären Demokratie. Jeder kann sie verstehen. Ich würde mich getrauen, sie vor Arbeitern und Lehrjungen in Lichtbildern zu zeigen, ohne viel daran erklären zu müssen, und weiß andererseits, wie gerade die größten Künstler den ehrlichen Expressionismus seiner Blätter bewundern. Weil er die ganze Welt fühlt, wirkt er eben wieder auf die Gesamtheit, weil er keiner Klasse geistig angehört, ist er fähig, auf das Volk und die Völker zu wirken.

Dieser Wille zum Welthaften wächst unaufhaltsam in seinem Werke mit der Kunst selbst. Immer glaubte man von Jahr zu Jahr, den weitesten Umkreis schon erreicht zu sehen, und immer wieder umkreist er in breiteren, umfassenderen Serpentinen die Sphäre der Wirklichkeit. Waren seine früheren Bücher groß, so ist sein letztes, ›Die Stadt‹, bereits monumental, ein Denkmal, ein unvergängliches, der modernen Großstadt mit ihrer Schicksalsfülle, ihren breitströmenden Menschenmassen und den tragisch aufgerichteten Kontrasten zwischen Armut und Luxus, Ausschweifung und Entbehrung, ein Pandämonium aller ihrer Leidenschaften. Mit diesem Werke ist der Bildner in ihm gewissermaßen vorgeschritten von der Sonate zur Symphonie.

Aber indes die graphische Bemühung ins Weite wächst, immer höhere Horizonte durch immer mehr Lichtkraft aufschließt, hat Masereel, der Künstler, gleichzeitig neue Elemente der Darstellung sich erobert, nach der gewaltigen Form nun auch die Farbe. Sein Weg war langsam, denn Leichtfertigkeit ist diesem im Fleiße Beharrlichen vollkommen fremd. So ist er Schritt für Schritt, lange zögernd erst an die Malerei herangegangen, gleichsam auf Umwegen. Erst waren es gewissermaßen nur illustrierte Zeichnungen, die er schuf, Farbstiftblätter und versuchsweise Theaterkostüme, dann Aquarelle, in denen noch immer der Umriß und die graphische Geste dominierte, erst seit kurzem beginnt er nicht mehr in Formen, sondern in Farben zu dichten, und jedes Jahr, jeder Monat fast bedeutet leidenschaftlichere Annäherung an die Mysterien der Farbe. Es ist, als müßte er gleichsam einer Düsternis, einer ungeheuren Weltmacht diese selige Lust des Auges, die Lust an der Farbe entringen, und seine ersten Bilder tragen dieses Dunkel noch mit, die Schwere der Materie. Aber von Leinwand zu Leinwand, von Opus zu Opus wird das farbige Licht glühender und glühender, es überströmt die abteilenden, absondernden Formen und schon geht die gleiche Gewalt, die unwiderstehlich überzeugende, von ihnen aus wie von seinen graphischen Blättern. Wenig in der neuen Malerei ist der seinen vergleichbar an Männlichkeit und Kraft, an gesunder, fast brutaler Sinnlichkeit: wer kann sie vergessen, diese Straßen von Paris, die Szenen am Hafen, der wie ein Wald gesehen ist, wie ein ungeheures, gar nicht mehr künstliches Stück Natur, wer seine Fischer mit ihrer Schwere des Leibes, der verhaltenen

Wucht ihrer Kraft, wer die Frauen in den Kabaretts im grausigen Licht ihres Lasters? Eine so titanische Masse der Leistung sein graphisches Opus auch bedeutet, vielleicht war auch sie nur eine Stufe, von der sich jetzt seine Gestalt zu neuerem, höherem Ausblick ins unübersehbare Dasein erheben wird.

Das ist für mich die unvergleichliche Gewalt, die von Masereel ausgeht: Weltkraft, Fülle und unendliches Leben, von einer reinen und starken Männlichkeit getragen. Durch seine Blätter weht wahrhafter Weltwind, und man fühlt wie auf dem Vordersteven eines Schiffes die Luft aus allen Fernen schwingen, die Kraft des Vorwärtstriebes und die tonisch belebende Wirkung, wie sie von Wind und Wellen, den freiesten Elementen, ausgeht. Er ist wohltuend wie alles Naturhafte, ein steigernder Künstler, ein beschenkender, stärkender, erfreuender Mensch, und selten habe ich so sehr wie bei ihm die Wahrheit von Emersons Worten empfunden: »Große Kraft macht uns glücklich.«

Chateaubriand

Jede Weltumwälzung, nenne sie sich Krieg oder Revolution, reißt leicht den Künstler in den Enthusiasmus der Menge hinein: aber in dem Maße, als die mitgeträumte Idee sich im irdisch Gemeinschaftlichen zu verwirklichen beginnt, ernüchtert sich an der Realität der einzelne gläubige Geist. Zu Ende des achtzehnten Jahrhunderts empfinden die Dichter Europas zum erstenmal diesen ewigen und unvermeidlichen Konflikt zwischen sozialem oder nationalem Ideal und seiner allzu menschlich-trüben Gestaltung. In die Französische Revolution, in den Adlerschwung Napoleons, in die deutsche Einheit – in diese feurigen Tiegel geschmolzenen glühenden Volkswillens wirft die ganze geistige Jugend, werfen selbst die Gereiften freudig ihr Herz. Klopstock, Schiller, Byron, sie jauchzen auf: nun endlich sollen die Träume Rousseaus von der menschlichen Gleichheit, die neue Weltrepublik aus den Trümmern der Tyrannei entstehen, selig funkelnd schweben von den Sternen die Flügel der Freiheit nieder über irdisches Dach. Aber je mehr sich die Freiheit, die Gleichheit, die Brüderlichkeit dekretiert und legalisiert, je mehr sie sich staatlich und bürgerlich macht, um so nüchterner wenden die heiligen Träumer sich ab; aus den Befreiern sind Tyrannen geworden, aus dem Volke der Pöbel, aus der Bruderschaft das Blutschwert.

Aus dieser ersten Enttäuschung des Jahrhunderts ist die Romantik geboren. Es bezahlt sich immer bitter, Ideen bloß mitzuträumen. Die sie umsetzen in Taten, die

Napoleons, die Robespierres, die hundert Generäle und Deputierten, sie formen die Zeit, sie trinken die Macht: unter ihrer Tyrannei stöhnen die andern, die Bastille ward zur Guillotine, die Enttäuschten ducken sich vor dem diktatorischen Willen, sie beugen sich vor der Wirklichkeit. Die Romantiker aber, Hamlet-Enkel, unschlüssig zwischen Gedanken und Tat, wollen nicht beugen und sich nicht beugen lassen: sie wollen bloß weiterträumen, immer wieder träumen von einer Welt, wo das Reine noch rein bleibt, Ideen sich heroisch gestalten. Und so flüchten sie immer weiter weg aus der Zeit.

Aber wie ihr entfliehen? Wohin flüchten? »Zurück zur Natur« hatte prophetisch ein halbes Jahrhundert zuvor Rousseau, der Vater der Revolution, gerufen. Aber die Natur Rousseaus – dies haben seine Jünger gelernt – ist nur ein imaginärer Begriff, eine Konstruktion. Seine Natur, die ideale Einsamkeit, sie ist zerstört vom Scherenschnitt der republikanischen Departements, das Volk, das so moralisch unverdorben von Rousseau geträumte, längst zum Pöbel der Blutgerichte geworden. In Europa gibt es keine Natur mehr und keine Einsamkeit.

In dieser Not flüchten die Romantiker weiter, die Deutschen, die ewigen Träumer, in das Labyrinth der Natur (Novalis), in das Phantasma, in das Märchen (E. T. A. Hoffmann), in ein unterirdisches Griechentum (Hölderlin), die mehr nüchternen Franzosen und Engländer in die Exotik. Jenseits der Meere, abseits der Kultur, dort suchen sie Jean-Jacques Rousseaus »Natur«, die »besseren Menschen« bei den Huronen und Irokesen in den großen Gotteswäldern. Lord Byron steuert, während sein Vaterland mit Frankreich auf Tod und Leben ringt, 1809 nach Albanien und besingt die heldisch reine Anmut der Arnauten und Griechen, Chateaubriand sendet seinen Heros zu den kanadischen Indianern, Victor Hugo feiert die Orientalen. Überallhin fliehen sie, die

Enttäuschten, um ihr Ideal, ihr romantisches, in unberührter Erde rein aufblühen zu sehen.

Aber wohin sie auch fliehen, überallhin nehmen sie ihre Enttäuschung mit. Überall erscheinen sie mit der düsteren Tragik der verstoßenen Engel, hindunkelnd in Melancholie: ihre Seelenschwäche, die zurückbebt vor der Tat, zurückweicht vor dem Leben, steigern sie zu einer stolzen und verächtlichen Einsamkeitsgebärde. Sie rühmen sich mit allen Lastern der Blutschande und der Verbrechen, die sie nie begingen: als die ersten Neurastheniker der Literatur sind sie zugleich die ersten Komödianten des Gefühls, die sich gewaltsam außerhalb des Normalen stellen, aus einem literarischen Willen interessant zu sein. Aus ihrer persönlichen Enttäuschtheit, aus der Zwitterhaftigkeit ihres gelähmten, versträumten Willens schaffen sie jenes Gift, an dem dann eine ganze Generation von Jünglingen und Mädchen hinkrankt: den Weltschmerz, den noch Jahrzehnte später alle deutsche, alle französische, alle englische Lyrik leidet.

Was sind sie der Welt gewesen, diese pathetischen Helden, die ihre Sentimentalität ins Kosmische gebläht, sie alle, René, Heloïse, Obermann, Childe Harold und Eugen Onegin! Wie hat eine Jugend sie geliebt, die melancholisch Enttäuschten, wie sich emporgeschwärmt an diesen Gestalten, die nie ganz wahr waren und es nie sein werden, aber deren pathetischer Lyrismus so süß den Schwärmenden erhebt! Wer kann die Tränen zählen, die Millionen, die über Renés und Atalas Namen vergossen, wer das Mitleid messen, das ihrem melancholischen Schicksal zugeflutet ist? Wir, die Fernen, wir sehen sie fast lächelnd an, prüfenden Blicks, und fühlen, sie sind nicht mehr unseres Blutes, unseres Geistes; aber die Kunst hält manches, sie, die ewig eine, gebunden, und alles, was sie gestaltet, ist immer nahe und immer da. Wo sie wirkend im Werk gewesen, ist auch das Tote nicht ganz vergänglich. In ihr welken keine Träume und verblühen keine Wünsche. Und so trinken wir noch von ausgelebten Lippen Atem und Musik.

Anton Kippenberg

»Wir weltseitigen Deutschen«, sagt einmal Jean Paul, und dies schöne Wort, das seitdem wieder dem Sprachgebrauch verlorengegangen ist, liebe ich sehr. Denn es drückt eine manchen Naturen und gerade deutschen Naturen durchaus eigentümliche Disposition unübertrefflich aus: mit der einen Seite des Wesens (während die andere in sich, in Erde, Blut und Stamm verhaftet ruht) der ganzen Welt zugewandt und allen ihren Erscheinungen lebendiger Spiegel zu sein. Diesen Zug ins Universale, dieses Weltsein inmitten der Welt, vielfach tätig und allen Formen nachbildnerisch aufgetan, hat Goethe in einziger Gestalt Deutschland vorgelebt: nichts aber wäre irriger, als ihn, weil den Gewaltigsten, den Umfassendsten, als eine Einmaligkeit dieser Weltform zu nehmen. Im Gegenteil, er prägt nur, weil von sprachlich edlerem Metall und von größerer Wucht des Wesens, jenen Zug ins Universale vorbildlich aus, der vielen Menschen und insbesondere den Deutschen, eben jenen »weltseitigen Deutschen«, eingeboren ist und da sich vielfältig bloß in stilleren Formen, in anonymeren Werken, oft nur in ihrer privaten Existenz verwirklicht. Meist ist kein anderes Kennzeichen dieser weltseitigen Wesensart erkenntlich als das stille, kreishafte, ebenmäßig wachsende Werden ihrer Persönlichkeit und ihres Werkes, dies allmählich Welt-Werden eines innern Kernes: aber was solche Menschen beginnen, ist tingiert von jener geheimnisvollen Art der stillen, geduldig sich dehnenden Schichtung; und was sie schaffen, hat jene wie einen Mantel groß um sich geschlagene Weite des Alls, den unsichtbaren Luftraum. Das Gesetz aber, das ihre Art bedingt, wirkt sich stufenhaft in ihrer Tätigkeit eigentümlich fort. All das, was wir »Kultur« und »Bildung« neumodisch und oft provokatorisch benennen, war längst in jenem klaren Worte Jean Pauls schweigend subsumiert: Trieb dem All entgegen, Wille, aus einem einzelnen Wesen eine Welt zu werden und alles Tun mit diesem gesteigerten Anspruch zu erfüllen.

Sehen wir nun inmitten der deutschen verwirrten Zeit ein Gebilde wie den Insel-Verlag, das im höchsten Sinne diese Forderung der Weltseitigkeit erfüllt, das hinabgreift in den dunkelsten Ursprung der Sprachzeit, von der Klassik bis in die Gegenwart seinen Bogen spannt, das in allen erdenklichen Formen der Verschwendung und der Einfachheit die Natur spiegelt, das wahrhaft ein Orbis litterarum ist, ohne aber einen bestimmten konstruktiven Plan zu materialisieren, ein theoretisches Programm zu erfüllen, so müssen wir diese lebendige Form notwendigerweise als Wesensspiegelung eines Menschen empfinden, eines solchen »weltseitigen Deutschen«, der sich hier in seinem Werke zu höchster Verwirklichung gebracht hat. Und wenn wir nun erinnernd die Bildniszüge des bewährten Führers, wenn wir das Charakterhoroskop Anton Kippenbergs überprüfen, so finden wir tatsächlich jene innere Schichtung in selten klar und energisch ausgeprägter Form. Kein einzelner Neigungszug ist herrschend oder sonderlich präponderand in seinem Tun, alle Fähigkeiten sind in einem gewissen Einklang entwickelt. Auf einem sichern Bildungsfundament, zementiert aus den alten Sprachen, ergänzt durch die neuen, ausgewogen durch Musik, wachsen diesem Manne die verschiedenartigsten Möglichkeiten entgegen, deren jede er durch Vereinzelung des Willens zu außerordentlicher Erfüllung gebracht hätte. Der Künstler ist in ihm stark vorgebildet, dichterische Anfänge sind vielfach eingepflanzt. Der Gelehrte ist durch Neigung und Begabung durchaus bereit: ein wenig Einschränkung im Weltwirken, ein wenig Bescheidung in der Aufgabe, und Kippenberg wäre heute einer unserer führenden Germanisten, Meisterphilologe, so wie er gleichsam privat einer der besten Goethe-Philologen geworden ist. Klarsinn wiederum und energische Bereitheit des Entschlusses prädestinieren den Kaufmann in ihm, den Organisator großen Stils, somit die Wirkung in das Öffentliche und selbst Politische, während das Sammlerische, das Bibliophile andererseits eine ganz private, ganz in sich gezogene Existenz hätte formen können. Die eingeborene Neigung zum Universalismus nun, zur Weltseitigkeit hat alle diese Möglichkeiten organisch gebunden zu einer Gesamtheit, die eben nur im Werke sichtbar ward, in der außerpersönlichen Gestaltung. Nicht sprunghaft sind die einzelnen Neigungen einander vorangegangen, sich überholend und ersetzend, sondern in ruhiger Gleichmäßigkeit, in einem organischen Wachstum haben sie sich allmählich verbunden und der Persönlichkeit ihre Breite gegeben. Darum ist auch Kippenberg eigentlich erst spät in sichtbare Erscheinung getreten; ein, beinahe zwei Jahrzehnte wußten nur ganz wenige von dem Manne, der den Insel-Verlag gestaltete, so sehr war sein Profil verschattet, so sehr er ganz unsichtbar in das Wirken eingegangen. Und nun sein Wesen sichtbar wird, geschieht es nicht durch seinen Willen, sondern durch sein Werk.

Kreishaftes, ruhiges kristallinisches, vom Mittelpunkt aus gleichmäßig vordringendes Wachstum, dem Ringansetzen des Baumstammes vergleichbar: diesen – nach meinem Empfinden entscheidenden – Zug hat erst Kippenberg der Insel aufgeprägt oder besser gesagt: eingelebt. Die Kreisform war zwar von Anbeginn dem

Verlage eingebaut, aber dieser Kreis umschloß, als er den Verlag übernahm, nur eine bestimmte erlesene Enge, war ein starrer Ring, ein metallener Ring, der das Wachstum verschloß, seine Form also eigentlich antiuniversal, antipopulär, streng eklektisch und abweisend, in Form und Inhalt der rechte »tour d'ivoire«, der elfenbeinerne Turm, zugänglich nur den Eingeweihten und den Begüterten. Er umschloß nur eine Spanne Zeit, ein siebenfach gesiebtes Stück neuzeitlicher Erde, er war, wie der Name glücklich sagte, als ein Begrenztes abgeschieden von der lebendigen Flut. Niemand wird heute die Schönheit, die Notwendigkeit jener ursprünglichen Isolierung verkennen, jene musterhafte Tradition der Sauberkeit und Zucht, die da vorgebildet und später dem ins Weite wachsenden Unternehmen unendlich heilsam wurde. Aber die Kunst war in Gefahr, durch die Absonderung von dem Volke, von der Zeit zur Künstlichkeit zu verdünnen, in dem luftleeren gesperrten Raume zu petrifizieren und das Fruchthafte der Verwandlung einzubüßen. Irgend etwas Steriles war in dieser ursprünglichen Idee der Insel, ein Unorganisches, Antiuniversales, es mußte ein lebendiger Mensch kommen, um mit seinem Leben die Idee erst wahrhaft zu verlebendigen.

Das Erste, das Wesentlichste, das Kippenberg damals tat, war, dem vorgebauten Kreise einen Mittelpunkt zu finden, eine Urzelle voll lebendiger, zeugender Keimkraft. Und das gelang ihm, indem er Goethe in den Mittelpunkt des Verlages stellte, ihn, den ausstrahlendsten, unerschöpfbarsten, keimträchtigsten Genius unserer deutschen Welt. Damit schien scheinbar der Zeiger der Zeit zurückgerückt, der Verlag entmodernisiert. In Wahrheit aber ist dieser Goethe, den die Insel offenbarte, das neueste und gegenwärtigste Element der deutschen Bildung geworden, und es ist nicht zuviel gesagt, wenn man behauptet, er sei erst durch sie zu seiner wahren

Wirksamkeit in unsere deutsche Zeit gelangt. Es ist schwer, Imponderabilien zurückzukonstruieren, Atmosphäre historisch zu erneuern, und schwer darum, einer gegenwärtigen Generation gewärtig zu machen, wie wenig eigentlich von Goethe und vor allem welcher andere Goethe der vorigen Generation bekannt gewesen ist. Einzelne der Insel-Ausgaben wirkten auf die ganze Nation durch die neue Darbietung als Entdeckung: die Briefe von Goethes Mutter, vormals eine Philologenangelegenheit, wurden plötzlich Volksbesitz, die Gedichte, in der chronologischen Anordnung einander neubewußt zur Biographie ergänzend, eine gänzlich neue Fülle, der Faust, früher nur in »Reclam«, gelesen, in der Dreiform seiner Entstehung für Hunderttausende ein Ereignis, und in der Gesamtausgabe wurde plötzlich der ganz neue Goethe, der – ich muß es immer wiederholen – weltseitige Goethe als Erscheinung, als reinstes deutsches Lebenskristall durchleuchtend im Licht seines eigenen Wesens sichtbar. Mit einemmal war der falsch populäre, der Schul-Goethe vernichtet und der unendliche allen (den Ärmsten sogar in der billigsten Ausgabe des deutschen Buchhandels) aufgetan. Der Ring war gesprengt, der Kreis war Leben geworden, das Wachstum ins Universale hatte begonnen durch die universalste aller Persönlichkeiten.

Damit war ein Zentrum gewonnen, ein Zentrum neuen lebendigen Lebens. Aus innerer Notwendigkeit mußten sich dem Meister die nachbarlichen Gestalten anreihen. Eine Klassiker-Ausgabe nach der andern formte sich an, manche ähnliche Umwertung tätigend durch ihre neue, reine und musterhafte Existenz, so vor allem jene Stifters, durch die erst den Deutschen bewußt wurde, daß einer das Spracherbe Goethes als verborgenes Pfand durch vergessene Jahre gehütet, jene Büchners, der aus ungerechter Verschollenheit wieder zu Ehren kam, und so manchen stilleren Geistes und verlorenen Werks, das wieder in die deutsche Welt fand. Diesem fruchtenden Ringe deutscher Meisterschaft schloß sich bald ein weiterer an, hinausgreifend in die Fremde, in die geistige Nachbarwelt: die großen Gesamtausgaben der Werke von Dostojewskij, Cervantes, Balzac, Dickens, Tolstoi, keiner dem andern bewußt zur Seite gestellt, sondern einer den andern gleichsam als notwendig zu sich heranfordernd. So baute und baut (denn dieser Parthenon hat unzählige Säulen) sich allmählich ohne bestimmte Architektonik, nur aus dem immanenten Gesetz der Keimkraft, Gestalt an Gestalt im vollen Umriß ihres Wesens, eine Klassikergemeinschaft, die keine äußere Uniform bindet, keine Zahl wie eine Kompanie abgrenzt, sondern die sich selbst aus den Jahren formt und bildet, immer mehr Kosmos, immer mehr geistiges Weltall in ihrer Einheit spiegelnd.

Inzwischen hatten sich, kristallinisch anschließend, andere Gruppen zusammengefunden, viele einzelne Kreise, je nach ihrer inneren Triebkraft und der Empfänglichkeit der Stunde rascher oder langsamer gedeihend. Es wäre zuviel, sie alle zu nennen; das dunkle, im Schatten mittelalterlicher Gläubigkeit verschattete Denken der deutschen Mystiker überwölbt ›Der Dom‹, das bildnerische Werk der deutschen Maler schließen die ›Deutschen Meister‹ zusammen, die ›Bibliothek der Romane‹ zeigt die Epik in allen ihren Meistern, die erlesenste Leistung der Buchkunst, des Faksimile, offenbaren die einzelnen Serien der Drucke. Eines wächst neben dem andern, ohne ihm den Boden wegzuzehren, und so wird allmählich die Insel wirklich universal, aus allen Völkern, Zeiten, Geschlechtern und Künsten Wiedergabe bietend; »Orient und Okzident sind nicht mehr zu trennen«: Goethes Wort wird Wahrheit, vom stammelnden Urwort der Edda bis zum Krampf der Jüngsten, die Sprache noch einmal zu gebären, wogt in Urlaut und getöntem deutschen Nachklang die unendliche Melodie des Wortes, aus dem die Welt sich ewig neu erbaut.

Wie aber die Fülle da ist, wird diese Welt der Welt zurückgegeben. Die Insel-Bücherei, die billigste Bibliothek, schenkt, was an Kostbarstem in Jahren gespart und gesammelt ward, an die Millionen: hier beginnt der Insel-Verlag, der aristokratisch angefangen und es im Sinne der Haltung bis heute geblieben ist, durch die Tat demokratisch zu werden. Aus dem elfenbeinernen Turm ist die ganze deutsche Erde geworden, in jeder Furche, in jedem Haus ruht nun irgendsoein farbiges Korn, ein solches Inselbändchen: zur Universalität des Gestaltens ist jetzt auch die Universalität der Wirkung gekommen, das Erfassen nicht nur des einzelnen Lesers, sondern der ganzen großen deutschen Gesamtheit. Aber noch weiter spannt sich der Ring: in der ›Bibliotheca mundi‹, der ›Pandora‹, den ›Libri librorum‹ läßt die Insel die fremden Sprachen selbst sprechen, in französischen, englischen, lateinischen, griechischen, spanischen, hebräischen, italienischen Dichtungen gibt sie der Welt gestaltet wieder, was sie empfangen. Der Wille zur Welt, der Universalismus, hat darin weiter, als jemals ein deutscher Verlag es versucht, seine umfassendste Form gefunden und gleichsam als Symbol dieser Allbereitschaft ediert sie Bachs ›Matthäuspassion‹, also Musik, die Sprache über den Sprachen, verständlich jedem Kulturkreise. So wird aus Ring und Ring immer weitere Umfassung, Weiterwirkung ohne erzwungenes Ende, denn noch unendlich sind die Schätze der Vergangenheit, und mit Vergangenem entfaltet sich gleichzeitig die Zukunft: des Schaffens ist kein Ende mit den Dichtern von einst:

»denn der Boden zeugt sie wieder,
wie von je er sie gezeugt.«

Ein wahres Weltbild kann nie beschlossen werden, weil die Welt nicht innehält. Wer sich an ihr bildet und sie sich zum Gleichnis schafft, kennt darum kein Stillstehen: jedes Ende formt sich zu neuem Beginn, jeder Kreis strahlt sich wirkend fort in vervielfachter Welle. Der Trieb zur Universalität bleibt der einzig unerschöpfliche eines Menschen wie eines Werkes, und solang er in der Insel schöpferisch fortwirkt, wird ihr Dasein nicht ein bloßes Sein, sondern ein fortgestaltendes Werden bleiben.

Diesen Wesenszug dankt meinem Gefühle nach die Insel der Persönlichkeit Anton Kippenbergs, dem eigentümlich Bindenden und Universellen seines Typus, und die Wiederholung der gleichen Fortwirkung seines Wesens in anderer, in privater Materie bestätigt sinnfällig diesen Zusammenhang. Ich meine damit seine Sammlung, die – typisch genug – den universellsten Menschen, den weltseitigsten zum Gegenstande hat, Goethe. »Einen Einzigen verehren«, steht auf dem Widmungsblatt seines Kataloges zitiert; so möchte man meinen, hier habe der sonst universal Wirkende sich vereinzelt, sich spezialisiert. Aber gerade die Sammlung zeigt dieselbe kristallinische, kreisbildende Form wie das Verlagswerk, das gleiche Überwachsen ins Welthafte, denn nicht der Mensch Goethe ist in ihr sammlerisch-sichtbar gestaltet (wie in den meisten früheren dieser Art), sondern die Welt Goethe, wie sie sich in Buch und Schrift, in Bild und Plastik, in Erinnerung und Umgebung kundtat. Es ist ein Kreis Weimar darin, ein Kreis Faust, Einzelwelten seiner Welt, ein ganzes Jahrhundert, ein ganzer Kreis Deutschland, eine Atmosphäre, eine besondere Geistessphäre, eine Epoche – kaum ward je eine Sammlung universalistischer geführt bei gleichzeitig dokumentarischer Sicherheit. Auch hier ist Form und Inhalt – oder nach des Meisters Formel »Kern und Schale« – unlöslich gebunden, »beides in einemmal«, wirklich wahrhaft welthaft, organisch, ein Spiegel seines andern Wirkens im höchsten magischen Zeichen, und man darf dies keinen Zufall nennen. Denn hier hat ein durchaus privater Mensch das, was an Goethe nicht Genius, nicht Unmittelbares, sondern Norm und Weltlehre war, ganz in sein Leben aufgenommen und in Tätigkeit umgesetzt, hier ist das Praktisch-Schauende, Ordnend-Wirkende seines irdischen Tuns, das im reinsten Sinne Organisch-Bildende nachbildend bewährt: neben Weimar hat Goethe heute kein gleiches Sinnbild seines Lebens als diese einzige und im wahrsten Sinne mustergültige Sammlung.

Zum erstenmal tritt heute nun dieser Mann sichtbar gegen die geistige Welt, gegen das Deutschland, dem er so vieles gegeben, zum erstenmal tritt er hinter dem Werke hervor, das sein Wesen gleichzeitig offenbart und verbirgt. Seine Leistung ist nicht mehr von seinem privaten Leben abzulösen, eins hat sich am andern gesteigert und erfüllt: möge nun in manchem wachsenden Jahresring Werk und Wesen seinem letzten unerreichbaren Ziele, der Universalität, weiter entgegenwirken! »Uns zu verewigen, sind wir ja da.«

Abschied von Rilke

Eine Rede, gehalten im Münchner Staatstheater am 20. Februar 1927

Musik hat diese Stunde eingeklungen, in Musik wird sie verströmen. Zwischen ihre rauschend auftragenden Schwingen tritt scheu und demütiger Stirne das Wort.

Demütig tritt mein Wort an diese Stunde, demütig beugt es sich hin über dies teure und noch nicht überblühte Grab. Denn einzig Musik vermöchte vollkommen den Abschied von jenem auszusagen, den wir heute gemeinsam betrauern, Rainer Maria Rilke, und einzig in ihm von uns allen war das Wort schon vollkommen Musik. Nur an seiner Lippe war es erlöst vom Dunst der Gewöhnung – Gleichnisse hoben da flughaft leicht den starren Leib der Sprache in jene höhere Welt des Erscheinens, darin jedes Geheimnis erfühlbar wird und unsere tägliche Rede eine kaum begreifliche Magie. Alle Vielfalt wußte es zu formen, sein schöpferisch gewordenes Wort, alle Formen des Lebens suchten ihr Bildnis in den klingenden Spiegeln seiner Verse, und selbst der Tod – selbst er trat groß und gegenständlich aus seinem Gedicht als die reinste und notwendigste aller Wirklichkeiten.

Wir aber, zurückgeblieben im untern Element, wir haben nur das Dumpfe der Klage, die Klage um den Dichter, um ihn, der, wie immer das Göttliche, selten erscheint in den Zeiten und den wir doch einmalig in ihm schauen durften mit den groben Organen der Sinne und der stark erschütterten Inbrunst der Seele: in seiner Gestalt haben wir den Seltenen erlebt.

Denn Dichter, dies war er, Rainer Maria Rilke, ihm

ziemt vollgültig dies Wort, dies uralt-heilige, dies ehern gewichtige und anspruchsvolle, das unsere fragwürdige Zeit allzu leichthin vermengt mit dem minderen und ungewissen Begriff des Schriftstellers, des bloß Schreibenden. Dichter, er, Rainer Maria Rilke, er war es noch einmal und wiederum in dem reinen und vollkommenen Sinn, wie Hölderlin ihn anruft, den »göttlich erzogenen, tatlos selber und leicht, aber vom Äther doch angeschauet und fromm«, und war es nicht bloß dank der Gnade des Geistes, sondern nicht minder kraft der innen bewahrten Reinheit adeligen Lebens. Dichter, er war und blieb es unwandelbar und unwiderleglich in jedem Wort und jeder Handlung seines früh geendeten Zeitseins. Nicht wie bei vielen anderen, denen gleichfalls die Aura so stolzen Namens gebührt, war er ein Dichter bloß in den Augenblicken des Erhobenseins, in jenen unfaßbar vollen Intervallen, da die Welt von außen nach innen in einen Menschen stürzt und in seiner staunenden Seele noch einmal sich werdend gestaltet: nein, er offenbarte sich allzeit und immer als der reine und ruhelose Künstler, wir wissen um keine Stunde, in der er nicht Dichter gewesen; jedes Wort, das er sprach, jeder Brief, den er schrieb, jede Geste, die seinem zarten und melodischen Körper entsprang, das Lächeln seiner Lippe und die reine Rundung seiner Schrift, all dies Einheitliche und Einmalige gehorchte ebendemselben schöpferischen Gesetz, das seine Verse zu vollendeten formt. So trat aus seinem Wesen uns Reinheit und Einheit strahlend entgegen, kristallen umschlossen und deutsam durchsichtig wie sein Gedicht – und diese unverbrüchliche Gewißheit seiner Sendung, sie hat uns von Jugend her ihm, dem Menschen, dem Künstler, hörig und ehrfürchtig gemacht. Denn dank dieser Allgegenwart der Schönheit im Wesen und Werke haben wir an ihm, an Rainer Maria Rilke, das heute fast Unwahrscheinliche, haben wir einmal und unvergeßlich den reinen Dichter in Antlitz und Atem gesehen.

Dichter, er war es allezeit, Rainer Maria Rilke, und er war es von je. Es gibt keinen Anfang in seinem Leben, wo dieser erlauchte Name ihm nicht zugehörte und die Welt ihn nicht als solchen empfand. Noch wußte die kindliche Hand des Schülers kaum die Schrift und schon schrieb sie Gedichte. Noch schattete der Flaum ihm nicht die Lippe und schon sprach sie Musik. Von den Spielen der Kindheit weg fand er unwissend hinüber in das andere Spiel, das anfangs nur leichte und an der eigenen Fülle immer schwerer werdende der Sprache, und schon dem Knaben gab sie sich willig, dem allzeit Gewinnenden, hin. In dem sechzehnten, in dem siebzehnten Jahre gelangen schon Verse reinster Melodik dem Suchenden und Versuchenden, die auch spätere Meisterschaft nicht mehr beschämte. Und lang noch, ehe die eigene Form des Körpers sich vollendet hatte, fiel schon Vollendung der Formen dem geistig Gestaltenden zu.

Wie dieses Dichterische in so früher Jugend begann, wer kann es aussagen? Wer an dieses Geheimnis rühren, das mit seinen Wurzeln bis ins Dunkel der Ahnen und der Erde reicht? War es letzter Abklang altadeligen Blutes, müde geworden an vielen Geschlechtern, das in jenem Letzten noch einmal aufrollte, zu unkräftig schon, sich kämpferisch ins Lebendige zu stürzen, und nur melodisch verebbte und rhythmischen Atems verklang? Waren es die Schatten der alten Prager Gassen, die das ewig Staunende seines Knabenherzens aufweckend berührten, waren es die slawischen Lieder, die er abends auf den Feldern gehört oder die eine Hausmagd sang, sonntags allein in der verlassenen Stube? Spuren sind dies bloß, vermutendes Ungefähr, denn wer kann den Ursprung eines Dichters deuten, dieses unbegreiflich Sonderbaren unter den Menschen, in dem die tausendjahralte Sprache noch einmal so erstmalig neu ersteht, als wäre sie niemals von Millionen Lippen zerschwatzt und in Millionen Lettern zermahlen gewesen, bis Er dann, dieser Eine, kommt, der alle gewesenen und werdenden Dinge ansieht mit seinem aufstaunenden, seinem farbig umhüllenden, seinem morgenrötlichen Blick? Nein, das ist nie zu erklären mit irdischen Ursächlichkeiten, wie inmitten tausend dumpfer Menschen immer nur einer zum Dichter wird, und darum auch nicht, wie gerade und warum dieser eine es wurde inmitten von uns allen und in ebendemselben Umlauf der Zeit. Wundervoll genug schon, dies allezeit wieder Unverhoffte sich auszudenken, daß das Erlebnis des Dichters immer und immer wieder der Menschheit geschieht, und auszudenken, daß dieser unser Zeitbruder einer war aus so königlichem Geschlecht, daß in diesem schmächtigen scheuen Knaben, umschnürt vom blauen Kadettenkleid, unterhalb der wachen Sinne und inmitten seines Bluts irgendein Strömen begann, das später wundervoll einbrach in unser Gefühl, darin es nun nachrauscht, so großartig gegenwärtig noch, daß jeder von uns, jeder, irgendeine Strophe oder ein Wort von Rainer Maria Rilke unbewußt in den Sinnen hat – einen Atemzug Musik von ihm, der nicht mehr atmet und spricht und doch länger da sein wird als unser aller unbeträchtliches Dasein und Weiterleben.

So bewährte Rainer Maria Rilke sich als Dichter längst, ehe erste Ahnung ihn überschattete vom Ernst und der Verantwortung dieses aufrufenden Wortes. Zugeflogen waren sie seiner Kindheit, spielhaft und leicht, diese ersten Strophen, und er schrieb sie hin, Spiel zwischen Spielen, mit seiner sorgsam rundenden Schrift. Er schrieb sie in Schulblätter und ließ sie, halb Knabe noch, schon drucken in schmächtigen Heften. Und wunderbar, bereits dieser erste Anruf fand Widerklang in uns Gleichaltrigen, in einer ähnlich und sehnsüchtig gespannten

Jugend, und nun erst schlug das Bewußtsein seiner Sendung in ihm die Augen auf und sah sich selber strenge und fordernd an. Ein Zwanzigjähriger, hatte er Ruhm schon, doch nahm er nicht das Süße und Zerstreuende von diesem gefährlichen Zudrang, nur das Bittere der Verantwortung zog er daraus und das Schwere der Verpflichtung. Wie früh hat dieser Wunderbare erkannt, was die andern spät und oft niemals lernen, daß das selig Zugefallene vom wahrhaften Dichter noch einmal und immer wieder neu verdient sein müsse durch unabsehbare Mühe, daß der Mann in beharrlichen und furchtbaren Ernst dauernd zu verwandeln verschuldet sei, was der Genius ihm anfänglich bloß als Spiel und gleichsam zur Leihe gegeben. Und von dieser frühen Erkenntnis an begann bei Rainer Maria Rilke jener schwere Gang zur Vollendung hin, in dem er niemals ermüdete und von dem er niemals – höchster Ehre seiner Reinheit dies! – von dem er niemals auch einen Schritt nur gewichen ist. Gerade dieser Leise, dieser Linde, dieser Abseitige, er, den die törichten Einsarger aller Werte mit locker abwehrender Geste einen Dekadenten zu nennen wagten, er, der äußerlich zart schien, wehleidig und schwach, hat wie wenige seiner Zeit die ungeheure Anstrengung gekannt und geübt, die dem Schaffenden auferlegt ist, so er sein Werk zur Welt schaffen will. Er hat früh erkannt, Rainer Maria Rilke, daß eine Seele unendlich sich anfüllen müsse, um Fülle von sich zu strömen, er hat früh gewußt, daß der Dichter und gerade er sammeln müsse und seine Sinne schwärmen lassen wie Bienen, damit der goldene Seim des Gedichtes schwer, durchsichtig und flüssig sich forme. Keiner von allen lyrischen Dichtern der Zeit vielleicht, keiner hat den Entgelt, den ungeheuren, um die Vollendung sich höher angesetzt und vollgültiger gezahlt als er, der in seinem ›Malte Laurids Brigge‹ die anspruchsvollste aller Formeln für das Gedicht hingestaltet. Dort heißt es (unvergeßliche Worte!): »Verse sind nicht, wie die Leute meinen, Gefühle – (die hat man früh genug) – es sind Erfahrungen. Um eines Verses willen muß man viele Städte sehen, Menschen und Dinge, man muß die Tiere kennen, man muß fühlen, wie die Vögel fliegen, und die Gebärde wissen, mit welcher die kleinen Blumen sich auftun am Morgen. Man muß zurückdenken können an Wege in unbekannten Gegenden, an unerwartete Begegnungen und an Abschiede, die man kommen sah – an Kindheitstage, die noch unaufgeklärt sind, an die Eltern, die man kränken mußte, wenn sie einem Freude brachten und man begriff sie nicht – (es war eine Freude für die andern) – an Kinderkrankheiten, die so seltsam anheben, mit so viel tiefen und schweren Verwandlungen, an Tage in stillen verhaltenen Stuben und an Morgen am Meer, an das Meer überhaupt, an Meere, an Reisenächte, die hoch dahinrauschten und mit allen Sternen flogen – und es ist nicht genug, wenn man an alles das denken darf. Man muß Erinnerungen haben an viele Liebesnächte, von denen keine der andern glich, an Schreie von Kreißenden und an leichte, weiße, schlafende Wöchnerinnen, die sich schließen. Aber auch bei Sterbenden muß man gewesen sein, muß bei Toten gesessen haben in der Stube, mit dem offenen Fenster und den stoßweisen Geräuschen. Und es genügt auch noch nicht, daß man Erinnerungen habe, man muß sie auch vergessen können, wenn es viele sind, und man muß die große Geduld haben, zu warten, daß sie wiederkommen. Denn die Erinnerungen selbst sind es noch nicht. Erst wenn sie Blut werden in uns, Blick und Gebärde, namenlos und nicht mehr zu unterscheiden von uns selbst, erst dann kann es geschehen, daß in einer sehr seltenen Stunde das erste Wort eines Verses aufsteht in ihrer Mitte und aus ihnen ausgeht.«

In diesem Sinne des Sammelns und Lauschens um geistiger Schöpfung willen ist der junge Rilke in die Welt gezogen, alle Länder entlang als der ewig Heimatlose, der Pilger aller Straßen. Er ist in Rußland gewesen, damit die Glocken des Kremls tönten in sein Gedicht, er hat in die Augen Tolstois geblickt, um von diesem schauenden Blau zu wissen, durch das Tausende Bilder von Menschen und Geschicken gingen. Er hat Spanien gesehen, Italien, Ägypten und Afrika, um im schöpferischen Nerv und Sinn zu erfahren, wie dort die Sonne im laublosen Lande andere Linien des Lichts hinzeichnet als in unserer waldigen Welt, er war in Skandinavien, um weiße Mitternachtsnächte zu erleben und wissender dann die blausamtene Dämmerung südlicher Täler zu deuten. Überall ist er gewesen, fast immer allein, selten redend, immer lauschend, damit all dies inbrünstig Betrachtete, dies schweigsam in sich Hineingezogene dereinst Rede und Musik werde im Gedicht und sich wechselseitig bezeuge im schaffenden Widerspiel der Vergleiche. Niemand wußte, wo er war in diesen Pilgrimsjahren, der selbstwillig Heimatlose, und doch tat das von innen her wachsende Werk im Bilde jedem kund, wie tief dieser Schauende indes ins Wirkliche und Wandelbare eingedrungen, denn von Jahr zu Jahr füllten sich seine Gedichte mit immer volleren Farben, und von dem ›Buch der Bilder‹ begann dann unvermutet jener unersättliche und unerschöpfliche Reichtum seiner lyrischen Rede, jener große Glanz von einander überströmenden Gleichnissen, den kein lyrischer Dichter unserer Zeit seitdem zu überbieten vermochte. Die Welt, die vordem der junge Dichter nur im klingenden Anhauch der Gefühle vage als ein Ungefähr begriff, nun drängte sie blutnah heran, gestalthaft und vielgeformt, immer voller ergriffen von den sehenden, den hörenden, den fühlenden Sinnen, und wohl durfte er damals von sich die Verse schreiben:

»Immer verwandter werden mir die Dinge
und alle Formen immer angeschauter.«

Aber sie als einzelne und abgelöste zu betrachten, ward ihm bald zu geringe Bemühung, denn ein Gleichnis zog mit den silbern klingenden Ketten der Reime das Schwesterliche jeder Erscheinung unaufhaltsam an sich heran, ein unablässiges Sicherinnern von einem ins andere rundete das lockere Verstreutsein des Daseins im Raume zu einem pausenlosen Strömen, gleichsam dem einer Fontäne, die aufsteigt aus den dunkelsten Tiefen des Gedankens und zugleich überglänzt wird vom höchsten Geleucht der ewig im Flusse sich erneuernden Sprache. Je machtvoller aber dieser stille Gestalter die Dinge ergriff, je tiefer aus den Wurzeln er sie heraushob, um so stärker erwuchs ihm das Verlangen, dies Erschaubare und Faßbare ihrer augenfälligen Formen nicht bloß liedhaft zurückzugeben, sondern auch die innere Macht hinter ihnen gleichsam symphonisch auszudeuten, die zusammenhaltende und schöpferische: den Gott. In unzähligen Gleichnissen, mit flügelnd gespannter Seele ihn umkreisend, »wie die Wolken den Turm« in immer dringlicheren Anrufen, in einer erhabenen Litanei drängt immer inbrünstiger seine mystische Ekstase an diese Unendlichkeit heran, und dank diesem bildnerischen Umkreisen entstand aus den noch vereinzelten und zersprengten Formen des ›Buches der Bilder‹ endlich jener Dom zu Gott hin, das ›Stundenbuch‹, die vielleicht reinste religiöse Erhebung, die ein Dichter in unseren Tagen versuchte. Das Meer, das abgründige, in dessen Unausmeßbarkeit das Gefühl restlos einströmen konnte, war gefunden, aus der linden Demut Frömmigkeit geworden, »die stete und stille Schwerkraft, welche aus den Tiefen Gottes auf die Seelen wirkt«, aus der zarten Bewegtheit eine zitternde und ekstatische Trunkenheit, aus einzelnen wie von Wind musikalisch bewegten Strophen das bronzene Glockendröhnen des großen Gedichts. Angelus Silesius und Novalis, den mystisch Gottzugewandten, war ein sanfter Bruder und kein geringerer erstanden inmitten einer ins Sachliche und Klare gehärteten deutschen Welt.

Dieses große Wachstum weniger Jahre aus so schüchternem Beginn in ein weltumbreitendes Gottverlangen, dieses Sich-Weitern und diese erhabene Wandlung, sie haben wir, sie hat unsere Generation noch ehrfürchtig staunend miterlebt. Wunderbar war es uns, dies zu erleben, dieses Aufsteigen eines Dichters in die Zeit und von Jahr zu Jahr immer neu ergriffen, immer mitgerissener zu fühlen, wie dieses Einen Kunst sich füllte und erfüllte, wie die ersten dünnen Miniaturen seiner Bücher sich entzündeten zu brennenden Bildern, wie die Sprache sich vollsog mit Farben, wie die Gleichnisse immer wissender den Kern jeder Erscheinung erfaßten, wie aus dem fragilen Element der Verse die ganze irdische Welt sinnlich gültig erstand und klargehämmerte Strophen mit immer selteneren und erstmaligen Reimen das scheinbar Fernste so inbrünstig an das Nahegelegene ketteten, daß wahrhaft unser ganzes seelisches Dasein von diesem zarten Gewebe umfangen schien. Und schon fühlten wir, daß über solche sprachschöpferische Vollendung hinaus nur ein Sich-Wiederholen, aber kein Fortschreiten mehr möglich sei, denn diese Gedichte, sie beugten sich schon, so wie Bäume sich neigen unter der Last ihrer Früchte, unter der Überwucht ihrer Reime, und die Verse dröhnten beinahe schon von ihrem Übermaß an Musik.

Aber ehe wir dies deutlich zu empfinden wagten, daß hier ein lyrisches Maß, eine einmalige Art der Endgültigkeit im Gedicht erreicht sei, die kein Überschreiten mehr duldete und im Sich-Wiederholen sich nur verringert hätte, da hatte er selbst schon sie erkannt, der große Künstler, seine eigene Gefahr. Und mitten am Wege oder vielmehr auf der Höhe seiner ersten Vollendung hat Rainer Maria Rilke noch einmal eingehalten und noch einmal begonnen, einen ganz neuen lyrischen Weg, denn selbst »in der Schwere zu ruhen« nach seinem eigenen herrlichen Wort, war diesem großartig Ungenügsamen versagt. Jene Schickung, die man Zufall nennt, hatte ihn damals nach Paris getrieben, dort war er Sekretär Rodins geworden und lebte in jenem weiten hallenden Saal draußen in Meudon, wo weiß und rein die Werke standen, ein steinerner Wald und doch eines abgesondert von dem andern durch die Leere des Raums und die innere Endgültigkeit ihrer Konturen. Dort sah er den Meister, den alten, mit seiner abteilenden Kraft, und es reizte ihn mächtig, wie er zu sein und seinerseits im lyrischen Material ebenso streng und abschließend wie jener im Plastischen irdische Bildnisse zu formen, im gläsern gewichtlosen Element des Verses die gleiche Härte des Umrisses zu erzwingen wie jener in marmorn wuchtender Materie des erdgebundenen Steins. Man begreife die Kühnheit dieser Umkehr, denn gerade das Gegenteil seines Bisher unterfängt sich der nochmals Beginnende darzustellen: nicht mehr wie bislang die metaphysische Verbundenheit und das metaphorische Ähnlichsein der Dinge im irdischen Raume, die mystische Verschwisterung aller Erscheinung im alles umfassenden Gefühl, sondern Rilke unternimmt jetzt – furchtbares Unterfangen! – das schicksalhafte Alleinsein, die tragische Abgelöstheit jedes einzelnen Dinges von andern im Lebensraum grausam wahr zu verwirklichen. Deshalb warf er mitten im Werke die eigene erreichte Sprache wie ein Verbrauchtes weg, um eine andere, eine neue sich zu erfinden; er tritt aus dem bezwungenen Element der Musik kühn in das noch unbetretene der marmornen Plastik, der Melodiker in ihm erzieht sich spartanisch zur Härte, und vor allem drängt er sich selbst, sein eigenes Dabeisein, sein Mitempfinden aus seinem Gedicht, gewissermaßen um den heiligen Monolog, den jedes Wesen im Weltall mit sich allein führt, nicht mit dem eigenen zuhorchenden Atem zu stören. Denn der Dichter, so fühlt er nun in dieser neuen wissenderen Phase, darf nicht der Mitredende sein in diesem neuen steinernen Gedicht, nicht seine Aussage redselig vermengen mit der erst zu erzwingenden des angeschauten Gegenstandes, er muß das Schweigen lernen und das Sich-Verschweigen im Werke, damit sich das eigenste leiblichste Wesen jedes Dings vollkommen aussage. Wie schön stellt er selbst diese strenge Forderung an sich und alle:

». . . O alter Fluch der Dichter,
die sich beklagen, wo sie sagen sollten,
die immer urteil'n über ihr Gefühl
statt es zu bilden; die noch immer meinen,
was traurig ist in ihnen oder froh,
das wüßten sie und dürften's im Gedicht
bedauern oder rühmen. Wie die Kranken
gebrauchen sie die Sprache voller Wehleid,
um zu beschreiben, wo es ihnen wehtut,
statt hart sich in die Worte zu verwandeln,
wie sich der Steinmetz einer Kathedrale
verbissen umsetzt in des Steines Gleichmut.«

Das ist nun des späteren Rilke neue und heroisch geforderte Aufgabe: sich zu verwandeln, vollkommen restlos sich aufzulösen in fremder Gestalt, nicht mehr sich ihr sympathetisch zu binden, und dies Nur-Gestalten ist Werk und Wunder geworden in den beiden Bänden der ›Neuen Gedichte‹. Auf dem marmornen Estrich dieses Buches ist die Musik ausgelöscht und zertreten wie eine überflüssige Flamme; ein sachliches Licht grenzt jetzt transparent jede Erscheinung ab zu einer fast grausamen

Deutlichkeit. Jedes dieser neuen Gedichte steht und besteht als ein Marmorbild, als reiner Umriß für sich, abgegrenzt nach allen Seiten und versperrt in seine unabänderlichen Konturen wie die Seele in ihren irdischen Leib. Diese Gedichte – ich nenne nur ›Der Panther‹, ›Das Karussell‹ – sind herausgeschnitten aus dem unbeholfenen kalten Stein ihrer Taghelligkeit wie klare Kameen, durchsichtig bloß dem geistigen Blick – Gebilde, wie sie die deutsche Lyrik bislang in ähnlich schneidender Härte nicht hatte, Sieg einer wissenden Sachlichkeit über das bloß Ahnungshafte, Triumph, endgültiger, einer ganz zu Plastik gewordenen Sprache. Jedes einzelne Ding steht dort in seiner unverrückbaren Schwere fugenlos und hermetisch verschlossen in seinem eigenen Selbst. Es atmet nicht mehr wie früher Musik, nur seine eingeborene Form und den Sinn seiner Seele spricht jedes mit unvergleichlicher Deutlichkeit geradezu geometrisch aus. Gedichte einer Art, ich wiederhole es noch einmal, waren unverhofft damit uns zugeschaffen, wie sie die deutsche Lyrik vordem nicht kannte, in solch einmaliger und abseitiger Perfektibilität, in so souveräner Nachbildung schwesterlicher Kunst.

Derart war diesem unermüdlich Suchenden gelungen, die vieldeutige Welt abermals in neue, unvermutete Ordnung zu binden, und wie diese hundert lyrischen Standbilder, so hätte der Dichter noch tausend und Tausende an dieser glückhaft gefundenen Formel zu prägen vermocht, jedes Tier, jeden Menschen, jede Erscheinung des Daseins in ihrer eigensten Gestalt. Ein Grat, ein schwindelnd und einsam hoher der Vollendung, war in wenigen Jahren völlig erreicht und damit eine Gußform gewonnen, in der Rilke mühelos die ganze Welt, Form an Form, hätte ein Leben lang nun bilden können: aber abermals wollte dieser Schöpferische nicht bloß als Wiederholer seiner selbst fortwalten, sondern es verlangte ihn – nach seinem herrlichen Worte – »der Tiefbesiegte von immer Größerem zu sein«. Noch einmal und nun zum dritten Male ging dieser schweigsam Ringende aus, das Erschaffene und darum Leichtgewordene heroisch zu verwerfen und eine abermals neue lyrische Form aus sich zu holen und sie aufzustufen, dem unerreichbar Unendlichen entgegen.

Auf dieser Erhobenheit begannen vor zehn Jahren seine letzten Gedichte, die ›Sonette an Orpheus‹ und die ›Duineser Elegien‹, jener Aufstieg in eine selbstgewählte Einsamkeit. Denn dieser äußersten Zone der Sprachluft, diesem großartig fremden Widerspiel von Überlicht und letzten Dunkelheiten vermochte das an lindere Formen gewohnte Gefühl der meisten kaum mehr nachzufolgen. Hier ließen ihn die Deutschen allein, und wenige nur waren zur Stelle, um nachzufühlen, welch verwegener Versuchung sein bildnerischer Geist sich in diesen seinen letzten geheimnisvollsten Gedichten ergab. Denn hier, in diesem heiligen Herbst seiner endgültigen Reife fordert Rilke die Sprache zum Äußersten heraus, zum Versuche, das kaum mehr Darstellbare darzustellen: nicht das Tönen mehr, das aus den Dingen schwingt, nicht mehr ihre sinnlich gewahrsame Prägung, sondern den geheimnisvollen Bezug, der zwischen ihnen seelenhaft unsichtbar schwebt wie der Atem über der Lippe. Das Wortlose und dem Wort bisher Versagte, gerade das wollte hier sein ungenügsamer Schöpferwille erdeuten, Bildnis des bloß Begrifflichen, eine Metaphorik des Nichtmehr-Erschaubaren. Dies zu erreichen, mußte unendlich die Sprache sich spannen bis über den eigenen Rand, sie mußte hinab sich beugen in ihre untersten Abgründigkeiten, sie mußte hinaus über das Faßliche dem Unfaßbaren und kaum mehr Sagbaren entgegen. In diesen ›Duineser Elegien‹ ist Rilke, der einst lyrische und dann franziskanische, schließlich der orphische Dichter geworden, jenes heiligen Dunkels voll, das so großartig die Verse der andern deutschen Frühentführten, jene des Novalis und Hölderlin überwogt. Kaum konnten wir damals, selber erstaunend, den Sinn erfassen, der in jenen letzten Gedichten lag, und nun erst öffnet er sich schmerzlich unserem Erkennen: es war nicht Anrede der Lebendigen mehr, die hier sich versuchte, sondern Zwiesprache schon mit dem andern, mit dem Jenseits der Dinge und des Gefühls. Es war bereits der Dialog mit dem Unendlichen, der hier anhub, brüderliche Gegenrede mit dem Tode, seinem eigenen langbereiteten und nun reif gewordenen Tod, der fordernd sein Auge zu dem Suchenden aus dem Dunkel emporhob.

Dies war sein letzter Aufstieg, und wir vermögen kaum den Firn zu bemessen, den er einsam auf diesem letzten Wege erreichte. Wie ein Ende war schon diese Vollendung und auch er selbst fühlte Bedürfnis einer Rast. Alles hatte ihm die Sprache gegeben, ihre tiefsten magischen Brunnen hatte er ausgeschöpft in seiner lyrischen Rede, das fast Unsagbare ihr herrisch aufgezwungen; so kam's, daß er, ausatmend von so jähem Anstieg, um die Kräfte, die nie erschöpften, zu erproben, nun eine noch unbemeisterte, eine fremde Sprache wählte, daß er versuchte, jetzt in neuem Element, in französischen Strophen einen Rhythmus zu finden, eine neue, noch schwierigere Möglichkeit. Noch bis zum letzten Augenblick Liebhaber des Schwierigen, des kaum Erfüllbaren, wählte er diese äußerste Anstrengung sich als Rast, und wohl wäre sie nur Pause geblieben zu neuem Anstieg dem Unendlichen zu.

Diese gewaltigste, in zwanzig Jahren heroisch erfüllte Bemühung aber um das lyrische Wort, dieser unermüdliche Dienst eines Dichters um die ewig unbeschließbaren Formen, er ward bei Rainer Maria Rilke nur sichtbar in seinem Werk: das Schaffen selbst wie sein Schicksal blieb verhüllt. Niemand hat ganz sein inneres Leben gekannt, keiner in seine letzte Werkstätte gesehen. Leise ist sein Werk gewachsen, schweigsam, wie immer das Große geschieht, im Abseits ist es entstanden, wie alles Vollendete entsteht. Dieser Seltene wußte mit dem ahnenden Geist des Berufenen, daß Entscheidendes allezeit nur vollbracht werden könne durch ein gleichzeitiges großes Verzichten, daß immer der Künstler, so er anhebt, ein überdauerndes Werk rein zu erfüllen, zuvor entschlossene Absage leisten muß an den lärmenden Tag und jede Vermengung mit der unmittelbaren Welt, denn – unvergeßlich ist sein Wort:

»Denn irgendwo ist eine alte Feindschaft
Zwischen dem Leben und der großen Arbeit. –«

Mächtig ruft das Leben den Menschen an, übermächtig ruft es den Künstler, daß er sachlich in ihm wirke und im Sichtbaren mitgestalte, es will das immer gegenwärtig gerichtete Leben Gegenwärtigkeit, es will Vermengung und Anteil vom Dichter für seine Wirklichkeiten. Aber gleichzeitig wird der Dichter von innen herrisch und eifersüchtig gemahnt von seinem noch ungestalteten, einzig ins Zukünftige gewandten Werke, daß er sich absondere vom Leben, sich verweigere seinen Forderungen und nur dem Geiste, dem bildnerischen, diene. Eine Entscheidung ist dieserart von jedem gefordert, daß er sich zu einmaliger Haltung entschließe, ob ganz zum dauernden Werke hin oder zur Zeitlebendigkeit. Rainer Maria Rilke, er hat sich nur der Kunst gegeben, dem heiligen Abseits und der stillen Askese des Werkes. Die Rostra des Redners hat ihn nicht gekannt, fremd blieb er der Bühne und allem Tagwerk, sein Bildnis war nicht auf dem Markte und sein Wort, seine Mitrede fehlte in jedem Geschehnis und zeitlichen Streit; darum sind wenige unter den Menschen, die sein Antlitz, sein Leben wissend erkannten. Oft war er in den Städten, und auch in dieser Stadt, aber ein Verborgenes ging da mit ihm, das ihn umhüllte, und keine Gegenwart fühlte die seine, so scheu war sie und so voll lauschendem Abseitssein. Leise trat er in jeden Raum, ob in Furcht, zu stören oder gestört zu werden, man wußte es nicht, und selbst ein Gespräch war mehr gütiges Lauschen als strömendes Wort. Oft ruhte ein leichtes gutes Lächeln auf seinen Lippen, aber es war ebensoviel Abwehr und Verbergen darin wie einladende Liebe. Man hatte Angst, ihm nahezukommen, so viel tiefe Stille war um ihn, und war doch beglückt, wie klar, rein und brüderlich sein Wort aus dieser Stille uns entgegenkam. Aber nie trat er selbst vor, der in der Kunst nur Anspruchsvolle, der im Leben so Bescheidene, immer blieb er der scheue Knabe, der in seinem Lied gesungen: »Ich fürchte mich so vor der Menschen Wort«, immer bewegte ihn Angst, das gewalttätig Reale könnte zu stürmisch andrängen gegen ihn und dies kristallen tönende Gefäß von Stille, das er ehrfürchtig in seinen Händen trug, zerstören. So ging er in sich gebeugt und scheu durch den Lärm und die Literatur unserer Tage, wie in eine Wolke gehüllt. Und so wie eine Wolke, lautlos und ohne Drängen, umrötet vom Widerschein des Unendlichen, ist er hinübergegangen.

So leise, wie er eintrat in jeden Raum, so verborgen wie er hinging durch unsere schaugierige Zeit, so leise ist er von uns gegangen. Er war krank und niemand hat es gewußt. Er starb hin und niemand hat es geahnt: auch dies Geheimnis seines Leidens, seines Krankseins, seines Sterbens, auch dies nahm er ganz in sich hinein, um es dichterhaft und schön zu gestalten, um auch dieses letzte und langvorbereitete Werk rein zu vollenden: seinen eigenen Tod. Ganz früh hat er begonnen, dieser sein Tod in seinem schmalen und verschwiegenen durch das Leben hin getragenen Leibe, er war von Anfang diesem Letzten und Ausgemüdeten seines Geschlechtes schöpferisch eingetan, und er wuchs mit seinem Wachsen unaufhaltsam und unmerklich. Manchmal sprach diese jenseitige Stimme in den geheimnisvollsten seiner Verse mit, und dann vernahm man jene erschütternde Schwingung inmitten des Gedichtes, die gleiche wie bei Keats und Novalis, den Frühdahingegangenen, die niemals vom Irdischen kommt. Ein geisterhafter Klang, süß und dunkel zugleich, überwogte manchmal seine Worte und Verse, schwarzer Bogenstrich aus anderen Sphären, ein Sprechen gleichsam von Schatten weggewanderter Seelen her, denn:

»Nur wer mit Toten vom Mohn
Aß, von dem ihren,
Wird nicht den leisesten Ton
Wieder verlieren.«

Jene Prosa-Elegie des Malte Laurids Brigge über den fremden Tod, die düster gewandeten Strophen des ›Requiem‹, was waren sie, wenn nicht vorausgeahnter Grabgesang und Anruf des eigenen Todes? Er hat ihn innen gefühlt, jahrelang schon, aber wie alles Gefühlte ihn groß erhoben und verwandelt ins Gedicht, bis sein Tragisches nur mehr tönende Trauer war und die Mahnung ins Vergängliche selbst Unvergänglichkeit. Wir jedoch, wir liebevoll Lauschenden, betört von dieser Musik, wir liebten den in ihm wachsenden Tod ahnungslos mit seinem Leben und genossen die seltene Süße, dies selig Sichlösende, als ein Geschenk. Und erst als dieser Tod grob in die Welt schlug wie eine plötzlich zufallende Tür, da schraken wir auf und sehen bestürzt nun die eingebrochene Leere und die Armut unseres Zurückgebliebenseins.

Aber mit diesem Tod zu rechten, ihn früh und grausam zu nennen, nein, das wäre nicht seines Sinns. Wir haben ehrfürchtig zu sein vor diesem Tode um seiner Ehrfurcht willen. Soviel dieser Tod uns auch genommen an ungesagten Dingen und unsagbaren Möglichkeiten, dies müssen wir ihm dennoch danken, daß er ein hohes Bildnis uns unverstellt erhalten bis zur letzten Stunde und Rainer Maria Rilkes Angedenken als ein vollkommenes vor unserer Liebe steht, eine hohe Gewähr für jeden Bemühten im Geiste, eine erlauchte Bürgschaft für jede Jugend, daß durch Sammlung der Seele und Reinheit des Daseins der Dichter auch heute noch möglich ist in unserer dem Dichterischen abwendig gewordenen Welt. Er war dieser Dichter, er blieb es bis zum letzten Atem seiner Lippe, und es ist die einzige Tröstung unserer Trauer, daß wir sagen dürfen: wir haben ihn erlebt.

Vor so hohem, so seltenem Ereignis wird selbst die Trauer zur Demut und Klage, sie verflutet in Dank. So wollen wir nicht klagen, sondern ihn rühmen aus der Mitte unserer Trauer, und wie man an offenem Grabe dreimal die Scholle der Erde zum Abschied wirft, so senke dreimal die Scholle des Wortes sich ihm nach. Wir wollen ihm danken im Namen unserer Vergangenheit, im Namen unserer Gegenwart und der noch wartenden Zeit. Wir wollen ihm danken:

Ruhm und Ehrfurcht dir, Rainer Maria Rilke, um der Vergangenheit willen, die dich wachsen sah durch Demut und Geduld von schmalem Beginne zu großer Vollendung – ein Beispiel jeder Jugend und ein Vorbild jedem zukünftigen Künstler!

Ruhm und Ehrfurcht dir, Rainer Maria Rilke, um unserer Gegenwart willen, der du das Seltenste und Notwendigste, der du das Bildnis des Dichters wieder einmal als eine lautere Einheit und Reinheit gezeigt!

Und Ruhm und Ehrfurcht dir, Rainer Maria Rilke, du frommer Steinmetz am ewig unvollendbaren Dome der

Sprache, um deiner Liebe zum Unerreichbaren willen – Ruhm und Ehrfurcht dir für deine Verse und Werke in alle Dauer dieser deutschen Sprache!

Rainer Maria Rilke

Ein Vortrag in London

Meine Damen und meine Herren!

Sie werden an dem heutigen Tage und in den folgenden Wochen in den lectures so viel von kompetentester Seite über das Werk des vielgeliebten Dichters Rainer Maria Rilke hören, daß eine Einleitung mir selbst überflüssig und anspruchsvoll erscheint. Aber vielleicht habe ich doch ein gewisses Recht, hier das Wort zu nehmen – ein sehr kostbares und zugleich sehr schmerzliches Vorrecht, denn ich bin in Ihrem Lande einer der wenigen, vielleicht der einzige von jenen, die Rilke persönlich gekannt haben, und eine dichterische Erscheinung ist niemals vollkommen erkennbar, wenn man nicht zugleich das Bildnis des Menschen erweckt. Und so, wie man in einem Buche gerne dem gedruckten Text das Bild seines Autors voranstellt, so lassen Sie mich versuchen, eine rasche Silhouette des zu früh Dahingegangenen Ihnen zu geben.

Der reine Dichter in unserer Zeit ist selten, aber vielleicht noch seltener ist die rein dichterische Existenz, eine vollkommene Lebensführung. Und wer das Glück hatte, eine solche Harmonie des Schaffens und des Lebens in einem Manne vorbildlich verwirklicht zu sehen, dem obliegt die Pflicht, für seine Generation und vielleicht noch für die nächste Zeugenschaft zu leisten für dieses moralische Wunder. Ich hatte durch Jahre Gelegenheit, Rainer Maria Rilke öfters zu begegnen. Wir hatten gute Gespräche in den verschiedensten Städten, ich bewahre Briefe von ihm und als ein kostbares Geschenk die Handschrift seines berühmtesten Werkes, ›Die Weise von Liebe und Tod‹. Dennoch würde ich nicht wagen, mich vor Ihnen seinen Freund zu nennen, dann dazu war die Distanz des Respekts bei mir immer zu groß und das Wort »Freund« in der deutschen Sprache drückt eine intensivere, intimere Beziehung aus als das englische »friend«. Es wird nur sparsam gegeben, weil es eine innerste Bindung bedingt, eine Bindung, die Rilke selten irgend jemandem gewährte – Sie können in seinen Briefen sehen, daß er dieses Wort in dreißig Jahren vielleicht nur zwei- oder dreimal als Ansprache ausgesprochen hat. Und schon dies war für sein Wesen ungemein charakteristisch. Rilke hatte eine große Scheu vor ausgesprochenen, vor verratenen Gefühlen. Er liebte es, seine Person und sein Persönliches möglichst zu verbergen, und wenn ich die vielen Menschen, denen ich im Lauf eines Lebens begegnet bin, mir vor das innere Auge stelle, so kann ich mich keines erinnern, dem es gelungen war, mit seinem Äußeren so unauffällig zu bleiben wie Rilke. Es gibt andere Dichter, die sich eine Maske schaffen zur Abwehr gegen den Andrang der Welt, eine Maske von Hochmut, von Härte. Es gibt Dichter, die um ihrer Arbeit willen ganz in ihr Werk flüchten, sich abschließen und unzugänglich werden; bei Rilke war nichts von alledem. Er sah viele Menschen, er reiste durch alle Städte, aber sein Schutz war seine völlige Unauffälligkeit, eine unbeschreibbare Art von Stille und Leisesein, die um ihn eine Aura der Unberührbarkeit schuf. In einem Eisenbahnzug, in einem Restaurant, einem Konzert wäre er niemals aufgefallen. Er trug die einfachste, aber sehr saubere und geschmackvolle Kleidung, er vermied jedes Attribut, welches das Dichterische betonen konnte, er verbot, seine Bilder in Zeitschriften zu veröffentlichen, aus diesem unbeugsamen Willen, privat bleiben zu können, ein Mensch unter den andern, denn er wollte beobachten können, statt beobachtet zu werden. Denken Sie sich irgendeine Gesellschaft in München oder Wien, wo ein, zwei Dutzend Leute im Gespräch beisammensitzen. Ein zarter, sehr jung aussehender Mann tritt ein, und schon dies ist charakteristisch, daß sie sein Eintreten gar nicht bemerkt haben. Er ist ganz still, mit leisen, kleinen Schritten plötzlich da, hat vielleicht einem oder dem andern die Hand gedrückt, und nun sitzt er da mit leicht gesenktem Kopf, um die Augen nicht zu zeigen, diese wunderbaren hellen und beseelten Augen, die ihn einzig verrieten. Er sitzt still, die Hände über dem Knie gefaltet, und hört zu – aber lassen Sie sich nur sagen, ich habe nie eine bessere, eine teilnehmendere Art des Zuhörens gekannt als die seine. Es war ein vollkommenes Lauschen, und wenn er dann sprach, so geschah es so leise, daß man kaum spürte, wie schön und dunkeltönig seine Stimme war. Nie wurde er heftig, nie versuchte er jemanden zu überreden, zu überzeugen, und wenn er spürte, daß ihm zu viele zuhörten, daß er in den Mittelpunkt der Aufmerksamkeit geriet, so zog er sich bald in sich selber zurück. Die wirklichen Gespräche, jene, an die man sich ein Leben lang erinnert, gelangen nur, wenn man mit ihm allein war und am besten abends, wo ihn das Dunkel ein wenig deckte, oder in den Straßen einer fremden Stadt. Aber diese Zurückhaltung Rilkes war keineswegs Hochmut und keineswegs Ängstlichkeit, und nichts wäre falscher, als sich ihn als einen neurotischen, einen verbogenen Menschen zu denken. Er konnte herrlich unbefangen sein, auf die natürlichste Weise mit natürlichen Menschen sprechen und sogar heiter sein. Nur alles Laute, Grobe war ihm unerträglich. Ein lauter Mensch war für ihn eine persönliche Qual, jede Zudringlichkeit oder Aufdringlichkeit von Bewunderern gab seinem klaren Gesicht einen ängstlichen, einen verschreckten Ausdruck, und es war wunderbar zu sehen, wie seine leise

Art Gewalt hatte, die Zudringlichsten zurückhaltend, die Lärmendsten leise, die Selbstbewußten bescheiden zu machen. Wo er war, entstand gleichsam eine gereinigte Atmosphäre. Ich glaube, daß nie in seiner Gegenwart jemand ein unanständiges oder grobes Wort gewagt hat, niemand den Mut gehabt hat, literarischen gossip oder Gehässigkeiten zu erzählen. Wie ein Tropfen Öl im bewegten Wasser um sich einen Kreis der Ruhe schafft, so brachte er etwas Reines in jede Umgebung. Diese Gewalt, alles um sich harmonisch zu machen, das Brutale abzudämpfen, das Häßliche in eine Harmonie aufzulösen, war bei ihm erstaunlich. Und so wie den Menschen, solange sie um ihn waren, verstand er auch jedem Raum, jeder Wohnung, in der er wohnte, sofort dieses Zeichen aufzuprägen. Und er wohnte meist in schlimmen Wohnungen, da er arm war, fast immer waren es Mietszimmer, ein oder zwei, in denen er wohnte, mit gleichgültigen, banalen Möbeln. Aber wie Fra Angelico seine Zelle aus niederster Nüchternheit in Schönheit zu verwandeln wußte, so verstand er, seine Umwelt sofort persönlich zu machen. Es waren immer nur Kleinigkeiten, denn er wollte und liebte den Luxus nicht – eine Blume am Pult in einer Vase, ein paar Reproduktionen an der Wand, für ein paar Schillinge gekauft. Aber er wußte diese Dinge anzuordnen mit einer Sauberkeit und Systematik, daß sofort völlige Ordnung in einem solchen Raume war. Er neutralisierte das Fremde durch diese innere Harmonie. Alles, was er um sich hatte, mußte nicht schön sein, nicht kostbar. Aber es mußte in seiner Form vollendet sein, denn er, der Formkünstler, ertrug auch im äußeren Leben nicht das Formlose, das Chaotische, das Zufällige, das Ungeordnete. Wenn er einen Brief schrieb mit seiner schönen runden aufrechten Schrift, so durfte es keine Korrektur darin geben, keinen Tintenfleck. Mitleidslos zerriß er jeden Brief, in dem ihm die Feder ausgeglitten war, und schrieb ihn nochmals von Anfang bis zu Ende. Wenn man ihm ein Buch geliehen hatte und er gab es zurück, so war es geradezu zärtlich in Seidenpapier gewickelt und irgendein farbiges dünnes Band umschnürte es und eine Blume lag dabei oder ein besonderes Wort. Sein Koffer, wenn er reiste, war ein Kunstwerk der Ordnung, und so verstand er jeder Kleinigkeit an einer verborgenen, unauffälligen Stelle sein Zeichen aufzuprägen. Eine gewisse Abgestimmtheit um sich zu schaffen, war ihm ein Bedürfnis, gleichsam eine Luftschicht um sich zu haben, so wie sie in Indien einerseits die Heiligen haben und anderseits die Menschen der niedersten Kaste, die Unberührbaren, die niemand am Ärmel zu streifen wagt. Es war dies nur eine ganz dünne Schicht, man konnte dahinter die Wärme seines Wesens spüren, und doch bewahrte sie undurchdringlich das Reine und Persönliche in ihm, wie die Schale die Frucht. Und sie bewahrte, was ihm das Wichtigste war: die Freiheit des Lebens. Keiner der reichen, der erfolgreichen Dichter und Künstler unserer Zeit war so frei wie Rilke, der sich nirgends band. Er hatte keine Gewohnheiten, keine Adresse, er hatte eigentlich auch kein Vaterland; er lebte ebenso gerne in Italien wie in Frankreich und Österreich, und man wußte niemals, wo er war. Fast immer war es Zufall, wenn man ihm begegnete; plötzlich vor einem Pariser Bouquinisten oder in einer Gesellschaft in Wien kam einem sein freundliches Lächeln entgegen und seine weiche Hand. Ebenso plötzlich war er wieder dahin, und wer ihn verehrte, wer ihn liebte, fragte ihn nicht, wo er zu finden wäre, suchte ihn nicht auf, sondern wartete, bis er zu einem kam. Aber jedesmal war es für uns Jüngere, ihn gesehen, ihn gesprochen zu haben, ein Glück und eine moralische Lehre. Denn bedenken Sie, was es für uns Jüngere an erziehlicher Kraft bedeutete, einen großen Dichter zu sehen, der menschlich nicht enttäuscht, der nicht geschäftig und geschäftlich war, der einzig um sein Werk sich kümmerte und nicht um seine Wirkung, der nie Kritiken las und sich nie begaffen und interviewen ließ, der anteilnehmend blieb und bis zur letzten Stunde von einer wunderbaren Neugier für alles Neue. Ich habe ihn gehört, wie er statt eigene Gedichte einem Kreise von Freunden einen ganzen Abend die Verse eines jungen Dichters vorlas, ich habe von seiner Hand ganze Seiten gesehen, die er aus fremden Werken sich abgeschrieben mit seiner wunderbar kalligraphischen Schrift, um sie weiter – zu verschenken. Und es war rührend, mit welcher Demut er sich einem Dichter wie Paul Valéry unterordnete, wie er ihm durch Übersetzung diente und, ein Fünfzigjähriger, von dem Fünfundfünfzigjährigen sprach wie von einem unerreichbaren Meister. Bewundern, das war sein Glück, und es war nötig in den letzten Jahren seines Lebens, denn, dies ersparen Sie mir zu beschreiben, wie dieser Mensch litt unter dem Kriege und unter der Zeit nach dem Kriege, als die Welt blutgierig war, häßlich, roh, barbarisch, als die Stille, die er um sich schaffen wollte, nicht mehr möglich war. Und nie werde ich vergessen die Verstörung in seinem Wesen, als ich ihn in Uniform sah. Jahre und Jahre der inneren Lähmung mußte er überwinden, ehe er wieder einen Vers schreiben konnte. Aber dann war es jene Vollendung der Duineser Elegien.

Meine Damen, meine Herren, ich versuchte Ihnen nur mit einem Wort etwas von der Kunst des reinen Lebens in Rilke anzudeuten, dieses Dichters, der nie in der Öffentlichkeit sichtbar gewesen war, nie unter den Menschen seine Stimme erhoben und dessen lebendigen Atem man kaum gespürt. Aber doch, niemand hat, als er gegangen war, unserer Zeit so gefehlt wie dieser Leiseste, und nun erst spürt Deutschland, spürt die Welt das Unwiederbringliche, das in seinem Wesen war. Manchmal geschieht es einem Volke, wenn ein Dichter stirbt, als stürbe die Dichtung selber mit ihm. Vielleicht hat England ähnliches erlebt, als in einem einzigen Jahrzehnt Byron hingegangen und Shelley und Keats. In solchen tragischen Augenblicken wird dieser letzte gleichsam seiner Generation zum Symbol des Dichters überhaupt, und man zittert, es sei der letzte gewesen, den wir erlebten. Wenn wir heute in Deutschland Dichter sagen, denken wir noch immer an ihn, und indes wir seine geliebte Gestalt noch mit den Blicken an all den Orten suchen, wo wir ihr begegnet sind, ist sie schon hinübergegangen aus unserer Zeit ins Zeitlose und Statue geworden im marmornen Haine der Unsterblichkeit.

Moissi im Gespräch

Schon dies, wie er einem entgegenkommt – Lichtfunken im dunklen Auge, Anmut in jeder Geste des melodischen Körpers, immer und immer noch jung durch mitteilsame Feurigkeit – schon dies nimmt gefangen. Irgendein Wort sagt er zur Begrüßung, ein »Ich freue mich« oder »Endlich sehen wir uns wieder einmal«, aber ehe die Lippe solches formt, mit dem ihm einzigen gutturalen und doch schwingenden Ton, längst ist das Wort schon gesagt durch die herzlich entbreitete Hand, durch dies locker aufgetane gute Lächeln oben in den beredtesten Augen und gleichzeitig unten auf der knabenhaft munteren Lippe: Südländer, unheilbarer Südländer, bringt er, um nicht zu frieren, die heimatliche Sonne immer mit sich. Er muß Wärme haben, Wärme von Menschen und Gefühlen, Kameraden, Freunden, Gefährten, Frauen. – Zunder für seine immer bereite Flamme, um wahrhaft er selbst zu sein: Starre würde ihn erdrücken, Langeweile ihn töten. Nach paar Minuten schon biegt er ein Wort scharf zu einem Haken, um einen zu reizen wie der Banderillero den Stier, denn er braucht die Menschen um sich belebt, leidenschaftlich in der Diskussion, aufgestachelt zur Erregung, er will Wärme, Feuer oder zumindest Feuerwerk. Nein, kein gleichgiltiges Gut oder Schlecht über Theater und Schauspieler, dies abgekurbelte Handwerk, nein: Diskussion, Diskussion über geistige, politische Fragen, Entscheidungen, die den ganzen Menschen fassen, die ganze Zeit. Salamandrisches Wesen, dem nur in der Hitze wohl ist, im Ansichfühlen der irdischen

Wärme, schafft er im Theater wie im privatesten Zimmer vorerst Atmosphäre geistiger Erregtheit, richtige Nervenbereitschaft, und jetzt erst, wenn die Worte warm widereinander schlagen, wirft er sich selbst in die ihm einzig mögliche Sphäre. Dann beginnt er zu sprechen, erzählt, erklärt, und die Stimme schmeichelt sich selber, rollt wie eine Katze ihren Knäul spielend die Treppe hinauf und hinab, den angesponnenen Gedanken in musikalisch steigenden und abfallenden Oktaven die ganze Skala des klingenden Kehlinstruments entlang; manchmal schließt man einen Liderschlag die Augen, um seine Rede nur als Musik zu fühlen, dann wieder verleitet einen das Schauspiel seiner Körperanmut, neugierig das unbewußt Rhythmische der Begleitbewegung anzusehen und seine Erregung zu genießen als plastisch vollendeten Augenblick. Und eben aus Neugier mehr wie aus Überzeugung wirft man ihm dann plötzlich einen Klotz von Einwand grob in den Weg, nur um nun auch seinen Ärger bildhaft zu sehen, das jähe Aufzucken vom Sessel, die Braue, die sich scharf zwischen die Augen drückt, um zu hören, wie unter der musikalischen Übermalung diese Stimme ganz metall wird, hart scharf, schneidend, ein stählernes Messer. Aber schon hat er bemerkt, daß man ihn nur locken wollte mit willkürlichem Widerspruch, heraus aus sich selbst und tiefer in die Hitzigkeit hinein – daß man vehementer anschlug, um das ganze Register zu entspannen, und er, der im Spiele lebt, lächelt heiter und knabengut. Und es ist herzaufschließend, ihn so lächeln zu sehen, ganz ohne Selbstgefälligkeit, nicht für sich, sondern den anderen zu, so wie er für andere spricht, der unablässig Wegschenkende, der ewig sich Mitteilende. Man kann ihn sich nicht denken mürrisch, verschlossen, nein: immer nur im Geben, im Entströmen, im Sichverschwenden. Darum lernt man, beisammen mit ihm, jedesmal wieder neu etwas vom Wesentlichsten der Welt in einer raschhinfliegenden Stunde: Jung zu bleiben durch Hingabe und nicht müde zu werden dank immer gleichen Willens zu immer neuer Leidenschaft.

Moissis Neubeginn

Ein Drama von Alexander Moissi? Wahrhaftig von ihm und von ihm allein geschrieben! Man war etwas erstaunt über diese Nachricht; denn wie kommt Saul plötzlich unter die Propheten, wie dieser Schauspieler, seit mehr als einem Vierteljahrhundert berühmt, mit einemmal unter die Dichter? Weniger überrascht waren diejenigen, die ihn näher kannten, seine Freunde. Sie hatten seit langem eine allmähliche Wandlung an ihm beobachtet; sie sahen: die bloße Rolle, das Spiel der Selbstaufgabe und der Verwandlung in fremde Gestalt, reizte diesen Künstler nicht mehr sehr; ihn lockte nur mehr die Darstellung von Menschen, in denen er ein sich selbst verwandtes Menschliches nicht eigentlich »spielen« im technischen Sinne, sondern verwirklichen konnte. Er war müde, sich aufzugeben und preiszugeben in schon fertige oder ausgeprägte Gestalten, sondern sich selbst wollte er schwingen und sich erregen fühlen in der darzustellenden Erregung. So war es nur ein kleiner, rascher, kühner Schritt mehr vom bloß Reproduktiven zum Produzieren hinüber, vom Darstellen zum Selbstgestalten.

Eine solche Wandlung bei einem ursprünglich bloß nachschaffenden Künstler zum schaffenden, ich hatte sie schon einmal bei einem anderen verehrten Freunde erlebt: bei Busoni. Jahre, jahrzehntelang hatte er in Hunderten, in Tausenden Konzerten in immer anderen Ländern, vor immer anderen Menschen, dieselben Meisterwerke gespielt, und der jedesmal gleiche Jubel hatte ihn menschlich müde gemacht. Bald fielen gewisse Eigenwilligkeiten auf in seinem Spiele. Er nahm die Tempi in seinem Sinne, er verwandelte und paraphrasierte die Werke nach seinem schöpferischen Eigenwillen; in das bloße Reproduzieren mengte sich das Produzieren, und auch er tat plötzlich jenen Schritt vom Pianistischen ins Kompositorische, auch er spät, in der zweiten Hälfte des Lebens.

Eine solche Umstellung ist Beweis innerer Triebkraft, der der äußere Erfolg nicht genügt, ein Anspannen des schöpferischen Elements, ein nochmaliges Spiel mit neuem Einsatz um die Erweiterung der Persönlichkeit; wer noch einmal beginnt, beweist, daß er noch nicht zu Ende war. Wer sich nicht wiederholen will, zeigt, daß noch unerschöpfte Kraftelemente in ihm zur Auslösung drängen. Denn ein schon einmal Bewährter hat immer Mißtrauen gegen sich und – ich gestehe es ein –, wir hatten es selbst, als Moissi plötzlich schüchtern, ängstlich und mit einer fast knabenhaften Scheu zu uns kam und uns anvertraute, er habe ein Stück geschrieben, das heißt – rührend war diese Unsicherheit – er habe versucht, ein Stück zu schreiben und ob wir – oh, er wisse ja, ihm fehle noch viel zur Vollendung – es nicht lesen wollten.

Ehrlich gesprochen, wir, seine Freunde, hatten herzhafte Angst, wir fürchteten etwas Theatralisches, etwas Bühnenreißerisches, eine eng an den Leib geschnittene Rolle und waren dann redlich und freudig erstaunt, zu sehen, daß, an sich selbst, den Schauspieler vergessend, Moissi nur aus der Vision einer Gestalt hier ein Drama geschrieben, das jenseits aller Aktualitätsungeduld den Konflikt zwischen dem Menschlichen und Heroischen an einem historischen Beispiel abwandelt und bei dem, ohne seinen Namen eingericht, kein Theaterdirektor einen Schauspieler und am wenigsten gerade diesen als Verfasser erraten hätte.

Seitdem ist Moissi schon wieder einen Schritt weiter

von den Kulissen getreten; ein Roman beschlagnahmt seine ganze künstlerische Leidenschaft. Geistige Gestaltung ist ihm seit dieser ersten Selbstprobe die liebste und brennendste Schaffensform geworden und, während er das Publikum, das ihn so lange getreulich als Schauspieler begleitet, mit dieser neuen Verwandlung überrascht, genießt er selber diese Verwandlung als im Goethischen Sinne »zweite Pubertät« seiner künstlerischen Natur, und schafft sich statt der alten und längst durchgelebten Sicherheit des Bühnenerfolgs noch einmal eine herrliche und aufregende Unsicherheit und Ungewißtheit des Anbeginns.

Abschied von Alexander Moissi

Es war zu Anfang dieses Jahrhunderts, da erklang auf dem deutschen Theater zum erstenmal die Stimme eines jungen unbekannten Schauspielers. Man horchte auf. Denn es war eine neue Stimme, anders als die andern, ein neuer, ein süßer Ton war darin, unvergeßlich und unverkennbar, wenn man ihn nur einmal gehört. Sie war harmonischer, gebundener, weicher, melodischer als die deutschen Stimmen, ein goldener, ein warmer Ton schwang in ihr, als hätte Südwind sie über die Berge mit linder Schwinge getragen, und wir, wir spürten das Italienische in ihr, das uns sonst auf der Bühne nur im Gesange beglückt. Aber melodisch wie die Stimme, so war auch dieser Körper, leicht und geschmeidig, die Anmut eines Epheben war darin und doch die Kraft eines Fechters; herrlich war es, diesen jungen Menschen anzuschauen, der in allen Verwandlungen gleich bezaubernd blieb, als Herr und als Knecht, als Fürst und als verlorene Seele und am schönsten, am berückendsten als Liebhaber. Da ward diese seine Stimme Musik, sein ganzer Körper zur Zärtlichkeit; schon wenn man ihn bloß ansah, spürte man seine italienisch plastischen Gesten, schon vor dem Worte bereits die Werbung. Und wer konnte ihr widerstehen? Eine ganze Generation hat ihn geliebt, diesen wundervollen Liebhaber, er sprach, er sang sich hinein in das Herz der ganzen deutschen Nation.

Aber in diesem knabenhaft schlanken Körper war eine brennende Seele, in diesem hellenisch schönen Haupte ein wacher und begieriger Geist. Die Welt der zärtlichen

Gefühle ward diesem großen Künstler bald zu eng, ihm war es nicht genug, immer nur der Liebhaber zu sein, der begehrende und begehrte Jüngling; ein großer Durst war in ihm nach den tieferen Geheimnissen des Lebens. Auch in die anderen Seelen wollte er sich verwandeln, in die heroisch Leidenden, in die kühn Machtvollen, in die von düstern Fragen Verzehrten. Nicht Romeo wollte er bloß in tausend Formen bleiben, der ewige Jüngling, sondern auch Faust sein, der geistige Schwärmer, und Mephistopheles, der ewige Verneiner, und Oedipus, der Kämpfer gegen das übermächtige Schicksal, und Hamlet, der unwillige Knecht seiner Gedanken – nein, eine brennende Seele wie die seine konnte sich nicht bannen in das enge Gefäß eines »Faches« (wie man im Theaterjargon sagt), sie wollte überströmen in alle Formen des schöpferischen Geistes, sich erfüllen in immer höheren Erfüllungen. Jede irdische Gestalt, in der er Raum fühlte, Menschliches bis an jene Grenze zu entwickeln, wo es das Göttliche berührt, zog ihn an, und nicht die lauten Helden, die panzerklirrenden des Krieges, sondern die Helden des Leidens waren ihm die nächsten. Ihnen wie uns allen wird unvergeßlich sein, wie er den Fedja im ›Lebenden Leichnam‹ spielte, seine liebste Rolle, den zerstörten Menschen, erdrückt von seiner eigenen Schuld, aber auch geläutert von ihr; nichts lockte ihn mehr als zu zeigen, daß das Tiefste, das Reinste in einem Menschen auch sein Unzerstörbarstes ist und daß der Hammer des Schicksals, statt den wahren Menschen zu vernichten, ihn nur von den Schlacken des Irdischen löst und reiner, freier herausarbeitet. Immer mehr und mehr zog ihn die Tiefe des menschlichen Charakters an, die verwirrten, die verstrickten, die sündigen Seelen waren der seinen die liebsten, und nichts drängte ihn so sehr als zu zeigen, wie aus den Trümmern seines Lebens ein Mensch immer wieder aufersteht.

Diese Liebe zu den tiefen und in sich verworrenen Seelen entstand bei Moissi aus dem Grunde, daß er selbst eine tiefe Natur war. Ihn reizte das Problem an sich, und wer das Glück hatte, ihn nah zu kennen, der weiß, daß seine liebste Lust das geistige Gespräch war, die brennenden Diskussionen. Oh lange Nächte: wohin seid ihr vergangen, da man mit ihm saß, dem innigsten der Freunde, und er sich brennend erregte an geistigen oder moralischen Problemen? Wie wunderbar strömte ihm da die Rede, wie herrlich beherrschte er, wie elegant und geschmeidig das blitzende Florettspiel der sich kreuzenden Argumente, wie gab er sich hin, wie glühend, wie leidenschaftlich, wie ganz! Denn Geistiges und Menschlichstes war dieses Theaterspielers tiefste Lust. Nie sah man ihn gemächlich und eitel seinen Ruhm verwalten, er lebte ohne Spiegel, er ging nicht in die Gesellschaften, um dort zu glänzen, und die Salons, diese Stätten der geschwätzigen Neugier, haben ihn niemals gesehn. Nur mit Dichtern, mit Musikern, mit Kameraden beisammen zu sein, hatte für ihn Reiz, und seine geheimste Begierde galt dem Schöpferischen – selber einmal zu schaffen und nicht nur nachzubilden, nicht nur in Masken zu schlüpften, sondern selbst Menschliches zu gestalten. Sein Napoleon-Drama ist ein solcher Versuch, und wer, frage ich, wer von allen andern Schauspielern unserer Tage hat sich so sehr dem Begriff des Schöpferischen genähert als er in diesem Werk? Er wußte zuviel von dem Schein des Theaters, um nicht auch die andere Welt zu begehren, die des wahren Seins; nicht die nächste Rolle allein, auch die Wirklichkeit, das ungeheuer dramatische Leben unserer Zeit erregte seine Leidenschaft. Und je mehr er Anteil nahm, um so weiter und wissender wurde er, nichts war ihm mehr unverständlich und schwierig, und so war er am Wege, der wahrhaft universalische Schauspieler unserer Zeit zu sein, an nichts gebunden und allem verbunden – Proteus, der Gott der ewigen Verwandlung und doch immer göttlich in allen seinen Formen.

Aber das ist vorbei. »Vorbei« – ein unbegreifliches Wort, nennt es einmal Faust. Denn wirklich, wie es fassen, daß etwas, was in uns so in tausend Formen lebt, was unserm Auge gegenwärtiges Bildnis ist, unserm Ohre noch Musik, was Erregung noch ist und Nahrung unserm Gefühl, »vorbei« sein soll, nicht mehr da, nicht mehr vorhanden? Wie es fassen, daß wir hier »Moissi« sagen und damit den Lebendigen, den ewig in uns Lebendigen meinen und nicht ein Nichts, das nicht mehr spricht und atmet und glüht. Nein, denken wir diesem Unausdenkbaren nicht nach, daß er nicht mehr da ist, denken wir einzig an das Unvergeßliche, das von seinem Wesen ausging: an die Abende unserer Jugend, da wir die Augen schlossen, um tiefer in uns hinein die Musik seiner Stimme zu hören, und doch wieder blickten, um nicht eine Geste von ihm zu verlieren – denken wir die Stunden wieder in uns wach, da wir rasch hinter die Bühne drängten, nur rasch ihn zu umarmen oder nur seine Hand zu fassen, denken wir, nein, fühlen wir die Wärme, die er in ihr so wunderbar erregte, und daß von diesem einen Menschen, weil er so herrlich menschlich war, zu Millionen derart bestärkende Wirkung ging. Denken wir daran und danken wir ihm, der nun nicht mehr antworten kann, für alles Wissen um den Menschen und die Seele, die er uns gelehrt – und ich glaube, es gibt keine reinere Lust im Menschen, als um das Menschliche zu wissen. Wer uns gelehrt in dieser heiligen Kunst, der sei gesegnet; wer für sie lebt und leidet, der sei geliebt.

Einen wundervollen, einen einzigen Künstler haben wir in ihm verloren, wir und ihr. Ziemt es da noch zu fragen, was Alessandro Moissi im tiefsten Grunde war, was zuerst und was zutiefst – ein deutscher Schauspieler oder ein italienischer? Nein, gemeinsame Liebe rechtet nicht. In jeder großen Künstlerseele leben viele Seelen und an der höchsten, der herrlichsten Stufe enden alle Unterschiede: wer sie erreicht, gehört nicht einer Nation mehr, sondern allen Nationen, nicht einem Lande, sondern der ganzen Welt. Eine solche Seele war unser Alessandro, in tausend Leben lebte er sein Leben. Er war Grieche mit Sophokles und Engländer mit Shakespeare, war Deutscher mit Goethe und Hauptmann und Hofmannsthal, Russe mit Tolstoi und Dostojewskij, war Italiener mit d'Annunzio und Pirandello, er war auch als Schauspieler der ›Jedermann‹, der ›Everyman‹, der ›Ognuno‹, Weltbürger jenes heiligen Reichs der Kunst, wo der Blick sich aus dem Irdischen gegen das Göttliche richtet, gegen die heilige Einheit über aller Verschiedenheit. Aus diesem Unbegreiflichen ist er gekommen, in dieses Unbegreifliche ist er wieder dahingegangen – gemeinsames Glück für uns alle sein Kommen, gemeinsamer Schmerz sein Entschwundensein.

Brüderlich sei darum auch in dieser Stunde unser Gedenken. Halten wir inne mit dem Wort, das ihn nicht mehr erreicht, um noch einmal im Schweigen seine Stimme von innen zu vernehmen, um noch einmal mit dem geistigen Blick seine geliebte Gestalt zu sehen, jeder für sich, jeder in seiner eigenen Seele. Dann ist er nicht allein mit sich in seinem Tode, dann ist er nicht entschwunden, sondern als geliebter Freund, als unverlierbare Gestalt in unserer Mitte, der große Künstler, den die italienische Erde der Welt gegeben, er, Alessandro Moissi, der Stern unserer Jugend, das Sinnbild der Schönheit im Wesen und im Geiste, er, der Freund, der Gefährte, den wir verloren haben und doch nicht verlieren wollen. Halten wir Treue seinem inneren Bildnis und Ehre und Liebe seinem Gedenken.

Hugo von Hofmannsthal

Gedächtnisrede zur Trauerfeier im Wiener Burgtheater

Den unermeßlichen Verlust, den wir mit dem Hingang Hugo von Hofmannsthals erlitten haben – ihn hat bereits beredter und leidenschaftlicher als jedes Wort es vermöchte, in jener ersten tragischen Sekunde unser Schmerz ausgesprochen, unser furchtbares Aufschrekken, unser rastloses Verstörtsein. Immer ist ja Schmerz der wissendste Wahrsager jeden Verlustes – mit einem einzigen durchschlagenden Ruck reißt er Tiefen des Gefühls auf, die nie mehr der nachfolgende Gedanke, und noch weniger das allmählich erst sich besinnende Wort erhellt. In dieser einhelligen Getroffenheit wußten wir alle, intuitiv das ganze Österreich, das ganze Deutschland, wußte die Welt, daß mit ihm ein Unwiederbringliches genommen war – nun aber erst erkennen wir, warum seine vorbildlich führende Gestalt uns niemals notwendiger gewesen ist als in der gegenwärtigen Stunde. Denn ein sonderbarer Geist oder Ungeist waltet jetzt in der Zeit, daß sie von der Kunst immer nur das Zeitliche will, immer nur das fließende Bildnis ihrer eigenen Unrast und Bewegtheit. Gleichgültig und feindlich geht sie vorüber an den großen symbolischen Formen, die das Dauernde ausdeuten wollen und das Obere der Welt. Das Gedicht hat sie aus ihrer Neigung verstoßen und die gebundene Rede von der Bühne; dem Vergangenen, dem heilig Überkommenen weigert sie sich, nur Gegenwart, brennendes Heute will sie, und bestenfalls Blick in den nächsten Tag. Er aber, dieser eine, Hugo von Hofmannsthal, stand allein wider diese Strömung der Stunde. Angereiht an erlauchte Ahnen, beharrend in Formen, die er unvergänglich wußte, gläubig an jene geheimnisvoll deutenden dichterischen Zeichen, die wir Symbole nennen, stand er einsam und groß auf der deutschen Erde klassischer Überlieferung. Und einzig diese seine hohe Haltung hielt das unruhig Drängende der andern noch in Schwebe. Allein stand er, seit jener andere Hüter des erhobenen Wortes, seit jener andere geliebte Meister des Gedichtes, der andere große Österreicher, seit Rainer Maria Rilke von uns gegangen. Und dieses fast gleichzeitige, sternhafte Entschwinden traf uns wie eine Mahnung, als wolle tatsächlich der Glaube an das Übergeordnet-Gesetzmäßige in der Kunst unsere Zeit jetzt verlassen, als sei es für immer zu Ende mit der Suprematie der reinen, zeitentwandten Dichtung im deutschen Schrifttum.

Aber besinnen wir uns auf dessen eigenen hohen Sinn und lassen wir uns nicht vom Augenschein verwirren. Immer wird und muß wieder eine Zeit erstehen, die nichts hören und sehen will als ihre eigenen Wirklichkeiten, eine Epoche, die voreilig meint, verzichten zu können auf Überlieferung ererbter Gesetze, die glaubt, sich entringen zu können den ewigen Gebundenheiten der Normen und Formen. Eine solche Zeit war schon oftmals in Deutschland, und sie war auch gerade damals, als Hugo von Hofmannsthal dichterisch vor die Welt trat. Vor fast vierzig Jahren war diese Zeit. Das prophetische Haupt Friedrich Nietzsches hatte sich mit Dunkel verhüllt, die letzte deutsche Stimme war verstummt, die große Dichtung schuf und die Sprache dithyrambisch emporriß zu neuen Herrlichkeiten. Dafür kam ein neues Geschlecht, das meinte, die Sprache bedürfe gar nicht der gebundenen und ehernen Zucht, um Dichtung zu werden. Nur wegzuhorchen brauche man sie von der Straße und aus zufälligem Gespräch, und schon sei Wertvolles geschaffen, glaubte der Naturalismus. Er verwarf die reine und durchbildete Form des Gedichtes als müßiges Weiberspiel; brüsk stieß er das klassisch geformte Drama von der Bühne. Auch damals schon meinte eine Zeit die überzeitlichen, die klassischen Werke versargt und begraben.

Da geschah nun dies – etwas scheinbar sehr Unbeachtliches. Es erschienen in einigen winzigen Zeitschriften in Brünn und Wien einige Gedichte und dann Vorspiele, unterzeichnet zuerst mit dem merkwürdigen Pseudonymen »Theophil Morren«, dann »Loris« und schließlich, den wahren Namen enthüllend, Hugo von Hofmannsthal. Einige wenige Gedichte, fünf oder zehn im ganzen, und in verschollenen, gleichsam unterirdischen Zeitschriften. Aber so wie eine wirklich elementare Explosivkraft nur ein Quentchen ihrer zusammengeballten Energie benötigt zu weithinreichender Erschütterung, so brachten diese wenigen Gedichte in allerkürzester Zeit eine kaum übersehbare Erregung in den weitesten literarischen Kreisen hervor. Immer geheimnisvoll bleibt ja Wesen und Wirkung des Gedichts. Millionen Worte durchschwirren unsere tägliche Welt und fallen ins Leere zurück, ein loser, aufgewirbelter Staub. Aber manchmal geschieht es, selten zu allen Zeiten, da fügen ein paar solche Worte, solcher Zeilen sich zusammen in ein atmendes Gebilde, das selig die Lippe überlebt, die sie schuf, und ganze Geschlechter, die sich an ihnen entzückten. Solche vollendete Gedichte, hier traten sie mit einem Male vor eine überraschte Zeit. Eine neue Stimme war aufgeklungen in der oberen Welt der deutschen Dichtung, und bezaubert, beglückt horchte man auf diese neu aufgebrochene Melodie. Knaben noch auf der Schule kannten, liebten, vergötterten wir sie schon, jene morgenhellen, jene betörend süßen Strophen des ›Frühlingswinds‹, jene dunkel in ihre eigene klingende Tiefe hinabschauenden ›Terzinen über die Vergänglichkeit‹; auswendig wußten wir die orphischen Strophen des ›Lebensliedes‹ und jene Landschaftsarien im ›Tod des Tizian‹, in denen die deutsche Sprache den kostbarsten Prunk ihres Reichtums mit einer wahrhaft antikischen Leichtigkeit trägt. Hier war, jeder fühlte es sofort, Vollkommenes getan, für alle Zeiten Unvergeßbares im Raum des deutschen Schrifttums und unverlierbar der Nation, die dank dieser Sprache lebt. Und ehrfürchtig staunte eine ganze Nation dieser plötzlich enthüllten Meisterschaft entgegen. Ein Dichter war gekommen, gerade im Augenblick, da man Dichtung klassischer Art für unmöglich hielt und veraltet, ein Dichter, der im zerbrechlichsten und allerzartesten Stoffe ein Weltall des Gefühls zu verschließen vermochte. Denn immer erregt das Vollendete Ehrfurcht, allezeit füllt es die Herzen mit einem besonderen, einem frommen, fürchtigen Schauer. Denn wo immer es sich offenbart, in der makellosen Schönheit eines Antlitzes, im Rhythmus eines vollendeten Körpers, in der Schwingung eines Verses, in der Melodik eines Liedes – immer und überall fühlt die Menschheit das Vollkommene so, als blickte mitten im Irdischen mit einmal das Auge des Göttlichen sie an.

Aber doch, selbst dieses fromme Staunen vor dem Vollendeten hat noch seine Stufen, die Beglücktheit vor dem Vollkommenen noch ihre Steigerung. Denn dies kann allenfalls der nüchterne klare Sinn als verständlich empfinden, daß ab und zu Vollendetes einem Manne, einem geprüften, reifen Künstler gelingt, als Summe und Entgelt unzähliger schaffender Jahre. Aber immer wird es als wahres Wunder, als göttlich unbegreifliches, erscheinen, wenn Vollkommenes einem Jüngling geschenkt wird, einem ahnungslosen, einem nur von seinem Genius belehrten. Zu allen Zeiten und bei allen Völkern hat man solche Jünglinge als den einzigen gültigen Beweis empfunden, daß das Dichterische von den Göttern stammte, daß die wahre, die höchste Leistung in den Künsten niemals eine erraffte und erarbeitete sein kann, sondern Gnade von oben ist. Und selbst unsere, allem Mythischen doch längst entwanderte Zeit, auch sie kann das magische Erscheinen des jungen Hofmannsthal noch heute nicht anders als ein Wunder benennen. Denn wie jetzt noch nach beinahe vierzig Jahren, wie heute es mit dem wachen Sinn fassen oder gar erklären, daß ein Knabe, ein sechzehnjähriger, ein siebzehnjähriger, auf der Gymnasialbank in ein blaues Schulheft lateinische, mathematische und deutsche Schularbeiten schrieb, streng korrigiert noch von der roten Tinte des Lehrers, und gleichzeitig mit derselben Hand auf ein anderes solches Blatt Gedichte einzeichnete, unvergängliche der deutschen Sprache? Wie dies erklären, daß eine Knabenlippe, die noch nie die einer Frau berührt, »hohe Rede tauschte mit dem Kern und Wesen aller Dinge«, daß gleichzeitig mit seiner Maturaarbeit der Halbwüchsige den unvergänglichen ›Tod des Tizian‹ schrieb und, gerade von der Schule weg, den ›Tor und Tod‹, dieses tiefsinnige Spiel, das noch heute seine unverminderte Schönheit erweist?

Und wunderbar wie der erste Anfang die Jahre der stürmisch nachdrängenden herrlichen Selbstüberbietungen der eigenen Meisterschaft. In diesem einen Jahrzehnt vom siebzehnten bis etwa siebenundzwanzigsten Jahre hat hier im Lyrischen ein einziger so viel geleistet wie ein ganzes Geschlecht, denn diesen ersten Versuchen – nein, nicht Versuchen, denn sie waren schon Vollendungen –, diesen ersten Werken also reihten sich in brennender Folge die tiefen Spiele des ›Kleinen Welttheaters‹ und des ›Weißen Fächers‹ an, die hohen und hallenden Prologe, die farbigen und fülligen Vorspiele, die erste Novelle, so klassisch-kleistisch in ihrer Prosa, wie jene Gedichte

Goethes würdig gewesen. Und schon begann jene unterirdische Strömung zum Drama hin, zu weiter gespannten Visionen wie der ›Hochzeit der Sobeide‹, dem ›Abenteurer und der Sängerin‹ – diesen Werken des Reichtums und der Verschwendung. Nein, nie hat ein neuerer Dichter und keiner seit Goethe vielleicht aus einer solchen Überdrängtheit der Visionen, aus so rauschhafter und geistig trunkener Fülle geschaffen wie Hugo von Hofmannsthal in seinem lyrischen Jahrzehnt, nie seit Novalis und Hölderlin ist einer so lyrischer Dichter gewesen im Sinn des von den Göttern Beschenkten, des von der Musik Gesegneten und mit dem heiligen Öl der Sprache königlich Gesalbten wie dieser junge Mensch, der hier in unserer Stadt, in unserem Land mit seinem Namen hinaustrat in das ganze Reich der deutschen Sprache und in ihre überzeitliche Unendlichkeit.

Diese Jugend Hugo von Hofmannsthals, sie war – weigern wir uns nicht dem Worte! – ein Wunder, ein unvergleichliches, ein überirdisches Ereignis. Aber der Sinn jeden wahren Wunders ist seine Einmaligkeit. Nur selten darf es niedersteigen und nie darf es lange verweilen auf unserer Erde, damit es sich nicht abnütze und erniedrige, damit es nicht seine Schauer und seine Göttlichkeit verliere durch Wiederholung.

So war es von vornherein unmöglich, daß dieser magische Zustand, diese Trunkenheit von Werk zu Werk ein ganzes Leben fortdauern könne; ein solcher seliger Rausch ist bluthaft gebunden an sein Urelement, die Jugend. Unvermeidlich mußte ein Augenblick kommen, da diese Fülle der Visionen der eigenen schöpferischen Seele nicht mehr ertragbar war, da die lyrische Trunkenheit weichen mußte einer ordnenden und bewußten Klarheit. Nicht sei aber damit gemeint – mit der Faust muß man das Mißverständnis zurückstoßen –, als sei der Genius, der in dem jungen Hofmannsthal Heim und Hausung genommen und von seiner Lippe geredet, als sei er von ihm weggegangen –, so wie es bei vielen anderen Dichtern geschah, bei Rimbaud, bei Lamartine, bei Uhland, die nur Dichter waren einer kurzen Spanne und sich dann selbst in einem fremd gewordenen Leibe überlebten. Nein, all die in ihn eingesenkte dichterische Kraft ist bis zum letzten Augenblick in Hugo von Hofmannsthal ungemindert stark geblieben, ja sie hat sich sogar noch erhellt und geklärt von seiner immer mächtigeren Geistigkeit. Nur jene Trunkenheit, jenes schwelgerische Übermaß der ersten Jahre ist mit der Jünglingszeit von ihm gewichen, nur jenes selbstabwesende Tun und jenes Dichten und Gestalten gleichsam nur nach dem Diktat übersinnlicher Mächte. Und nichts ehrt Hofmannsthals Ehrfurcht vor den immanenten und unumstößlichen Gesetzen der Lebensalter in der Kunst mehr, als daß er späterhin niemals versucht hat, diesen magischen Zustand seines Anfangs noch einmal künstlich und kunsthandwerklich zu reproduzieren, sich nochmals jene ahnungshafte Knabenhaftigkeit anzuschminken, eine Trunkenheit zu mimen, die nicht mehr in seiner Seele, die nicht mehr in seinem Blute war. Und wer die innere Entschlossenheit dieser Abkehr und ihre tiefgründigste Deutung verstehen will, der lese jenes unvergängliche Prosastück, den imaginären ›Brief des Lord Chandos‹, wo Hofmannsthal ein ähnliches Phänomen seelischer Umschaltung mit wunderbarer psychologischer Wachheit erklärt. Nie hat ein Dichter ehrlicher Abschied genommen als der gereifte und höheren Gesetzen gehorchende Hugo von Hofmannsthal von dem Wunder des jungen Hugo von Hofmannsthal, das er selber gewesen.

Eine ungeheure, fast tragische Verpflichtung stand nun vor dem Dreißigjährigen. In einem Alter, da andere schüchtern anhoben, hatte er schon Vollkommenes geschaffen im Gedicht, Unerreichtes in der Prosa, Unübertreffliches in jenen traumhaften Sinnspielen. Jetzt aber forderte das Drama, die gewaltigste und anspruchsvollste der Kunstformen, zum Kampfe; nun galt es für den Mann, daß er auch ihr das heilige Zeichen der Meisterschaft aufpräge. Ein wahrhaft übermenschlicher Anspruch trat ihn damit an, denn gerade einem Hofmannsthal und ihm allein war es nicht verstattet, sich zu begnügen mit mittleren Leistungen. Wie streng Hugo von Hofmannsthal diesen ehernen Anspruch an sich selbst gerichtet, er, der wie kein anderer um die Gesetze und Werte des Kunstwerks wußte, diese moralische Leistung wird gerade bei uns in seiner Heimat durch die beklagenswerte Tatsache verstellt, daß wir hier in dieser spielfreudigen und nur dem Leichteren zugewandten Stadt fast nur jene Werke auf der Bühne sehen durften, in denen das Zentrale seines schöpferischen Willens nicht so erkenntlich ist – ›Cristinas Heimreise‹ und den ›Schwierigen‹. Meisterwerke ihres Genres, sind sie doch bloß Werke, darin sein Sinn, der herrlich ungenügsame, einmal gleichsam spielend und spielhaft die überlegene Kraft entspannt und auf Heiterem ruht, südliche halkyonische Inseln seiner mehr nordischen, tragischen, seiner alle Zeiten und Zonen überspannenden schaffenden Welt. Aber seinen wahrhaften Werkwillen an ihnen zu messen wäre ebenso ungerecht, wie wenn man aus einer vierstufig gebauten Symphonie einzig den Satz des Scherzos auslöste. Denn Hofmannsthals eigentlicher, sein leidenschaftlich und bis zum Schmerz gespannter Wille ging von Anfang an einem Faustischen entgegen, einem dramatischen Welt-Symbol, in dem alle Kräfte und Widerkräfte des Daseins sich versammelten. Dieser Traum von einem wahrhaft großen, weltumspannenden Drama, einem Welttheater, hat Hofmannsthal von seiner ersten Jugend her begleitet, denn schon jener ›Tod des Tizian‹, den wir nur als romantisches Spiel sehen und den die meisten irrig als Ganzes betrachten, schon er war nur als das schwermütig süße Vorspiel einer gewaltigen Lebenssymphonie gedacht. Der Knabe-Held, der dort in einer wohlumhüteten Sphäre adelig erlesener Schönheit, in dem oberirdischen Reich der Kunst mit noch unbeflecktem Herzen den Hymnus der Schönheit anstimmt – er sollte dann im weiteren Verlauf des Stückes hinabsteigen in die Stadt, sich beimischen der anderen Welt, das Gemeine kennenlernen der Täglichkeiten, die dunkeln und unreinen Leidenschaften; dann sollte die Pest ausbrechen in dieser Stadt und wie mit einer ungeheuren Fackel alle irdischen Leidenschaften entflammen – riesenhaft als gigantisches Fresko, so träumt der Knabe, der achtzehnjährige schon das Drama. Es ist Fragment geblieben und ein zweites gewaltiges Drama ebenso, jene fünfaktige Tragödie ›Das Bergwerk von Falun‹, wo gleichfalls faustisches Verlangen in einem Menschen die zu dünne Membran zwischen eigenem Leib und dem All zerreißen will. Erst im Sommer seines Lebens, spät vollendend, aber dann wahrhaft vollendet, hat Hofmannsthal in siebenjährigem, unablässigem, immer höher aufstufendem Bau sein großes Drama geschaffen – ich meine das weit über die Unzulänglichkeit der Bühne emporgehöhte dramatische Mysterium des ›Turms‹, in dem, unzugänglich den Vielen, eine ganze Gedankenwelt eingebaut ist, dieses sein Werk, mit dem er gerungen wie Jakob mit dem Engel, und das ihn – gleich jenem – verwundet entließ.

Ein Herbst vielleicht noch, ein golden reifender nach diesem strahlenden und immer höher strebenden Beginnen, nach diesen mächtig ringenden Mannesjahren – und vielleicht wäre diesem Werk noch ein anderes nachgereift, vielleicht hätte, wie bei Goethe, erst die letzte Altersstufe durch schauende Weisheit die großen dramatischen Pläne der Jugend vollendet. Doch zwischen diese letzte Erfüllung und unsere leidenschaftliche Erwartung trat das Verhängnis seines zu frühen Todes.

Während aber so mit unaufhörlicher Bemühung der bildnerische Geist dem Drama sein Geheimnis zu entringen suchte, übte sich gleichzeitig die dramaturgisch geschulte Hand an fremden, vorgestalteten Formen. Und dieser seiner nachformenden Beschäftigung danken wir unermeßliche Bereicherung, dankt die Bühne unvergänglichen Besitz. Denn, die Literatur aller Zeiten überschauend mit seinem weiten humanistischen, seinem wahrhaft magischen, schatzentzaubernden Blick, sah Hofmannsthal gerade dort, wo andere bloß Verschüttetes meinten, das goldene Metall in dem rohen Gestein, und es lockte ihn, seine Kraft dazuzutun und so längst vergessene Werke der Weltliteratur unserer Zeit und unserem Theater neu zu gewinnen. Wie viel, wie unendlich viel hat dieser sein aufopfernder Dienst am Drama uns aus allen Zeiten gerettet! Die ›Elektra‹ des Euripides, sie lag vergraben im philologischen Schutt, Professoren allein lasen sie noch als gelehrten Text, nichts galt sie unserem Theater, unserer Zeit. Er aber brauchte nur dieses in Vergangenheit versunkene Werk anzurühren, und aufstand die atridische Gestalt! Aus ihrem königlichen Tor in Mykene trat sie riesenhaft mitten in unsere Zeit und schüttelte unser Herz um und um mit der Macht ihres Schicksals. »Ödipus«, »Klytämnestra« und »Admet«, gleichsam augenlose Statuen der Antike, die uns vordem anstarrten überlebensgroß, grauenvoll und fremd, sie bekamen neuen, menschlichen Blick durch ihn und ein Leben in ihren steinernen Mund, seit er ihnen Sprache gab von seiner Sprache und Seelenkraft aus seiner Seele. Oder da lag Otway's ›Gerettetes Venedig‹, weggeworfen und schon fast zertreten am Wege Shakespeares, ein zerfetzter, blutübergossener Bastard genialen Empfindens und sprachlicher Unzulänglichkeit – er aber riß es empor, indem er es anfüllte mit dem schwülen Atem, der über den Kanälen Venedigs liegt, und mit den hitzigen hochgespannten Leidenschaften der Renaissance, und es ward ein Drama, so mächtig, daß man manche seiner Szenen gemeinsam nennen darf mit jenen Shakespeares. Oder da moderte ein altes englisches frommes Mysterienspiel, ›Everyman‹ benannt – niemand konnte genau noch sagen, wer es eigentlich geschrieben. Dem Volk, den kleinen Leuten hatte man vor Hunderten von Jahren am Vorplatz der Kirche es vorgespielt, und alle literarischen Auguren fanden sich einig, es sei ein abgelebtes, kindisch einfältiges Spiel. Er aber nahm das vergessene auf in seine kluge, sprachmächtige Hand, härtete es in seiner dramatischen Kraft und tat es in herrlich holzschnitthafte Verse, ähnlich jenen Luthers und Hans Sachsens. Und mit einemmal stand dieser ›Jedermann‹ neu vor der Welt, alljährlich Tausende und Tausende mit tiefsten Erschütterungen überwältigend, eines der reinsten und dauerhaftesten dramatischen Gebilde unserer Zeit. Nur zu rühren brauchte dieser Zauberer, dieser Entzauberer an Erstarrtes, und schon ward es lebendig; die ›Dame Kobold‹ von Calderón, er hauchte sie an mit Sprache, und schon wirbelte sie mit ihren entzückenden Quiproquos neu jugendlich über die Bretter und riß jeden Hörer mit in ihren übermütigen Schelmentanz. Alle Zeiten und Zonen, alle Formen und Sphären waren seinem Sinn gleich magisch offen – aus dem Orient und ›Tausendundeine Nacht‹ holte er die Trunkenheit sternübersäter Nächte in seine ›Hochzeit der Sobeide‹, aus der Zauberwelt Chinas geisterte Geheimnis in die ›Frau ohne Schatten‹ über; all dies war nicht bloßes Maskentragen und Überwurf fremden Kostüms, sondern vollkommene Durchdringung; seine Sprache ging in ihren Rhythmus, seine Seele in ihre Seele über wie Blut in Blut.

Durch diesen Dienst am Weltdrama hat Hofmannsthal der deutschen Bühne einen ungeheuren Gewinn gebracht, nicht nur an Glanz und Farbe und Leidenschaft, sondern – wichtiger noch – er hat unsere ganze Zeit wieder hin- und zurückblicken gelehrt vom Ephemeren der dramatischen Tagesleistung zum Ewig-Meisterlichen und Überdauernden. Aber ebenso wie diesen dichterischen Brüdern, so hat er sich nicht gescheut, als der Größte der Sprache auch dem Größten der Musik zu dienen und damit der fast überlebten Form der Oper noch einmal die königliche Prägung der Dichtung aufzudrükken. Daß die Meisterwerke ›Elektra‹, ›Ariadne auf Naxos‹, die ›Frau ohne Schatten‹ entstanden, dankt ihm die musikalische Welt dieser Zeit und kommender Zeiten, und besonderen Dank schulden w i r ihm, schulden ihm unsere Nation, unsere eigene Stadt Wien. Denn, scheinbar nur ein Textbuch schreibend, hat Hofmannsthal mit dem ›Rosenkavalier‹ das vollkommenste österreichische Lustspiel geschaffen, das wir besitzen, unsere österreichische ›Minna von Barnhelm‹, das wahrhaft nationale Werk, das Farbe und Fühlart, das Oben und Unten, Adel und Volk, Süßigkeit und Heiterkeit, den ganzen hell gemengten Charakter der Stadt auf das zauberhafteste spiegelt. Vielleicht wird man einschränkend sagen: aber ein Lustspiel bloß für Musik, und nur lebend dank ihr! Doch wie ein wahrhaftes österreichisches Lustspiel denken ohne Musik? Nehmen Sie jenen, die bisher als die Meisterwerke galten, nehmen Sie Raimunds ›Verschwender‹, dem ›Bauer als Millionär‹ das Hobellied, das Aschenlied, das »Brüderlein fein«, nehmen Sie Nestroy die muntern Quodlibets, und Sie haben ihnen die Spitze abgebrochen, ihnen den feinsten, zartesten Schmelz geraubt. Immer ist ein Teil der Seele des Österreichers Musik, und gerade darum ist der ›Rosenkavalier‹ in seiner unvergänglichen Bindung das absolute Symbol unseres Seins und Gewesenseins. So tritt zu Hofmannsthals vielfachem Ruhm auch dieser noch, daß er mitten in seinem weltumfassendem Werke gerade seiner Heimat das bleibendste Bühnenwerk der Zeit gegeben hat.

Wieviel Taten dies, wieviel Werke in einem einzigen Leben, und doch immer noch nicht das ganze Werk, die ganze Tat! Denn welchen überlegenen Geist, welchen weitüberschauenden Denker wir neben dem Dichter noch in Hugo von Hofmannsthal verloren haben – dies offenbaren erst seine prosaischen Schriften. Einen Geist, einen immer beflügelten, der nur im Schwebenden ruhte, dem keine Ferne galt und der alle Abgründe durchmaß, einen Geist, dem das obere Element, zu dem andere nur in kurzen, zuckenden Atemstößen sich aufschwingen, die eigentliche und selbstverständliche Heimat war. Aber dieses Geistwerk, dies großartige, es ist von seiner Dichtung nicht zu trennen; denn sie sind geschrieben, diese unvergleichlichen Schriften, in jener azurenen Prosa, die nur eine einzige vermöchte wahrhaft zu rühmen – die seine! In einer Prosa, die so leicht, so sieghaft übermächtig, um sein eigenes Wort zu borgen, mit der allgemeinen Sprache schaltet, wie der Wind mit dem Ährenfeld; einer Prosa wie sie – ich sage dies gewogenen Wortes – seit Goethe niemand in Deutschland geschrieben hat. Nirgends im deutschen Schrifttum ist mit mehr Hoheit, aus einer solchen Adlerschau des Geistes, mit einer solchen Schwingenweite des Weltgewissens von künstlerischen Gegenständen gesprochen – oder vielmehr gedichtet – worden wie in diesen prosaischen Schriften. Denn nie anders als von oben vermochte dieser überlegene Geist zu schauen, nie anders als in den höheren Ordnungen sich zu bewegen. Die obere Welt, unnahbar uns allen, sie war die wahre und selbstverständliche Sphäre seiner Seele. Darum hat die Kunst unserer Zeit in Hugo von Hofmannsthal nicht nur ihren sprachmächtigsten Dichter verloren, sondern auch ihren obersten und reinsten Richter. Und niemand ist heute in Deutschland, diesen äußersten Rang wieder einzunehmen. Mit Hugo von Hofmannsthal ist die höchste Instanz der ordnenden Gerechtigkeit aus unserer in ihren Werten verwirrten Welt gefallen, und gleichzeitig der unverbrüchliche Zeuge für die Übermacht des Geistes über den Ungeist, des vollendet Geformten über das Chaotische und Ungeformte. Denn dies war der letzte, der äußerste Sinn seiner Sendung auf Erden: noch einmal das Maß nach oben zu richten – eine Zeit, die, wie er gerne sagte, nur auf Gleitendem ruht, neuerdings auf das Dauernde und Unvergängliche zurückzuverweisen. Hugo von Hofmannsthal hat gefordert und durch sein Werk bewiesen, daß auch heute eine hohe, eine adelige, eine dem Absoluten dienende Kunst möglich ist, und daß wir dies erlebten an seinem Dasein – darin liegt große Verpflichtung. Denn nur wenn wir Hugo von Hofmannsthals heroische Liebe zum Zeitlosen und Makellosen in uns eingehen lassen als lebendige Macht – nur, wenn wir uns gewöhnen, wieder aufzuschauen in jene oberen Sphären, in denen er gestaltet und in die er entschwunden –, dann nur ehren wir wahrhaft diesen hingegangenen und doch unvergänglichen Dichter – dann erst feiern wir würdig das Gedächtnis Hugo von Hofmannsthals.

E.T.A. Hoffmann

Es gehört viel Phantasie dazu, um sich die ganze Nüchternheit des äußern Lebens vorzustellen, zu der E. T. A. Hoffmann zeitlebens verurteilt war. Eine Jugend in einer preußischen Kleinstadt mit genau abgezirkelten Stunden. Auf den Sekundenstrich muß er Latein studieren oder Mathematik, Spazierengehen oder Musik treiben, die geliebte Musik. Dann ein Büro, und dazu noch ein preußisches Beamtenbüro irgendwo an der polnischen Grenze. Aus Verzweiflung dann eine Frau, langweilig, dumm, unverständig, die ihm das Leben noch einmal vernüchtert. Dann wieder Akten, Akten, Amtspapier verschreiben bis zum letzten Atemzug. Einmal ein kleines Intervall: zwei, drei Jahre Theaterdirektor, die Möglichkeit, in Musik zu leben, Frauen nahe zu sein, den Rausch des Überirdischen in Ton und Wort zu spüren. Aber zwei Jahre nur, dann zerschlägt Napoleons Krieg des Theater. Und wieder Amt, genaue Stunden, Papier, Papier und die grausame Nüchternheit.

Wohin entfliehen aus dieser abgezirkelten Welt? Manchmal hilft der Wein. Man muß viel trinken, in niedern, dumpfigen Kellerräumen, um davon trunken zu sein, und Freunde müssen dabei sein, brausende Menschen wie Devrient, der Schauspieler, die mit dem Wort einen begeistern, oder andere, einfache Dumpfe, Schweigsame, die zuhören, wenn man selber sein Herz entlädt. Oder man macht Musik, man setzt sich hin im dunklen Zimmer und läßt die Melodie sich ausrasen wie ein Gewitter. Oder man zeichnet seinen ganzen Zorn in scharfen, bissigen Karikaturen auf die weiße Hälfte der Amtsblätter, man erfindet Wesen, die nicht von dieser Welt sind, dieser methodisch geordneten, sachlichen Paragraphenwelt von Assessoren und Leutnants und Richtern und Geheimräten. Oder man schreibt. Schreibt Bücher, man träumt im Schreiben, träumt sein eigenes, enges verdorbenes Leben um zu phantastischen Möglichkeiten, reist in ihm nach Italien, lodert mit schönen Frauen, erlebt unendliche Abenteuer. Oder man schildert die gräßlichen Träume nach betrunkener Nacht, wo Fratzen und Gespenster aus einem umdüsterten Gehirn auftauchen. Man schreibt, um der Welt zu entfliehen, diesem niedrigen banalen Dasein, man schreibt, um Geld zu verdienen, das sich in Wein verwandelt, und mit dem Wein kauft man sich wieder Leichtigkeit und hellere buntere Träume. So schreibt man und wird Dichter, ohne es zu wollen, ohne es zu wissen, ohne Ehrgeiz, ohne jede rechte Lust, nur aus dem Willen, den eingeborenen phantastischen, den andern, den magischen Menschen in sich endlich einmal auszuleben, nicht nur den Beamten.

Unirdische Welt, aus Rausch und Traum geformt, phantastisch in den Figuren, das ist E. T. A. Hoffmanns Welt. Manschmal ist sie ganz lind und süß, seine Erzählungen reine, vollkommene Träume, manchmal aber erinnert er sich mitten im Träumen an sich selbst und an sein eigenes schief gewachsenes Leben: dann wird er bissig und böse, zerrt die Menschen schief zu Karikaturen und Unholden, nagelt das Bildnis seiner Vorgesetzten, die ihn schinden und quälen, höhnisch an die Wand seines Hasses – Gespenster der Wirklichkeit mitten im gespenstischen Wirbel. Die Prinzessin Brambilla ist auch eine solche phantastische Halbwirklichkeit, heiter und scharf, wahr und märchenhaft zugleich und voll von jener sonderbaren Freude Hoffmanns an der Verschnörkelung. Wie jeder einzelnen seiner Zeichnungen, wie der eigenen

Unterschrift, so pflegt er immer jeder Gestalt noch irgendein Schwänzchen und Schweifchen, ein Schnörkelchen anzuhängen, das sie sonderbar macht und erstaunlich für das unvorbereitete Gefühl. Edgar Allan Poe hat später von Hoffmann dann das Gespenstische übernommen, manche Franzosen die Romantik, aber eigen und einzig ist eines E. T. A. Hoffmann für immer geblieben, diese merkwürdige Freude an der Dissonanz, an den scharfen spitzen Zwischentönen, und wer Literatur wie Musik fühlt, wird diesen seinen besonderen Ton niemals vergessen. Irgend etwas Schmerzliches ist darin, das Umkippen der Stimme in Hohn und Schmerz, und selbst in jenen Erzählungen, die nur heiter sein wollen, oder sonderbare Erfindungen übermütig berichten, fährt plötzlich dieser schneidende und unvergeßliche Ton eines zerschlagenen Instruments hinein. Denn ein zerschlagenes Instrument, ein wunderbares Instrument mit einem kleinen Riß ist E. T. A. Hoffmann allzeit gewesen. Geschaffen zu strömender dionysischer Heiterkeit, zu einer funkelnden, berauschenden Klugheit, zum vorbildlichen Künstler, war ihm vorzeit das Herz zerpreßt worden im Druck einer Täglichkeit. Nie, nicht ein einziges Mal durfte er frei sich ausströmen über Jahre hinweg in ein leuchtendes, von Freude funkelndes Werk. Nur kurze Träume waren ihm gestattet, aber Träume von sonderbarer Unvergeßlichkeit, die selber wieder Träume zeugen, weil sie mit dem Roten des Bluts und dem Gelben der Galle und dem Schwarzen der Schrecknis gefärbt sind. Nach einem Jahrhundert noch sind sie lebendig in allen Sprachen, und die Figuren, die gespenstig aus dem Nebel des Rausches oder der roten Wolke der Phantasie ihm umgestaltet entgegengetreten sind, sie schreiten dank seiner Kunst heute noch durch unsere geistige Welt. Wer hundert Jahre Probe besteht, der hat sie für immer bestanden, und so gehört E. T. A. Hoffmann – was er nie geahnt, der arme Schächer am Kreuz der irdischen Nüchternheit – zur ewigen Gilde der Dichter und Phantasten, die am Leben, das sie quält, die schönste Rache nehmen, indem sie ihm farbigere, vielfältigere Formen vorbildlich zeigen, als sie die Wirklichkeit erreicht.

Jens Peter Jacobsens ›Niels Lyhne‹

›Niels Lyhne‹, wie glühend, wie leidenschaftlich haben wir in den ersten wachen Jahren der Jugend dieses Buch geliebt: es ist der ›Werther‹ unserer Generation gewesen. Unzählige Male haben wir diese melancholische Biographie gelesen, ganze Seiten davon auswendig gewußt, der dünne abgegriffene Reclamband hat uns in die Schule begleitet und spät abends in das Bett, und wenn ich heute noch manche Stelle darin aufschlage, so könnte ich sie sofort Wort für Wort auswendig weiterschreiben, so oft, so leidenschaftlich haben wir damals jene Szenen in unser Leben hineingelebt. Wir haben unsere Gefühle daran geformt und unseren Stil, es hat uns Bilder gegeben für unsere Träume und ein erstes lyrisches Vorgefühl der wahrhaften Welt: es ist nicht wegzudenken aus unserem Leben, aus unserer Jugend, dieses sonderbare, zarte, ein wenig schwindsüchtige und der stärkeren Gegenwart fast schon verschollene Buch. Aber gerade um dieser Sanftmut, dieser geheimen lyrischen Zärtlichkeit willen haben wir damals Jens Peter Jacobsen geliebt wie keinen andern. Er war uns der Dichter der Dichter, und kaum könnte ich mit Worten ausdrücken, wie hingebungsvoll unsere fast backfischartige Überschwenglichkeit für ihn sich gegenseitig überbot. Nur jüngst habe ich es wieder selbst gefühlt, als ich zwischen Büchern, in einem Winkel vergraben, eine staubige dänische Grammatik fand und zuerst nicht wußte, durch welchen Zufall sie in den Schrank geglitten war – dann aber erinnerte ich mich, beinahe mit einem Lächeln: wir hatten damals Dänisch lernen wollen, ein paar Freunde gemeinsam, einzig um ›Niels Lyhne‹, um Jens Peter Jacobsens Gedichte im Original lesen und damit noch einmal, noch stärker vergöttern zu können. So haben wir dieses Buch, so diesen Dichter geliebt.

Und wir standen nicht allein, wir Halbreifen, wir Knaben, wir tastende, unsichere Beginner, mit unserer Begeisterung. Die Besten Deutschlands, die ganze schöpferische Literatur um die Jahrhundertwende verfiel damals dem magischen Zauber des Nordens. Skandinavien bedeutete jener Generation, was der gestrigen Rußland, der heutigen vielleicht schon der Ferne Osten bedeutet: ein Neuland der Seele, einen Urquell noch ungeahnter Probleme. Ibsen, Björnson und Strindberg wirkten damals so urgewaltig, so umstürzend, so umrührend auf die geistige Generation wie heute Dostojewskij und Tolstoi auf die europäische Seele. Der junge Gerhart Hauptmann wäre undenkbar ohne Ibsen, der junge Rilke ohne Jacobsen: sieht man Malte Laurids Brigge tiefer in sein edles, schwermütiges Antlitz, so erkennt man darin unverkennbar seines Wahlvaters Niels Lyhne in aller Müdigkeit noch strahlendes Gesicht. Wie ein ungeheurer Windstoß freier, geistiger Luft war diese literarische Welle von Norden hergekommen, ein ganzes großes germanisches Geschlecht war, wie zur Zeit der Völkerwanderung, in die deutsche Literatur eingebrochen, eine starke, sieghafte Phalanx, von der heute nur noch der geistige Führer Georg Brandes und, als der letzte der Triarier, der spät gekommene Knut Hamsun innerhalb der Grenzen unseres geistigen Lebens stehen. Der Lärm all dieser Schlachten ist seitdem verschollen, und die einst so stürmisch erfochtenen Siege, wir verstehen sie heute nicht mehr ganz. Ein Ibsen-Stück wie ›Nora‹, der ›Volksfeind‹, das damals mit seinen berühmten Thesen die ganze deutsche Welt aufrüttelte, bedeutet uns kaum mehr als kaltes Theater, sein großer Heros des Gedankens erscheint uns bloß mehr als kalter Bühnengeometriker, die ethische Missionarin von einst, Ellen Key, einzig mehr als eine wunderbare, gütige Frau, Björnson und Strindberg sind für das neue Geschlecht, die neue Welt, nur mehr Schnee vom vergangenen Jahr – wie bei jeder Völkerwanderung haben sich die Eindringlinge im Laufe eines Jahrzehnts der erbgesessenen Kultur assimiliert, und man spürt sie kaum mehr als Fremde, als Eroberer in der Geistigkeit unserer Stunde. Der große Siegeslauf der skandinavischen Literatur, der über ganz Deutschland sich ergossen und erst an den Mauern der französischen Tradition zerschellte, ist zu Ende. Er ist Geschichte, Literaturgeschichte geworden und hat keine Macht mehr über das neue Geschlecht.

Aber Jacobsen, er, den wir am reinsten, am innigsten geliebt, er, der wie der Genius des Gedichtes unsere Jugend überschwebte, er, der Teuerste von allen – ist auch seine Magie dahin, auch sein Zauber entschwunden? Man hat Furcht vor der eigenen Frage, eine leise Angst um die eigene, so unsäglich reiche Empfindung von einst, die noch innen in uns verborgen ist, irgendein Bangen, ihr mit der schärferen Erkenntnis nun wehe zu tun, eine Angst, nun mit klarem Blick ein Buch wieder aufzuschlagen, das man mit brennenden Augen einst gelesen. Wird es nicht ein Abschied sein, eine letzte Begegnung, eine schmerzvolle Enttäuschung? Man soll Ehrfurcht haben vor den Träumen seiner Jugend, läßt Schiller seinen Helden sagen, aber die wahre Ehrfurcht darf nicht furchtsam sein. Zehn Jahre, fünfzehn Jahre vielleicht hatte ich es nicht gewagt, dieses Buch aufzuschlagen, aus dem Bangen, nun an eine Klarheit zu verlieren, was so schön als Erinnerung noch in einem dämmert und lange verborgen weiter geblüht. Aber Klarheit über alles – selbst um den Preis eines innern

Verlusts! Und mit zögernder Angst, dem Knaben in sich wehe zu tun, der irgendwo noch verschollen und verschüttet in uns weiterlebt, tastet man sich vorsichtig wieder in das früher geliebte Buch hinein.

Und wunderbar: es ist immer noch schön! Nicht mehr ganz so zauberhaft, so berauschend und rückhaltlos hinreißend wie einst, aber noch immer schön. Noch immer liegt dieses leise Aroma wie von jungen Fliederblüten auf seinen Blättern, diese geheime seelenhafte Luft – nur ein wenig blasser, ein wenig künstlicher, ein wenig kränklicher scheint es nun, das einst für uns so übervolle Buch, das unsere Seele ins Unendliche spannte. Man berauscht sich nicht mehr daran wie an einem schweren Wein, sondern trinkt es in leichten, vorsichtigen Zügen wie einen zart duftenden, exotischen und nur ein wenig übersüßten goldenen Tee. Noch hat es jene wunderbare Durchsichtigkeit bis zum porzellanenen Grunde, wo man jede Linie, jede Arabeske in wunderbaren Farben hingemalt erkennt, noch hat es jenen linden, schwermütigen Duft: es wirkt nur ein wenig übersüßt mit Lyrik, ein wenig zu blaß, ein wenig zu lau. Es wirkt, wie die Präraffaeliten, wie die Worpsweder (die uns damals gleichfalls so entzückten) gleichfalls heute auf uns wirken: ein wenig zu blaß, zu kränklich, zu kraftlos, zu morbid, zu sentimentalisch. Der Duft ist unberührt, noch immer gleich delikat und kostbar, aber er kommt nicht gleichsam aus offenem Fenster hergeweht, aus dem wirklichen, freien, aufgetanen Leben, sondern schwült ein wenig wie ein von Blumen gefülltes Zimmer; gerade was uns Schwelgerische damals so sehr entzückte, die Überfülltheit mit Gefühl, der Mangel an Schärfe, Bitternis und Lauge, das wirkt heute als ein wenig zu süßlich auf unseren von stärkerer Kost und schärferen Gewürzen geschärften, unseren wissenderen Gaumen.

Aber gerade diese Schwäche, diese Zartheit, dieses

Leise-Sein, dieses ganze Seelenhafte ist Jens Peter Jacobsens ureigene Magie. Wie konnte, wie durfte er andere Bücher schreiben als diese mit der dünnen durchsichtigen Haut eines Kranken, dem leisen Ton eines Geschwächten, der nervösen Sinnlichkeit eines immer vom Fieber Erregten – er, der doch selbst einer dieser Kranken war! Es ist nichts Künstliches in seiner zarten Kunst: was seine schmale, um erlöschende Lungen gedrängte, in allen Fasern kranke Brust an lyrischem, an dichterischem Atem hatte, hat sie rührend an diese reinen Bücher gegeben. Sie sind alle mit blassen, durchsichtigen Fingern, mit pochenden Pulsen, mit – wie er einmal sagt – »von Husten durchschütterten Gehirnmolekülen« geschrieben, irgendwo auf einer Liegeterrasse in Montreux oder in Rom, wo der arme Schwindsüchtige, wie eine Sonnenblume dem Licht zugewandt, lag. Sie sind alle Sehnsucht eines Lebens, das nie wirklich gelebt wurde, denn die fünfzehn Jahre seiner Kunst waren nichts als ein ewiger Kampf gegen den Tod. Und dieser Kampf gegen den Tod ist seine ganze Biographie. Als ihn einmal Georg Brandes in einem Briefe um Tatsachen seines Lebens bat, gibt er die melancholische Antwort: »Ich bin am 7. April 1847 in Thisted geboren. Was Begebenheiten anlangt, so weiß ich mich wirklich an keine zu erinnern, die Interesse haben könnten und erwähnenswert wären.« Und so war es auch: Jens Peter Jacobsen hat nichts erlebt als Niels Lyhnes und Marie Grubbes Träume. Immer mußte er auf Balkonen liegen und auf Sonne warten, immer sich die kranke Lunge mit Lebertran und Milch füttern, damit nicht zu früh die leise Stimme erlischt; und so tropfte er langsam weg, halb in Träumen, halb in Gedichten, immer sich behütend und verteidigend gegen den Tod, immer außen von dem wirklichen, heißen, lebendigen Leben, dem seine Sinnlichkeit, seine roten Adern geheim entgegenschwollen. Aber Träume, mehr war ihm nicht gegeben, Träume, die er melancholisch erlebt oder lyrisch gestaltet, und wehmütig schreibt er in seinem letzten Brief über diese seine ihm aufgezwungene Schwächlichkeit: »Es ist nicht mehr viel von mir übrig, und was noch da ist, muß in Baumwolle aufbewahrt werden.« Nicht ein einziger Schrei, eine einzige Leidenschaft war seinem Leben, war seiner Kunst verstattet.

So mußte er leise sein, immer nur mit heimlich gedrückter, zärtlich behutsamer Stimme zu den Menschen sprechen. Und dieses Leise-Sein, dieses Fühlen alles Leisen und Verborgenen der Seele ist sein eigentliches Genie. Jens Peter Jacobsen ist einer der größten Aquarellisten des Wortes. Er hat einen japanischen Pinsel gehabt und die zartesten Farben für jene ganz vibrierenden Stimmungen, jene winzigsten Oszillationen der Stimmung, die dem Gesunden überhaupt nie fühlhaft werden; seine Begabung für das Transparente von Wachträumen war vielleicht die vollkommenste, die je ein Künstler der lyrischen Prosa besaß: niemand hatte ein feineres Instrument, um das versponnenste Geäst der Seele, die zartesten Ausläufer der Nerven mit der leidenschaftlichen Liebe zur Miniatur auszumalen, und in dieser aquarellistischen, in dieser blassen, nervösen Art der Darstellung ist er Meister geblieben ohnegleichen. Der breite Strich, die tiefen Schatten, der wilde Riß, die brennenden Farben waren seiner blutleeren Hand naturgemäß verboten – so wandte er an das Detail seine ganze rührende und oft magische Liebe. Als der Botaniker, der er ursprünglich von Beruf gewesen, hatte er eine wunderbar behutsame Art zu eigen, Gefühle wie Knospen, wie Blumen auseinanderzufalten, ohne sie (wie Dostojewskij, wie die Psychologen der Tiefe) mit dem scharfen schneidenden Messer unten an der Wurzel aus dem Erdreich auszugraben, und mit immer neuem Staunen fühlt man diese seine einzige Art des Auseinanderfaltens seelischer Komplexe.

Wenn er ein Gefühl in seine behutsame Hand nimmt, so fällt kein Korn Blütenstaub ab, und gleichsam von der Berührung selbst öffnet die noch unaufgeschlossene Knospe ihr Inneres, zeigt Faden und Stempel, Farben und Schmelz im zarten, unvergeßlichen Beisammensein. Freilich, sein Ehrgeiz ging über dieses Stimmungshafte hinaus, er hat es versucht, muskulöser zu wirken und in der ›Marie Grubbe‹ ein großes historisches Fresko zu zeichnen: aber es wurde nur ein Gobelin historischer Stickereien, prachtvolle Genrebilder, die sich ergänzen wie Mosaik. Und ebenso wollte er den Niels Lyhne eigentlich als ganze Geschichte an die Wand seiner Zeit malen, als Tragödie einer Generation. Aber es wurde nur die (großartige) Geschichte einer Seele. Denn Jacobsen war es einzig gegeben (oder vom Schicksal verhängt), immer innen zu bleiben im Menschen: auch im Kunstwerk blieb ihm die Welt, die äußere, die laute, die wilde, die leidenschaftliche, unerbittliche Welt verwehrt. Nur aus sich selbst, nur aus den zartesten Fäden der Sehnsucht und der Träume durfte er seine Fäden spinnen, die zum Subtilsten und Sublimsten gehören, was jemals in der Literatur gewachsen ist und auf denen jener wunderbare Tau glänzt, den nur die Frühverstorbenen haben, die Magie des kurzen Morgens vor dem wirklichen Tag.

Dieses sein empfindsames Wesen, seine schmerzliche Verhaltenheit, seine eingesperrte Sehnsucht, sein tragisches Wissen um die Unerfüllbarkeit seiner tiefsten Wünsche erkennen wir am besten in der sehnsüchtigen Biographie, dem phantastisch und doch zutiefst eigenen Bildnis, das er von sich gegeben im Niels Lyhne, diesem halben Werther, diesem halben Hamlet, diesem halben Peer Gynt, der viel Leidenschaft hat und gar keine Kraft, einen unendlichen Willen zum Leben, und der doch erstickt wird von seinen Träumen und überwältigt von einer schweren Müdigkeit. Er ist ein Mensch mit allen

Möglichkeiten, dieser Niels Lyhne, von denen aber keine einzige sich verwirklicht, und sein Leben darum eine ewig ausgespannte farbige Schwinge, die sich nie stürmisch ins Lebendige abstößt. Und diese Halbheit ist eine Tragödie: alles ist er doppelt und nichts ganz, »seine verträumte und doch lebensdürstige Natur«, ein Dichter, der nicht dichtet, ein Liebender, dem alle Geliebten entgleiten, ein wunderbar feines Wesen, das nur Nerven und keine Muskeln hat. »Er wußte nicht, was er mit sich und seinen Gaben anfangen sollte – er besaß Talent und konnte es nicht gebrauchen«, sagt einmal Jacobsen von ihm, diesem seinem zarten Schößling, den er zärtlich umhütet im warmen wollüstigen Treibhaus der Träume. Aber gerade diese Träume sind es, die den Niels Lyhne so schlaff, so schlapp machen, »er dichtet an seinem Leben, statt es zu leben«, er erschöpft sich in Phantasmagorien, in einer genießenden Vorlust der Geschehnisse, die dann nicht kommen, in einem Warten auf das Erleben, über dem er das Leben versäumt. Immer glaubt er, es werde auf ihn zukommen, das rote, das heiße, das glühende Leben, und ihn, der keine Kraft hat, es an sich zu reißen, mitwirbeln in sein glühendes Element, und so wartet er auf dem Blumenbett seiner Träume, allmählich einschläfernd und sich verliegend. Aber die Jahre rinnen leer dahin, und das Wunder geschieht nicht. Und da wird er immer müder – »das ewige Anlaufnehmen zu einem Sprung, der nie kommen würde, hatte ihn ermattet« –, das Gespannte schwindet aus seiner gierigen Seele und sinkt allmählich flügellahm herab; und wie dann das Erlebnis auf ihn zutritt, ist es nicht mehr das Leben, sondern schon der Tod.

So ist ›Niels Lyhne‹ die Geschichte oder die Nichtgeschichte eines Mannes höchster Gaben, dem nur eines fehlt, um wirklich Mann zu sein: Brutalität. Er träumt immer von Kämpfen und vergeudet in diesen Träumen seine Kraft, er lebt von innen heraus, statt sich in das Wirkliche zu wenden. Und dieses ewige Unerfahrensein bei allem höchsten Wissen um sich selbst und um das Geheimste seines Innern macht diese Gestalt Knaben und Frauen, also allen jenen, die vor oder außerhalb des Lebens stehen, allen jenen, die sich immer über das Leben hinwegträumen, so teuer und so unvergleichlich. Denn wieviel Trost ist in diesen wissenden Schwelgereien der aufgeweckten Sinne für Unaufgeblühte und für Verblühte, welche Magie der Ahnung und welche Meisterschaft der Resignation. Der zarte lyrische Dunst, der über allen Szenen liegt, macht darin das ganze Leben märchenhaft, ohne daß es jemals zur Lüge wird, denn niemals stellt Jacobsen irgendeine Gestalt oder eine Situation romantisch, also unwirklich dar, er macht sie nur alle durchaus seelenhaft, durchaus körperlos, er hebt sie in jene Welt der Keats, Novalis und Hölderlin, der andern früh Verstummten, in denen das Leben, die Wirklichkeit gleichsam gewandelt erscheint in Musik. Wer in innerster Seele Tagträumer ist (und was sind Knaben, was sind verblühte Menschen anders als Tagträumer?), erkennt in ihm den Meister aller Träume, der eine unerhörte Wachheit hat im Erkennen, eine unglaubliche Kunst im Schildern, und dabei doch das Traumhafte, das Göttliche, Reine in jeder Empfindung, jedem Geschehnis bewahrt. Träume altern nicht mit den Menschen und den Zeiten: darum bleibt auch diese magische Welt von Ahnung und Verzicht für alle Zeiten wunderbar. Doch dies war es ja eigentlich gar nicht, was Jens Peter Jacobsen wollte, als er seinen ›Niels Lyhne‹ unter die Menschen rief: er wollte sich nicht bloß ausschwelgen in Stimmung und Gedicht, ihm galt es damals mehr, als einen schwachen ›Werther‹ seiner Zeit zu geben, der vom Gerank seiner Träume wie unter Düften erstickt wird. Sein Niels Lyhne, dieser schmächtige Halbdichter, war eigentlich als Kämpfer gedacht, als tragischer Held in dem furchtbarsten Kampf des Geistes, in dem Kampf um Gott. Ihm war die Aufgabe gesetzt, ein Opfer und Märtyrer des Gotteskampfes, des Gottesleugnertums, jenes heroischen Atheismus zu sein, der in die neue Welt die neue Botschaft rief: »Es gibt keinen Gott, und der Mensch ist sein Prophet!« Nicht das, was uns so an dem Buche bezaubert, das Seelisch-Problematische einer der Wirklichkeit nicht gewachsenen Natur, sondern das Geistige eines Ringens gegen Gott war Jacobsen in diesem seinem Roman das Wesentliche: aber freilich, dies vermag unsere Generation nicht mehr ganz zu begreifen an diesem Kampfbuche, weil wir den Kampf nicht mehr als wichtig fühlen. Wir können heute mit dem Herzen nicht mehr jene Literatur des Gotteskampfes, das Ringen um das verlorene Christentum begreifen, das damals die brennendste Frage der nordischen Jugend war und dessen letzte Revolte noch bis in die ›Einsamen Menschen‹ Gerhart Hauptmanns hinüberflackert. Zwei Bücher hatten damals die christlich-gläubige Welt schwankend gemacht: Darwins ›Entwicklungsgeschichte‹ und Renans ›Leben Jesu‹. Sie hatten unzähligen Menschen ihren Kirchenglauben entzweigebrochen, indem sie ihnen die Offenbarung rationalisierten. Auch Jacobsen war als der dänische Übersetzer des Darwinschen Buches auf dem Wege über die Naturwissenschaft plötzlich in diesen aufrührerischen Atheismus geraten und wollte nun künstlerisch seine Konsequenzen aus dieser Entscheidung ziehen – freilich nicht so entschlossen großartig wie Nietzsche im gleichen Jahre, anno ›Antichrist‹, aber auch nicht so plump hochmütig wie Haeckel und seine deutschen Monistentrabanten. Ihm war es darum zu tun, den Gedanken ins Dichterische zu erlösen, den Atheismus als Seelenkraft zu zeigen, als eine Befreiung von innen. Aber wie alles nahm bei ihm auch der Atheismus traumhaft ätherische Formen an – »ihre Freidenkerei war etwas unklar vage und romantisch national«, sagt er in einem Brief von der Generation, die er schildern will, und bekennt, »in meiner Erzählung steht das nur unklar«. Auch zum geistigen Gebilde fehlten ihm jene Muskeln, jene rasende Schwungkraft eines Nietzsche, der mit geballter Faust anrannte gegen Gott und das Christentum; auch hier, im Geisteskampf, konnte Jacobsen nicht hart sein. Und so bricht Niels Lyhne vorzeitig zusammen: der als Knabe trotzig die Hand gegen Gott gehoben, als er ihm Edele nimmt, wirft sich vor seines eigenen Knaben Sterbebett demütig vor dem Verleugneten wieder in die Knie. Ein Besiegter des Lebens kann immer nur Besiegte darstellen, und die Gewalt der Leidenden liegt einzig darin, das Leiden zu verklären. Und Verklärung, Sublimierung, Weltentrückung ist dieses Schwachen höchste Magie. Auch das Geistige in Jens Peter Jacobsen wird niemals zum Begriff, zu geschliffener Wehr, sondern schmilzt hin in Musik und Gedicht, all seine Siege sind im Leise-Werden, und seine Triumphe verklingen als erhabene Resignation.

Aber diese leise Musik Jens Peter Jacobsens, sie gehört zu den unvergeßlichen unserer Welt: nur jene Debussys ist ihr zu vergleichen, der auch seine Harmonien zärtlich durch alle Dissonanzen sucht und, jede Vehemenz wissend vermeidend, eine höchste Wirkung durch Stille findet. Man muß selbst irgendwie bereitet mit Traumfreude, irgendwie imprägniert mit Stille sein, um ihre Musikalität (die andern einförmig und kraftlos scheint) als Vielfalt und Farbensymphonie zu empfinden. Wen aber dieser zitternde zarte Ton einmal im Innersten berührt, wer ihn gespürt und wie eine Sprache beredt empfunden, wird ihn nicht mehr vergessen, und man muß sich nicht schämen, als Knabe, wo man das Wirkliche nur durch einen Morgendunst der Ahnung und alle

Gefühle durch ein Sordino der Verhaltenheit empfand, Jacobsen so geliebt zu haben: denn noch immer sind im magischen Schrein seiner Bücher alle Düfte, Stimmen und Essenzen der Natur, alle Kostbarkeiten der Seele versammelt. Und man muß nur wieder zurücklernen, rein, erwartungsvoll und ehrfürchtig zu empfinden, um wieder ganz seines Geheimnisses teilhaftig zu sein.

Edmond Jaloux

Daß Rainer Maria Rilke diesen Dichter unter allen Romanschriftstellern Frankreichs besonders geliebt und mit seiner Freundschaft geehrt hat, wäre schon Grund genug, um ihn in Deutschland respektvoll zu empfangen. Dieser Bindung danken wir eines der zartesten und eindringlichsten Erinnerungsbücher über unseren deutschen Lyriker, ein Denkmal geistiger Brüderlichkeit, das das Denkmal eines großen Deutschen dauerhaft in die französische Kultur stellt. Wenn man jenseits des Rheins, jenseits der Sprache heute die Größe Rainer Maria Rilkes ahnt, ohne seine Verse in ihrer ursprünglichen Farbigkeit und Fülle zu kennen, so schulden wir dies Edmond Jaloux.

Diese Fähigkeit des Verstehens, dies Durchdringen der geheimnisvollsten Schwingungen des Herzens ist auch der wesentliche Vorzug des Künstlers Edmond Jaloux. Die Verstrickungen seiner Romane geschehen niemals grob, sie reißen nicht gleichsam an festen Stricken den Leser in eine fast unerträgliche Spannung, sie fesseln nicht roh und gewaltsam. Ganz langsam, unmerklich vordrängend tastet seine Psychologie sich an den Geheimnisraum der innern Geschehnisse, und selten kann man an einem Romanschriftsteller so deutlich den wesentlichsten Vorzug der französischen Kultur fühlen: Takt, einen die Maße musikalisch beherrschenden, die Gewichte leicht meisternden Takt. Ein weites Weltwissen weitet sich aus, ohne breit zu werden, ganz diskret, nur in funkelnder Probe läßt der Künstler ahnen, um wieviel mehr er von den Dingen und Gegenständen beherrscht, als er hier anvertraut, um nicht das Gleichmaß des Künstlerischen zu belasten. Diese Wohlausgewogenheit, dies Nicht-zu-viel und Nicht-zu-wenig verleiht seinen Romanen besondere Anmut. Sie kommen, man fühlt es, aus einer Jahrzehnte lang geübten Tradition des Erzählens, die neben der monumentalen Kunst Balzacs und der brutalen Zolas in Frankreich unablässig geübt wurde und die vielleicht in Théophile Gautier einen Ahnherrn, in Henri de Régnier und Marcel Proust ihre vornehmsten Fortsetzer hat.

Edmond Jaloux hat viele Romane geschrieben. Die meisten haben schmales Format: So wenig wie das Aquarell die ausgreifenden Dimensionen des Fresko verträgt, würde seine zarte Kunst dem Rahmen des mehrbändigen, weltbauenden Epos entsprechen. Er zieht seinen Rahmen eng, aber er füllt ihn ganz. Immer bringt er nur einige Menschen, ein knappes Geschehnis, aber diese Menschen sind gleichsam selber weit, weil erfüllt mit dem Wissen um alle Werte, Menschen der oberen wissenden Welt, niemals grobe, dumpfe Gestalten. Sie haben von allen Kulturen getrunken, die edelsten Bücher gelesen, ohne darum Literaten und esoterische Naturen zu sein; nur ihr Seelenleben ist reich geworden an dieser unendlichen Nahrung und sie sind fähig, wie ihr Dichter die feinste Schwingung, die er an sie heranbringt, aufzufangen und davon ihr ganzes Leben erschüttern zu lassen. Es ist eine Welt in den Romanen Jaloux', in der man leben möchte, Menschen, denen man nahekommt, keine wüsten Verbrecher, keine grobsinnlichen, keine snobistischen Ästheten, sondern Menschen – ganz das, was man in Deutschland kultiviert heißt, ein Wort, das man in Frankreich im Sprachgebrauch nicht kennt, wohl aber im lebendigen Dasein. Sie sind kultiviert in ihrem Denken, ihrem Reden, in ihrem Wissen und selbst in ihrem Erlebnis.

Diese besondere Fähigkeit im Verstehen hat Edmond Jaloux auch zu einem der führenden Kritiker Frankreichs gemacht. In der ›Nouvelles Littéraires‹ übt er mit vielbewunderter Intensität das Amt, das einstmals Sainte-Beuve in Frankreich gemeistert: das des verantwortungsvollen Kritikers und Betrachters der Weltliteratur. Eine ganze Reihe seiner Aufsätze hat dort der deutschen Literatur gegolten und auch bei uns ist wenig Wesentlicheres und Liebevolleres über Jean Paul, E.T.A. Hoffmann und manche der Neueren gesagt worden als in seinen dichterischen Analysen, die gerade das heimliche Deutschland, unsere »Stillen im Land« den Franzosen nähergebracht haben. So ist selbst in einer Zeit, da unberechtigt viel Gleichgültiges über die Grenzen gebracht und geschmuggelt wird, die Einführung eines gleichzeitig für die französische Wesenheit und für den europäischen Geist gleich repräsentativen Künstlers nur eine Pflicht der Gerechtigkeit, und gerade an den reinen Maßen der selbstgewollten Beschränkung und der besonderen Art seiner Zartheit vermag man das, was wir französische Kultur nennen, beispielhaft zu begreifen.

Daß dieser Dichter die deutsche Romantik so sehr liebt, daß er deutsche Geistigkeit so beredt zu würdigen weiß, mag uns Gewähr sein, daß unsere dankbare Schätzung für sein Werk und Wirken und die Vermittlung seiner Romane in deutscher Sprache das Band werktätiger Freundschaft noch fester knüpfen wird.

Die Forderung der Solidarität

Eines der schwierigsten Lebensprobleme, das an den Schriftsteller wie an jeden schaffenden Menschen herantritt, ist sein Verhältnis zur Gemeinsamkeit, seine unleugbare Pflicht zur Solidarität. Hier ist ein Zwiespalt von innen her eingeboren. »Uralte Feindschaft ist«, wie Rainer Maria Rilke unübertrefflich sagt, »zwischen dem Leben und der großen Arbeit.« Das Werk, das er zu schaffen hat und der geistige, der künstleriche Ausdruck, den er diesem Werke geben will, verurteilt den Schriftsteller eigentlich zur Abseitigkeit. Um der Konzentration willen müßte er sich von der Aktion völlig ablösen, nur für sich allein stehen, aus sich allein denken, um die Probleme der Zeit möglichst klar zu umfassen. Um unparteiisch zu bleiben, müßte er außerhalb alles Parteiischen verharren, jeder Gruppe, jeder Gemeinschaft sich entziehen. Aber eben die Wirkung seines Werkes hebt seine Abseitigkeit auf und bringt ihn neuerlich in Bindung mit der wirklichen Welt. Der Dichter, der Künstler, indem er sich im Werke ausspricht, wendet sich an Andere und gibt damit den Anderen ein Recht, ein Anrecht auf ihn. Da er die Welt anruft, um sie zu Teilnehmern seines Gefühls und seiner Ideen zu gewinnen, wendet sich die Welt in zahllosen Einzelnen an ihn und verlangt nun ihrerseits Anteilnahme für persönliche Not und persönliches Geschick. Der Ruhm, den ein Schriftsteller und Künstler empfängt, ist nichts als eine Summe vielfachen menschlichen Vertrauens und Zutrauens, das er erworben hat, und dieses Vertrauen verwandelt sich unaufhaltsam in eine Forderung. Da die Menschen ihn als den Verstehenden und besser Verstehenden ansehen, verlangen sie – mit Recht –, daß er auch der Helfende sei. Da sie ihn geistig als den Führenden empfinden, beanspruchen sie, daß er bei jedem Anlaß ihnen voranschreite, und fordern damit eigentlich, daß er die Abseitigkeit und Einsamkeit verlasse, die doch wiederum für seine Arbeit eine unerläßliche Forderung ist. Sie wollen, daß er, der des Wortes mächtig ist, bei jedem Anlaß, der sie bewegt, auch das Wort ergreife und die Solidarität, die sie zu ihm empfinden, nun seinerseits bekunde.

Das ergibt nun für jeden Künstler, dem es mit seiner Kunst wichtig ist und der doch andererseits der moralischen Verpflichtung der Solidarität Genüge tun möchte, einen ständigen Konflikt. Soll er mit seinem Werk einer unsichtbaren Gemeinde dienen, einer anonymen Leserschaft von Tausenden und Hunderttausenden Menschen oder soll er jedem einzelnen Menschen, der sich an ihn wendet, jeder zeitlichen Gelegenheit bereit und dienlich sein? Das Richtige wäre zweifellos, im doppelten Sinne zu wirken, aber solche Kraft ist nicht jedem zugeteilt, und man kann schwer vollkommen beiden Welten dienen, der Welt der reinen geistigen Leistung und der Welt der wirklichen Tat. Rein rechnerisch genommen, hilft der Künstler mehr, wenn er diese seelische Hilfe in seinem Werke vollbringt, das zu Zehntausenden und Hunderttausenden geht, aber die lebendige Not wiederum eines Einzelnen hat eine drängende und furchtbar wirkliche Unmittelbarkeit, sie tritt menschlich bewegender und zwingender als jener abstrakte (und doch gleichzeitig reale) Begriff einer anonymen Masse an ihn heran. Empfindet der Künstler ehrlich und human, so wird er seinen Ruhm, seine äußere Stellung niemals als einen natürlichen Besitz empfinden, sondern als eine Schuld, die er ständig zurückzuzahlen verpflichtet ist. Er wird sich verschuldet fühlen an das Volk, an die Sprache, der er entstammt, verschuldet an jeden Einzelnen auch, der ihm Vertrauen und Erwartung entgegenbringt. Er wird immer jede Not als einen Anspruch gegen sich selbst empfinden, als eine Herausforderung seiner helfenden Kräfte und doch andererseits wissen müssen, daß seine Arbeit ihm nicht erlaubt, allen diesen Anforderungen Genüge zu tun. Ein wirklicher Künstler und zugleich wirklicher Mensch wird darum niemals völlig glücklich sein können, sondern ständig von seinem Gewissen bedrängt, entweder nicht genug zu tun für sein Werk oder nicht genug an lebendiger Tat.

Dieses Problem der Solidarität ist für den jüdisch denkenden und sozial fühlenden Künstler in den letzten Zeiten in dem Maße schmerzlicher geworden, als Judentum wieder zu einem tragischen Schicksal geworden ist und als die sittliche und faktische Not von Unzähligen sich ins Unermeßliche gesteigert hat. Immer mehr fühlt er sich gedrängt, hinüberzutreten in die tätige Welt, aber niemals war es andererseits auch nötiger als jetzt [1934], durch literarische, durch künstlerische Leistung vor der Welt darzutun, was unser Volk gerade in dieser Generation der Verfolgung und Herabsetzung zu leisten imstande ist. Gerade heute wäre Konzentration und abgesonderte Einsamkeit eines jüdischen Künstlers wichtiger als jemals, und gleichzeitig ist gerade heute Solidarität und Brüderschaft so unumgänglich wie niemals. Damit wird der Konflikt, den jeder Ehrliche von uns seit Jahren still in sich austrägt, noch gewaltsamer aufgerissen, und er enthüllt sich vor der ganzen Welt. Es wird viel von uns gefordert, mehr als jemals, und gleichzeitig müssen wir von uns selber mehr fordern, als wir es jemals versuchten, und jede Stunde stellt uns vor neue Entscheidung.

Die Lösung dieses Zwiespalts kann jeder Künstler nur in sich finden. Er hat das Problem in seiner ganzen Tiefe zu erleiden, wie weit er seinem Werk, wie weit er jetzt der Zeit dienen muß. Niemand kann ihm helfen, niemand ihn beraten in dieser letzten und innersten Gewissensnot, und nur eines kann ihm förderlich sein, wenn er in diesen Tagen auf Freunde und Kameraden blickt, die ihrerseits das Problem beispielhaft gelöst haben. Unter diesen habe ich oft und oft während der Stunden innerer Auseinandersetzung auf Max Brod geblickt, der seit Jahren und Jahren in nicht genug dankenswerter Weise die Harmonie zwischen dem Künstler, dem Juden, dem hilfstätigen und organisatorischen Menschen in sich verwirklicht und immer schöner verwirklicht. Er hat als Dichter das Problem des zugleich deutschen und jüdischen Menschen in einer Reihe von Werken und am eindringlichsten in seinem letzten Roman dargestellt, er hat gedanklich in seinem viel zu wenig gewürdigten philosophischen Werke ›Heidentum, Christentum, Judentum‹ die großen Denkgesetze und Gefühlskontraste zu einer Harmonie erhoben, er hat unermeßlich viel als Schriftsteller geleistet und war doch immer im Vordergrund, wo es galt, reale Sorgen helfend zu überwinden. Ich erinnere mich an die Tage des Krieges, wo er das jüdische Flüchtlingswerk in Prag organisierte, ich weiß, wieviel er in diesen Tagen der neuen Flucht geleistet, ich gedenke der unzähligen agitatorischen Vorträge, die bemüht waren, in der jüdischen Jugend einen neuen Geist zu schaffen und der freudigen Hingabe, mit der er jedes literarische, jedes musikalische Talent gefördert hat – vorbildlich für jene doppelte Energie, die dem moralisch fühlenden Künstler nötig ist, ein ganzer Mensch darum und ein ganzer Künstler. Und ich wünschte nur, daß viele von uns von ihm dies Geheimnis höchster Solidarität lernten, der brüderlichen Gemeinschaft im Geiste und der helfenden tätigen agitatorischen Kraft im lebendigen Leben.

Arturo Toscanini
Ein Bildnis

»Den lieb ich, der Unmögliches begehrt.«
›Faust‹, II. Teil

Jeder Versuch, die Gestalt Arturo Toscaninis dem vergänglichen Element der nachschaffenden Musik zu entziehen und in der beständigeren Materie des Wortes zu bewahren, muß unwillkürlich mehr werden als bloß Biographie eines Dirigenten: wer Toscaninis Dienst an dem Genius der Musik und seine magische Macht über jede Menschengemeinschaft zu veranschaulichen sucht, schildert vor allem eine moralische Tat.

Denn in Toscanini dient einer der wahrhaftigsten Menschen unserer gegenwärtigen Welt der immanenten Wahrheit des Kunstwerkes mit einer derart fanatischen Werktreue, mit einer so unerbittlichen Strenge und gleichzeitigen Demut, wie wir sie heute kaum in einer anderen Sphäre des Schöpferischen bewundern dürfen. Er dient ohne Stolz, ohne Hochmut, ohne Eigenwillen dem höheren Willen der von ihm geliebten Meister, und zwar in allen Formen irdischen Dienens: mit der vermittelnden Kraft des Priesters und der Hingebung des Gläubigen, mit der zuchtvollen Strenge eines Lehrers und der rastlos bemühten Ehrfurcht eines ewig Lernenden.

Nie geht es diesem Hüter der heiligen Urformen in der Musik um ein Einzelnes, immer um das Ganze, nie um den äußeren Erfolg, sondern immer um die innere Durchsetzung der Werktreue, und weil er jedesmal und überall nicht bloß seine persönliche Genialität, sondern auch seine einzigartige sittliche und seelische Energie zum vollen Einsatz bringt, werden seine Taten nicht nur für diese eine Kunstform, sondern für alle Künste und Künstler zum vorbildlichen Ereignis. Hier überschwingt ein großartiger individueller Triumph den musikalischen Raum und wird zum überpersönlichen Sieg des schöpferischen Willens über die Schwerkraft der Materie, glorreiche Bestätigung, daß auch in brüchiger und zersprengter Zeit immer und immer wieder ein einzelner Mensch das Wunder der Vollendung zu erschaffen vermag.

Für diese unermeßliche Aufgabe hat sich Jahre und Jahre Toscanini die Seele gehärtet zu einer beispiellosen und darum beispielgebenden Unerbittlichkeit. In der Kunst zählt für ihn – dies seine sittliche Größe, dies seine menschliche Bürde – nur das Vollendete und nichts als das Vollendete. Alles andere, das ziemlich Lobenswerte, das annähernd Vollkommene, das bloß Approximative, ist für seinen Künstlertrotz überhaupt nicht vorhanden oder nur im Sinne der Feindschaft. Toscanini haßt die Konzilianz in jeder ihrer Formen, er verabscheut in der Kunst wie im Leben das freundliche Sichbescheiden, das billige Sichzufriedengeben, das Kompromiß. Vergeblich, ihn zu erinnern, ihn zu mahnen, daß das Vollendete, das Absolute innerhalb unserer irdischen Sphäre eigentlich gar nicht erreichbar ist, daß auch dem grandiosesten Willen immer nur eine äußerste Annäherung verstattet ist an die Perfektion, die einzig Attribut Gottes bleibt und nicht des Menschen; nie wird er – herrlich unweise – diese weise Bescheidung anerkennen, für ihn gibt es nichts als das Absolute in der Kunst, und jenem dämonischen Helden Balzacs gleich verbringt er sein ganzes Leben in dieser »recherche de l'absolu« *(»Suche nach dem Absoluten«)*. Jeder Wille aber, der ständig das Unerreichbare erreichen, das Unmögliche möglich machen will, erreicht in der Kunst und im Leben eine unwiderstehliche

Wucht: einzig das Übermaß, niemals das Maß wird produktiv.

Wenn Toscanini will, müssen alle wollen, wenn er befiehlt, alle ihm gehorchen. Es ist undenkbar – jeder Musiker im Schatten seines magischen Stabes hat es bezeugt –, im Banne der von ihm ausbrechenden elementaren Gewalt müde, lässig oder ungenau zu bleiben; in geheimnisvoller Transfusion strömt etwas von seiner elektrisch geballten Energie in jeden Nerv und Muskel, sei es der Mitschaffenden, sei es der bloß Genießenden, über. Toscaninis Wille, einmal dem Werke zugewandt, hat sofort die Macht eines heiligen Terrors, eine das überwältigende Gefühl erst lähmende, dann aber weit über die eigenen Grenzen emportreibende Gewalt; mit seiner entladenen Spannungskraft erweitert er gewissermaßen das musikalische Gefühlsvolumen jedes Menschen über das bislang gültige Maß, er steigert die Kräfte, die Fähigkeit jedes Musikers und, fast möchte man sagen, sogar des leblosen Instrumentes. Wie aus jeder Partitur das Verborgenste und Geheimste, so holt er mit seinen ständigen Forderungen und Überforderungen aus jedem einzelnen im Orchester das Äußerste und Letzte seiner individuellen Virtuosität, er zwingt ihm einen Werkfanatismus, eine Hochspannung des Wollens und Könnens auf, die der einzelne, losgelöst von ihm, nie vormals in gleicher Intensität empfunden hatte und nachher kaum wieder erreicht.

Eine solche Willensvergewaltigung kann, man begreift es, nicht friedlich und gemächlich sich vollziehen. Eine solche Vollendung setzt notwendigerweise einen zähen, einen wilden, einen fanatischen Kampf um die Vollkommenheit voraus. Und es gehört zum Wunderbaren unserer Welt, zu den großartigsten Offenbarungen für jeden schaffenden und nachschaffenden Künstler, zu den wenigen unvergeßlichen Stunden eines Lebens, daß man bei

Toscanini dieses Ringen um die Vollendung, diesen Kampf um das Maximum des Maximums erregt, erschüttert, angespannt, mit einer atemberaubten und geradezu erschreckten Bewunderung sichtbar miterleben kann. Im allgemeinen vollzieht sich jener Kampf um die vollkommene Form bei Dichtern, Komponisten, bei Malern und Musikern in der verschlossenen Werkstatt. Höchstens aus ihren Skizzen und Manuskripten kann man späterhin annähernd die heilige Mühe des Schaffens ahnen; bei einer Probe Toscaninis aber erlebt man den Jakobskampf mit dem Engel der Vollendung visuell und akustisch mit, und es ist allemal ein Schauspiel, beängstigend und großartig wie ein Gewitter. Wer immer um die Kunst bemüht ist, und in welcher Sphäre immer, empfängt hier eine beispielgebende, eine unvergleichliche Anfeuerung zur Werktreue, wenn er sieht, mit welcher Gewalt, welcher Intensität und sogar Brutalität hier ein einziger, von dem Dämon der Vollendung getriebener Mann aus jedem einzelnen Instrument, aus jedem einzelnen Menschen die Höchstleistung zwingt, wie er das bloße Ungefähre und Verschwommene mit einer heiligen Geduld und heiligen Ungeduld genau in das Maß seiner eigenen fehllosen und makellosen Vision des Werkes zwingt. Denn bei Toscanini – dies seine Besonderheit – entsteht die Auffassung des Werkes niemals mehr bei der Probe. Jede Symphonie eines Meisters ist längst innerlich ausgearbeitet, rhythmisch und plastisch bis in die leiseste Abschattung, ehe er an das Pult tritt; Proben bedeutet für ihn nicht mehr Schaffen, sondern nur Einpassen und Anpassen an diese innere, herrlich exakte Vision, denn immer ist Toscanini schon fertig mit seiner bildnerischen Arbeit, wenn die Musiker die ihre beginnen. Wochen um Wochen hat er in ganzen Nächten – dieser erstaunliche Körper benötigt nie mehr als drei bis vier Stunden Schlaf –, die Blätter ganz nahe an sein kurzsichtiges Auge pressend, die Partitur durch- und durchgearbeitet, Takt für Takt und Note für Note. Sein eminentes Gefühl hat jede Nuance ausgewogen, seine sittliche Gewissenhaftigkeit über jede Betonung, über jede rhythmische Einzelheit sich geradezu philologische Rechenschaft gegeben. Nun ist seinem fehllosen, seinem unvergleichlichen Gedächtnis das Ganze so gegenwärtig wie jedes Detail, er benötigt die Partitur nicht mehr, er kann sie wegwerfen wie eine lästige Schale. Denn wie auf einem Rembrandt-Stich die leiseste Linie mit ihrer bestimmten Schärfe und Tiefe, mit ihrem besonderen persönlichen Schwung in die Kupferplatte, so ist jetzt schon in diesem musikalischesten aller Gehirne das Werk Takt für Takt unabänderlich eingestanzt, sobald er zur ersten Probe an das Pult tritt. Er weiß mit einer dämonischen Klarheit, was er will: nun gilt es, die anderen diesem Willen willenlos zu unterwerfen, sein platonisches Vorbild, seine vollendete Vision in orchestralen Klang, die musikalische Idee in reale Tonschwingung umzusetzen und einer Vielzahl von Musikern als Gesetz aufzuzwingen, was er, der eine, in sich schon mit sphärischer Vollkommenheit hört. Titanische Arbeit, unmöglich scheinendes Unterfangen: eine Gruppe verschiedenster Naturen und Talente soll mit photographischer, mit phonographischer Treue die geniale Vision eines einzelnen einheitlich erfühlen und verwirklichen! Aber gerade diese Arbeit, obwohl tausendmal schon glorreich getan, ist Toscaninis Lust und Qual, und einmal dies miterlebt zu haben, wie er in ständiger Angleichung jede Vielheit zur Einheit formt, wie er mit gespanntester Kraft das Verschwommene zum Vollkommenen hinaufführt, bleibt eine unvergeßliche Lehrstunde für jeden, der die Kunst in ihren höchsten Formen als Sinngebung des Sittlichen verehrt. Denn nur von diesen Stunden her begreift man Toscaninis Wirken nicht nur als künstlerische, sondern auch als ethische Tat. Die öffentlichen Konzerte, sie zeigen den Könner, den Künstler, den Virtuosen seines Handwerkes, den Führer, den Triumphator, sie sind gleichsam schon der Einmarsch in das unterworfene Reich der Vollkommenheit. In den Proben aber erlebt man den Entscheidungskampf um die Vollendung, in ihnen allein erschließt sich das hintergründige, das wahre, das tragische Bild des ringenden Menschen, nur in ihnen versteht man den Mut und die Wut des hinreißenden Kämpfers in Toscanini; wie Schlachtfelder sind sie erfüllt von dem Tumult des Auf und Nieder, durchjagt vom Fieber um das Gelingen oder Nichtgelingen, in ihnen und nur in ihnen ist der Mensch in Toscanini bis zu seiner nackten Seele entblößt.

Und wirklich, wie zu einem Kampf geht Arturo Toscanini jedesmal zur Probe, schon äußerlich ist er verwandelt, sobald er den Saal betritt. Sieht man ihn sonst, mit sich allein oder in engerem Kreis, so wäre man paradoxerweise versucht, diesen feinhörigsten aller Menschen für schwerhörig zu halten. Denn er geht und sitzt meist mit einem fremden Blick, die Arme an sich gezogen, die Stirn verwölkt, etwas Abwesendes ist in ihm, etwas völlig Versperrtes gegen die äußere Welt. Unverkennbar: es arbeitet in ihm, er horcht, er träumt in sich hinein, und alle Sinne sind nach innen gezogen. Kommt man ihm nahe oder spricht man ihn an, so schrickt er auf, die tiefen dunklen Augen brauchen dann eine halbe Minute oder eine ganze, um sich von innen nach außen zu wenden und selbst einen nahen Freund zu erkennen; derart ist er in sich versonnen und verloren, derart hermetisch abgeschlossen allem anderen außer seiner innen wogenden Musik. Ein Tagträumer, ein Werkträumer, völlig in der Isolation und Konzentration des schaffenden und nachschaffenden Künstlers, so geht Toscanini durch die Stunden. Aber sofort in der Minute, da er den Taktstock nimmt, da er sich vor die Aufgabe stellt, die er sich entgegengestellt fühlt, verwandelt sich diese Isoliertheit in eine höchste Verbundenheit, diese Verträumtheit in leidenschaftlichsten Tatwillen. Mit einem Ruck strafft sich seine Gestalt, plötzlich fährt etwas Militärisches, Martialisches in seinen Schultern hoch, er wird Kommandant, Befehlshaber, Diktator. Wachsam und feurig blitzen die sonst samtig dunklen Augen unter den buschigen Brauen vor, um den Mund spannt sich streng die Falte des Willens, an der Hand jeder Nerv, alle Organe sind sofort in einem Zustande höchster Wachheit, in angriffsmäßiger Bereitschaft, sobald er an das Pult tritt und mit einem napoleonischen Blick seinen Gegner mißt – denn die wartende Masse der Musiker, sie fühlt er in diesem Augenblick als eine noch unbezwungene Rotte, die er zu meistern hat, als ein gegenwilliges, ein widerstrebendes Wesen, dem es nun Zucht und Gesetz aufzuzwingen gilt. Er grüßt aufmunternd die Gefährten, er hebt den Taktstock, und in dieser Sekunde ist schon – wie in einem Blitzableiter die Elektrizität in dünner Spitze – sein ganzer Wille in diesem magischen Stäbchen hypnotisch versammelt. Nur ein Schwung jetzt, und das Element ist entfesselt, rhythmisch folgen die Instrumente seinem klar und männlich gegebenen Takt. Weiter, weiter, weiter, schon fühlt, schon atmet man mit. Da plötzlich – es tut förmlich weh, dieses jähe Aufhören, wie unter einem Hieb schrickt man zusammen – ein hartes, trockenes Klopfen mit dem Stab auf das Pult, die Musiker setzen ab in dem vollkommenen – für uns schon vollkommenen – Spiel. Es wird still, eine Leere steht erschreckt um ihn, und in dieser Stille hört man nun Toscaninis Stimme, ein müdes, ein ärgerliches »Ma no! Ma no!« Wie ein Seufzer der Enttäuschung klingt dieses Nein, dieser schmerzliche Vorwurf. Irgend etwas hat ihn erweckt, enttäuscht in seiner Vision, der lebendige Klang, der von den Instrumenten allvernehmbar hinschwang, war nicht derselbe, den er, Toscanini, mit dem inneren Ohre gewollt. Noch ganz ruhig, sachlich, höflich versucht Toscanini nun seine Auffassung den Musikern verständlich zu machen. Dann hebt er den Taktstock, man beginnt von neuem an der brüchigen Stelle, schon rückt die Ausführung näher an sein erträumtes Klangbild heran, aber noch immer ist die letzte Übereinstimmung nicht erreicht, noch immer deckt sich nicht restlos Rand zu Rand die orchestrale Ausführung mit der inneren Vision. Nochmals klopft Toscanini ab, erregter, leidenschaftlicher, ungeduldiger wird schon seine Erklärung; weil er Deutlichkeit will, wird er deutsamer. Allmählich entfalten sich aus ihm alle Kräfte der Überredung, und die gestikulative Begabung des Italieners wird in seinem prachtvoll ausdrucksvollen Körper geradezu zum Genie. Selbst der Unmusikalischeste muß aus seinen Gesten jetzt schon fühlen, was er eigentlich will und fordert, wenn er den Rhythmus vortaktiert, wenn er beschwörend die Arme entbreitet oder wieder glühend ans Herz preßt, um die geforderte stärkere Empfindung zu akzentuieren, wenn er, mit dem ganzen Körper plastisch arbeitend, das ideale Tonbild gleichsam visuell herausmodelliert. Leidenschaftlich und immer leidenschaftlicher setzt er alle Überredungskräfte ein, er bittet, beschwört, bettelt, fordert, gestikuliert, er zählt, er singt vor, er verwandelt sich in jedes einzelne Instrument, sobald er es aneifern will, allsichtbar fahren ihm die Bewegungen des Geigenden, das Blasenden, des Paukenden in die Hände, und ein Bildhauer, der menschliche Bitte und Ungeduld, Sehnsucht, Anspannung und inbrünstiges Drängen symbolisch darstellen wollte, fände kein wundervolleres Modell als diese tonbildnerischen Gesten Toscaninis. Wenn aber trotz diesen Anfeuerungen, trotz diesen nervösen Versichtlichungen das Orchester seine individuelle Vision noch immer nicht begreift und erreicht, wird dies Leiden an dem Nochnichterreichten, an der irdischen Unzulänglichkeit bei Toscanini geradezu zum Schmerz. Er stöhnt auf wie ein Verwundeter in seiner verletzten Feinhörigkeit, er gerät völlig außer sich, weil er so völlig in seiner Arbeit verharrt. Er vergißt alle Hemmungen der Höflichkeit, weil er nur die Hemmungen im Werke spürt, ein Zorn gegen den dumpfen Widerstand der Materie fährt ihm ins unbeherrschte Wort, er schreit, er tobt, er schimpft und beschimpft, und man versteht, warum er nur vertrautesten Freunden den Zugang zu diesen Proben gestattet, wo er sich jedesmal als den Besiegten weiß seiner ungeheuren und unersättlichen Leidenschaft zur Vollkommenheit. Erschütternder und erschütternder wird das Schauspiel dieses Ringens, je gewaltsamer Toscanini die letzte, die äußerste Form, seine geträumte, seine so sphärisch gehörte Form des Werkes den Musikern entreißen will. Sein Körper bebt allmählich vor Erregung wie der eines Ringers während des Kampfes, die Stimme wird heiser von den unablässigen Anfeuerungen, der Schweiß strömt ihm von der Stirn, erschöpft, gealtert erscheint er immer nach diesen unermeßlichen Stunden unermeßlicher Arbeit; aber nicht einen Zoll vor der Vollendung, vor seiner erträumten Vollendung gibt er nach. Mit immer neu anspringender Energie treibt er vorwärts und vorwärts, bis endlich die Masse der Musiker restlos sein Wille geworden ist und seine Vision makellos zum Werk.

Nur wer dieses Ringen, dieses tagelange zähe Ringen um das einzelne und einzelnste der Vollendung einmal von Probe zu Probe, von Stufe zu Stufe mitansehen durfte, weiß um das Heroische in Toscanini, nur der ahnt den Preis jener Vollkommenheit, die das Publikum bei ihm schon als Selbstverständlichkeit bewundert. Aber immer ist die höchste Stufe des Könnens nur dort erreicht, wo das Schwierigste wie das Natürlichste, wenn das Vollkommene als das Selbstverständliche wirkt. Sieht man Toscanini abends im überfüllten Saal, Magier und Gebieter über die hörige Schar des Orchesters, gleichsam ganz mühelos mit seiner Zeichengebung die Musiker wie Hypnotisierte führend, so scheint dieser Triumph ohne Kampf gewonnen und er selbst die Summe aller Sicherheit, der höchste Ausdruck der Sieghaftigkeit. Aber in Wahrheit gilt keine Aufgabe jemals für Toscanini als vollendet gelöst, und was das Publikum als Endgültigkeit bewundert, ist ihm unterdes schon wieder zum Problem geworden. An keinem Werk fühlt trotz fünfzig Jahre Vertrautheit der Siebzigjährige ein volles und reines Zufriedensein, bei jedem immer wieder von einemmal zum anderen nur die erregte Ungewißheit des neu und neu sich versuchenden Künstlers. Nie kennt er ein eitles Behagen, nie, wie Nietzsche sagt, das »braune Glück« der Entspannung, des Selbstbezaubertseins. Vielleicht ist niemand unter den Lebenden, der an der Unvollkommenheit alles Instrumentalen gegenüber dem visionär gehörten Klange so tragisch leidet wie dieser, der sein Orchester am großartigsten bemeistert. Denn anderen ähnlich Leidenschaftlichen unter den Dirigenten sind doch wenigstens flüchtige Augenblicke der Verzückung gegeben. Bruno Walter, sein apollinischer Bruder in der Musik, hat, man fühlt es, manchmal Sekunden des Erlöst- und Begnadetseins mitten im Werk. Wenn er Mozart spielt oder dirigiert, ist hin und wieder sein Antlitz unbewußt angeleuchtet von einem Widerschein dieses seligen Lichtes. Er fühlt sich getragen von der selbstgeschaffenen Woge, er lächelt, ohne es zu spüren, er träumt, er schwebt in den Armen der Musik. Solche Gnade des Sichvergessenkönnens ist Toscanini, dem Unersättlichen, dem großen Gefangenen der Vollendung, niemals gegeben. Eine wilde Sehnsucht verzehrt ihn nach immer höheren Formen der Vollkommenheit, und es ist durchaus keine künstliche Pose bei diesem wahrhaftigsten Manne, wenn er am Ende jedes Konzertes, vom Beifall umstürmt, jedesmal mit einem befangenen und beschämten, mit einem scheuen und bestürzten Blick vom Pulte tritt, wenn er unwillig und nur, um der Höflichkeit Genüge zu tun, dem dröhnenden Enthusiasmus der Menge dankt. Denn über allem Erreichten und Errungenen schwebt für ihn eine geheimnisvolle, eine mystische Trauer. Er weiß, daß auch das heldisch Erzwungene in seinem nachschaffenden Element keine Bleibe hat, er fühlt, wie Keats, sein Werk »in Wasser geschrieben«, hingespült in die Woge der Vergänglichkeit, nicht mit den Sinnen, nicht in der Seele dauernd festzuhalten: darum kann kein Erfolg ihn betören, kein Triumph ihn berauschen. Er weiß, daß im orchestralen Raum nichts für immer getan ist und jede Vollendung von Werk zu Werk, von Stunde zu Stunde wieder neu errungen und erzwungen werden muß. Wie kaum einer weiß dieser große Friedlose, weil nie zu Befriedigende: Kunst ist ein ewiger Krieg, nie ein Ende, sondern ein unablässiger Anbeginn.

Eine solche sittliche Strenge der Auffassung und des Charakters ist ein Ereignis im Raume unserer Kunst und unseres Lebens. Aber beklagen wir es nicht, daß eine so reine und zuchtvolle Erscheinung wie Toscanini eine seltene bleibt und daß nur an wenigen Tagen des Jahres uns das Glück gegönnt ist, vollendete Werke von diesem vollendeten Meister in vollendeter Weise dargeboten zu hören. Nichts ist ja gefährlicher für die Würde und das Ethos der Kunst als das Geölte und Bequeme unseres tagtäglichen Kunstbetriebes, als die Leichtigkeit, mit der heute durch Radio und Grammophon das Erlauchteste zu jeder Stunde auch dem Lässigsten handgreiflich wird; denn diese Bequemlichkeit läßt die meisten die Mühe der Schöpfung vergessen und ohne Spannung und Ehrfurcht

Kunst in sich aufnehmen wie Bier oder Brot. Wohltat und geistige Wollust ist es darum, in solcher Zeit einen am Werke zu sehen, der durch die Gewalt seiner Erscheinung wieder bezwingend erinnert, daß Kunst eine heilige Mühsal ist, apostolischer Dienst an dem unerreichbar Göttlichen unserer Welt, nicht Geschenk des Zufalls, sondern erdiente Gnade, nicht laue Lust, sondern auch schöpferische Not. Toscanini hat kraft seines Genius so sehr wie kraft seines unbeugsamen Charakters das Wunder erreicht, Millionen zu zwingen, das glorreich überlieferte Erbe der Musik als lebendigsten Wert der Gegenwart zu empfinden, und diese seine Tat innerhalb der nachschaffenden Musik wirkt fruchtbar hinaus über ihre Grenzen: immer ist, was im Raume einer Kunst glorreich vollbracht ist, gleichzeitig für alle getan. Immer führt nur der außerordentliche Mensch die anderen zu Ordnung und Unterordnung zurück. Und nichts macht uns ehrfürchtiger vor diesem großen Anwalt der Werktreue, als daß es ihm gelungen ist, selbst eine so tief verwirrte und ungläubige Zeit wie die unsere noch einmal wieder Ehrfurcht vor ihren heiligsten Werken und Werten zu lehren.

Bruno Walter: Kunst der Hingabe

Zu seinem sechzigsten Geburtstag
15. September 1936

Wir wußten früh schon von ihm, aber spät erst haben wir ihn gekannt und erkannt. Denn für uns, deren Jugend in fanatischer Eingötterei der dämonischen Erscheinung Gustav Mahlers verfallen war, gab es keinen außer diesem einen in der Musik. Daß neben ihm in den letzten Lebensjahren ein Jüngerer stand, mit bewußter Demut in den Schatten zurücktretend hinter seinem stärkeren Licht, sein Helfer, sein Schüler, sein Mitwerker, das wußten und spürten wir wohl, aber der Jugend Sache ist es nicht, gerecht zu sein. Sie liebt es nicht, ihre Liebe zu teilen und maßvoll zu verteilen, und so blieb alles, was wir an Enthusiasmus an die Sachwalter der Musik auf Erden zu verschenken hatten, an diesen einen gebunden (dem wir eigentlich nie uns persönlich zu nahen wagten, aus Furcht vielleicht, der Zauber könnte sich lösen). Die andern mochten musizieren und dirigieren und noch so vollendet in ihrem Werke sein – nur dieser eine, Gustav Mahler, war uns die Musik. So mußte erst Gustav Mahler entschwunden sein, das Sternbild unserer Jugend gesunken, daß wir nun jenen als Eigenperson bemerkten, der ihm der nächste gewesen und nun sein Erbe geworden; zunächst liebten wir Bruno Walter darum nur mittelbar, nur als den Erhalter und Verwalter der Mahlerschen Tradition. Und erst allmählich wurden wir gewahr, daß, der aus Treue und aufopfernder Hingebung sich so lange als Schüler gewandet, unterdes schon selbst längst ein Meister gewesen war.

Diese wundervolle Fähigkeit der Hingabe bis zur Selbstverschattung, die wir als moralische Tugend bei dem jungen Menschen bewunderten, ist auch heute noch das innerste Genie seiner Musikalität. Immer verwandelt sich auf einer reiferen Stufe Charakter in Werk, und so ist diese ursprüngliche Disposition noch immer die entscheidendste und unvergleichliche Form seines Wesens geblieben. Nicht seinen Eigenwillen sucht Bruno Walter den Werken aufzuprägen, sondern seine Lust ist, der vollkommene Diener ihres transzendenten Willens zu sein, einzufluten und sich aufzulösen in dieser immer anderen Sphäre, wandelbar mit jedem Werk und beharrend in dieser Verwandlung, überall die Vollendung suchend, aber immer die individuale des Werkes. Bis zum herrlichsten Extrem der Schöpferischen weiß dieser restlos Dienende seinen Dienst zu steigern. Und wenn man bei dem anderen Genius der nachschaffenden Musik, bei Toscanini, in manchen Augenblicken das Gefühl hat, das Orchester verschwinde und alle Kraft, alle Kunst ströme einzig aus seinem Willen und Wesen, so ist es bei Walter wieder in seinen gesegnetsten Momenten, als ob er selber nicht mehr vorhanden wäre, weggetragen von der Welle, selbst nur Instrument, Klang, tönendes Element geworden aus einem Menschen.

Eine solche Hingebung bedeutet immer eine letzte Liebesbeziehung zum Kunstwerk. Niemals von außen, nicht wie der Geist an die Materie, niemals als Fachmann, als Intellektualist vermag Walter an ein Werk heranzutreten, er braucht immer Gebundenheit und letzte Verbundenheit. Und da Liebe immer eine äußerste Durchdringung sucht, ein Eindringen bis in Fleisch und Blut der geliebten Substanz, muß er jedesmal bis in seine tiefsten Tiefen sich verbunden fühlen, er muß ein Werk verstanden haben, aber nicht bloß mit dem Verstand, sondern sich der Seele des zu Beseelenden angeglichen, sich ihm eingelebt haben bis in den letzten Nerv. Erst wenn er ein Werk so bis ins Innerste durchdrungen hat und es selbst wieder sich seines Innersten völlig bemächtigte, erst dann und nur dann vermag er es als Erlebnis zu verwirklichen. Darum ist Bruno Walter an manche Meister und manche ihrer Werke erst so spät und erst nach langem Zögern herangegangen. Darum hat er trotz seinem lautersten Verlangen, gerade der Jugend zu dienen, von manchen modernen Komponisten, die er vom Menschlichen her auf das äußerste schätzt, sich ferngehalten, weil er sich bewußt war, ihre Absicht noch nicht im völligsten zu verstehen oder nicht aus ganzer Seele zu billigen, und er sich selbst nur, wenn mit ganzer Seele und in restlosester Hingebung schaffend, beflügelt und berechtigt weiß.

Wer so als komprehensive Natur geboren ist und sich als Sinn seines Lebens gesetzt hat, Erhabenes zu verstehen und anderen verständlich zu machen, der wird sich niemals spezialistisch auf ein einzelnes Fach beschränken können, der muß zutiefst erkannt haben, daß die Künste nicht einander begrenzen, sondern ergänzen, und daß, wer der einen wahrhaft dienen will, brüderlich verbunden sein muß mit allen. Wer nun die Ehre erworben hat, sich Bruno Walters Freund nennen zu dürfen, und die Freude kennt, oftmals mit ihm ein geistiges Gespräch zu teilen, der weiß um die wahrhaft universalische Bildung dieses Mannes, dem jeder Vers Goethes so vertraut ist wie jeder Takt Mozarts, dem jedes Bild irgendeiner Galerie auf Erden so in Farbe und Form bewußt ist wie die einzelnste Melodie seiner musikalischen Meister. Der Dichtung, dem Theater, dem Tanz, den Problemen der Regie mit gleicher Einfühlung vertraut, mußte ein Mann seiner universalischen Art geradezu unausweichlich der Genius werden, um das wagnerische Ideal der Oper als der Synthese aller Künste innerhalb unserer Zeit zu verwirklichen. Welche Abende danken wir ihm, welche unvergeßlichen und wie vielseitigster Art! Wie oft und wie immer anders hat er uns bezwungen, bald silbernen Klangs am Klavier oder Spinett Mozartsche Magien erweckend, dann wieder grandios Händels ›Messias‹ mit riesigen Quadern aufbauend, diesen Babelsturm bis in den Himmel, dann jenen unvergeßlichen ›Tristan‹, jenen unvergeßlichen . . . Aber nein, lieber nicht vereinzeln ein so wunderbar einheitliches Wirken! Wozu zählen und aufzählen, da doch nichts uns vergeßbar ist von allen diesen geistsinnlichen Manifestationen, in denen er uns Musik gelehrt in ihrem edelsten Sinn: Lastendes zu entschweren, Beengtes zu entbinden, Widerstreitendes zu lösen im endlichen Einklang. Wie haben wir ihn lieben gelernt in diesen Stunden bis in seine körperliche Gegenwart, wie liebten wir schon dies Gesicht, das in Gegenwart der Musik immer zu strahlen beginnt wie der Engel Antlitz, wenn Gott sie anblickt! Denn Lust ist es immer, einem Künstler sich hinzugeben, der selber so herrlich sich hinzugeben weiß und damit glorreich bezeugt, daß die Demut vor fremdem Werk nicht Schwäche verrät, sondern die schönste schöpferische Kraft auf Erden. Nur der Allverbundene schafft die wahren Verbundenheiten, immer geht von jeder großen Leistung entscheidendes Beispiel aus, gültig nicht einer Kunst, sondern allen Künsten. Wohl darum unserer Zeit, wenn sie von dieser herrlich harmonischen Natur das Geheimnis lernte, Kontraste zu lösen durch gleich gerechte Bemühung und allen Widerstreit, alle Dissonanzen zu binden in menschlich beglückendem Zusammenklang!

Die unterirdischen Bücher Balzacs

»Die Natur- und Kunstwerke lernt man nicht kennen, wenn sie fertig sind. Man muß sie im Entstehen aufhaschen, um sie einigermaßen zu begreifen.« *Goethe an Zelter*

Die Bewunderung Balzacs, die in den letzten Jahrzehnten sich nicht nur in seiner Heimat, sondern auch bei uns mächtig gesteigert hat, wendet sich nicht wie bei den meisten Dichtern einzelnen erlesenen Meisterwerken entgegen, sondern in erster Linie der Gesamtheit, der ungeheuren und fast unbegreiflichen Breite seines Werkes. Balzac ist ein Genie der Fülle und der vielleicht größte Heros der dichterischen Arbeit. Solange man ihn bloß qualitativ einschätzt, findet man Analogien; wendet man aber die Einstellung des Blickes und läßt ihn rein numerisch die Anzahl der Menschen umschauen, die jener aus seinem einzig wachen Gehirn in die Welt gestellt – es sind über zweitausend –, die Millionen einzelner tatsächlicher Kenntnisse des praktischen Lebens und der Zeitgeschichte, die unvergleichliche Kenntnis aller städtischen und landschaftlichen Eigenarten Frankreichs, faßt man schließlich bloß äußerlich die sechzig bis siebzig Bände zusammen, die er in einem Vierteljahrhundert aus seinem kolossalischen Körper in die Welt geschleudert, so steht man vor diesem Phänomen in Bewunderung ohnegleichen. Nicht als literarisches Phänomen wertet man dann seine Erscheinung, sondern als elementares wie den Ausbruch eines Vulkans, den unablässigen, stets aus sich selbst gespeisten Niedersturz eines gigantischen Wasserfalls, und begreift an diesem Beispiel zum erstenmal in seinem wörtlichen Sinn das Wort von der »unerschöpflichen« Phantasie. Zu Balzacs Lebzeiten verbreiteten seine Gegner, daß er, ähnlich wie der ältere Dumas, nur den geringsten Teil seiner Romane selbst schreibe und die meisten von mißbrauchten jungen, begabten Schriftstellern stammten, die er dann bloß revidiere und um des besseren Verkaufs willen mit seinem hochbezahlten Namen versehe: so unfaßbar war das Phänomen seiner Produktivität. Glücklicherweise sind Balzac aber Zeugen erstanden in seinen eigenen Manuskripten, die etwas noch viel Ungeheuerlicheres offenbart haben, nämlich daß Balzac sein Riesenwerk nicht einmal, sondern drei-, vier-, fünf- oder sechsmal geschrieben und überarbeitet hat, daß sein dichterisches Werk mit allen seinen Urformen und Zwischenformen auf Hunderttausende beschriebener und von lebendigem Geiste erfüllter Blätter zu veranschlagen ist.

Die Romanmanuskripte Balzacs gehören zu den wertvollsten Offenbarungen des episch dichterischen Prozesses, es sind Phänomene einzigartiger Natur, weil in ihnen der dichterische Reinigungs- und Gestaltungsprozeß, der sich doch sonst meist im Unbewußten, im Unsichtbaren vollzieht, dokumentarisch in allen Stadien des Überganges niedergelegt ist. Schon zu Balzacs Lebzeiten gingen dunkle Gerüchte von diesem seltsamen Zwischenwesen der Korrekturexemplare um, die, halb Manuskript und halb schon Druck, sich proteusartig verwandelten und immer mehr dem definitiven Bild entgegenformten. Aus den Druckereien trugen's die Setzer klagend den anderen Autoren zu. Vertraute sahen im Arbeitszimmer Balzacs von einem einzigen Romane zehn bis zwölf sorgfältig gebundene, voluminöse Bände mit Korrekturen in seiner Bibliothek stehen, und schon damals sagte Théophile Gautier, daß die Vergleichung der Manuskriptrevisionen Balzacs in all ihren einzelnen Schöpfungszuständen nicht nur eine interessante literarische Studie, sondern auch eine höchste ergiebige Lektion für alle jüngeren Schriftsteller sein würde.

Für diese zukünftige Studie, die einmal ein ganzes Geschlecht von Philologen an die Arbeit rufen wird, ist inzwischen das Material bereitgestellt. Balzac, der Schöpfer zahlloser monomanischer Figuren, hat (sein Schicksal ist reich an solchen Analogien zwischen Leben und Dichtung) noch als Toter eine der merkwürdigsten Monomanenfiguren durch seinen dichterischen Genius in die Welt gesetzt, nämlich den »Balzacomanen«, den Menschen, der seine ganze Lebensarbeit einzig darin suchte, allen Manuskripten, Briefen, Artikeln Balzacs nachzuspüren und sie in seinen Händen zu vereinigen. Dieser fanatische Sammler, der Comte Spoelbergh van Loevenjoul, wohlbekannt allen Antiquaren von Brüssel und Paris, wohlbekannt auch den Philologen durch ausgezeichnete Studien, hat mit einem Eifer ohnegleichen alles, was handschriftlich von Balzac erreichbar war, aufgespürt und in seinem Besitz vereinigt. Er machte Tagereisen, um irgendwo einen Brief, einen verlorenen Korrekturbogen aufzutreiben, er durchforschte die Druckereien, wo je ein Werk Balzacs in Arbeit gewesen war, er schnüffelte allen Redakteuren nach, die je mit ihm Beziehung hatten, und als bei jener berühmten Versteigerung der Möbel von Balzacs Witwe ein paar Kisten mit Handschriften zerbrachen und zahllose Blätter verschleudert wurden, sah man diesen seltsamen Mann durch Wochen bei allen Käsehändlern und kleinen Krämern der Umgegend nach einzelnen Blättern jagen, um sie zu erhaschen, ehe sie zu Tüten gedreht und als Packpapier verwendet würden. So entstand allmählich eine Sammlung, welche in ihrer Einzigkeit sich vielleicht nur mit dem weimarischen Goethe-Museum vergleichen läßt, und als sie Spoelbergh van Loevenjoul der französischen Akademie hinterließ, wurde ihr in Chantilly, in einem kleinen Schloß, endlich eine würdige Heimstatt bereitet. Dort in der stillen Straße, nahe den schönen Wäldern und den gepflegten Wiesen, inmitten der sanften Stille einer französischen Kleinstadt, ist nun das fiebrige titanische Werk für alle Zeiten bewahrt, zugänglich nur jenen, die ernstes Interesse an Balzac zu dokumentieren vermögen, und unvergeßlich allen, denen staunend davor zu verweilen jemals vergönnt war. Denn hier ist jedes einzelne Werk Balzacs in allen seinen Niederschriften und Entstehungsformen zu sehen, von der ersten flüchtigen Skizze an durch ein Höllenlabyrinth von Korrekturen, Revisionen bis zur endgültigen Fassung, und eben dadurch, daß man hier von Epoche zu Epoche das Werk im eigenen Material werden sah, empfand man wunderbar stark das Gefühl seiner schöpferischen persönlichen Gegenwart.

Nur wer ein solches Korrekturexemplar eines Werkes von Balzac gesehen hat, kann seine Arbeit und die Art seiner Arbeit wirklich ermessen. Sie sind die eigentlich wirklichen Manuskripte, weil die erste Niederschrift nur Skizze war, Brouillon, gleichsam das Sprungbrett für seinen gewaltigen Anlauf. Diese erste Skizze sendete er meistens noch mit feuchter Tinte in die Druckerei, dort mußten dann ganz besondere »placards«, das sind Fahnen, auf denen immer nur ein kleines Stück Text innerhalb eines gewaltigen weißen Raumes stand, für ihn angefertigt werden. Bis dahin war die Arbeit für Balzac und die Setzer verhältnismäßig leicht. Sie hatten nur die leichtfließende, ein wenig weibische Schrift Balzacs, die in ihrer Hast oft das Wort abkürzte, zu entziffern und in Lettern zu setzen. Aber die Hölle begann für sie mit den Korrekturen. Denn nun, wenn der bewußte Künstler in ihm das Gedruckte vor sich sah, die Phantasmagorie, die der wütige Träumer in ihm im Fieber der Nacht hingeschrieben, so überkam ihn eine Art stilistischer Wut. Mit wilden Schlangenlinien stellte er die Worte um, schaufelte ganze Sätze weg, stopfte Absätze zwischen die Zeilen, überschüttete mit sechs oder sieben Seiten neuen Manuskriptes die einzelnen Fahnen, ließ hundert Einschiebungen, die vergebens mit Ziffern und Zeichen versehen wurden, auf einem Blatt wirr durcheinander wirbeln, quer zwischen die einzelnen Fahnen wurde neues Manuskript gestopft, und was schließlich dem erschreckten Auge sich darbot, war ein hieroglyphisches Durcheinander, anscheinend sinnlos, von Zeichen und Zahlen. Kein Wunder, daß diese Korrekturbogen der Schrecken der Pariser Setzer wurden! Und es ist nicht eine freundliche Legende, sondern tatsächlich verbürgt, und durch Dokumente belegt, daß die Arbeiter sich weigerten, mehr als eine Stunde Balzac zu setzen, und für diese eine Stunde doppelten Tarif verlangten. Einer schob die grausame Arbeit auf den anderen, und es dauerte Jahre, ehe auch die Besten und Geübtesten von ihnen begannen, sich in diesem Hexensabbat der Worte und Zeichen wirklich zurechtzufinden. Aber wenn sie wirklich unter furchtbarster Mühe den neuen Druck hergestellt hatten (selbstverständlich mußte ein neuer Satz begonnen werden, denn der erste war rettungslos im wilden Durcheinander untergegangen), so begann dasselbe Spiel zum zweitenmal. Noch einmal brach der heilige Zorn Balzacs über die eigene Arbeit herein, noch einmal schüttete er Zusätze, Ergänzungen, Verdeutlichungen in das gegossene Manuskript, noch einmal zerriß die zornige Tatze das lebendige Fleisch der schon gestalteten Arbeit, und so ging es drei- und viermal, bis schließlich in der Zeitschrift die endgültige Fassung erschien. Endgültig aber nur wieder für die Zeitungsveröffentlichung, denn für die Buchausgabe kämmte und krempelte der ewig Ungenügsame von neuem jedes einzelne seiner Werke um, und sogar dann noch, als sie schon in Buchform erschienen waren, erneuerte er seine Arbeit von Neuauflage zu Neuauflage. Zwanzig gedruckte Seiten bedeuten also immer hundert unterirdische bei ihm, jedes Buch eigentlich zehn Bücher. Balzac hat als echter Sammler, der er war, von manchen Romanen alle diese Korrekturbogen vom ursprünglichen Manuskript bis zur Vollendung aufbewahrt und zusammenbinden lassen, und selbst die kleinste seiner Arbeiten gab dann einen oder mehrere voluminöse Bände, die er seinen liebsten Freunden zum Geschenk machte und die auch wirklich einzige Kostbarkeiten bilden, weil sie gleichsam sieben Texte übereinander sind. Diese unterirdischen Bücher Balzacs stellen die merkwürdigsten Amphibien zwischen Buch und Manuskript, zwischen Schrift und Druck dar, die man auszudenken vermag, sie sind das Lebendigste, was man vielleicht je an dichterischer und künstlerischer Arbeit in sinnlicher Form sehen kann. Denn alle die geheimnisvollen Zwischenstadien der werdenden Form, der allmählichen Gestaltung, die sonst im Unsichtbaren sich vollziehen, in Gehirngängen sich spurlos verflüchtigen, hier sind sie schwarz auf weiß chronologisch und psychologisch festgehalten, und jedes dieser Schriftbücher ist nicht nur ein persönliches Dokument zur Arbeitsweise Balzacs, sondern überhaupt zum Kampf um die epische Form von der Genesis bis zur Schöpfung. Wir müssen dankbar sein, daß er sie nicht zerstörte, denn nie hat ein Dichter die Tür seiner Arbeitsstube für die spätere Welt weiter aufgetan als Balzac durch diese einzigartigen Dokumente, die, so lange sie noch unbenutzt und vereinzelt sind, bloß ein liebhaberisches Kuriosum, eine bibliophile Kostbarkeit darstellen, später aber einmal ein wichtiges Kapitel zur Genesis unseres Romans und der epischen Kunst aller Zeiten bilden werden. Hier wie überall sind eben die heroischen Leistungen der Vergangenheit die werdende Wissenschaft der Zukunft, und was wir, erschauernd und bewundernd, in diesen Hieroglyphen der Korrekturen jetzt kaum zu enträtseln vermögen, wird später einmal vielleicht ein klares Gesetz der Kunst und die kristallene Formel für die wundervoll komplexe Substanz seiner Erscheinung sein.

Pour Ramuz!

Wenn ein Künstler hohen Ranges sein Schaffen bewußt in eine enge Sphäre, in einen kleinen und von dem eigenen Willen begrenzten Kreis einschränkt, so kann dies für sein Werk ein hoher Gewinn werden oder eine große Gefahr.

Den Gewinn bedeutet an sich die Konzentration, die sparsame Zusammenfassung aller schöpferischen Kräfte auf eine einzige Lebenssphäre. Der Künstler weicht damit der Gefahr der Zersplitterung, der Zerstreuung, des diffusen, des verschwommenen Schauens oder Gestaltens aus, weil er sein Auge immer nur auf die eine Distanz eingestellt hat, weil er ebenmäßig und richtig dank dieser regulierten Optik seine Gegenstände sieht – weil an immer wiederholter Erfahrung sich seine Kenntnisse in dieser Sphäre sichern, seine Beobachtungen sich schärfen und ergänzen. Er ist Cäsar und Herr in seinem eigenen Gebiet und da er sich nur in einer und derselben Atmosphäre geistigen Lebens bewegt und nie zu verwegener Erkundung sein gesichertes Reich verläßt, ist er den barometrischen Spannungen und krisenhaften Wetterstürzen der Seele nicht so sehr ausgesetzt wie der nomadisch schweifende Künstler, der ewig anderes Suchende und Versuchende. Indes jener die ganze Welt in Gegenwart und Vergangenheit sich zu seinem Jagdfelde macht, bestellt der eingegrenzte Künstler das seine mit der Geduld, der Zähigkeit, der Sachkenntnis und beharrlichen Kraft eines Bauern, an Intensität gewinnend, was er an Extensität verliert.

Aber jede Spezialisierung, auf welchem Gebiete immer, schließt Gefahr in sich, und wer sich entschlossen hat, die Welt nur im Mikrokosmos zu erleben und zu betrachten, dem kann als Künstler leicht das Gefühl der Proportion verlorengehen, indem er, an das Blickfeld seines engen Rahmens gewöhnt, das Kleine darin für ein weltbedeutend Großes hält und das Banale mit dem Besondern, das Alltägliche mit dem Interessanten verwechselt, indem er, wie jeder Spezialist jeder Wissenschaft, vergißt, daß seine persönliche Fachwelt nicht mit der absoluten Sachwelt zusammenfällt. Wo sein geübter, sein mikroskopisch differenzierender Blick noch Vielfalt und Abschattung gewahrt, sehen die anderen nur ein langweiliges Grau, und während er ein neues Buch nach dem anderen zu schaffen meint, bleibt es für die andern immer dasselbe; wo er zu variieren meint, empfinden jene nichts als Monotonie. Wer bewußt sich als Künstler einen kleinen Lebenskreis wählt und ihn bewußt nicht überschreitet, muß von vorneweg erwarten, von der großen Welt, die er doch durch Ablehnung und Gleichgültigkeit depreziert, entweder gleichgültig oder bestenfalls als Kuriosum gewertet zu werden; wer ihr nicht Liebe gibt, kann wenig Liebe von ihr erhoffen.

Dies wäre das Logische. Aber die große Kunst ist immer stärker als die Gesetze der Vernunft und klüger als die Logik; sie behauptet sich in jeder ihrer Formen, auch der abseitigsten, durch ein Geheimnis, das eben nicht lernbar und übertragbar ist. Gewiß hat sich von allen wesentlichen Schriftstellern unserer Tage C.-F. Ramuz vielleicht am energischsten, am bewußtesten zu solch freiwilliger und sogar engster Eingrenzung des Lebenshorizonts entschlossen. Sein Werk reicht – vom rein Räumlichen aus gesehen, nicht in seinen geistigen Proportionen – über einen kleinen Schweizer Kanton nicht hinaus, und selbst innerhalb dieses Kantons hat er noch die Berge sorgsam um sein schmales Tal gestellt. Auch in der sozialen Schichtung siebt er noch einmal seine Wahl; der Bürger, der Fabrikant, der Kaufherr, sie treten kaum in sein Blickfeld. Nur der Bauer, der Mensch der Erde, der primitive und elementare Mensch bildet seine Menschheit. Selbst die Landschaft, die er sich gewählt, ist keine besonders romantische, besonders pathetische: Ramuz scheint es die besondere Lust innerhalb der schöpferischen Lust zu bedeuten, immer nur in sprödem, in widerstrebendem Material zu schaffen. Gerade aus dem Allergewöhnlichsten das Außerordentliche herauszuholen, den hellsten Funken aus dem härtesten Gestein, ist seine besondere Neigung und er hat den Mut, in seiner Vorliebe für das Diffizile bis an den äußersten Rand zu gehen. Bewußt liebt er es, sich's schwer zu machen. Er weicht dem Melodramatischen, dem Sentimentalen wie einer Kreuzotter geradezu panisch erschreckt aus, er vermeidet alle sinnlichen Reizungen und Spannungen als zu billig; seine Sujets sind eigentlich kaum mehr als sublimierte »faits divers«, wie sie im Kantonblättli kurz und knapp verzeichnet werden, also Alltagsgeschehnisse, die einmalig zu machen dann seine Leidenschaft ist. Das Resultat eines solchen zähen und beharrlichen Ausschöpfens einer Landschaft, einer engen Sphäre sollte nun eigentlich Ausschöpfung, Erschöpfung sein und der Leser sich sagen: genug von diesem Kantönchen, genug von diesen Dörfchen! Alles folkloristisch sehr interessant, sehr eindringlich dargestellt. Aber jetzt genug von den Bauern im Vaud, ich weiß schon alles, ich weiß.

Wie aber hat nun C.-F. Ramuz die Gefahr der Monotonie, der Selbstwiederholung, der rein stofflichen Ermüdung überwunden? Sein Geheimnis ist weder ein neues noch ein besonderes – es ist das ewige und einzige des Künstlers: innere Intensität. Auf einer hohen oder vielmehr auf der höchsten Stufe der Kunst gibt es keine Gegenstände, keine Objekte, keine Inhalte, keine Sujets mehr, sondern nur die reine Meisterschaft, die es fast gleichgültig sein läßt, ob ein in der irdischen Welt banaler oder subtiler Gegenstand dargestellt wird, weil eben Meisterschaft der Darstellung die irdische Geltung der »Sujets« in eine höhere Sphäre, in die der Vollendung hebt (die einmalig für alles gilt). Der zerrissene Bauernstiefel, von van Gogh gemalt, ein Baum Hobbemas, das Veilchen Dürers, ein Apfel Cézannes, diese erzbanalen Gegenstände, sind durch eine höhere Dynamik, gleichsam durch einen stärkeren Blutdruck ebenso intensiv geworden, daß wir gar nicht mehr das Banale des Gegenstands sehen, sondern das Mirakel seiner Intensifizierung. So ist es auch unwesentlich, daß die Bauern Ramuz' harte schwere Menschen sind und daß ich ad personam ersticken würde, in der Sperrkette dieser Berge dauernd zu leben. Nicht wer sie sind, darauf kommt es an, sondern was er aus ihnen macht, welche Kräfte er in ihnen weckt oder einbaut; erst gehen sie alle am Anfang seiner Bücher mit einem schweren Schritt und man nimmt sich schon vor, sie nicht lang zu begleiten, aber allmählich geht von ihnen eine starke Anziehung aus, man spürt sie getrieben von einem übermächtigen Schicksal oder einem Schicksal entgegen. Wie eine Kruste fällt das Banale, das Normale von ihnen ab, ihr Innerliches wird feuerflüssig transparent. Daß aber die Intensifizierung dieser spröden Naturen nicht etwa Technik ist, ein gewolltes Emporsteigen auf eine höhere psychische Seelenstufe, sondern daß Ramuz, intensiv schauend, eben alles intensifiziert, was sein Auge berührt, – daß dieses Durch-und-Durchsehen, dies Steigern, dies Dynamisieren bei ihm urtümliche Funktion der Seele ist, seine schöpferische Urgewalt, dies beweist sich dadurch, daß auch auf das (scheinbar) Unbeseelte, daß auch auf die Natur sein Blick so vitalisierend wirkt –

ein Roman wie ›La grande peur dans la montagne‹ *(›Das große Grauen in den Bergen‹)* ist Roman einer Bergseele eher als der eines Menschen, der moderne Mythos einer von allen andern als unbeachtlich empfundenen und in keinem Reisehandbuch der Schweiz wohl verzeichneten Landschaft. Ramuz hat Feuer im Blick, jenes Feuer, in dem das Harte schmilzt und sich lockert, das Stockende gärt und schwillt, das Scheintote sich belebt und das Schattendunkle in magischem Schein plötzlich aufglüht – wahrer Blick eines Dichters, eines Schöpfers, jener demiurgische Blick, der immer wieder neu die Welt erschafft.

Dazu noch die Kunst dann, sparsam zu sein mit seinem Genie und es nicht zu verschwenden, das Einfache sublim zu machen und das Sublime wiederum einfach zu gestalten. Statt Flächenwirkung Tiefenwirkung zu suchen, statt Breite Dichtigkeit; nicht mit überflüssigen Schilderungen wie die Nordländer zu ermüden, sondern schweizerisch sparsam, aber solid die Sprache zu nützen und doch gerade dank dieser Gespanntheit und Kargheit in der Prosa dann wieder den Ton aufschwingen zu lassen in die Sphäre des Gedichts – diese besondere Mischung von Verhaltenheit und Hingabe, von Kunstbewußtheit und urtümlicher Kraft will mir sein schönstes Werkgeheimnis erscheinen und jenes auch, das ihm so treu die Bewunderung seiner Kameraden mit der Liebe seiner Leser sichert.

Max Herrmann-Neisse zum Gedächtnis

Still und unauffällig, wie er gelebt hat, ist am 8. April [1941] Max Herrmann-Neisse von uns gegangen; ein Herzschlag hat diesen reinen und wundervoll humanen Dichter hinweggerafft.

Noch vor einigen Jahren veranstalteten wir anläßlich seines fünfzigsten Geburtstages in London eine öffentliche Feier; Ernst Toller, der ihm inzwischen vorangegangen, und ich sprachen über sein Lebenswerk, dann las er seine Gedichte. Er war rührend wie immer anzusehen, niedergeduckt auf das Pult, der kleine verwachsene Mann mit den klugen, scharfen, grauen Augen, die an jenem Abend besonders hell und zärtlich leuchteten. Man spürte es so sehr, wie er beglückt war, endlich wieder einmal Verse, deutsche Verse einem andächtig lauschenden Kreise vorlesen zu dürfen und inmitten der riesigen und fremden Stadt die Wärme von Freundschaft, Anerkennung und dankbarer Bekräftigung um sich zu fühlen. In dieser einen Stunde lebte er wieder in der Heimat, denn seine eigentliche Heimat war das deutsche Gedicht. Er schrieb keine Prosa, er verachtete die Politik und haßte unsere mörderische und bestialische Zeit. Seine ganze Kraft, seine ganze Liebe wandte er – außer an die tapfere Frau, die sein Leben beschirmte – an die reinen und melodischen Strophen, die zu formen und zu feilen seine innerste und fast einzige Genugtuung blieb.

Von all den vielen deutschen Exilierten litt er vielleicht am schmerzhaftesten unter der Fremdheit der Sprache und der kalten Gesinnung, weil er als »reinblütiger«

Schlesier doch nicht aus Zwang den Weg ins Exil genommen, sondern aus einer verstümmelten Liebe für das alte, das dichterische, das denkerische Deutschland, das er durch Brutalität und Ungerechtigkeit geschändet sah. Unaufhörlich träumte er sich in dieses Deutschland von einst und seine Landschaft zurück, und aus diesen Träumen wurden Strophen und Gedichte edler männlicher Trauer, die schönsten vielleicht, die seit Heinrich Heine im Exil geschrieben wurden. Aber in diesen Versen läuterte er seine Bitternis; sie waren sein Trost, seine Rettung, sein Halt, eine Art Vergessen durch gesteigertes Erinnern. Stundenlang streifte er in London durch den Hyde Park und den Regent Park, weil er dort inmitten der steinernen Wildnis wenigstens einen Blick ins Grün, einen Atemzug Natur fand, und dort wandelte er so, wie man sich als Knabe den Dichter imaginiert, allein und versonnen, manchmal das kleine Notizbuch aus der Tasche ziehend und eine Zeile, einen Vers sich aufzeichnend.

Immer wenn ich ihn so sah, den kleinen, verhutzelten Mann, in seiner großen Einsamkeit, hatte ich ein Gefühl der Ehrfurcht und sogar des Stolzes, daß da einer war unter uns allen, der rein blieb und unbekümmert dem dichterischen Dienst hingegeben inmitten einer katastrophischen Welt. Auf den Straßen donnerten die Busse, nachts sprangen die Blinklichter und die Blitzlichter der Abwehrgeschütze auf, und die Sirenen heulten durch die Lüfte; alles das erschütterte, entsetzte seine zarte, empfindsame Seele bis zur Verzweiflung, aber nichts konnte den Drang zur dichterischen Aussage in ihm dämmen. Abends kam er dann von seinen langen, einsamen Streifungen nach Hause und schrieb in seinem winzigen Zimmerchen bis tief in die Nacht die Strophen hin, die ihm der Tag zugetragen, schrieb die schönsten dann nochmals auf weißem dickem Papier seinen Freunden zum Geschenke, denn – dies sein tiefster Schmerz – diese Gedichte, in denen sein innerstes Empfinden zu den Menschen sprach, konnten nicht im Druck erscheinen in einer Zeit, die mit Bomben und Maschinengewehren das Ohr ertaubte für jedwede seelische Musik. So sollten wenigstens seine Freunde sie kennen; schon das war ihm viel.

Aber wieviel auch an Bitternis in ihm sich sammelte und drängte, er blieb unerschütterlich in seiner Haltung. Nichts konnte ihn einer Zeit anpassen, die er verachtete und verfluchte, und wie schon im Ersten Weltkrieg blieb er unter den ganz Wenigen, die, während die andern in Propaganda werkten, ihr Wort jedem Zuspruch, jeder Rechtfertigung der Bestialität verweigerten. Als echter Dichter teilte er das Elend und die seelische Erniedrigung nicht in Nationen und Parteien ab, sondern fühlte einzig vom menschlich Allgemeinen her die Not des Einzelnen und die Qual der Unzähligen. Etwas Einmaliges, etwas Großartig-Unwahrscheinliches ist mit dieser Treue zur Dichtung und zur humanen Gesinnung mit ihm dahingegangen. Denn selten habe ich bei einem Menschen soviel seelische Tapferkeit der Gesinnung gesehen wie bei diesem kleinen schwachen Mann, der zerbrechlich schien vor einem Hauch des Winds und doch moralisch diesem furchtbarsten Orkan der Geschichte unerschütterlich durch seinen Glauben an die dichterische Mission standgehalten hat.

Schon vorher hatten Max Herrmann-Neisses Gedichte den Wissenden mit zu den wertvollsten der Generation nach Rilke gegolten. Aber niemals hat er schönere geschrieben als jene im Exil. Jene der ersten Emigrationsjahre sind mit einer rühmenden Einleitung Thomas Manns noch unter dem Titel ›Um uns die Fremde‹ im Verlag Oprecht in Zürich erschienen. In ihnen ist alle Trauer, aller Schmerz, alle Sehnsucht, alle Ungewißheit und Selbstentfremdung der Emigration unvergeßbar ausgesagt. Aber noch großartiger gestalteten sich jene der Kriegszeit. In ihnen hat Erbitterung, Wehrlosigkeit und Verzweiflung erschütternde Akzente erreicht, die er nie gefunden hätte ohne jene äußerste Prüfung. Zur Stunde bewahren diese seine letzten Verse nur seine Witwe und einige seiner Freunde als kostbares Vermächtnis. Erst wenn sie öffentlich erscheinen, wird in vollem Ausmaß erkennbar sein, wer Max Herrmann-Neisse gewesen und wieviel wir an ihm verloren.

Das Geheimnis des künstlerischen Schaffens

Von allen Geheimnissen der Welt ist seit Anbeginn dasjenige der Schöpfung das geheimnisvollste gewesen; einhellig haben darum alle Nationen und Religionen den Vorgang des Schöpferischen mit der Idee des Göttlichen verbunden. Denn alles Seiende können wir erfassen und als Tatsache begreifen. Aber jedesmal haben wir das Gefühl eines Überirdischen, eines Göttlichen, wenn irgendwo zuerst ein Nichts war und plötzlich ein Etwas ist, das vorher nicht gewesen ist – wenn ein Kind geboren wird, wenn aus der nackten Erde über Nacht eine Blüte bricht. Aber am größten, am ehrfürchtigsten, und ich möchte fast sagen, am heiligsten ist unser Staunen, wenn dies neue und plötzlich Gewordene nicht ein Vergängliches ist, wenn es nicht hinwelkt wie diese Blüte, wenn es nicht hinstirbt wie ein Mensch, sondern wenn in unserer Zeit etwas entsteht, was diese Zeit und alle Zeiten überdauert, etwas, das ebenso ewig bleibt wie Himmel, Erde, Meer, Sonne, Mond und Sterne, diese Taten nicht des Menschen, sondern Gottes.

Dieses Wunder, daß etwas aus dem Nichts entsteht und doch die Zeiten überdauert, ist uns ab und zu in einer Sphäre mitzuerleben gegönnt: in der Kunst. Wir wissen, es erscheinen in jedem Jahre zehntausend, zwanzigtausend, fünfzigtausend Bücher. Es werden Hunderttausende Bilder gemalt und Millionen Takte komponiert. All das erweckt in uns keineswegs ein besonderes Erstaunen. Daß Bücher geschrieben werden von Schriftstellern oder Dichtern, erscheint uns ebenso selbstverständlich, wie daß diese Bücher vom Setzer gesetzt, vom Drucker gedruckt, vom Buchbinder gebunden, vom Buchhändler verkauft werden. Es ist ein bloßes Produktionsphänomen – wie, daß täglich Brot gebacken wird und Schuhe gemacht werden und Strümpfe. Das Wunder beginnt immer erst, wenn eines dieser Bücher, eines dieser Bilder dank der Gnade der Vollendung unsere Zeit und viele andere Zeiten überdauert. In diesem Fall und nur in diesem spüren wir, daß der Genius wieder einmal Gestalt angenommen hat in einem Menschen und sich das Mysterium der Schöpfung unserer Welt noch einmal in einem Werke wiederholt hat. Aufregender Gedanke: da ist ein Mensch, geformt wie alle andern, er schläft in einem Bett, er ißt an einem Tisch, er ist gekleidet wie ich und du und wir alle. Wir gehen an ihm auf der Straße vorbei, wir haben vielleicht in der Schule mit ihm zusammen auf der gleichen Bank gesessen, in nichts ist er äußerlich anders wie wir. Und plötzlich gelingt diesem einen Menschen etwas, was uns allen versagt ist. Er hat das Gesetz, in das wir Menschen gebannt sind, zerbrochen, er hat die Zeit besiegt, denn während wir anderen sterben und spurlos vergehen, bleibt etwas von ihm für immer bestehen. Und warum? Einzig, weil er jenen göttlichen Akt des Schöpferischen vollzogen hat, durch den aus dem Nichts ein Etwas, aus dem Vergänglichen ein Dauerhaftes wird. Weil sich in seiner Erscheinung das tiefste Geheimnis unserer Welt offenbart hat: das Geheimnis der Schöpfung.

Was hat ein solcher Mensch getan? Nehmen wir es rein äußerlich. Er hat, wenn er ein Musiker war, ein paar Töne aus der Skala in einer so besonderen Art zusammengefaßt, daß daraus eine Melodie entstand, die Hunderttausenden und Millionen Menschen auch in den entferntesten Erdteilen immer aufs neue die Seele erregt. Er hat, wenn er ein Maler war, aus den sieben Farben des

Spektrums und aus dem Zweiklang von Licht und Schatten ein Bild geschaffen, das, haben wir es einmal erblickt, sich uns nach innen in die Seele projiziert. Er hat, wenn er ein Dichter war, aus den fünfzigtausend oder hunderttausend Worten, aus denen unsere Sprache besteht, ein paar hundert Worte in so besonderer Weise zusammengefügt, daß sie ein unsterbliches Gedicht bilden. Oder er hat als Dramatiker, als Erzähler Gestalten geschaffen, die uns so nah und gegenwärtig sind wie ein Bruder und ein Freund, Menschen, die – wie er – die göttliche Kraft in sich tragen, die Zeiten zu überdauern. Aber er hat mit diesem äußerlichen Akt das Gesetz der Natur umgestoßen: er hat eine Substanz geschaffen, welche der Vergängnis trotzt. Er hat aus einem Schall der Luft etwas geformt, das dauerhafter ist als das Holz, das wir anrühren, dauerhafter als der Stein, der dieses Haus trägt. Durch ihn ist das Unvergängliche und – sagen wir getrost: das Göttliche im Irdischen Erscheinung geworden.

Aber auf welche Weise hat dieser einzelne Mensch dies Wunder vollbracht? Auf welche Weise hat er und gerade er unter Millionen aus demselben Material, das doch uns allen zur Verfügung steht, der Sprache, der Farbe, dem Klang, sein Kunstwerk geschaffen? Was ist die geheime Kraft, die ihn dazu befähigt hat? Auf welche Weise schafft der wahre Künstler? Wie kommt dies Wunder zustande in unserer entgötterten Welt?

Ich glaube, jeder von uns hat sich bewußt oder unbewußt diese Frage schon gestellt, wenn er vor einem der ewigen Bilder der großen Meister in einer Galerie stand, wenn er von einem Gedicht erschüttert war bis in das Innerste seiner Seele oder erregten Sinnes eine Symphonie Mozarts oder Beethovens erlebte. Jeder, glaube ich, hat mit ehrfürchtigem Staunen und gerade dank dieses Staunens sich gefragt: wie konnte ein einzelner Mensch dieses Übermenschliche schaffen? Und ich wage sogar zu sagen, daß wer an großen Kunstwerken vorübergeht und sich *nicht* diese Frage gestellt hat, wen nicht dies Geheimnis erregt hat, niemals ein wirkliches Verhältnis zur Kunst besaß und niemals besitzen wird. Es ist das beste Teil unseres menschlichen Herzens, daß es vom Gewaltigen und Geheimnisvollen ehrfürchtig erschüttert wird, und es ist das beste Teil des menschlichen Geistes, daß er überall, wo er ein Geheimnis fühlt, sich gedrängt spürt, es zu enträtseln. Wer zur Kunst ein wahres Verhältnis sucht, muß immer mit einem doppelten Gefühl den großen Kunstwerken entgegentreten. Er muß sie demütig als etwas empfinden, das über seinem eigenen Können, über seinem vergänglichen Leben steht als ein Unbegreifliches. Aber gleichzeitig muß er mit wachem Denken sich bemühen, zu erfassen, wie dies Göttliche innerhalb unserer irdischen Welt entstanden ist. Er muß versuchen, das Unbegreifliche zu begreifen.

Ist dies nun möglich? Können wir den Vorgang, der sich bei der Entstehung eines wahren Kunstwerks auswirkt, belauschen? Können wir Zeugen sein jener Zeugung, Zeugen seiner Geburt? Darauf kann ich präzise antworten: nein. Die Konzeption eines Kunstwerks ist ein innerlicher Vorgang. Sie bleibt in jedem individuellen Fall so vom Dunkel umschattet wie die Entstehung unserer Welt – ein unbelauschbares, ein göttliches Phänomen, ein Mysterium. Das einzige, was wir vermögen, ist, daß wir nachträglich uns diesen Akt rekonstruieren, und auch dies ist uns nur bis zu einem gewissen Grade verstattet. Aber immerhin, wir können uns wenigstens einige Schritte näher herantasten an das unergründliche Labyrinth. Ich unterscheide deutlich: wir können nicht das Geheimnis des Schöpferischen selbst erklären, so wenig wie es uns gelingt, die Begriffe der Elektrizität, der Schwerkraft, des Magnetismus an sich darzustellen. Wir können nur einige Grundgesetze feststellen, in die gebannt sie in Erscheinung treten. Wir müssen also bei unserer Untersuchung äußerste Ehrfurcht wahren und uns immer bewußt sein, daß die eigentliche Tat in einem Raum geschieht, der uns nicht zugänglich ist, und daß wir mit dem äußersten Aufwand von Phantasie und Logik doch nur ein Schattenbild dieses Prozesses uns vergegenwärtigen können, aber immerhin ein Bild. Da es uns nicht erlaubt ist, mit dem Künstler den Augenblick seiner Schöpfung m i t zuerleben, können wir einzig versuchen, ihn n a c h zuerleben.

Zur Rekonstruktion dieses mysteriösen Vorgangs will ich mich einer Methode bedienen, die auf den ersten Blick vielleicht nicht sehr sympathisch erscheinen mag: der Methode der Kriminologie, welche jahrhundertelange Erfahrung zu einer besonderen Technik herausgebildet hat. Ich weiß selbstverständlich um das Peinliche des Vergleiches. Bei der Kriminologie handelt es sich darum, eine schlimme Tat oder Untat, einen Mord, einen Diebstahl, aufzudecken, in unserem Fall dagegen um die edelsten, beglückendsten Taten, deren die Menschheit fähig ist. Aber die Aufgabe ist doch im Grunde dieselbe: ein Verborgenes aufzuklären, ein Geschehnis, bei dem wir selbst nicht gegenwärtig waren, durch ein genau durchdachtes und erprobtes System zu rekonstruieren.

Was ist nun der *Ideal*fall in der Kriminologie? Der Idealfall ist, wenn der Täter – sagen wir, der Mörder, der Dieb – sich selbst dem Gericht stellt, wenn er erklärt, aus welchen Gründen und in welcher Weise, zu welcher Zeit und an welcher Stelle er sein Verbrechen begangen hat. Durch ein solches spontanes Geständnis ist der Polizei und den Juristen eigentlich jede weitere Mühe abgenommen. Ebenso wäre bei unserer Untersuchung der Idealfall gegeben, wenn der Schöpfer selbst uns das Geheimnis seiner Schöpfung erklärte, wenn er uns den ganzen

Vorgang der Entstehung schilderte, uns in seine Technik einweihte und die uns unbegreiflichen Vorgänge begreiflich machte. Wenn also der Dichter uns erzählte, wie er dichtet, der Musiker, wie er komponiert, und bei jedem einzelnen Werke schilderte, wie die Inspiration ihn überkam und wie die schöpferische Idee sich in Form verwandelte. Damit wäre alles weitere Suchen für uns überflüssig.

Nun stehen wir aber vor einem merkwürdigen Phänomen, nämlich daß die schöpferischen Menschen, die Dichter, die Musiker, die Maler genau so, als wären sie hartnäckige Verbrecher, so gut wie nie eine präzise Aussage über diesen innersten Augenblick der Schöpfung machen. Schon dem großen amerikanischen Dichter Edgar Allan Poe war es aufgefallen, daß wir aus den Hunderten Jahren künstlerischen Schaffens so wenig einleuchtende Berichte von den Dichtern, Malern und Musikern selbst besitzen, und er beginnt seinen Aufsatz, in dem er die Entstehung des Gedichtes ›The Raven‹ schildert, mit der Bemerkung: »I have often thought how interesting a magazine paper might be written by any author, who would – that is to say, who could – detail, step by step, the process by which any one of his compositions attained the ultimate point of completion. Why such a paper has never been given to the world, I am much at a loss to say.«

Ich bitte nun, es nicht als unbescheiden zu empfinden, wenn ich auf die Frage dieses großen Dichters, warum wir so wenige Darstellungen der Dichter über ihre produktiven Augenblicke besitzen, die Antwort gebe, die er nicht zu geben wußte. An sich ist die Tatsache, daß wir so wenig Dokumente über ihren schöpferischen Prozeß von den Dichtern haben, wirklich verwunderlich. Denn was ist die Gabe des Dichters, des Schriftstellers anderes, als zu erzählen, zu erklären? Jede Reise, jedes Abenteuer, jede innere Erschütterung überliefern sie uns in ihren Büchern mit wunderbarer Eindringlichkeit. So wäre es doch das Allernatürlichste, daß sie auch über das entscheidende innere Erlebnis uns genaue, verläßliche Nachricht geben, Nachricht, wie das Schöpferische sie überkommt, daß sie uns etwas über Lust und Qual jener Augenblicke berichten. Indiskretion, Selbstpreisgabe, ja sogar Preisgabe des innersten Inneren ist es ja, was den Dichter als Bekennenden, als Erklärenden uns so ungeheuer wichtig macht. Aber wenn die Künstler so selten über ihre inspirativen Minuten berichten, so ist der Grund ganz einfach – daß sie in diesen Minuten bei dem schöpferischen Prozeß gar nicht mit ihrem Bewußtsein dabei sind. Daß sie sich also während des eigentlichen Schaffens ebensowenig psychologisch belauschen können, wie sie sich selber während des Schreibens über die eigene Schulter zuschauen können. Um bei dem Beispiel aus der Kriminologie zu bleiben, ähnelt der Künstler am meisten jenem Verbrecher, sagen wir einem Mörder, der in einem Affektzustand handelt und völlig ehrlich ist, wenn er dann dem Richter, dem Staatsanwalt sagt: »Ich weiß nicht, warum ich es getan habe, ich weiß nicht mehr, wie ich es getan habe. Es ist über mich gekommen, ich war nicht recht bei Sinnen.«

Ich weiß, dieses *Nicht-Dabeisein* des Künstlers im Augenblick der Produktion scheint im ersten Moment vielleicht unlogisch. Aber überlegen wir. In Wirklichkeit ist dem Künstler Produktion doch nur möglich im Zustand eines gewissen *Von-sich-selbst-Fortseins,* einer Ekstase – heißt dieses griechische Wort Ekstase übersetzt doch nichts anderes als »außerhalb seiner selbst sein«.

Aber wo ist er dann, der Künstler, in den produktiven Minuten, wenn er außerhalb seiner selbst ist? Höchst einfach: er ist in seinem Werke, in seinen Melodien, in seinen Gestalten, in seinen Visionen. Er lebt – und darum kann er nicht Zeuge sein – während er schafft, nicht in *unserer* Welt, sondern in *seiner* Welt. Der Dichter, der in einem inspirierten Moment aus der Erinnerung eine Landschaft darstellt, Wiese, Himmel, Baum, Feld an einem Frühlingstag, ist in diesem Augenblick nicht in seinem Zimmer, nicht in seinen vier Wänden, sondern er sieht das Grün, er atmet die Luft, er hört den Wind, der über die Gräser streicht. Shakespeare ist in dem Augenblick, da er seinen Othello sprechen läßt, aus dem Manne Shakespeare, aus seinem eigenen Leib, aus seiner eigenen Seele in die von Eifersucht gärende Seele Othellos übergegangen. Weil der Künstler in diesem Moment äußerster Konzentration mit allen seinen Sinnen *in dem anderen,* in dem Werke ist, muß er gegen alle anderen Eindrücke der Außenwelt gleichsam abgeriegelt sein. Um diesen Zeitpunkt der Konzentration ganz zu verdeutlichen, will ich nur an das klassische Beispiel erinnern, das wir in der Schule gelernt haben. Bei der Eroberung von Syrakus sind die Wälle schon längst überrannt, die Soldaten plündern die Stadt, einer dringt ein in das Haus des Archimedes und findet ihn dort im Garten, wo er mit seinem Stabe im Sand geometrische Figuren zieht. Wie der Soldat mit gezücktem Schwert auf ihn losgeht, sagt er in seiner Versunkenheit, ohne sich umzuwenden: »Störe mir meine Kreise nicht.« Er sieht in diesem begnadeten Zustand der Konzentration nur, daß ein fremder Fuß in die im Sand gezeichneten Figuren treten will. Er weiß nicht, daß es der Fuß eines Soldaten ist, er weiß nicht, daß die Feinde in der Stadt sind, er hat das Anprallen der Sturmböcke nicht gehört, nicht das Schreien der Flüchtenden und Gemordeten, nicht den Jubelruf der Fanfaren. Er war in dieser schöpferischen Sekunde nicht in Syrakus, sondern in seinen Werken. Oder ein Beispiel aus der neueren Zeit für diesen Zustand der Konzentration während schöpferischer Arbeit. Ein Freund besucht Balzac, und er begrüßt ihn ganz aufgeregt mit Tränen in den Augen: »Denken Sie sich, die Herzogin von Langais ist gestorben.« Der Besuch ist erstaunt. Er kennt keine Herzogin von Langais, und es gibt auch gar keine in Paris; sie ist eine von Balzac erfundene Gestalt, und er hatte gerade ihren Tod in seinem Buche geschildert und war noch nicht aufgewacht aus seinem visionären Traum, hatte noch nicht zurückgefunden in die reale Welt und erkannte erst an dem Erstaunen seines Besuchers seinen Irrtum.

Vielleicht genügen schon diese beiden Beispiele, um zu vergegenwärtigen, ein wie außerordentlicher Zustand innerer und totaler Konzentration jeden wahren schöpferischen Akt begleiten muß. Der wirkliche Künstler ist während des Schaffens so innerhalb seiner Schöpfung wie der Fromme in seinem Gebet, der Träumende in seinem Traum. Zwangsweise also, weil nur nach innen schauend, nimmt er von der Außenwelt und von sich selber nichts deutlich wahr. Darum wissen die Künstler, die Dichter, die Maler, die Musiker, während sie schaffen, nicht selbst zu beobachten, wie sie schaffen, und noch weniger werden sie es uns nachher erklären können. Sie sind schlechte, unbrauchbare Zeugen für den eigenen Schöpfungsprozeß, und wir wären als Kriminologen unvorsichtig, uns auf ihr Zeugnis blindlings zu verlassen.

Was tut aber die Polizei in solchem Falle, wenn die wichtigsten Zeugen versagen oder sich als unzuverlässig erweisen? Sie sammelt von anderen alle möglichen Berichte – und das tun wir gleichfalls, indem wir die Zeitgenossen befragen –, aber schließlich wird sie sich zur völligen Aufdeckung der Tat immer an den Tatort selbst begeben und versuchen, dort aus zurückgelassenen Spuren die Tat zu rekonstruieren. Versuchen wir das gleiche!

Aber der Tatort des Künstlers, wo ist er? Für den schöpferischen Prozeß gibt es doch keinen Tatort, wird man einwenden. Schaffen ist ein unsichtbarer Akt, der sich hinter der Gehirnwand abspielt, und das ursprüngliche Wort Inspiration – inspiratio – drückt schon deutlich aus, daß es sich nur um einen »Anhauch«, also um einen völlig immateriellen Vorgang handelt, der mit irdischen Augen, mit dem irdischen Ohr oder mit dem Tastsinn nicht belauscht werden kann. Das ist an sich richtig. Das eigentlich Schöpferische, das Visionäre, der inspirative Akt vollzieht sich bei dem Künstler unsichtbar. Aber wir leben in einer irdischen Welt und sind Menschen, die nur dank unserer Sinne begreifen können. Uns ist eine Blüte nicht schon Blüte, wenn sie als Same in der Erde verkapselt liegt, sondern erst, wenn sie in Form und Farbe sich entfaltet, ein Schmetterling erst Schmetterling, wenn er aus Raupe und Puppe sich zum farbig beflügelten Wunder entwickelt. Uns ist eine Melodie erst Melodie, nicht wenn sie einem schöpferischen Menschen innen zum erstenmal aufklingt, sondern wenn sie uns hörbar wird, ein Bild erst Bild, sobald es sichtbar und vollendet ist, ein Gedanke erst Gedanke, sobald er ausgesprochen, eine Plastik erst Plastik, sobald sie zu Ende geformt ist. Um aus der Seele des Künstlers in unser Leben zu treten, muß also die Inspiration jedesmal eine irdische, eine optisch oder akustisch wahrnehmbare Form annehmen. Sie muß durch ein Medium materieller Art hindurchgehen. Selbst das sublimste Gedicht muß, um uns zu erreichen, erst fixiert werden mit einem materiellen Stoff, mit Tinte oder Bleistift auf einen anderen materiellen Stoff, auf Papier geschrieben werden, ein Bild auf Leinwand mit Farbe gemalt, eine Plastik in Stein oder Holz gestaltet werden. Der künstlerische Prozeß – und damit sind wir einen Schritt weiter – ist also nicht reine Inspiration, nicht bloß der Vorgang hinter der Gehirnwand und auf der Netzhaut des Augapfels, sondern ein Akt der *Übertragung* aus der geistigen in die sinnliche Welt, aus der Vision in die Realität. Und da, wie ich eben zeigte, dieser Akt großenteils im sinnlichen Material vor sich geht, so hinterläßt er substantielle Spuren, die den Zwischenzustand zwischen ungewisser Vision und endgültiger Vollendung ausfüllen. Ich meine damit die Vorarbeiten, die Skizzen der Musiker, die Entwürfe der Maler, die verschiedenen Fassungen der Dichter, die Handschriften, die Vorstudien, das ganze erhaltene Material aus der Werkstatt. Gerade weil diese hinterlassenen Vorarbeiten stumme Zeugen sind, sind sie die objektivsten, die einzigen, an die wir uns halten können. So wie die Objekte, die der Mörder in seiner Hast am Tatort hinterläßt, so wie die Fingerabdrücke, die von ihm zurückbleiben, das verläßlichste Beweismaterial in der Kriminologie bilden, so bieten die Vorstudien und Entwürfe, die der Künstler vom Produktionsprozeß hinterläßt, die einzigen Möglichkeiten, den inneren Vorgang zu rekonstruieren. Sie sind der Ariadnefaden, an dem wir uns zurücktasten können in das sonst unergründliche Labyrinth. Wenn wir dem Geheimnis der Schöpfung uns überhaupt manchmal nähern können, so vermögen wir es nur dank dieser zurückgelassenen Spuren.

Ich sagte, daß wir uns dem Geheimnis *manchmal* annähern können. Denn nicht von *allen* großen Künstlern besitzen wir solche selbstverräterische Dokumente. Verhängnisvollerweise sogar gerade von den größten nicht. Wir haben kein Blatt Homers, keine Zeile der Bibel in ihrer ursprünglichen Form, keine Platos oder des Sophokles oder Buddhas, keinen Pinselstrich des Zeuxis oder Apelles. Dies wäre nun schließlich noch verständlich durch die Ferne der Zeit. Aber sonderbarerweise haben wir auch von Chaucer, von Shakespeare, von Dante und Molière, von Cervantes und Konfuzius kein einziges Blatt aus einem schöpferischen Werke, und vielleicht waltet hierin eine Absicht der Natur, die uns sagen will: »Gerade von diesen größten Werken, die ich durch menschlichen Geist erschaffen ließ, sollt ihr kein irdisches Zeugnis haben. Sie sollen euch für alle Zeiten ein unverständliches und irrationales Wunder bleiben.« Aber wir haben immerhin von anderen Genien der Menschheit, von Beethoven und Shelley, von Rousseau und Voltaire, von Bach und Michelangelo, von Walt Whitman und Edgar Allan Poe noch die Häuser, in denen sie lebten, die Gegenstände, die sie benutzten. Wir haben ihre Handschriften und Urschriften, und indem wir alle diese Künstler in ihrer Arbeit betrachten, können wir uns unterfangen, doch einen vielleicht verwegenen Blick in ihre Werkstatt zu tun und von dem Geheimnis des Schöpferischen zumindest eine Ahnung zu gewinnen.

Versuchen wir es. Gehen wir in ein Museum, in eine Bibliothek, an jene einzigen Orte, wo die Objekte zur Hand sind, in denen der Produktionsprozeß einen optischen Niederschlag erfahren hat. Lassen wir uns die Blätter, die Skizzen Mozarts, Beethovens, Schuberts, Bachs, die Vorstudien der großen Maler, die ersten Manuskripte der Dichter vorlegen und versuchen wir, uns von diesen Zeugen etwas darüber erzählen zu lassen, was in dem Künstler geschieht in seinen geheimnisvollen Stunden, die zugleich seine seligsten und seine qualvollsten sind.

Lassen wir uns also in jenem Museum oder jener Sammlung zunächst ein paar eigenhändige Manuskriptblätter Mozarts geben, um rein optisch zu sehen, wie der Komponist komponiert, lassen wir uns ein ganzes Manuskript von seiner Hand geben, eine Sonate, und bitten wir zugleich um die Skizzenblätter dazu, um es vor Augen zu haben, wie sich das fertige Werk allmählich herausgeformt hat. Aber zu unserer Überraschung erfahren wir, es gibt gar keine Skizzen, es gibt von ihm nur fertige, in einem einzigen Zuge hingeworfene Manuskripte in einer leichten, mühelosen, fliegenden Schrift. Und unser erster Eindruck von diesen Blättern ist: dies sind abgeschriebene Manuskripte. Diesem Mann hat jemand diktiert, und er hat nur in aller Hast dieses Diktat aufgezeichnet. Er war bloß der Abschreiber, der Nachschreiber. Das gleiche erfahren wir bei Manuskripten Haydns oder Schuberts. Auch bei ihnen finden wir keine Vorarbeiten und überhaupt keine Anzeichen angestrengter Arbeit. Und tatsächlich wissen wir aus zeitgenössischen Berichten, daß Mozart, während er Billard spielte, gleichzeitig seine musikalischen Themen im Kopf formen konnte, oder Schubert bei Freunden plaudernd ein Gedicht aufschlagen, ins Nebenzimmer gehen, rasch die Komposition auf ein Notenblatt notieren, und ein Lied ist entstanden, ein unsterbliches – ich möchte sagen: so rasch, wie sich jemand geschneuzt hat. Dieselbe Leichtigkeit findet man in Manuskripten zum Beispiel von Walter Scott, auf vierhundert, fünfhundert Seiten keine Korrektur, keine Änderung, absolut der gleiche Eindruck, nicht des Schreibens und Schaffens, sondern des Abschreibens nach einem unsichtbaren Diktat. Und ebenso haben wir von manchen Malern, von Frans Hals, von van Gogh keine Skizzen, keine Entwürfe. Sie blicken ihren Gegenstand mit magischem Auge an, und schon saust der Pinsel mit flinken, raschen Hieben. Sie müssen nicht ordnen, nicht sammeln, nicht disponieren. Schaffen ist für sie Strömen, Schwung, Leichtigkeit.

Ein Blick also auf solche Manuskriptblätter hat genügt, und wir haben einen ersten Einblick in unser Geheimnis gewonnen. Der Künstler – dies lesen wir von solchen Blättern ab – gerät, wenn inspirativ erfüllt, in einen höheren Grad der Beschwingtheit. Eine traumwandlerische Sicherheit überkommt ihn und trägt ihn über alle Schwierigkeiten hinweg, ohne daß sein Intellekt ihn führen und lenken müßte. Das Schöpferische strömt in ihn ein und durch ihn durch, so wie die Luft durch die Flöte fährt und sich dort in Musik verwandelt. Der Künstler ist – erste Form, erster Eindruck – das hypnotisierte Medium eines höheren Willens. Er hat selbst nichts zu tun als getreu wiederzugeben, was dieser höhere Wille von ihm fordert, eine innere Vision unverändert nach außen zu stellen. Der schöpferische Zustand ist also, abgelesen von diesen Blättern, ein rein passiver Zustand, abgesondert von aller menschlichen, persönlichen Mühe.

Aber seien wir nicht zu voreilig mit unserer Formulierung. Der künstlerische Prozeß ist in Wahrheit viel komplizierter, das Geheimnis des Schaffens viel geheimnisvoller. Blättern wir also lieber noch einmal in demselben Museum nach oder in demselben Handzeichnungskabinett. Nehmen wir jetzt nach den Blättern Mozarts noch einige Blätter Beethovens zur Hand.

Sofort hat sich unser Eindruck vollkommen verändert. Das Bild, das sich uns von Beethovens Arbeitsweise bietet, ist so verschieden von dem früheren wie ein norwegischer Fjord von italienischem Meer. Alles scheint falsch, was wir eben bei Mozart festgestellt haben, daß der produktive Zustand ein passiver sei, bei dem der persönliche Wille unbeteiligt ist. Wir entdecken, während wir vordem nur den Genius leicht und beflügelt am Werke sahen, mit einmal den qualvoll ringenden, mühsam gestaltenden Menschen im Künstler.

Da sind zuerst ein paar Blätter aus einem Skizzenbuche, ein paar Takte in rasender Eile mit Bleistift hingeschrieben, nein hingeschlagen in wilder Ungeduld. Daneben findet man Takte, die gar nicht in diesen Zusammenhang gehören. Nichts ist fertig, nichts geordnet. Es ist wie ein Geröll von Felsblöcken, die ein Titan geschleudert hat. Nun wissen wir aus mündlichen Zeugnissen, wie Beethoven komponierte. Er rannte auf den Feldern herum, ohne auf irgend jemanden zu achten, laut brummend und summend und singend und mit den Händen taktierend. Ab und zu riß er aus seinen riesigen Rockschößen ein solches Skizzenbuch, in das er mit Bleistift seinen Einfall notierte. Zu Hause an seinem Schreibtisch nimmt er dann einzelne dieser Themen auf. Wir sehen jetzt eine andere Art Skizzenblätter, größere, meist mit Tinte geschriebene, in denen er architektonisch die Themen entwickelt. Aber keineswegs findet er jetzt sofort die richtige Form. In einem so wilden Riß der Feder, daß sie spritzt und kleckst, streicht er ganze Zeilen, ganze Seiten durch und beginnt noch einmal. Aber nein, es ist noch immer nicht das Rechte. Wieder ändert er, verbessert er. So ingrimmig streicht und fetzt er auf dem Blatte herum, daß manchmal das Papier durchreißt – und man sieht den zornigen Menschen förmlich bei seiner Arbeit, wie er stampft und stöhnt und flucht, weil der musikalische Gedanke noch immer, noch immer nicht sich in jener idealen Form ausdrückt, die ihm innerlich vorschwebt. Dann erst, nach zahllosen solchen Skizzen, deren jede ein Schlachtfeld ist, wird das erste Manuskript geschrieben und dann das zweite. Und nochmals und nochmals in jeder Abschrift und sogar in den proofs verändert. Während wir bei Mozart den schöpferischen Akt als eine lustvolle, mühelose Handlung empfinden, erleben wir ihn bei Beethoven als eine Qual, die an die Krämpfe und Nöte einer gebärenden Frau erinnert. Mozart spielt gleichsam mit der Kunst wie der Wind mit den Blättern, Beethoven ringt mit ihr wie Herkules mit der tausendköpfigen Hydra.

Um der Deutlichkeit willen gebe ich noch einmal in einer anderen Sphäre, in jener des Gedichts, ein Beispiel, um zu zeigen, wie kontrastvoll ein Kunstwerk entstehen kann. Wie ich eben Mozart und Beethoven als Gegensatz wählte, nehme ich jetzt zwei der berühmtesten Gedichte der Weltliteratur, die Marseillaise und den ›Raven‹ von Edgar Allan Poe. Vergleichen wir bei beiden den Prozeß der Entstehung. Rouget de Lisle, der die Marseillaise schrieb, ist eigentlich kein Dichter und kein Komponist. Er ist ein technischer Offizier, der sich während der Französischen Revolution in Straßburg bei der Armee befindet. Am 25. April mittags kommt die Nachricht, die französische Republik habe den Königen Europas den Krieg erklärt. Die ganze Stadt gerät in einen Taumel. Am Abend gibt der Bürgermeister für die Offiziere der Armee ein Souper. Während des Soupers wendet er sich zu Rouget de Lisle, der, wie er weiß, ganz nette Verse geschrieben hat, und sagt, es wäre doch eigentlich freundlich von ihm, wenn er ein Kriegslied für die ausrückenden Truppen dichten und komponieren wollte. Warum nicht? Bis nach Mitternacht sitzen die Offiziere heiter beisammen, dann geht Rouget de Lisle nach Hause. Er hat den Rausch der Begeisterung mitgemacht, er hat vielleicht auch reichlich Wein getrunken, in seinem Kopf summen und surren noch die Toaste und Reden, Worte wie »Allons, enfants de la patrie«, und »Le jour de gloire est arrivé«. Er setzt sich nieder und schreibt, er, der sonst nie ein wirklicher Dichter war, beinahe in einem Zuge die Paar Strophen. Dann nimmt er seine Geige vom Pult, versucht dazu eine Melodie. In zwei Stunden ist alles getan. Am nächsten Morgen um sechs Uhr sucht er schon seinen Freund, den Bürgermeister auf und überbringt ihm das fertige Lied, die fertige Komposition. Ohne sein Wissen, ohne seinen Willen, mühelos, absichtlos hat er eines der unsterblichsten Gedichte der Welt, eine der unsterblichen Melodien aus reiner Inspiration geschaffen. Er hat nicht mit seinem wachen Verstande geschaffen, sondern in einer Art Trance. Nicht er hat eigentlich gedichtet, sondern der Genius der Stunde.

Und nun lese man als Gegenbeispiel einmal die paar Seiten nach, in denen Edgar Allan Poe erzählt, wie er sein berühmtestes Gedicht, ›The Raven‹, geschaffen hat. Man lese nach, wie er sich rühmt, mit mathematischer Logik und Berechnung jeden Effekt, jeden Reim, jedes Wort kalkuliert zu haben. Wie er betont, auf völlig kaltem Wege, ohne jede Inspiration dies Gedicht – ich möchte sagen, fabriziert zu haben. Ein Meisterwerk ist also hier durch eine äußerste Anspannung des Willens entstanden, wie im Fall der Marseillaise durch völlige Abwesenheit jedes Wollens und Planens.

So haben wir nun schon einen kleinen Spalt der Türe aufgetan, die in die Werkstatt des Künslters führt. Wir haben an diesen beiden Fällen, Mozart und Marseillaise, gesehen, daß ein Kunstwerk ein Akt reiner Inspiration sein kann, wo der Dichter, der Musiker, dem lateinischen »vates«, dem Seher, dem Wahrsager ähnlich, vom Göttlichen her Botschaft empfängt und sie weitergibt an die Menschen, ohne selbst etwas von eigener Mühe hinzuzufügen; und wir haben an den anderen Beispielen Beethoven, Edgar Allan Poe – und ich könnte Balzac, Flaubert und zahllose andere hinzufügen – erkannt, daß der Künstler ebenso durch logische Mühe, durch eine vollkommen bewußte Denkarbeit, durch ein vollendetes Handwerkertum gleichfalls das Vollendete erzeugen kann.

Aber wundern wir uns nicht zu sehr über diesen Gegensatz und erinnern wir uns, daß man in der Physik mit den höchsten Kältegraden dieselben Wirkungen erzielen kann wie mit den höchsten Hitzegraden. Es ist an sich für das vollendete Kunstwerk völlig gleichgültig, auf welchem Wege es entstanden ist, ob kalt oder warm, ob in dem Feuer der Hingerissenheit oder in der eisigen Kälte der Reflexion, ob durch reine Inspiration oder durch irdische Arbeit. Aber ich habe mit Absicht hier zunächst die extremen Fälle hingestellt. In Wirklichkeit sind im künstlerischen Schaffen ebenso wie in der Natur die Elemente gemischt. Es gibt wenig rein gute Menschen und wenig rein böse, wenig hundertprozentige Optimisten und wenig hundertprozentige Pessimisten. Was ich zu zeigen versuchte, sind nur die beiden äußersten Pole des künstlerischen Schaffens, und was sich im künstlerischen Schaffen vollzieht, ist im wesentlichen ein Spannungszustand zwischen diesen beiden Polen. Schöpferische Entladung entsteht fast immer nur durch Spannung zwischen zwei gegensätzlichen Elementen, und so wie sich in der Natur das Männliche und das Weibliche zur Zeugung verbinden muß, so sind im künstlerischen Zeugungsakt immer beide Elemente gemischt, Unbewußtheit und Bewußtheit, Inspiration und Technik, Trunkenheit und Nüchternheit. Produzieren heißt für den Künstler *realisieren,* von innen nach außen stellen, eine innere Vision, ein Traumbild, das er im Geiste vollendet vor sich gesehen, im widerstrebenden Material der Sprache, der Farbe, des Klangs in unsere Welt tragen. Erst träumt der Künstler seine Vision, sie schwebt ihm vor und er geht ihr nach, er reißt sie gewissermaßen aus dem Unsichtbaren ins Irdische nieder. Nach dem inneren Traum muß die innere Wachheit kommen, und in gewissem Sinn gilt für den Künstler die alte Technik der persischen Krieger, die am Abend beim Wein und in der Trunkenheit den Schlachtplan berieten und ihn am Morgen danach mit nüchternem Kopf revidierten.

Wenn wir also zu einer Formel kommen wollen, so darf das eigentliche Geschehnis im künstlerischen Prozeß nicht heißen »Inspiration *oder* Arbeit«, sondern »Inspiration *plus* Arbeit«. Schaffen ist ein beständiges Ringen zwischen Unbewußtheit und Bewußtheit. Ohne diese beiden Elemente kann sich der künstlerische Akt nicht vollziehen. Diese beiden Grundelemente sind unentbehrlich – in dieses Gesetz des Gegensatzes, des schöpferischen Ausgleichs zwischen bewußt und unbewußt ist der Künstler gebannt. Innerhalb dieses Gesetzes ist er frei. Am besten könnte man diese Gebanntheit und gleichzeitige Freiheit des Künstlers vielleicht mit einer Schachpartie vergleichen. Auch beim Schach stehen zwei Gruppen, schwarz und weiß, einander gegenüber zu einer Auseinandersetzung. Wie dort das Spiel auf vierundsechzig Felder, so ist die künstlerische Produktion an die fünfzig- oder hunderttausend Worte der Sprache, an das Spektrum der Farben oder an die Töne der Musik gebunden. Aber ebenso wie sich auf den vierundsechzig Feldern zwischen schwarz und weiß unendliche Variationen ergeben und nie ein Spiel dem andern von Anfang bis Ende ähnlich bleibt, so wird der künstlerische Produktionsprozeß bei jedem Künstler immer ein ganz besonderer sein. Vielleicht war der Titel meines Vortrags nicht ganz richtig, wenn ich ihn nannte: »The Secret of Artistic Creation«; ich hätte ihn vielleicht nennen können »The thousand secrets of artistic creation«, denn jeder Künstler hat innerhalb der Grenzen, die ich vordem zeigte, sein besonderes Geheimnis der künstlerischen Schöpfung, jedes einzelne Kunstwerk seine besondere Geschichte, und wir haben keinen anderen Weg, um uns das Geheimnis der künstlerischen Schöpfung klarzumachen, als viele und die verschiedensten Künstler zu betrachten. Erst aus der Summe all dieser Varianten ergibt sich eine Ahnung des schöpferischen Gesetzes, das in allen gemeinsam waltet.

Allerdings – wollte ich alle die denkbaren Variationen innerhalb des schöpferischen Prozesses an den verschiedenen Künstlern in allen ihren Absonderlichkeiten auch nur im flüchtigen Umriß zu zeigen versuchen, wir müßten hier Stunden und Stunden verbringen. Denn welche Kontraste in Raum und Zeit, in Technik und Methode, welche tausend Verschiedenheiten! Da ist Lope de Vega, der in drei Tagen ein Drama schreibt, und neben ihm Goethe, der mit achtzehn Jahren seinen ›Faust‹ beginnt und mit zweiundachtzig Jahren ihn endet! Da ist ein Künstler wie Johann Sebastian Bach oder Haydn, der treu und fleißig wie ein Beamter jeden Tag regelmäßig komponiert, und neben ihnen Wagner, in dem manchmal die Inspiration völlig verlischt, der während fünf Jahren keine einzige Note schreibt – bei dem einen strömt die Produktion regelmäßig wie ein majestätischer Fluß, bei dem anderen ist es jedes Mal wie der einmalige Ausbruch eines Vulkans. Jeder schafft unter anderen Bedingungen: da ist der eine, der morgens die höchste Helligkeit des Gehirns fühlt, und der andere, der nachts erst beginnt, der eine, der sich stimulieren muß durch äußere Reize wie Alkohol oder Luxus der Umgebung, um in einen richtigen Rausch des Schaffens zu geraten, und die anderen, die ihre Helligkeit wiederum durch Brom abdumpfen müssen oder durch Opium oder Nikotin jenen Dämmerzustand erzeugen, der die Träume heranzieht. Da ist der eine, der die äußerste Stille braucht, um die Gedanken zu sammeln, und der andere, der nur in Taverne und Kaffeehaus, umdröhnt von lachenden, schwatzenden Menschen sich innerlich zu sammeln vermag – jeder schöpferische Mensch hat also seine Eigentümlichkeiten, seinen besonderen Prozeß, welcher ihm und ihm allein gehörig ist, und so wenig wie eine Liebesstunde mit der andern hat eine Schaffensstunde mit der andern ihr Geheimnis gemein. Nur wer diese unendliche Vielfalt belauscht, kann eine Ahnung bekommen von der unendlichen Vielfalt der Kunst und des Lebens, nur wer einen Künstler in seiner Arbeit sieht, weiß um die Einmaligkeit seiner Persönlichkeit. Denn jeden Menschen erkennen wir wahrhaft nur in seiner Arbeit. Es genügt nicht, daß wir mit ihm bei Tisch gesessen und geplaudert haben, daß wir zusammen spazierengefahren sind oder gemeinsam eine Reise machten. Das wirkliche Wesen gibt jeder Mensch nur in dem, was er schafft. Nur dort ist sein wahres Maß – nur dort, wo sein letztes Geheimnis ist, kennen wir einen Menschen, kennen wir ein Kunstwerk. Goethe, einer der weisesten Menschen aller Zeiten, hat dafür die Formel gefunden: »Man kennt die Kunstwerke nicht, wenn man sie nur fertig sieht, man muß sie auch in ihrem Werden gekannt haben.« Nur wer in das Geheimnis des *Schaffens* bei einem Künstler eindringt, versteht seine *Schöpfung*.

Nun mag man vielleicht einwenden: Stört ein solches nachträgliches Reproduzieren des künstlerischen Prozesses nicht den reinen Genuß? Ist es nicht verwegen und indiskret, den Schleier zu heben, der die schaffende Mühe des Künstlers verbirgt? Ist es nicht besser, naiv vor ein Bild zu treten und es anzuschauen wie eine Landschaft Gottes? Eine Symphonie an sich vorbeiströmen zu lassen, ohne zu denken, zu fragen, unter welchen Bedingungen und dank welcher inneren Arbeit solche Meisterwerke entstanden sind? Ist es nicht besser, die Werkstatt des Künstlers verschlossen zu lassen und ohne Frage, ohne Neugier, nur mit reiner Dankbarkeit unseren Blick einzig auf das vollendete Werk zu richten? Ich gebe zu, es ist etwas Verführerisches in dieser Ansicht, aber andererseits glaube ich an keinen rein passiven Genuß. Ich glaube nicht, daß jemand, der eine Bildergalerie zum erstenmal in seinem Leben betritt, jemand, der zum erstenmal eine Symphonie Beethovens hört, die Meisterwerke sogleich zu würdigen weiß. Ein Kunstwerk gibt sich nicht jedem auf den ersten Blick, es will wie eine Frau erst umworben sein, ehe es geliebt wird. Um richtig zu fühlen, müssen wir nachfühlen, was der Künstler gefühlt hat. Um seine Intentionen richtig zu verstehen, müssen wir begreifen, gegen welche Widerstände er sie verwirklicht hat. Wir müssen in unserer Seele die seine nachbilden – jeder wahre Genuß ist kein reines Empfangen, sondern ein inneres Mitwirken an dem Werke.

Es war der Sinn meiner Ausführungen, zu zeigen, daß, wenn wir uns mit allen Kräften bemühen, es auch dem unproduktiven Menschen bis zu einem gewissen Grad möglich ist, sich in den schöpferischen Zustand des Künstlers zurückzuversetzen und mit ihm alle die Spannungen und Peripetien mitzuerleben, die zwischen dem Anbeginn und der Vollendung seines Werkes schwingen. Nur dürfen wir es uns nicht leicht machen, wo er sich mühte und den Kampf Jakobs mit dem Engel rang, jenen ewigen Kampf des Künstlers, der zu dem Engel der Vollendung sagt: Ich lasse dich nicht, du segnest mich denn! Geben wir uns also niemals zu leicht dem ersten Eindruck hin, seien wir nicht zu rasch zufrieden, denn der Künstler war es gleichfalls nicht mit seinem ersten Entwurf, seiner ersten Vision. Wenn wir einen der berühmten Rembrandtschen Stiche zur Hand nehmen, meinen wir, schon den vollkommenen Eindruck zu haben. Aber wie kann unsere Bewunderung sich noch steigern, wie unser Wissen um diesen Zauberer von Schatten und Licht und um die Magie des Künstlers, wenn wir neben das fertige Blatt Probeabzüge oder Reproduktionen aller früheren Platten legen. Wir sehen, hier hat Rembrandt ein Licht weggeätzt, das zu scharf blendete, dort einen Schatten vertieft, hier weicht eine Gestalt, die auf der früheren Platte sich zu sehr in den Vordergrund schob, wieder zurück. Von Probeblatt zur Probeblatt gleicht sich die Architektur des Raumes harmonischer aus, und obwohl uns, den Naiven, schon die erste Probeplatte die vollendete schien, sehen wir jetzt mit seinem Auge und lernen, daß noch ein höherer Grad der Vollendung möglich war. Statt wie von einem Turm mit einem Blick eine Landschaft zu umfassen, steigen wir Stufe um Stufe empor, bei jeder neuen Erkenntnis, von Blatt zu Blatt wird unser eigenes Auge wissender. Wir empfangen dadurch, daß wir den schöpferischen Akt in allen seinen Phasen noch einmal miterleben, eine Lektion und gleichzeitig eine Vision des künstlerischen Prozesses, wie sie kein Buch, kein Vortrag, keine Wissenschaft uns gewähren kann. Ebenso wie das Geheimnis der bildenden Kunst, kann sich das der dichterischen, der kompositorischen uns erschließen, wenn wir die Urform vom ersten Anfang bis zur Vollendung begleiten. Hier sehen wir in der Handschrift, wie das Wort stockt, wie der Dichter nicht den endgültigen Ausdruck findet. Er versucht und verwirft wieder. Schon ist er dem reinen Begriff näher gekommen, aber es war noch nicht das Rechte. Wieder setzt er an und wieder verwirft er, und endlich ist der Damm gebrochen. Endlich strömt das Wort, die Melodie wieder hin in reinem Fluß, und in uns strömt etwas mit – er, der Dichter, der Komponist hat das Richtige gefunden, und *wir* haben es mit ihm gefunden. In diesen Minuten des Nacherlebens haben wir alle seine Qualen, seine Ungeduld, seine Mühe und die Ekstase des Endgültigen mitempfunden. Wir haben *mit*geschaffen und durch dieses Mitfühlen die Geburt des Kunstwerks miterlebt.

Um möglichst vielen diesen letzten und höchsten Genuß, den mitschaffenden, den nachschaffenden zu gewähren, wäre es meiner Meinung nach wohltätig, wenn die Museen nicht wie heute bloß die vollendeten Bilder zeigten, sondern auch alle Vorstufen dazu, die Skizzen, die Entwürfe, die Vorbilder vor dem wirklichen Bild, damit die Menschen nicht nur immer lässig das vollendete Werk als ein vom Himmel geschenktes betrachten, sondern mit Ehrfurcht immer gewärtig bleiben, daß diese Wunder von ihren Brüdern geschaffen wurden – geschaffen von unseresgleichen, geschaffen mit irdischer Mühe, irdischer Qual, irdischer Lust, und der stumpfen

Materie mit den äußersten Kräften der Seele abgerungen. Nein – es vermindert die Schönheit der Sterne nicht und nicht die Majestät des Himmels, wenn wir versuchen, mit unserem Geiste die Gesetze zu erforschen, die in diesem unerreichbaren Raume walten, wenn wir versuchen, ihre Ferne auszumessen und die Geschwindigkeit des Lichtstrahls zu berechnen, mit dem ihr silberner Glanz unser Auge erreicht. Im Gegenteil, niemals vermindert Erkenntnis die wahrhafte Begeisterung, sie erhöht und festigt sie nur. Und so waren wir, hoffe ich, nicht unehrerbietig, wenn wir hier versuchten, uns dem Geheimnis der künstlerischen Schöpfung zu nähern, diesem unbeschreiblichen Augenblick, wo die irdische Begrenzung des Vergänglichen in uns Menschen endet und das Ewige beginnt.

Nachbemerkung des Herausgebers

»Es ist nicht genug, ein Geheimnis der Kunst zu kennen, man muß es auch auszudrücken und zu lehren wissen, damit es Bestand in der Welt habe.« Diese in einer Festschrift an Hugo Steiner-Prag formulierte Einsicht hat Stefan Zweig nicht zuletzt auch auf sich selbst bezogen. Zeitlebens hat er sich bemüht, das Geheimnis des künstlerischen Schaffens zu ergründen; seine Versuche, sich ihm zu nähern, hat er – gelegentlich sogar eindringlich programmatisch – aufgezeigt: in Betrachtungen über die Grundvoraussetzungen des Künstlerischen, in Werk- und Charakterstudien, Feuilletons, Lebensbildern, Geburtstagsovationen und Nachrufen. Die Vielfalt der Ausdrucksmöglichkeiten hat ihn fasziniert – Formen in fester Materie, Zeichnen, Dichten, Erzählen, Musizieren, Deklamieren; er hat jede für sich und zugleich alle zusammen betrachtet; darin sah er – neben der Entwicklung seines eigenen Werkes – eine Aufgabe: Mittler zu sein zwischen der Öffentlichkeit und der facettenreichen Spiegelung der Natur und des Menschen in der phantasievollen Imagination Einzelner; zu verdeutlichen, welche Lust die Hingabe an eine künstlerische Idee bestimmt und welche Kraft sie begleitet; die Individualität in der Darstellung mit den Grundvoraussetzungen des Schaffensprozesses und der Persönlichkeit des Künstlers zu erklären; eine Deutung des Kunstwerks zu erleichtern.

Stefan Zweig hat früh erkannt, daß Kunst »ein fortwährendes Ringen und Sichentfalten der gegensätzlichsten Kräfte« ist. Was zunächst Herausforderung für den

Schaffenden ist, wird – sobald das Werk gestaltet ist – auch zur Herausforderung für den Konsumierenden, denn kein Kunstwerk kann beziehungslos im Raum stehen; es wird immer eine Koordination haben, sei es die, in die der Künstler, sei es die, in die der Betrachter es stellt. »Produzieren heißt für den Künstler *realisieren*, von innen nach außen stellen, eine innere Vision ... im widerstrebenden Material der Sprache, der Farbe, des Klangs in unsere Welt zu tragen.« Für den Kunstinteressierten – den aktiven wie Stefan Zweig ebenso wie für den passiven – bedeutet dies im übertragenen Sinn, sich mit dem Produkt auseinandersetzen, es zu reflektieren, nachzuschaffen. Dazu muß er sich – will er seiner selbstgewählten Aufgabe richtiger Betrachtung und gerechter Zuordnung entsprechen – sowohl über die Persönlichkeit des Schaffenden als auch über seine Inspiration und ihre möglichen Quellen klar werden. In beiden Prozessen – dem der Entwicklung des Werkes während der Arbeit und dem der Annäherung während der Betrachtung – mischen sich »Unbewußtheit und Bewußtheit ..., Trunkenheit und Nüchternheit«. Stefan Zweig ordnete diese Begriffe in seinen Aufsätzen über das Geheimnis des künstlerischen Schaffens dem schöpferischen Akt allein zu, denn er betrachtete die Werke der anderen mit den Augen eines Künstlers hoher Irritabilität, der *insgeheim* hofft, aus der Beschäftigung mit ihnen – entsprechend seiner Beobachtung der Realität – grundsätzlich übertragbare Erkenntnisse, möglicherweise auch Anregungen oder auch nur Anstöße zu gewinnen.

War es zu Beginn seiner Laufbahn als Schriftsteller eigentlich die Plastik, die Stefan Zweig nach den Urgründen künstlerischer Betätigung forschen ließ, so konzentrierte er diese Frage schon wenig später auf die von ihm zuvor in dieser Hinsicht kaum untersuchte Literatur und die Musik, zu denen – im Falle Alexander Moissis parallel

– die darstellende Kunst kam. Handschriften waren ihm dabei als unmittelbare Belege für Schaffensweisen und als Ausdruck der Persönlichkeit von entscheidender Bedeutung. Er kam zu dem Schluß: »Eine Sammlung ebenso wie ein Kunstwerk will in sich eine geschlossene Abbreviatur des Universums darstellen, und wenn Sammeln mehr bedeutet als Anhäufen und Zusammenraffen, wenn ein höherer Wille in seiner Absicht waltet, so mag es gelingen, hier durch eine geheimnisvolle Architektonik aus totem Stoff ein Lebendiges zu gestalten ... Der wahre Autographensammler will von einer andern Seite als der Philologe, aber mit der gleichen Leidenschaft, in das Wesen des schaffenden Menschen eindringen, und zuvor in eben jenen geheimnisvollen Augenblick aller Augenblicke, den der Schöpfung ... Aber ich sagte ja, daß fast immer ein Künstler vonnöten ist, um den Reiz des Sammelns zu verstehen, dieses Zurücktreten eines Seins in sein Werden, eines Geschaffenen in sein Entstehen.« Sowohl die Kunst des Sammelns also als auch die des Schaffens eines Kunstwerks erfordern »ein starkes Stück eigenständigen Temperaments«; die eine kann das andere durchaus beflügeln, es intensivieren; das möglichst phantasievolle Umsetzen der Anregung setzt eine »individuelle Vision des Lebens, eine synthetische Idee des Weltalls, ein singuläres Schauen« voraus: »Tiefe Entwicklungen wollen nicht angelernt, sondern erlebt sein.« Kunst fordert dann in allen ihren Formen auf ihrer höchsten Stufe vom Künstler, daß er »ein freier, mit sich selbst nicht mehr beschäftigter Mensch ... Proteus, der Gestaltlose« werde, »dem es gegeben ist, sich in steter Selbstentäußerung in seine eigenen Gestalten restlos zu verwandeln, in ihren Meinungen die seine zu vergessen, einer, der aufhören kann im Schaffen, Substanz zu sein, Körper und Seele, der nur Sinn wird ...«

Knut Beck

Bibliographischer Nachweis

Constantin Meunier. Erstmals in ›Vom Fels zum Meer‹, Berlin, 22. Jg., H. 9, 1902

Teresa Feodorovna Ries. Erstmals in ›Vom Fels zum Meer‹, Berlin, 22. Jg., H. 21, 1902

Alfonso Canciani. Erstmals in ›Vom Fels zum Meer‹, Berlin, 22. Jg., H. 24, 1902

[Ephraim Mose Lilien]. Erstmals in ›Magazin für Literatur‹, Leipzig, 72. Jg., 14. November 1903. Als Einführung aufgenommen in den Band ›E. M. Lilien. Sein Werk‹, Berlin – Leipzig: Schuster und Loeffler 1903

Jakob Wassermann. Erstmals in ›Neue Rundschau‹, Berlin, 23. Jg., August 1912. Aufgenommen in ›Europäisches Erbe‹, herausgegeben von Richard Friedenthal, Frankfurt am Main: S. Fischer Verlag 1960

Busoni. Erstmals in ›Blätter des Deutschen Theaters‹, Berlin, 1. Jg., H. 6, 27. Oktober 1911. Aufgenommen in ›Begegnungen mit Menschen, Büchern, Städten‹, Wien – Leipzig – Zürich: Herbert Reichner Verlag 1937; Frankfurt am Main: S. Fischer Verlag 1955

Wedekind, der Unbürgerliche. Erstmals in ›Das Wedekindbuch‹, herausgegeben von Joachim Friedenthal, München – Leipzig 1914

Marceline Desbordes-Valmore. Das Lebensbild einer Dichterin. Erstmals in ›Neue Freie Presse‹, Wien, 7. und 9. November 1918. Aufgenommen in ›Begegnungen mit Menschen, Büchern, Städten‹, Wien – Leipzig – Zürich: Herbert Reichner Verlag 1937; Frankfurt am Main: S. Fischer Verlag 1955

Sainte-Beuve. Erstmals in ›Neue Freie Presse‹, Wien, 6. Mai 1923. Aufgenommen in ›Begegnungen mit Menschen, Büchern, Städten‹, Wien – Leipzig – Zürich: Herbert Reichner Verlag 1937; Frankfurt am Main: S. Fischer Verlag 1955

Rabindranath Tagores ›Sadhâna‹. Erstmals in ›Das literarische Echo‹, Berlin, 1. Oktober 1921. Aufgenommen in ›Europäisches Erbe‹, herausgegeben von Richard Friedenthal, Frankfurt am Main: S. Fischer Verlag 1960

Arthur Schnitzler. Zum sechzigsten Geburtstag. Erstmals in ›Neue Rundschau‹, Berlin, 33. Jg., Mai 1922. Aufgenommen in ›Europäisches Erbe‹, herausgegeben von Richard Friedenthal, Frankfurt am Main: S. Fischer Verlag 1960

Notizen zum Erzähler Arthur Schnitzler. Deutsch bisher unveröffentlicht. Das Original-Typoskript befindet sich im Arthur-Schnitzler-Archiv der Albert-Ludwigs-Universität, Freiburg im Breisgau

Geburtstagsbrief an Hermann Bahr. Zum sechzigsten Geburtstag 19. Juli 1923. Unter dem Titel ›Hermann Bahr. Zu seinem sechzigsten Geburtstag‹ erstmals in ›Neue Freie Presse‹, Wien, 19. Juli 1923. Aufgenommen in ›Begegnungen mit Menschen, Büchern, Städten‹, Wien – Leipzig – Zürich: Herbert Reichner Verlag 1937; Frankfurt am Main: S. Fischer Verlag 1955

Abschied von Hermann Bahr. Erstmals in ›Neue Freie Presse‹, Wien, 20. Januar 1934

Frans Masereel. Der Mann und der Bildner. Unter dem Titel ›Der Holzschneider Frans Masereel‹ in ›Neue Freie Presse‹, Wien, 4. November 1923. Aufgenommen in ›Begegnungen mit Menschen, Büchern, Städten‹, Wien – Leipzig – Zürich: Herbert Reichner Verlag 1937; Frankfurt am Main: S. Fischer Verlag 1955

Chateaubriand. Erstmals als Einführung zu François René Chateaubriand, ›Romantische Erzählungen‹, Wien – Leipzig: Rikola Verlag 1924. Aufgenommen in ›Europäisches Erbe‹, herausgegeben von Richard Friedenthal, Frankfurt am Main: S. Fischer Verlag 1960

Anton Kippenberg. Erstmals in ›Navigare necesse est. Festschrift für Anton Kippenberg‹, herausgegeben von P. Jessen, Leipzig: Insel-Verlag 1924. Aufgenommen in ›Europäisches Erbe‹, herausgegeben von Richard Friedenthal, Frankfurt am Main: S. Fischer Verlag 1960

Abschied von Rilke. Tübingen: Rainer Wunderlich Verlag 1927. Aufgenommen in ›Begegnungen mit Menschen, Büchern, Städten‹, Wien – Leipzig – Zürich: Herbert Reichner Verlag 1937; Frankfurt am Main: S. Fischer Verlag 1955

Rainer Maria Rilke. Ein Vortrag – London. 1936. Erstmals in ›Europäisches Erbe‹, herausgegeben von Richard Friedenthal, Frankfurt am Main: S. Fischer Verlag 1960

Moissi im Gespräch. Erstmals in ›Moissi. Der Mensch und Künstler in Worten und Bildern‹, herausgegeben von Hans Böhm, Berlin: Eigenbrödler Verlag 1927

Moissis Neubeginn. Erstmals in ›Hamburger Fremdenblatt‹, 28. Oktober 1931

Abschied von Alexander Moissi. Vortrag am 5. Juni 1935 in Mailand. Erstmals in ›Europäisches Erbe‹, herausgegeben von Richard Friedenthal, Frankfurt am Main: S. Fischer Verlag 1960

Hugo von Hofmannsthal. Gedächtnisrede zur Trauerfeier im Wiener Burgtheater. 13. Oktober 1929. Aufgenommen in ›Zeit und Welt. Aufsätze und Vorträge 1904–1940‹, Stockholm, Bermann-Fischer Verlag 1943

E. T. A. Hoffmann. Vorwort zur französischen Ausgabe der ›Prinzessin Brambilla‹, Paris: Attinger 1929. Das deutsche Original erstmals in ›Europäisches Erbe‹, herausgegeben von Richard Friedenthal, Frankfurt am Main: S. Fischer Verlag 1960

Jens Peter Jacobsens ›Niels Lyhne‹. Erstmals als Vorwort zur Ausgabe von ›Niels Lyhne‹ in der Sammlung ›Epikon‹, München: Paul List Verlag 1931. Aufgenommen in ›Europäisches Erbe‹, herausgegeben von Richard Friedenthal, Frankfurt am Main: S. Fischer Verlag 1960

Edmond Jaloux. 1931. Aufgenommen in ›Europäisches Erbe‹, herausgegeben von Richard Friedenthal, Frankfurt am Main: S. Fischer Verlag 1960

Die Forderung der Solidarität. Erstmals in ›Max Brod. Festschrift zum fünfzigsten Geburtstag‹, herausgegeben von Felix Weltsch, Mährisch-Ostrau 1934

Arturo Toscanini. Ein Bildnis. Erstmals als Einleitung in Paul Stefan-Gruenfeldt, ›Arturo Toscanini. Ein Lebensbild‹, Wien: Herbert Reichner Verlag 1935. Einzelausgabe: Wien – Leipzig – Zürich: Herbert Reichner Verlag 1936. Aufgenommen in ›Begegnungen mit Menschen, Büchern, Städten‹, Wien – Leipzig – Zürich: Herbert Reichner Verlag 1937; Frankfurt am Main: S. Fischer Verlag 1955

Bruno Walter: Kunst der Hingabe. Zu seinem sechzigsten Geburtstag 15. September 1936. Erstmals in Paul Stefan-Gruenfeldt, ›Bruno Walter‹, Wien: Herbert Reichner Verlag 1936. Aufgenommen in ›Begegnungen mit Menschen, Büchern, Städten‹, Wien – Leipzig – Zürich: Herbert Reichner Verlag 1937; Frankfurt am Main: S. Fischer Verlag 1955

Die unterirdischen Bücher Balzacs. Erstmals in ›Jahrbuch deutscher Bibliophilen‹, Wien, Bd. 5, 1917. Aufgenommen in ›Begegnungen mit Menschen, Büchern, Städten‹, Wien – Leipzig – Zürich: Herbert Reichner Verlag 1937; Frankfurt am Main: S. Fischer Verlag 1955

Pour Ramuz! Erstmals in ›Hommage à Ramuz: Zum 60. Geburtstag‹, Lausanne: V. Porchet & Cie. 1938. Aufgenommen in ›Europäisches Erbe‹, herausgegeben von Richard Friedenthal, Frankfurt am Main: S. Fischer Verlag 1960

Das Geheimnis des künstlerischen Schaffens. Vortrag, Amerika Januar/Februar 1939. Aufgenommen in ›Zeit und Welt. Aufsätze und Vorträge 1904–1940‹, Stockholm: Bermann-Fischer Verlag 1943

Stefan Zweig

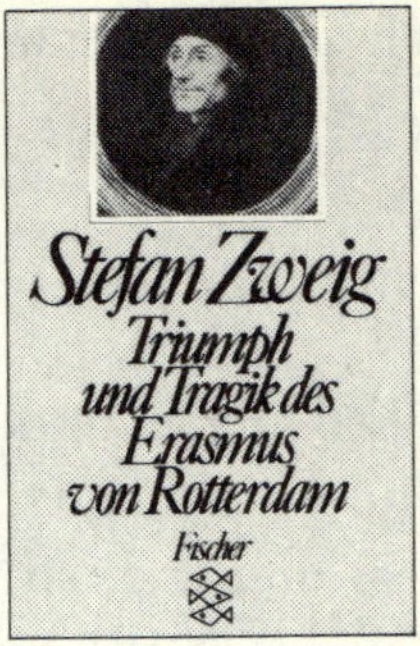

Das Geheimnis des künstlerischen Schaffens
Band 11656

Begegnungen mit Büchern
Aufsätze und Einleitungen aus den Jahren 1902–1939
Band 2292

Briefe an Freunde
Band 5362

Über Sigmund Freud
Porträt · Briefwechsel · Gedenkworte
Band 9240

Stefan Zweig Paul Zech Briefe 1910–1942
Band 5911

Tagebücher
Band 9238

Stefan Zweig – Friderike Zweig Unrast der Liebe
Band 5366

Amerigo
Die Geschichte eines historischen Irrtums. Band 9241

Magellan Der Mann und seine Tat
Band 5356

Triumph und Tragik des Erasmus von Rotterdam
Band 2279

Maria Stuart
Band 1714

Marie Antoinette
Band 2220

Joseph Fouché
Band 1915

Balzac
Eine Biographie
Band 2183

Castellio gegen Calvin oder Ein Gewissen gegen die Gewalt
Band 2295

Die Welt von Gestern
Erinnerungen eines Europäers
Band 1152

Ben Jonsons »Volpone«
Band 2293

Die schlaflose Welt
Aufsätze und Vorträge aus den Jahren 1909–1941
Band 10165

Auf Reisen
Band 10164

Fischer Taschenbuch Verlag

fi 191/6b

Stefan Zweig
Brief einer Unbekannten

Band 9323

»... nichts auf Erden gleicht der unbemerkten Liebe eines Kindes aus dem Dunkel, weil sie so hoffnungslos, so dienend, so unterwürfig, so lauernd und leidenschaftlich ist, wie niemals die begehrende und unbewußt doch fordernde Liebe einer erwachsenen Frau.«

Fischer Taschenbuch Verlag

fi 1074/1